QUASE DIÁRIO: 1980-1999

AFFONSO ROMANO DE SANT'ANNA

QUASE DIÁRIO: 1980-1999

Texto de acordo com a nova ortografia.

Capa: Ivan Pinheiro Machado
Preparação: Marianne Scholze
Revisão: Lia Cremonese

CIP-Brasil. Catalogação na publicação
Sindicato Nacional dos Editores de Livros, RJ.

S223q

Sant'Anna, Affonso Romano de, 1937-
 Quase diário: 1980-1999 / Affonso Romano de Sant'Anna. – 1. ed. – Porto Alegre, RS: L&PM, 2017.
 416 p. ; 21 cm.

 ISBN: 978-85-254-3481-4

 1. Sant'Anna, Affonso Romano de, 1937 - Narrativas pessoais. 2. Rio de Janeiro (SP) - Vida intelectual. I. Título.

17-39227   CDD: 981.53
                    CDU: 94(815.3)

© Affonso Romano de Sant'Anna, 2017

Todos os direitos desta edição reservados a L&PM Editores
Rua Comendador Coruja, 314, loja 9 – Floresta – 90.220-180
Porto Alegre – RS – Brasil / Fone: 51.3225.5777 – Fax: 51.3221.5380

PEDIDOS & DEPTO. COMERCIAL: vendas@lpm.com.br
FALE CONOSCO: info@lpm.com.br
www.lpm.com.br

Impresso no Brasil
Verão de 2017

Comecei esse *Quase diário* quando Vinicius de Moraes morreu, em 1980, descrevendo minha ida ao seu enterro; e termino este volume com a morte de João Cabral de Melo Neto, em 1999, e a homenagem que fiz em versos a este poeta singular, criador de uma linguagem inovadora. Não sabia que, nestas décadas, anotaria vidas, mortes e esperanças de uma geração, nem sabia que, talvez, forneceria elementos para compreender minha época.

Relendo o que escrevia (aleatoriamente), me pareceu necessário introduzir notas de pé de página, nas quais o hoje comenta o ontem, nas quais o velho discorda (ou não) do jovem de então. Enfim, um diário em progresso, que se faz enquanto se faz. Não é algo literário. É vida sem retórica.

Vim da geração da Sierra Maestra (Cuba), fundei o CPC de Minas (anos 60) e assisti ao fim do comunismo na Praça Vermelha – 1991 (conforme livro que fiz com Marina Colasanti – *Agosto 1991: Estávamos em Moscou*, Melhoramentos). A superada experiência religiosa me fez evitar partidos revolucionários e messiânicos. Nasci durante uma ditadura (1936) e enfrentei outra (1964-1984). Vi amigos optarem com um fervor religioso pela guerrilha e fiz a crítica de minha geração no poema "Que país é este?". Tínhamos uma visão limitada de "povo", "história, "geração" e "país".

Este diário fala da luta pessoal e social. Tendo vivido antes nos EUA e na Alemanha, quando estive na França (1981-1982) anotei coisas sobre a guerra Irã-Iraque, a revolta na Polônia, a guerra das Malvinas, o Muro da Vergonha de Berlim, as experiências no governo socialista de Mitterrand e o que via na TV francesa. Estive na Itália, em Portugal, Quebec, Dinamarca, assisti a encontro de presidentes do continente no México e em Acapulco. Evidentemente conheci vários escritores estrangeiros e tinha uma relação especial com Drummond. Testemunhei a reunião na casa de Miguel Lins (Rio) em que Franco Montoro foi instado a assumir as Diretas Já. Acompanhei o suplício de Tancredo em prosa e verso.

O cometa Halley não apareceu, como apareceu para Murilo Mendes. Mas vi o surgimento do Ministério da Cultura e participaria dessa aventura como presidente da Biblioteca Nacional.

Textos como "A implosão da mentira" ou "A preguiça do presidente" – ao tempo do general Figueiredo – ensinaram-me muitas coisas da relação entre o escritor e a sociedade. Visitei o asilo dos loucos em Barbacena, hoje desativado. E, como cronista na *Manchete*, no *JB* e no *Globo*, ia descrevendo o painel de minha época e creio que tais crônicas complementam este diário. Levei a poesia para a TV. Vi a ascensão de Collor, a carreira de Lula e fui chamado para *O Globo* por Roberto Marinho. Recusei ser secretário da Cultura, recusei também a direção do IBAC e aceitei, por fim, a Biblioteca Nacional porque tinha alguma noção do que era o livro e a leitura num país como o nosso.

Dizem que a década de 80 foi a "década perdida".

Tentei salvar o que pude.

*

Na segunda metade deste volume, narro o que foi minha participação em três governos – Collor, Itamar e Fernando Henrique – e o problemático revezamento de seis ministros da Cultura – Ipojuca, Sérgio Rouanet, A. Houaiss, Jerônimo Moscardo, Luiz Nascimento Silva e Francisco Weffort. Foram seis anos dedicados ao serviço público. Quando me perguntavam se pensava em voltar, eu dizia: só se serve no Exército uma vez...

Vi o desmonte da máquina pública, a figura do "inventariante", o fascínio que a imagem de Collor despertava na população e na imprensa: o novo messias. Collor, vindo de Alagoas, era o novo e o velho numa só pessoa. Abriu as importações, tornou o funcionalismo público sua vítima, fez vários planos econômicos, o estapafúrdio confisco das cadernetas de poupança e pensou em fazer 5 mil CIACs, mas a corrupção, entre outras coisas, levou-o ao impeachment. Vi, portanto, de perto a loucura que é a administração pública. Como disse certa feita: na administração pública, a roda é quadrada e a carruagem tem que andar.

Fui um privilegiado. Como presidente da FBN (Fundação Biblioteca Nacional), conheci as maiores bibliotecas do mundo: Índia, China, Estados Unidos, França, México, Portugal, Espanha, Dinamarca, Irlanda, a New York Public Library etc. – e constatei as precariedades de nossa BN ao mesmo tempo em que tentei dar-lhe visibilidade dentro e fora do Brasil. Eu achava que tudo o que de relevante ocorresse com a literatura brasileira deveria ter eco na FNB.

Restauramos e modernizamos a Biblioteca Nacional com ajuda do Banco Real (Ricardo Gribel) e da Fundação Roberto Marinho (Joaquim Falcão). Pagamos atrasados e readmitimos funcionários, exportamos a literatura brasileira, promovemos a Feira de Frankfurt. A Biblioteca Nacional foi revelada aos brasileiros. Os relatórios deixados na FBN contam mais detalhes. E deixo também na BN confissões sobre como foi desagradável enfrentar a mesquinharia política sindical.

Estava na Rússia no congresso da IFLA (International Federation of Library Associations and Institutions) e vi o fim do comunismo. Contei em livro (com Marina Colasanti – *Agosto 1991: Estávamos em Moscou*, Melhoramentos) o que ocorria naquele país: a prisão de Gorbachev, a revolta de Iéltsin e a bandeira do tempo do czar conduzida pela multidão na Praça Vermelha, em risco de morrer sob tanques, enquanto o "partidão" brasileiro apoiava a velha ordem. Igualmente estive noutro congresso da IFLA na Índia e vi a China se transformar depois de Mao Tsé-Tung. Em função do meu cargo, também fui a vários países da América Latina, Estados Unidos, Canadá, Europa; mandamos livros para Angola e ajudamos a primeira feira de livros em Moçambique.

Conheci pessoas maravilhosas que muito me ajudaram nessa travessia. Muitos ficaram pelo caminho ou se perderam. Criamos o Proler (Programa Nacional de Incentivo à Leitura) para transformar o Brasil num país de leitores e, por isso, fui demitido pelo ministro que, ironicamente, era genro de Paulo Freire. Acenaram-me várias vezes com o Ministério da Cultura, mas preferi ficar junto aos livros.

Segui minha carreira de escritor e cronista. Foi bom estar no júri do Premio Reina Sofía e dar o prêmio a autores como Gonzalo Rojas, Mario Benedetti, Sofia de Mello Breyner, e participar do Prêmio Camões a Saramago – futuro Nobel, além de outros prêmios na Colômbia e Venezuela.

Como não relatar os episódios do Dr. Fritz? Assisti embasbacado a suas operações, filmei, tive contatos com ele na casa de Cesarina Riso e, depois de ele virar quase um artista pop, assisti a seu alijamento de circulação. Levei a ele o General Figueiredo, que era meu inimigo, para que o curasse e vi o outrora todo-poderoso general como um cidadão humilde na festa de Dia da Criança num subúrbio carioca.

Eu vi as entranhas do poder. E não gostei.

Sumário

1980 21
Morte e enterro de Vinicius de Moraes. Lançamento de *Que país é este?* Este diário. Com Darcy Ribeiro na SUAM. Teatro de "Poema sujo". Festival de MPB 80. TV Globo, Maracanãzinho e Eduardo Ducek. Alberto Dines e Stefan Zweig. Celso Furtado, F.H. Cardoso, Celso Lafer, Luciano Martins e Maria Yeda Linhares na reunião do CPDOC. Guerra Irã-Iraque. Crítica de Wilson Martins sobre *Que país é este?* Prêmio de Marina, convite para lecionar em Aix-en-Provence. Assassinato de John Lennon. Férias em Pra Loup – notícias deprimentes do Brasil.

1981 30
Conferência em Aix-en-Provence sobre *O guarani*. Posse de Reagan. Visita aos arquivos de Valéry em Montpellier. Gabeira na capa da *Veja*, lembranças. Renascimento do nazismo na Europa. Viagem à Itália, passagem por Parma – cidade da mãe de Marina. 2ª edição de *Que país é este?* Texto para indicar Drummond ao Nobel. Reagan, Afeganistão, Rússia, Espanha. Brasil e Europa: problema pessoal. Várias exposições de Picasso. *Apostrophes,* de Bernard Pivot: Paul Nizan, Oliver Todd, *A dama das camélias*. Frèches. Convite: renovação de contrato. Explosão de minas da Segunda Guerra. Tentativa de assassinato de Reagan. Modigliani, Donen e outros. A síndrome da "espertaza" brasileira. Linografias de Matisse, Duffy e Jacques Prévert. Incômodo diante de certas obras. Viagem para conferências na Dinamarca a convite de Jorge Jensen: Copenhague, Odense, castelo de Hamlet (Elsenor). Atentado ao papa João Paulo II, o franquismo. Volta ao Brasil – Notícia da bolsa da Guggenheim, lembranças da França no Brasil, morte do Brigadeiro, apatia da volta, escândalos. IPM do Rio Centro: indignação nacional. Feitura do poema "Implosão da mentira".

Guerreiro Ramos no IBAM e "A nova organização". Dina Sfat no *Canal Livre* e o General Dilermando, morte de Herzog e Manuel Filho. Enterro de Glauber Rocha, cerimônia Parque Lage. Artigos "Renúncia de Jânio" e "Agosto, mês da politização dos cadáveres". Seminário em Curitiba: ideia. Enfarto do presidente Figueiredo. Autocrítica de Merquior candidato à ABL. Início de colaboração na *Isto É*, televisão. consultor do CNPq: sugestões. Encontro na casa de Cora Coralina, Juruna, Vargas Llosa e Canudos. *Manchete* e o epíteto de "profeta do verão". Volta a Aix-en-Provence, acomodação. Diante da montanha Sainte Victoire de Cézanne, novo endereço. Notícia da morte de Yllen Kerr. Brasil fica mais ridículo, agravamento da situação da Polônia. Intuições linguísticas sobre linguagem dos jovens.

1982 42
Natal/réveillon em Villard-de-Lans: notícias da crise na Polônia. Leitura de *Freud: biologiste de l'esprit*. Entrevistas de brasileiros na Radio France. Sartre e *Citizen Kane*. Convite para a Société Européenne. Comparação entre militares poloneses e brasileiros. Ida a Nice (Museus Marc Chagall). Ida a Saint-Paul-de-Vence, Fundação Maeght. Estudos sobre "carnavalização". Viagem à Itália de carro: exposições. Revista *Europe*: colaboração. Notícias/saudades do Brasil. Conferências em Portugal, casa de Carlos e Cristina, homenagem no Pen Club, reencontro com Almeida Faria e escritores portugueses, visita a João Ubaldo. Filmes: *The Birth of a Nation* e *Batalha de Nápoles*. Franceses analisam a estupidez soviética. Não conhecem "Un Coup de Dés" nem o estruturalismo. Salão do livro de Paris e *Amadeus* com Roman Polanski. Notícias tristes do Brasil. Ciência por Kenneth White. Notícia do início da Guerra das Malvinas. Balanço da guerra no Vietnã: My Lai. Descobrindo Ludwig Borne, Freud acerta. Televisão francesa: debate, "Vida de Toscanini". *Reds* com Warren Beatty e Diane Keaton, Cohen-Bendit. Mauritânia e a escravatura. Panteão – adoração dos escritores na França. Conflito das Malvinas: ultimato da Inglaterra. *Apostrophes*: René Girard e Evtuchenko, Brasil – exportador de armas. Filme *Maupassant*.

Marinha inglesa ataca, e aviação argentina reage. Ingleses afundam navio argentino com mil homens. Comentário prof. Freches. Ingleses perdem 30 soldados, solidariedade inglês-argentina. Artigo meu no *Le Monde*. *Apostrophes*: Ellisa Rahiss, Roger Vadim, Grassman. Esquivel e a Guerra. Conclusão do poema "O último tango nas Malvinas". Visita a Raymond Jean, problemas na Síria. *Isto É* e "A vitória do romance". Holograma. "Festival Horizon" em Berlim, Muro da Vergonha, encontro com escritores, Vargas Llosa, Otavio Paz, indignação de Ignácio de Loyola. Visita a Berlim Oriental: trauma, Claribel Alegria e a Nicarágua, conversa com Merquior. Lamúrias dos brasileiros. Cartas de Mário de Andrade a Fernando Sabino. Viagem a NY: Guggenheim, *Evita*. Publicação de "O último tango nas Malvinas" em jornais brasileiros e estrangeiros. Encontro com Drummond. Bienal Nestlé de Literatura (SP), conversa com (a viúva de Graciliano) Heloísa e Ricardo Ramos, estórias de Alberto Costa e Silva. Partidão apoia Miro para governador. Entrevista com Jorge Semprum no Canal Livre, ida à PUC-RJ. Seminário em Diamantina: viagem com Antonio Candido. *Canal Livre* (Roberto d'Ávila) entrevista com Jorge Amado. Oitenta anos de Drummond: celebração e críticas. Juan Rulfo vai à PUC-RJ. Caso Proconsul. Moitará: Wisnik e Pignatari. Censura de um artigo *Isto É*. Leitura de *Um belo domingo,* de Jorge Semprún. França Jr. e o (quase) bombardeamento do Palácio Piratinga em 1961.

1983 73
Encontro de gerações mineiras. Encontro com Drummond. Ensaio "A morte e a morte de Quincas Berro d'Água". Morte de Alceu Amoroso Lima. A "abertura", revista *Status*, García Márquez. Dívida nacional, problemas. Crítica a Drummond. Viagem da família a Minas, Solar da Ponte (Tiradentes). Considerações sobre a Morte, poema "Diálogo com os mortos". Diretas já: reunião na casa de Miguel Lins, Montoro instado a assumir liderança. Suicídio de Ana Cristina César. Poema para a *Estrutural*. TV Globo: Retrospectiva 83 com Paulo Autran e Fernanda Montenegro, final de ano. *O canibalismo amoroso* – escrita final.

1984 79
Entrevista de Drummond, diretas, Octavio Paz. "A preguiça do Presidente", repercussão. Darcy e Claudia no baile no Nacional, agressão a Niemeyer, disco de J.C. Mello Neto. Frase de Sartre/ Simone. Comício das Diretas na Candelária: políticos, amigos. Poema para Anistia Internacional, convite para almoçar com Franco Montoro, conversa com Jorge Serpa. Suicídio de Pedro Nava, poema pedido pela Globo. *Que país é este?*, *Canibalismo amoroso*, *Política e paixão*, ida a Juiz de Fora, lembranças da infância. Entrevista a Nirlando Beirão e Maurício Dias de *Senhor*. Morte de Michel Foucault: lembranças. Convite para ser cronista da *Manchete* – a censura dos Bloch. Jantar com Franco Montoro no Palácio Bandeirantes, entrevistas. Encontro com o poeta Álvaro Faria. Lançamentos de livros em Belo Horizonte – José Aparecido. Palestra em Furnas: problemas. Necrofilia poética. Visita ao asilo de loucos de Barbacena: cenas. Telefonema de Montoro, livros novos.

1985 91
Convite do *JB* para substituir Drummond. Viagem a Washington: Lígia, José Rubem, Otto Lara, Marina, Ignácio de Loyola, Almeida Faria, José Saramago, Sophia de Mello Breyner, Agostina Bessa Luis: questionamento de José Rubem sobre 64. Convite da TV Globo. Ajudando a entrevistar Adélia Prado, Fernanda Montenegro pede contato com Adélia. Resposta a Oscar Niemeyer, leitura de *A guerra está em nós* e *Comédia literária*. *Metrópolis,* cópia nova no Municipal. Jantar para Daniel Ortega na casa de Maria Clara Mariani. O suplício de Tancredo, sepultamento, entrevista com Gabeira, Gullar, Hélio Silva, repercussão do poema. Almoço com Marco Maciel e ideias. Projeto Encontro Marcado – Porto Alegre. Cerimônia no Bennet em favor de Leonardo e Clodovis Boff. Uma casa de antigamente, Juiz de Fora. Roberto d'Ávila entrevista Borges. Convite para ir para a TVE. Recepção a Sergio Ramírez (vice-presidente da Nicarágua) na casa de Chico Buarque, no consulado da Nicarágua. Repercussão de *A mulher madura*. Conversa com Drummond. Contato com L.F. Verissimo. Ida a Havana com dezenas de intelectuais para o II Encuentro de

Intelectuales para la Soberanía de los Pueblos de América: Frei Betto lança *Fidel y la religión*, problemas do regime.

1986 101
Crônica de uma morte anunciada e a pajelança de Sapaim e Raoni com Ruschi no *NYT* e *Le Monde*, Sergio Macaco: como se faz um pajé. Viagem à Europa e Istambul e os "fiscais de Sarney": 40 milhões ou 5 mil dólares. Revalorizando Paulo Mendes Campos. O cometa que não apareceu. A experiência no Centro Popular de Cultura (UNE). Morte de Augusto Rusch, tristeza de Rubem Braga. Poema para TV Globo, Copa de 86. Morte de Jorge Luis Borges. Cena com Zeffirelli. Literatura e participação. "Os amantes" musicado por Fagner. Arquivo de Drummond na Casa Rui Barbosa. "O choque do novo". Visita ao ateliê de Francisco Brennand no Recife. Ao lado de Prestes. Comissão para propor uma política do livro e da leitura. Concretismo. Arte Egoísta.

1987 106
Revisão de Pound. Convite para desfilar na Comissão de Frente da Mangueira, homenagem a Drummond. Viagem ao Peru: crônica de uma visita, Casa de Vargas Llosa etc. Museu Picasso em Paris, Salão do Livro em Paris, Fnac, Musée d'Orsay. Plano Bresser – viagem ao Havaí, conferência de Marina. Composicão com Rildo Hora, texto para *O boto*, texto em *Vuelta*. Gabriella Bezansoni e a *Carmem*: Bidu Sayão, Magdalena Tagliaferro. Viagem a Israel: "O que é um judeu?". Morte de Gilberto Freyre. No avião sobre Romênia, Polônia, conversa com aeromoça. Morte de Drummond, comoção nacional: estorinhas dele, Drummond aparece no centro espírita. Intriga da *Veja*. Releitura da Clarice. Wilson Martins e a sucessão de Drummond. *Isto É* (Humberto Werneck) faz meu perfil e a questão da sucessão; Sérgio Sant'Anna. Relendo Clarice. Octávio Alvarenga, Julieta e Drummond. Gullar: o limpo e o sujo. Drummond. Gullar e a intriga. Gilberto Mendonça Telles, Cabral e Drummond. Ensaio sobre Clarice Lispector, visita à casa de Drummond. Viagem ao México. Drummond. Jantar, Rafael Greca, Projeto Da Vinci. Encontro

de Acapulco, Frida Kahlo e pintoras mulheres. Octavio Paz e minhas propostas no encontro. Assassinato de Luís Antônio Martinez Corrêa, Abelardo Zaluar. Balanço do ano 87.

1988 126
Enterro do Henfil. Os que vão morrendo. Domingos Carvalho da Silva e Oswald de Andrade. Pirâmide de sangue, livro sobre Samuel Wainer. Darcy Ribeiro e planos em MG e SP. Última conversa com Flávio Rangel. Rubem Braga diz que Hélio Pellegrino morreu, a crônica. Roberto Marinho me chama para *O Globo* – negociações, hepatite. Conflito: Dias Gomes/ Sistema Globo. Leitura de Josué Montello. Primeira crônica n' *O Globo*. Marcelo Garcia e Josué Montello. Cem anos de libertação dos escravos. Sábato Magaldi e Décio de Almeida Prado na PUC-RJ. Leitura de Pedro Nava. Lauro Escorel (filho) e o roteiro com Marina. Drummond: poema e teatro; Plínio Doyle. Entrevista de Rachel de Queiroz no Clodovil. Tentativa de trazer Antonio Candido e Gilda para a PUC-RJ; estórias. Eddy Navarro. Anita Schmidt, irmã do poeta. Farpas de João Cabral em Drummond. Ciclo Stockhausen na Cecília Meireles: impressões. Seminário em Diamantina: Antonio Candido, Maria Arminda, Otto Lara – falamos sobre mineiros ilustres: estória de Antonio Candido. Poema para o *Jornal Nacional*. Jantar para Décio de Almeida Prado, Walmor Chagas, Yan Michalski, Bárbara Heliodora: estórias; "Se liga Rio" com Betinho e outros. No Mediterrané (Sul America), Jô Soares, Toquinho, elite brasileira. Leitores. Nova York: Whitman. Visita a Aix-en-Provence, Roma.

1989 144
"Plano Verão" de Sarney: novo cruzado. Convite de Jorge Amado. Ziraldo e a revolução cubana. Cai Alfredo Stroessner no Paraguai: ditaduras latino-americanas. Chega o Macintosh. Seminário no Texas, Joan Baez. Volta: entrevista no Jô Soares. Collor, o "coringa". Leitura de Ernesto Sabato. Alfredo Machado inaugura a "Cameron". Clarice, Fulkman e Drummond. Visita de John Foster Dulles (filho). Uma internação de utilidade pública. Moacir Werneck de Castro e Mário de Andrade. Congresso sobre Machado de Assis. Leminski: decadência. Congresso no

México e encontro com Pierre Morrancy. Alemães orientais atravessam fronteiras. Ministro Rezek e Silvio Santos, Carta Aberta ao Ministro Rezek. Cai o Muro de Berlim. Léo Ferré e protesto. Segundo turno entre Collor e Lula, vitória de Collor. Convite para concorrer à cátedra em Miami University. García Márquez pró-Cuba, V. Llosa – candidato à presidência do Peru, Fellini e outros pedem fim do muro cubano.

1990 154
Aula inaugural na UFRJ. Continua a cair o império comunista. Conversa com Roberto Marinho: sugestões. Jantar com Marília Pêra: amigos e patrulha. Iberê Camargo, o crime. Morte de Prestes. Manolo, genro de Drummond, depoimento no Banco do Brasil. Posse de Collor. Paul Engle IWP, Eva Van Ditmar. Canadá: encontro de escritores, Pierre Morrancy, Gaston Miron etc. NY: *O fantasma da ópera*, jantar, Laura e Bob. Drummond. Exposição de Oswald de Andrade e sua filha. Fim do comunismo, Collor e "abertura dos portos". Telefonema de Ipojuca. Convite para Secretaria de Cultura do governo Collor. Pessimismo com governo Collor. Araquen e convite para secretário da Cultura, constrangimento. Convite para dirigir o IBAC. Convite para dirigir a FBN. Primeiras reuniões. Morte de Guilhemos Fancovich. Ida à Biblioteca Nacional, o inventariante, Césio 137. Morte e celebração de Rubem Braga na FBN: Tônia e Paulo Autran. FBN: réveillon e perspectivas.

1991 168
Plano Collor 2. Guerra do Golfo. FBN. Desmando da mulher do presidente – família de Collor. Chuva nos armazéns da FBN. Queda de Ipojuca. Indicação de Rouanet. Queda de Zélia. Visita de Collor à FBN: nova política cultural. Lisboa: Prêmio Camões: Craveirinha, Luandino, armistício da guerra. Visita à BN de Portugal. Visita à BN da França: convite a Ladurie. Patrulha petista em Campinas (COLE). Desânimo. Congresso da IFLA em Moscou. Collor e o plano de leitura, coisas acontecendo. Roberto Campos e o Partidão. Fernando Sabino e o livro sobre Zélia. Viena–Praga. Más notícias da Rússia. Museus, concertos e Karabtchevsky. Praga: turistas, Gulag,

Casa de Kafka. Impressões de Moscou, prostitutas, segregação de russos, mendigos, as noivas, múmia de Lenin e o Goum. Hotel Rússia: baratas, espera do conflito. Autores brasileiros traduzidos. Tensão diante da "Casa Branca" soviética, espera do massacre. Iéltsin é aplaudido. ...E o Vento Levou e Dickens. Cenas do desfile, missa, altar dos mortos. Jornais espanhóis: a Internacional em Madri. Estranha conversa. Avanços na FBN. Os americanos bibliotecários. Marina e o livro de Fernando Sabino sobre Zélia. Crise entre Collor e Rosane. Coisas do Darcy Ribeiro. Viagem ao Egito: comitiva do ministro Rezek. As pirâmides. Visita de trabalho, Biblioteca Nacional do Egito. El Khalili. Museu Nacional, viagem no Rio Nilo, reunião entre ministros. Morte de Yves Montand. André Glucksmann: filosofia e jornalismo. Conversa com editores. Feira de Guadalajara: Elizondo, Ramires, Galeano. Hegel: vida de Jesus e Benjamim. Questão de Cuba e Galeano. Devolvendo livros raros. Escândalo das bicicletas e Cleto Falcão. Gullar e Montelo, espião russo.

1992 225
A loucura de Brasília. Rio 92. Itamaraty: segredo. Câmara Setorial do Livro. Linguagens do Modernismo. Jean Boghici, presidente da Romênia, Marin Marescu. Conversa com o cego no avião. Chile: lembranças dos exilados, programa de Antonio Skármeta, Enrique Lafourcade, história de Juan Ramón Jiménez. Estórias sobre Borges. Menem e Cavallo. Com Stella Marinho. Canadá: encontro de escritores. Nova York: concerto de Ella Fitzgerald. Exposições. Pierre Morancy. Tese de Maria Lúcia sobre Drummond. Jon Tolman. Seminário de Ações Integradas. Crise do governo Collor. Maria Lúcia Pazzo: confissões, tese. Shirley MacLaine e Maurício Panisset. Espanha: Granada, ABINIA. Visita à casa de Lorca com Sanguinetti. Allambra, Ferial. Visita a Brennand. Confissões de José Condé. Conversa com Heloísa Ramos (mulher de Graciliano). Conversa com Roberto Marinho. Situação pavorosa do país. Venezuela ritual no "Panteon de Patria". Estória de Cecília Meireles. Conversa com Luís Carlos Prestes Filho e Acervo Curt Lange. Crise do governo Collor. Drummond: amor natural etc. Índia: congresso da IFLA. Boatos de que seria o novo Secretário da

Cultura. Queda de Collor. Espanha: ABINIA: mais boatos. Visita ao Escorial. Nobel para Derek Walcott. ABINIA em Toledo, Madri. Antônio Houaiss ministro. Indico Gullar para o IBAC. "Amor natural", de Drummond. MinC e FBN, problemas: funcionários querem trabalhar seis horas. Intriga da AFFBN e do Sindicato dos Bibliotecários. Lançamento de *O lado esquerdo do meu peito*, com Turibio Santos. Morte de Otto Lara Resende. Impeachment de Collor e morte de Daniella Perez. Conversa com Cesar Maia.

1993 270
Antônio Houaiss e o quase encontro com Itamar, quase demissão. Conversa com Luiza Erundina, ministra de Administração. "Raspadinha" para FBN. Argentina: Mercoletras, embaixador Azambuja e estórias. Colômbia: Cerlac. Venezuela. Gerações mineiras. Posse de Fernando Henrique Cardoso. Festival de Medellín, prisão de bicheiros etc. Situação da América Latina. Bogotá, Botero, queda de Carlos Peres. Bogotá: escritores – problemas. Cidadão Honorário de Medellín, festival. Reunião com reitores. Passo Fundo, Tocantins. Seminário sobre Jorge de Lima. Almoço com Roberto Marinho. Venezuela: Prêmio Perez Bonald. Boatos e o ministério. Venezuela. Novo ministro: Jerônimo Moscardo. Fernando Sabino e suas estórias. Portugal: encontro com Jorge Amado e o Palácio da Fronteira, visitas outras. Roma: apartamento de Roberto Irineu. Lançamento de *Poesia sempre* na Embaixada. Frankfurt: preparação da feira. Ida à Dinamarca: lançamento de *Poesia sempre*. Casa de Poesía Silva – Colômbia. Estória de Ana Maria. Notícias da Colômbia. Jantar de Roberto Marinho para David Rockefeller. Estórias em Montevidéu. Chile: cartas de Clarice. Roberto Marinho na BN, Josué Montello, Jerônimo Moscardo e boatos. Material subversivo nos EUA. Luiz Roberto Nascimento Silva. Morte de Teresa Aragão/Gullar. Réveillon com Stella e amigos.

1994 305
Roubo de livros na FBN. IRV. Colômbia-Cerlac: drama cubano. Alberto e Manuel Bandeira. Jantar com Stella Marinho, Henfil, Graciliano, estórias de Ênio Silveira. Encontro de poetas na

Costa Rica: Juan Gelman. Edson Nery e o arrependimento. Prêmio Mobil Oil, morte de Nixon. Piadas de Rabassa sobre Costa e Silva. *Poesia sempre* em São Francisco, Ferlinghetti, João Almino. *Misérables*, Chelsea Hotel. Conversa com Itamar/ Mauro Santayana. Estafa: ponte aérea. Greve e governo. Bibliobarcos. Frankfurt: Bruges, morte no trem. Louvre, Manaus, Opus 90, Dacia Maraini. Merda e poesia. Drummond e a Seleção. Cai Rubens Ricupero. Eleição de FHC. Paulo Coelho, intelectuais. Premonição. Encontro de escritores no Paraguai, discurso no ex-Palácio de Stroessner. Estória de Alberto Costa e Silva. Buenos Aires e a droga. Encontro com Vargas Llosa em Curitiba. Seminário em Heildeberg: o caminho dos filósofos. Seminário em Berlim, Marco Aurélio Garcia. Cesário Melantonio, Celso Lafer, prof. Schwanck e outros. Festa de fim de ano na FBN: Weffort começa mal.

1995 335
Posse de FHC. Visita de FHC à FBN. Visita a Roberto Marinho. Hélio Fernandes. Rutônio Arrependido. Eduardo Galeano e o futebol. Friburgo: momento de perfeição. Embaixador Azambuja, convite para dirigir o CEB de Buenos Aires. Mario Lanza. Prêmio Associação Brasileira de Marketing. MAM: Paris/Chagall. Almoço no Palácio da Alvorada. Sucesso da DUCOTEC. Reunião no Escorial/ Espanha. México: Secretário-Geral da ABINIA, pirâmides, museus. FBN, coisas e Juiz de Fora. Morte de Stella Marinho, Sérgio Sampaio/Embratel. Marina e Nostradamus. Lucia Sweet e Sartre. Lembranças de Belo Horizonte. Prêmio Camões: Saramago. *Poesia sempre* em Roma. Embaixador Luciano Osório, estória de Maluf. O desencontro (francês) com Brasil. Conversa com Artur da Távola. "Eu Marajá".

1996 359
Um ano de FHC, réveillon com Cravo Albin. Baena Soares: um réveillon equivocado. Morte de Ênio Silveira, Jose Condé e Guilherme Figueiredo. ABL, Prêmio Camões, Wilson Martins, planos. Greve, Fernando Ferreira de Loanda. Nova York: encontro internacional de bibliotecas, contrastes. Invasão

do Ministério da Fazenda. Conversa com FHC no Alvorada. Randal Johnson. Francisco Bettancourt. Encontro de línguas lusófonas em Buenos Aires. Irlanda/Dublin: Festival Johns Hopkins, livro de Kells, vikings e o drama da morte anunciada. Minha demissão da FBN. Convites. FBN, um "case": depoimento na FGV.

1997 375
Enterro de Paulo Francis e morte de Antônio Callado. Morte de Darcy Ribeiro. Conversa na praia. Invasão da casa em Friburgo, conversa com investigador. Pato Branco e Alceni Guerra. Faxinal do Céu, Faculdade da Cidade, Ronaldo Levinsohn, José Mário. Uniamérica, Alberto Dines. Dr. Fritz. Segunda visita. Drummond e Geraldo Dolino. General Figueiredo e Dr. Fritz. Romaric Büel, Tônia. Ida a Belo Horizonte, amigos. Homenagem em O Granbery. Fim de ano, Prêmio APCA. Morte de Lindolf Bell.

1998 393
Roma: escrita do livro *Barroco, do quadrado à elipse*. Luciana Stegagno, Murilo Mendes e Ezra Pound. *Barroco, alma do Brasil*, lançamento no Louvre, *Suíte Brasil* com José Murilo de Carvalho, jantar na casa de José Roberto Marinho. Não piso mais no Butantã. Dr. Fritz opera Marina. Com João Ubaldo na TV Bandeirantes: baianos e mineiros. CCBB com Turíbio Santos e Pelourinho. *Bom Dia Rio*, FBN. José Aparecido: planos para Itamar. Leitor no elevador. Desemprego. Reis Veloso, FHC no Palácio. José Murilo e Figueiredo e Brizola. Sobrinha de Bandeira. Dr. Fritz. *Minas além das Gerais*, Fernando Sabino, Bahia, conversa com Antônio Carlos Magalhães. Prêmio APCA.

1999 402
Memórias de meu pai. Desvalorização do real. Massacre dos aposentados. Bolsa em Bellagio/Italia. Espanha/ Reina Sofía. Adélia Prado. Convites para a ABL. Ricos e pobre. Fidel e a UNE. *Suíte Brasil*: Henfil, Betinho, Chico Mário e José Murillo de Carvalho. Jantar na casa de Roberto Irineu para Rockefeller.

Carolina do Norte, conferência e o furação Floyd. Minha Formação de Nabuco. Estória de Glauber. Morte de J. C. Mello Neto. O problema no Itamaraty. Michel Maffesoli. Valdemar Torres e Porto Alegre. Réveillon na casa de José Roberto Marinho.

1980

9 de julho
    Morreu **Vinicius de Moraes**. Às 10 horas da manhã me telefonam da *Manchete* pedindo um artigo de cinco laudas sobre o poeta/cantor. Penso, sem saber que ele morrera, que era mais uma dessas reportagens sobre Vinicius. Como me havia sentado para escrever o livro sobre "carnavalização", argumentei que não era possível, por absoluta falta de tempo. A seguir me telefona **Zuenir Ventura** da *Veja*, me comunica tal morte e pede um depoimento. Pasmo com a morte, comento-a com Marina. A seguir telefonam do *Jornal do Brasil* pedindo um artigo de 3 páginas para daí a 4 horas. Depois telefona de novo a *Manchete* insistindo. Eu me explico: que não aceitara porque não sabia da morte do poeta. Mas combinamos o artigo. Telefona a *Isto É*, e eu me escuso. Vem *O Globo* e mais o *Jornal Nacional* para uma entrevista curta. Comento, autocriticamente, com Marina: "Pronto! O ser humano não tem jeito. Cá estou eu e outros vivendo a morte alheia! Ai, meu Deus! Não temos jeito".[1]

---

1. Releio esse *Quase diário* em 2013. Passaram-se 33 anos. Este ano, além do centenário de Vinicius, é também o centenário do nascimento de Rubem Braga, que era meu vizinho. O do Drummond foi em 2002. Vinicius virou nome de rua em Ipanema (antiga Montenegro, onde morei nos anos 60). Neste ano, conferências sobre Vinicius na Universidade de Brasília, na Sociedade Psicanalítica de Brasília, apresentei-me em Lima (Centro Cultural Brasil-Peru), ao lado de Maria Creuza (cantora que ele impulsionou) em Bogotá (Instituto Brasil-Colômbia), fiz uma apresentação para um livro dos alunos do ateliê literário do Clube Paulistano sobre Vinicius e a TV Escola esteve aqui para uma entrevista. Tive o cuidado de dizer que tinha a visão diferente da crítica, de "outro" Vinicius, algo mais rico e interessante. Não deu para atender outros compromissos, como a Casa do Saber/Rio. Em 1980, escrevi para a *Manchete* o artigo "O Orfeu tropical" e para o JB, "O último romântico" (10/7/1980).

Cancelo duas entrevistas, com o brasilianista **Malcolm Silverman** e com o poeta cearense **Adriano Spínola** – o qual levo ao enterro. Lá encontro **Otto, Fernando, Hélio, Autran, Nelson Motta, Jomico Azulay, Jaguar, Sérgio Cabral, Sábato Magaldi, Edla van Steen** e dezenas de outros. **Drummond** lá está com **Dolores**, ele abatido com a barba por fazer por causa da herpes que pegou há dias.

O enterro não é triste. Esse poeta viveu a sua vida melhor que muita gente. Dizem que Drummond sempre diz que queria ser Vinicius (por causa da desrepressão existencial). Lá estão também **Callado, Gullar, Moacyr Félix, Ênio** e outros. Olho todos em volta, todos nós ensaiando a própria morte, imaginando seu enterro e as caras dos outros.

Não há tristeza exatamente. Hélio Pellegrino faz uma frase: "Com a morte de Vinicius abre-se uma vaga na Academia, mesmo que dela não faça parte". Converso com Hélio sobre a interpretação psicanalítica do poeta, lembrando o ensaio que tenho sobre ele e que sairá no livro *O desejo e a interdição do desejo* – já atrasado quatro anos.[2]

No sepultamento, algumas mulheres choram alto e falam frases nervosas, lamentando a morte do poeta. Uma implora que cantemos, todos, as músicas dele. Implora. Implora. Começamos timidamente a cantar.

No *Jornal Nacional* fazem uma bela reportagem, mas não dão minha entrevista. No entanto, usam minha frase: "Vinicius de Moraes era o último grande poeta romântico". Usam-na e não dão crédito. Ah, essa imprensa. Fico puto.

Vinicius era necessário. Vindo para casa com Jomico Azulay, comentamos como a geração de Vinicius, Fernando, Otto, Hélio, Millôr, Sérgio Porto foi importante para nossa geração. Lamento,

---

2. O livro sairia em 1984 com o título *O canibalismo amoroso* (Brasiliense). Depois, teve várias edições pela Rocco. Aí estudo a clivagem entre a mulher única e a mulher que passa, Dionísio, Orfeu, Édipo, Eros, Tanatos, a hierogamia sacra e profana, as imagens líquidas (leite, sêmen, urina), o regime diurno e noturno, o *logos spermaticos* e a ternura canibal do poeta. É outro Vinicius.

no entanto, que não tivessem a visão e a consciência dos latino-americanos como **Llosa, Fuentes, Cortázar** etc. Mas de qualquer forma ajudaram a mundanizar a literatura e a popularizá-la. Estive a primeira vez ao lado de Vinicius em Belo Horizonte, num bar de hotel. Ele, impaciente, precisava de uma presença feminina, acabou desencravando de mim o telefone de uma cantora – **Rosana Tapajós**. Isto foi em 1961. Depois autografamos juntos na UNE, em 1963, numa imensa festa, o *Violão de rua* n⁰ 1.³ Nós e mais dezenas de poetas. Eu, o mais jovem deles. Nos vimos acidentalmente várias vezes. A última foi em sua casa numa entrevista que seria publicada (e não foi) em livro. Estavam lá Marina e eu, **Sérgio Cabral, Teresa Cesário Alvim**, que comandava a gravação, **Max da Costa**, editor da Graal, que morreu daí a meses, **Jaime Lerner**, antes de ser reconduzido à prefeitura de Curitiba, **Moacir Werneck** e a mulher argentina do poeta, jovem e linda.

O poeta contou casos de sua vida e de como invejava **Jorge Ben** que, certa noite, ouviu baterem à sua porta após um show: era **Brigitte Bardot**, que havia vindo dar para ele. Contava também que **Sérgio Buarque de Holanda**, então estudante na Alemanha, num restaurante viu as calcinhas de **Marlene Dietrich**, que, sentada em frente, cruzara as pernas. Parecia um garoto adolescente falando do mistério e segredo "inalcançável" das mulheres.

É isso. Parece que foi um adolescente até morrer, com 67 anos.⁴

Há vários dias que venho pensando em escrever um diário. Sei que há motivações externas e internas. Externas: a publicação

---

3. *Violão de Rua* – antologia poética organizada por Moacyr Félix, reunindo poetas de várias gerações (modernistas de 1922, Geração de 45, Vanguarda de 56, novos), pertencia à série de cadernos políticos publicados pela Editora Civilização Brasileira nos anos 1960.

4. Eu publicaria longo ensaio sobre sua poesia em *O canibalismo amoroso* (Rocco, 1984). Acho que foi o primeiro ensaio dentro da universidade a revalorizar sua poesia. De resto, em *Música popular e moderna poesia brasileira* (Vozes, 1977), dou o necessário espaço à sua contribuição. E havia registrado a leitura de seus versos em "Sou um dos 999.999 poetas da república" (*Poesia sobre poesia*, Imago, 1975).

de fragmentos do diário de **Drummond**, no *Jornal do Brasil*[5], e eu percebendo como certos detalhes são importantes para o entendimento do país, da geração e do poeta. **Otto Lara** também tem publicado seu diário (informalmente).[6] **Josué Montello** idem. Vi outros fazendo a mesma coisa. Os diários de brasileiros que (aleatoriamente) vi, não me agradaram, como os do **Walmir Ayala** ou do **Lúcio Cardoso**. Há aquela coisa meio ficção, meio romance do **Marques Rebelo**, que acho interessante. Marina escreve diários desde menina. Isso aqui não é um diário, é um quase diário. Na minha adolescência li (era um sucesso) *As amargas, não*, de Álvaro Moreira, fragmentos de uma vida deixando de fora as "amarguras".

Por outro lado, sinto que ingresso num período mais maduro. Há certas coisas mais consequentes acontecendo a partir de mim, ou me envolvendo. Antes, achava que a poesia era o meu próprio diário, e bastava. Mas agora necessito dessa outra ferramenta. Quando adolescente, escrevi diário (como meus irmãos). Mas tinha tanto medo de que a família o lesse que não narrava as coisas importantes. O diabo vai ser encontrar tempo e fidelidade nesse projeto. Para esse tipo de coisas sou muito descontínuo. A vantagem é que isso me obriga a treinar a escrita e a me livrar, de vez, da já quase extinta "câimbra de escrivão" – essa coisa que o **Autran Dourado** também tem. Só que ele, escritor/escrivão, tem um cartório, e eu não tenho cartório, e a minha câimbra é muito melhor.

7 de agosto

Lancei meu quarto livro de poesia – *Que país é este & outros poemas* (Civilização Brasileira) numa livraria lá do shopping RioSul. Movimentado, descontraído o lançamento. Eu, calmíssimo. Não

---

5. Em 1980/81, Drummond deu a ler parte de seu diário no *JB*. Depois publicou o livro *O observador do escritório*, que só vim a ler integralmente agora em 2013. Cortou do seu diário muita coisa que achava desnecessária (ou que poderia lhe trazer problemas, afinal, era muito hábil). Há grandes vazios no seu diário, que começa em 1943 e vai até 1977.
6. Otto escrevia cartas aos montes. São seu verdadeiro diário.

troquei o nome de ninguém, como costume fazer.[7] Todos ficaram contentes, alguns até impressionados com o público.

Gostei não só da repercussão em jornais e TVs, mas sobretudo porque apareceram muitos leitores anônimos, curtidores de minha poesia e dos artigos que venho publicando no *Jornal do Brasil*.[8] O título do livro deriva de uma frase pronunciada por **Francelino Pereira**, hoje governador de Minas, que foi presidente da Arena 1976, partido majoritário do governo **Geisel**.[9]

Vou à reunião da SBPC (Sociedade Brasileira para o Progresso da Ciência), 32ª reunião, na Universidade Estadual – UERJ. Os quase 10 andares do prédio lotados. Encontro **Darcy Ribeiro** no elevador, que me cobra não ter ido à reunião com os índios... Na verdade, recebi um aviso telefônico de **Vera /Zelito Viana**, mas não explicaram o que e para que era. Foi uma pena.

A mesa-redonda com **Silviano Santiago, Dirce Riedel, Antônio Callado e Ivo Barbieri, Luis Costa Lima** foi uma chatura. Todo mundo lendo textos teóricos acadêmicos, num tom que lembra o formalismo do tempo da ditadura. **Antônio Callado** foi o

---

7. Em Belo Horizonte, no lançamento de *Poesia sobre Poesia* (Teatro Marília de Dirceu, aos 70), um leitor postou-se ao meu lado dizendo que só sairia dali quando eu lembrasse seu nome. Adverti-o de que perderia a aposta. Quase meia-noite, ninguém mais presente, ele ali. E eu não tinha a menor ideia de quem ele era. Era um colega do Centro de Estudos Cinematográficos que fundei com vários amigos em Juiz de Fora, creio que em 1956, quando eu fazia crítica cinematográfica.

8. O primeiro desses artigos foi "É isso aí, companheiro", comentando o livro de memórias de Fernando Gabeira. Eram textos que traziam para o jornal, de maneira leve, meu aprendizado na universidade. O poema "Que país é este" foi publicado com destaque no *JB* em 6/1/1980 e divulgado antes entre os exilados na Suécia.

9. Só fui conhecer Francelino anos depois. Ele apareceu até em lançamentos meus em Belo Horizonte em torno do ano 2000. Sempre foi muito gentil e deu um depoimento para o blog que a Rocco fez por ocasião do relançamento do livro, 30 anos depois (www.quepaiseesteolivro.wordpress.com).

melhor, conquanto o mais fraco teoricamente. Nem ele se propôs a tal. Começou falando da morte de Vinicius ontem e criou logo uma empatia com o público. O assunto geral (parece) era a cultura brasileira hoje. Saí antes de acabar, com o saco cheio, embora sejam meus colegas. Atualmente estou noutra. Os artigos no *JB* mostram essa busca por algo novo, nova linguagem, mais quente e oralizante.[10]

Fora dali, a discussão de um grande grupo ocupava os corredores do 9º andar: homossexualismo. Plateias e discussão quentes. Por todo lado, a esquerda radical vendendo livros e revistas. São uns 10 andares em tipo de feira cultural. Mas me incomoda esse *lumpenproletariat* da esquerda, evidentemente mais neurótico que político.

Mas o ambiente era de festa. A SBPC passou a ter uma função política e social durante a ditadura. Milhares de pessoas (ou centenas?) ouviam economistas na concha acústica da universidade. Até os economistas são mais "quentes" em suas falas. Só os professores de literatura ali não sacaram que a hora é outra. Ai, meu Deus! Que tédio dos meus pares!

Ontem, juntamente com **Darcy Ribeiro**, falei para umas 2 mil pessoas no auditório da SUAM a convite de José Maria de Souza Dantas (Sociedade Universitária Augusto Motta), num congresso de literatura. Meu tema: "Literatura e psicanálise". O tema de Darcy: "Antropologia e literatura". Darcy deveria ter vindo para essa conferência às oito da manhã, e não às dez, e acabou falando na mesma sessão comigo. De improviso, sem preparação. Mas ele confessou que não consegue acordar cedo e assim se dispôs a fazer uma conferência a quatro mãos. Falei apenas na primeira hora, ele na outra. Foi tudo maravilhoso. Toneladas de perguntas para ambos. Lá pelas tantas, já que o assunto era também antropologia, li um poema – "Índios meninos" (dedicado, aliás, ao Roberto DaMatta). Aplaudido. Bela experiência.

---

10. Esses artigos em 1984 seriam reunidos em livro; *Política e paixão* (Rocco). O editor Paulo Rocco fez questão de botar no livro também meus poemas publicados nos jornais. Faziam um todo.

14 de agosto

Ontem me dizia **Moacyr Félix** que **Dias Gomes** lhe telefonou e falou umas coisas sobre poesia e poetas hoje. Narro ao Moacyr que assisti ao espetáculo *Poema sujo*, de **Gullar**, exatamente sentado ao lado do Dias (que sempre foi muito fraterno comigo), que bocejou três ou quatro vezes. Conversamos depois com o Gullar e fomos ao camarim, onde fiz questão de cumprimentar a esplêndida **Esther Góes**.

Antes do espetáculo, havia conversado uns 30 minutos com Gullar no saguão do teatro da Funarte, lembrando-lhe o paradoxo da situação: ontem ele estava exilado, hoje patrocinado pelo governo. Perguntei-lhe se o havia procurado o prof. **Kaj Michaelis**, da Universidade de Hamburgo, que quer fazer uma antologia de poemas nossos e de outros poetas.

Sobre o espetáculo, eu e Dias fizemos diversos comentários e sugestões.

25 de setembro

Há dois dias começou a **Guerra Irã-Iraque**.[11] Sobre isso conversamos o dia inteiro, e as relações entre isso e as bombas e atentados no Brasil, ou os cinco assaltos que vitimaram minha filha Fabiana. Se fosse escrever sobre isso...

8 de outubro

Saiu há uns quatro dias uma crítica do **Wilson Martins** no *Jornal do Brasil* sobre *Que país é este?*. O jornal, por meio do editor **Mário Pontes**, já havia me prevenido e dado a ler o texto, há um mês. É, evidentemente, uma das críticas mais gratificantes que já recebi. Mais até do que aquela que fez **Tristão de Ataíde** a respeito de *A grande fala do índio guarani*. Muita gente me ligou, escreveu, procurou e falou.

---

11. Essa guerra foi de 1980 a 1988. Estima-se que morreram 1,5 milhão de pessoas.

A crítica do Wilson Martins tem um lado literário preciso: releu e assimilou todos os meus livros de poesia. E vai ter uma consequência política imprevisível na vida literária. Estando ele na Universidade de Nova York, onde leciona, não pode (ou pode?) aquilatar as consequências disto nos arraiais literários. Sendo como é o ambiente literário, isto cai como uma bomba.

Eu gostaria de ter contemporâneos com quem pudesse ter uma relação destravada, de alto nível. Seria fecundo para todos.

9 de dezembro

Acabaram de matar **John Lennon**. Estou em Aix-en-Provence, é noite, e a TV anuncia traumatizada este fato que nos choca a todos: três gerações – eu/Marina, Fabiana e Alessandra. Fabi diz: "Cara, estou totalmente apalermada!". Na televisão, reprisam cenas de filmes com John. Amanhã e toda a semana os jornais e revistas vão se ocupar disso. O mito dos Beatles invadiu minha vida e a de várias gerações. Vi-os em Los Angeles no "Stadium" (1966, creio); milhares de adolescentes aos gritos e prantos, e eu ali, pasmo e feliz. Súbito me vem à mente tudo o que vivi nos anos 60 cercado pela atmosfera dos Beatles e suas sequelas menos importantes, como os Rolling Stones e outros grupos que também vi e ouvi. Em alguns poemas ("A grande fala", "Que país é este?") registrei a presença deles.

Quando estava na Califórnia – um dos lugares privilegiados da década de 60 –, escrevi várias crônicas para o *Estado de Minas* (BH) e o *Diário Mercantil* (Juiz de Fora) registrando emoções do jovem professor universitário provinciano diante da cultura hippie que surgia.[12] Não vou aqui atacar de recordações proustianas; este diário não é para isso. Aqui não faço literatura, senão o registro, o índice das coisas.

O presidente **Carter** e **Reagan** se manifestaram traumatizados. O locutor da TV francesa diz que as rádios e TVs americanas transmitem todo o dia as músicas dos Beatles. Dizem ainda que esse assassinato é tão traumatizante quanto o de JFK.

---

12. Essas crônicas são inéditas e não sei se devem ser publicadas...

C'est bizarre que un chanteur qui chantait en faveur de la paix et de l'amour soit tué dans une situation pareille.[13]

Fiz hoje uma conferência para os professores do Departamento de Línguas Românicas da Universidade de Aix-en-Provence. Como o tema central era o índio, apresentei a análise de *O Guarani*[14]. Parece que o resultado foi positivo: os professores reagiram simpaticamente, sensação de revelação diante do método de análise que utilizei, que não se limita aos "estruturalismos" mecânicos.

Para mim isto é gratificante, promissor, ainda mais diante das péssimas notícias que vêm do Brasil: continuam os assaltos e as mortes violentas (agora assaltaram um prédio inteiro como se fosse uma operação militar). Também a situação da PUC-RJ é grave: despediram vários professores (de esquerda), acabaram com o mestrado de Filosofia etc.

Há dias assistimos, pela TV, à posse de **Ronald Reagan**: incrível a atmosfera de *déjà vu*. Prefiro Carter e sua política de direitos humanos. Duvido que Reagan vá terminar seu mandato. Ele, de alguma maneira, é a ascensão de uma certa máfia.

Há dias, passeando em Antibe – antiga cidade romana, a convite de **Serge Bourjea** e **Michelle**, enquanto via a casa de **Prévert**, o **Museu Picasso** e o mar e as casas, quase chorei de comoção ante tanta beleza e harmonia.

---

13. Nota 10/4/2013 – Estou indo para a Feira do Livro de Joinville e vejo nos jornais desses dias (mais de 30 anos depois) que o pastor Marco Feliciano – que foi eleito para presidir a Comissão de Direitos Humanos do Congresso e que tem sido combatido por suas ideias arcaicas – disse que Lennon foi morto porque atacou Jesus; e que o primeiro tiro foi dado por Deus, o segundo por Jesus e o terceiro pelo Espírito Santo. Ou seja, punição por Lennon ter dito que os Beatles eram mais populares que Jesus Cristo...

14. Esse estudo está em *Análise estrutural de romances brasileiros* publicado pela Vozes, 1973. A décima edição é da Unesp. É uma tentativa de atravessar a *selva selvaggia* do estruturalismo, que dominou os estudos literários nos anos 60/70/80.

1981

27 de janeiro

Com Serge e Michelle Bourjea, Marina e eu fomos à Universidade de Montpellier para conhecer **Huguette Laurenti**, que dirige a biblioteca e os arquivos sobre **Paul Valéry**. Recepção gentil. Fiquei surpreso na sala dedicada a Valéry, na biblioteca, com os volumes de suas anotações "Cahiers": 29 volumes, editados, cópias das folhas que ele escrevia todos os dias das quatro da manhã até as dez. São anotações, desenhos, cálculos, símbolos, nos quais ele colocou tudo o que pensava, inclusive o material que ensaiava para os textos futuros.

Fico pasmo, mais do que fascinado com uma pessoa assim. Jamais teria tal força de caráter (ou neurose). E uma pretensão, mais que disciplina. No entanto, há outra versão para isso. Na verdade, ele não escrevia só para os pósteros (ao contrário, diz-me Huguette que ele foi muito desorganizado ou despreocupado com isso), ele escrevia para viver, era pela pena que se descrevia e sentia o mundo.[1]

4 de março

Recebi há dias uma *Veja* com mais uma longa reportagem sobre **Fernando Gabeira**: "o escritor da abertura".

Repasso a nossa amizade. Ele foi meu contemporâneo no Granbery, alguns anos mais jovem. Meteu-se numa greve contra o

---

1. Dizem que Einstein se encontrou com Valéry e, como visse este anotando coisas o tempo todo, perguntou-lhe o que tanto anotava. Valéry disse que toda vez que tinha uma ideia a registrava. "Curioso", disse Einstein, ironicamente. "Eu só tive uma ideia..."
Essa estória me foi contada como algo acontecido entre Einstein e Alceu Amoroso Lima, quando Einstein veio ao Brasil em 1925.

reitor (Mr. Moore) e foi desligado do colégio. Fomos muito amigos em BH. Ele (namorando Marília), **Ivan Angelo** (namorando **Maria Ângela**), eu (namorando **Nena**). Saíamos praticamente todas as noites para os bares. Ele foi editor – jovem revelação do *Diário de Minas* e *Correio de Minas* (para o qual colaborei). Na véspera do golpe de 64 estávamos ali na redação do *Correio de Minas* acompanhando perplexos os eventos pelo rádio. Se o general x ou y iria aderir ao golpe.

    Seu casamento com Marília, totalmente informal, durou um seis meses. Trabalhamos também na *Alterosa* – dirigida por **Roberto Drummond**. Quando ele foi para o Rio, acabei indo a seu convite para o Departamento de Pesquisa no *JB* (1968). Isso mudou minha vida. Lá conheci Marina. Fui para os EUA (Iowa) e, quando voltei, em 1969/70, ele já estava na clandestinidade. Fui visitá-lo na cadeia. Reencontrei Marina. Etc.[2]

    Recebemos uma longa carta de **Drummond** em resposta a uma outra não menos longa que lhe enviamos. Mais aberto, cordial, deu algumas opiniões raras, inclusive a respeito do meu livro sobre ele (que está sendo traduzido para o inglês por **Randal Jonhson**[3]). Aliás, fiz, a pedido do **prof. Frèches,** um texto explicativo sobre a obra de C.D.A. que seguiu para a Academia da Suécia, pretendendo Prêmio Nobel para Drummond. Se der certo (pois o Frèches é um dos que sugerem nomes à Academia), seria um carro-chefe para a literatura brasileira no Exterior.

    No mais, Ronald Reagan ajuda militarmente o governo déspota de El Salvador, e a Rússia continua no Afeganistão. Condenaram

---

2. Depois, a vida de Gabeira se tornou pública: livros de autocrítica ao seu período guerrilheiro, deputado, candidato a governador do Rio, depois a prefeito, volta ao jornalismo. Nesses dias (2013), sua filha Mayra, surfista, foi notícia, pois quase morreu ao tentar pegar uma onda de 30 metros em Portugal.
Em 2016, fiz um curso na Casa do Saber/Rio e convidei Gabeira, Miriam Leitão e Roberto DaMatta para discutirem *Que país é este?* É tempo de Temer e Dilma...
3. O projeto não andou.

Lula a três anos de prisão pela Lei de Segurança Nacional, a Polônia continua às vésperas de uma invasão soviética, e fracassou o golpe da guarda civil espanhola contra a democracia espanhola. Vi isso, emocionado, num documentário da televisão italiana.

9 de março

Hoje dói muito dentro de mim essa coisa chamada Brasil.

13 de março

Hoje vimos uma exposição de linografias de **Picasso** no **Museu Granet**. Bonita, não resta dúvida. É a terceira exposição de Picasso que vemos em dois meses: Antibe (cerâmica), Arles (desenho) e esta. Gosto mais da de Antibe.

Ah, sim: sobre Picasso. Vendo suas obras, especialmente os rostos, penso se não seria possível um estudo mostrando um aspecto (hipótese minha): de uma "esquizofrenia estética" e psíquica. Ou seja: além da técnica dos três planos simultâneos, típica do cubismo, me parece haver nele uma visão esquizo da mulher, sempre partida em 2/3. Seria interessante se fazer uma pesquisa histórica, textual, psicológica, como foi feito com Gandhi, Lutero e outros, para se demonstrar um traço de sua personalidade.[4]

Na TV-2, programa *Apostrophes,* de **Bernard Pivot**. Entrevista a mulher do poeta, uma jovem autora que escreveu um livro: ***Paul Nizan un comuniste impossible.*** Vem à tona o problema da relação do intelectual com o "partido". Confirma-se tudo o que eu pressentia na adolescência e não ouvia ninguém dizer no Brasil: o partido é uma "igreja".

Nizan largou o "partido" desiludido com a Rússia, quando esta fez um acordo com os nazistas (década de 30), e os comunas

---

4. Mais tarde eu faria o poema "Picasso e as mulheres" partindo daquela afirmação de Paul Éluard de que Picasso "ama, mas ele mata o que ama...". Aliás, meu fascínio por Picasso deu em mais dois poemas – "Os desenhos de Picasso" e "Errando no Museu Picasso", onde faço a conexão entre *erro/errância.*

passaram a execrar Paul Nizan, a chamá-lo de tudo. Só muito recentemente se pode ver isso claramente.⁵

Também no programa, depoimento de **Olivier Todd** – *Un fils rebelle* em que ele diz algumas coisas sobre Sartre, coisas sobre as quais eu e Marina já havíamos conversado quando publicamos no *JB* uma longa entrevista de Simone e Sartre comentada por nós dois.⁶

Percebe-se que **Simone de Beauvoir** era mais séria que ele, que ele às vezes opinava sobre livros que não leu. De minha parte, lendo a trajetória dele, resumida no *Nouvel Obs*, vi uma certa ligeireza nas tomadas de posição, o que me escandalizou.

11 de abril

Quando, há uns doze dias, **John Hincley** tentou matar o presidente norte-americano Ronald Reagan, pensei em anotar tudo isto aqui: a excitação e o assombro que eu e Marina experimentamos vendo a TV repassar insistentemente as cenas em uma cobertura sem paralelo feita por J.M. Cavada na TF-1.

Hoje, Reagan voltou à Casa Branca.

Ma vie n'est pas derrière moi
Ni avant
Ni maintenant
Elle est dedans
(**Jacques Prévert**)

2 de maio

Amanhã sigo para a Dinamarca a fazer conferências em Aarhus, Copenhague, Odense. A poesia revém aos poucos.

---

5. Em 2010, o livro de Alan Riding *And the Show Went On* estuda detalhadamente a adesão de muitos intelectuais franceses ao nazismo e a questão dos "collabo". Fiz uma crônica sobre o livro antes que fosse traduzido no Brasil.

6. Trata-se de "Homem e mulher – um diálogo a quatro vozes", em que eu e Marina retomamos a conversa de Sartre/Simone e fizemos alguns adendos. O pensamento de Simone é mais interessante que o de Sartre.

14 de maio

Ontem, o atentado contra o **papa João Paulo II**, por um maluco turco muçulmano. Hoje, a violência não atinge apenas o homem comum, nem ocorre verticalmente, horizontalizou-se. Os dirigentes estão experimentando a mesma insegurança que qualquer um.[7]

13 de junho

No Brasil desde o dia 27. Passagem por Paris: no Lipp, enquanto comíamos, mulheres de uma mesa ao lado me olhavam insistentemente e intrigadas... Até que vieram me perguntar se eu era, imaginem!, Lorin Maazel!... Deve ser por causa da gola rulê que eu usava.

2 de julho

Sai o resultado do **IPM sobre a bomba no Riocentro**. No dia 1º de maio, multidão de jovens para assistir show de música, e os militares de extrema direita explodem bombas ali para forçar o fechamento do regime. O Exército reúne secretamente 30 generais para fornecer suas "explicações". Publica-se o resultado, depois de uma exposição à imprensa com slides etc. Os jornais, com o *JB*, dando grande espaço para isso. Em todo o país, casas, ruas, festas, universidades, uma imensa indignação. Os que estão no poder mentem descaradamente. E os idiotas do PC (e mesmo certas esquerdas) abafando tudo e fazendo a apologia de que o que interessa é a eleição de 1982. Burrice política. Não se chega à verdade pela mentira. Não se chega à democracia pela ditadura. Quando decretaram a abertura, não prenderam os terroristas da direita. Os de esquerda se arrependeram, escreveram mil livros, mas a direita continua aí, ensarilhada.

Precisava-se de uma mobilização popular. O governo está aí acovardado. Os civis, temerosos num país de "cautelosos pouco a

---

[7]. Em fevereiro de 2005, o papa João Paulo II visita o criminoso e o perdoa.

pouco", como diria **Mário de Andrade** descrevendo os burgueses. Não há mais vergonha nacional. Deveriam os sindicatos, associações de bairro, diretórios, todos, enfim, se ajuntarem e se manifestarem? Refazer a história do IPM e publicar (algum jornalista) um livro sobre isso?

Um grande desamparo cívico. Não acreditamos no governo e não acreditamos no Exército. E a oposição não tem como chegar ao poder. Uma Bolívia maior. Um Paraguai com megalomania.

Aboletados no poder, acumulando cargos dos civis, os militares não querem mais largar seu emprego. Reduzir, como a própria oposição faz, aquele episódio a um "acidente de trabalho" é esquecer que no Riocentro havia 30 mil pessoas expostas à tragédia.

O jeito é converter essa perplexidade em poesia.

7 de julho

Dito e feito. Como não conseguia trabalhar, pensar em outra coisa, lancei minha indignação em forma de poesia. Fiquei todos esses dias reescrevendo, escrevendo, procurando os caminhos. Dia seis, finalmente, lá pelas onze horas da manhã, estava o poema pronto: "A implosão da mentira". Escrevia inclusive à mesa do almoço com a família ao lado, ao pé da lareira em Friburgo enquanto Marina e as meninas conversavam. Ao terminar, tremenda sensação de alívio e realização. Marina o leu, fez duas ou três sugestões. Levei-o ao *JB*. **Walter Fontoura** leu e gostou.

Mal dormi à noite pensando no dia seguinte: como sairia, se sairia, minhas possíveis encrencas com as forças de segurança. Assumi todos os riscos, premeditadamente. Não posso ficar como um cão covarde num canto ante tanta calhordice.

O resultado no dia seguinte: desde meu irmão Carlos, na Petrobras, entusiasmado e gritando: "Puta merda!" e contando que muitas pessoas já o haviam chamado. Desde então até agora, dez e meia da noite, o telefone me chamou o dia inteiro com pessoas emocionadas e felizes, devido à empatia geral que o texto criou, aliviando-nos todos. Observação geral: "era a voz da poesia que todos queriam ouvir", e faziam referência a Drummond etc.[8]

Um dia imenso de gratificações e de esperanças. Não acredito que as eleições de 82 vão resolver alguma coisa. As forças da repressão continuam. Tomaram o governo e não o largam. Acho uma ingenuidade pensar que eles são uma minoria.

15 de julho

Ganhei a bolsa da **Guggenheim** para estudar carnavalização: 20 mil dólares. Tenho a viagem à França no fim do ano.

23 de julho

Venho do IBAM, onde **Guerreiro Ramos** lançou em forma de seminário o seu "A nova organização" visando a criticar, reescrever **Adam Smith** (*A riqueza das nações*, 1756). Tarde incrivelmente quente, humana e intelectualmente gratificante. Pensava que os 50 políticos, administradores, cientistas políticos não entrariam no debate francamente. Mas o que assisti foi entusiasmante. Lá estavam, entre outros: **Ignácio Rangel**, que mostrou-se frontalmente em oposição ao livro; **Saturnino Braga** e **Márcio Moreira Alves**, que não falaram; **Milton Santos**, o geógrafo – amizade minha recente nas reuniões do CNPq em Brasília; **Maria Lucia Lib**, da FGV; e dezenas de outras pessoas, como **Arthur Rios, Luciano Martins, Walder de Góis** etc.

Guerreiro foi ótimo. Cheio de recursos teatrais e polêmico, atuou melhor do que eu esperava. É curioso seu comportamento intelectual. Aliás, no meio de sua conferência, fez-me um rasgado

---

8. Nota de 12/4/2013: Essa observação sobre Drummond, lida uns 30 anos depois, me faz pensar: faltavam seis anos para que Drummond morresse, ele já havia feito sua obra, estava se dedicando às memórias e ao passado. A cobrança de alguns dizia mais à necessidade de ver a poesia respondendo à história, expressando sentimentos amplos. A cobrança deveria ser feita aos poetas de minha geração, mais que a C.D.A., que havia praticamente completado sua trajetória.

elogio chamando-me de "o meu poeta", "o mais brasileiro dos nossos dias" etc. O que, de resto, tocou-me muito. E penso e repenso na repercussão ainda desse poema.

Nunca estive tão em sintonia com o Brasil, com o público, com aquilo que escrevo. Ainda ontem no coquetel na casa do cônsul francês, por ocasião de um congresso francófone no Rio, alguém me disse que os jovens de 15 e 17 anos bem me entendem.

Essa repercussão e recepção do meu texto tem algo parecido com outro fato que acorreu. Outro dia, **Dina Sfat**[9], no programa *Canal Livre*, fazia parte da equipe que entrevistava o general **Dilermando Monteiro**. Aquele general liberal que resolveu no governo **Geisel** o problema da tortura em São Paulo, depois da morte de duas pessoas (**Vladimir Herzog** e um operário, **Manoel Filho**). O programa era uma mistura na qual as pessoas tentavam ser agressivas e cordiais ao mesmo tempo. Dina Sfat obteve enorme sucesso, que lhe valeu reportagem de página inteira no *JB* sobre sua participação.

Apesar de estarem ali no programa **Hélio Silva, Audálio Alves, Cícero Sandroni, Fernando Pedreira**, ela, na sua "ignorância política", foi quem se saiu melhor. Isso porque falou de seu "medo" diante do general, falou com "emoção" e sinceridade.

Penso, de repente, se um poeta e uma atriz seriam os "intérpretes" da voz geral, onde falham os jornalistas, os políticos, os cientistas sociais. Estranha e gratificante situação é essa que faz novamente um deslocamento na cena política, em que os artistas é que produzem o discurso justo e apropriado.

24 de agosto

Enterrado **Glauber Rocha** ontem. Veio um dia antes de Portugal, já muito ruim. Jornais noticiando nas primeiras páginas. TV alardeando. **Silvio Tendler** filma o morto (como ele, Glauber, filmou **Di Cavalcanti** morto). Todos dão entrevista, discursam à

---

9. Dina Sfat, na ocasião esposa de Paulo José, teve coragem de dizer para o general o que todo mundo pensava.

beira do túmulo falando de "assassinato cultural". **Gustavo Dahl, Arnaldo Jabor, Darcy Ribeiro, Luiz Carlos Barreto** e outros repetem este tema que o próprio Glauber usou quando morreu sua irmã **Anecy**, argumento que na Itália usaram quando morreu o poeta/cineasta **Pasolini**.

No enterro, **Lúcia Godoy** canta a belíssima Bachiana número 5, de Villa-Lobos, que Glauber usou num de seus filmes. Enterram-no de poncho, como um latino-americano, mais bandeira do Brasil e bandeira vermelha/negra de *Terra em transe* – seu filme de que mais gosto.

Exposto o corpo no Parque Lage, cenário de *Terra em transe*, tudo parece, enfim, mais um filme de Glauber Rocha. Os discursos emotivos e retumbantes parecem-me exagerados. Era um artista de talento, não era um gênio como dizem. E sua morte não foi política. Ele se matou psicologicamente, até não cumprindo as indicações médicas. A neurose o matou. Isto de responsabilizar o país por sua morte não é certo. O país era, ao contrário, a sua vida, isso sim. Mas há uma tal desorientação e impotência política no país que se tenta (e até se justifica) a politização da morte de Glauber.

Ah! Essa vocação dramática, grotesca, patética, tropical...

4 de setembro

A propósito da morte de Glauber, o país entrou numa espiral tropicalista incrível. Somos uma Martinica grande, como disse uma vez um martinicano que vive no Brasil.

21 de setembro

O **presidente Figueiredo** teve um enfarto na sexta-feira, dia 18. Soube-o em Curitiba, onde fui julgar prêmios de ensaios numa comissão com **José Guilherme Merquior** (agora no Gabinete Civil da Presidência com **Leitão de Abreu**) e **Franklin de Oliveira**. Merquior acha que **Aureliano Chaves** – o vice, que tomará posse depois de amanhã – é até melhor como relacionamento pessoal. Por falar em Merquior, ele fez uma palestra para o pequeno público que apareceu no anúncio do resultado dos prêmios. Fala fácil, muita leitura, como nos seus artigos. Mas o público meio sonolento, porque aquela inteligência tão racionalizante não deixa vagar a emoção ou qualquer sombra de Eros. A não ser quando se irrita com perguntas, e aí muda o registro formal e surge a agressividade (que é emoção), então passa a interessar ao público.

Ele defendeu uma tese apologética do progresso da sociedade industrial. Como sempre, radical. Confessou que nega parte de sua obra, que julga cheia de fantasmas românticos. Seriam o **Marcuse, Adorno e Benjamin?**

Em Curitiba, pelas conversas do J.G. Merquior ele gostaria, sobretudo agora que está no Brasil e na Casa Civil, de entrar rápido para a Academia. Falou-me que **Alceu Amoroso Lima** talvez não passasse desta semana e defendeu a instituição sob vários pontos de vista.

13 de outubro

Como resultado do trabalho que venho fazendo no *JB*, procurando outra linguagem naqueles ensaios e por causa da repercussão, a *Isto É* me convida para ser colunista fixo, revezando com outros da parte política. Desloco-me para a política, afastando-me do "apenas literário". Pagam-me 30 mil por 55 linhas (uns 300 dólares), o que é bom, se considerar que no *JB* por esses artigos que causam tanto alvoroço pagam uns 7 ou 8 mil (80 dólares).

9 de novembro

Em Goiás Velho, cheia de casas como a antiga Ouro Preto, ali encontro **Cora Coralina**. Experiência: ver essa mulher de 94 anos, poetisa, personalidade vigorosa entre esses escombros históricos. Aí encontrei **Mário da Silva Brito** e esposa e fomos visitar Cora, que nos recebeu falante, foi à cozinha nos preparar um café, como se fazia nas antigas casas e fazendas, e seguiu contando a história de sua vida (como fugiu de caminhão com o amor que tinha quando adolescente...), e foi mostrando os cadernos onde anota as poesias e tudo o que vive e sente.

A cidade tem um número grande de pessoas com bócio e de "bobos". Dizem-me que cada família tem seu "bobo", que funciona como moleque de recados e para outros trabalhos não complexos. Uns dizem que isso é resultado das relações incestuosas, outros dizem que vem da água da região.

No aeroporto de Goiânia, **Juruna** (figura mítica representando os índios brasileiros nessa fase de abertura, sempre andando com seu gravador para registrar as promessas dos políticos) me chama para apresentar pessoas que são meus leitores.

Assisti outro dia ao espetáculo/lançamento de *A senhorita de Tácna* de **Vargas Llosa**, escritor que conheci em NY (1968) num jantar de fim de ano em que saímos em um grupo de pessoas. Ele esteve presente na encenação brasileira. A peça é chata, monótona, literária, sem drama. Só **Nelson Rodrigues** poderia escrever bem esse espetáculo. Cumprimentei-o cordialmente.

Vargas Llosa lança, no Brasil, o livro sobre Canudos. Revistas e jornais dão grande cobertura. Acho uma grande jogada dele. E ousadia também: de reescrever um episódio escrito por um grande escritor de outra cultura.

23 de novembro

Foi lançado *A morte da baleia* em edição especial, como eu queria há alguns anos. Os desenhos de Elisa, aluna de **Renina Katz**.

Dei uma longa entrevista na *Manchete* (revista) sobre o verão, tentando jogar ironicamente com o epíteto que os jornais me deram de "profeta do verão". Ao fim, digo: "como ninguém é profeta em sua terra, estou indo para Aix-en-Provence, no inverno. Além do mais, um profeta só não faz verão".

Viajo para Aix sem emoção alguma, antes com certo tédio.

3 de dezembro

Cheguei a Aix-en-Provence há três dias. Estou no Hôtel de France (63 Rue Espariat).

8 de dezembro

Não sei por que penso sempre em quando tiver 55 anos, como sendo uma idade limite. Tenho 44 anos, ainda há pouco tinha 35 e em mais 10 terei 54 ou 55. Passou rápido. Sinto que nesses próximos anos escalarei naturalmente a montanha.

O choque: o suicídio de Yllen Kerr. Penso em Marina e como deve estar abalada.

17 de dezembro

Daqui o país fica mais ridículo. Como sempre. Não vejo muita diferença entre o que somos e o que fomos há 200 anos. Ainda ontem examinei aquela tese de doctorat de 3ème cycle, "La vie dans l'oeuvre de José de Alencar", de Annie Poucet. Aprendi muitas coisas sobre o Rio antigo. Aliás, pensei: se a Prefeitura do Rio quisesse, poderia construir um lugar – museu da própria cidade – onde fossem exibidos slides e filmes sobre a sua história. Mas seriam necessários outros dirigentes, outra mentalidade. Lembrei-me de que em Nova York (vi com Marina) contam visualmente o que é a cidade.

A situação na Polônia continua se agravando: uns 40 mil presos e dezenas de mortos e feridos. A TV e as rádios da França dão uma maravilhosa cobertura, mostrando uma visão humana e política, invejável. A França vive hoje um clima belo, entusiasmante. O PC francês, mais uma vez, comete a burrice clássica de apoiar a Rússia contra a liberdade na Polônia. As explicações que seus adeptos dão na TV e jornais são constrangedoras e revoltantes. Enquanto isto, os comunistas italianos e espanhóis se mostram mais inteligentes e discordam da pressão soviética.

Meu Deus! Como os argumentos dos militares poloneses no poder e dos soviéticos são idênticos aos dos militares brasileiros! Hoje houve na TV até aquela ridícula sessão de mostrar "material subversivo" dos sindicatos, coisa que estamos cansados de ver na TV brasileira.

1982

6 de janeiro

Passamos uns 10 dias em Villard-de-Lans, perto de Grenoble, Natal e Réveillon nas neves. Ambiente de paz e amor. Os jornais e as rádios descrevendo a "invasão" da Polônia, ou melhor, o golpe do general Jaruzelski, centenas de mortos (depois as estatísticas decresceram) e centenas de presos. Resistência dos operários nas minas e usinas. A França de Mitterrand dando uma enorme cobertura ao fato: páginas dos jornais e vários programas de TV.

Ontem, assistindo ao *Citizen Kane* na TV e a uma discussão depois, soube que o filme, lançado em 1941, em 1945 foi criticado por Sartre, que não o entendeu. Mais um dos muitos erros do filósofo.

31 de janeiro

Leio mais umas páginas do livro sobre *commedia dell'arte* que comprei em Veneza. E vou fazendo novas anotações para um futuro livro sobre "carnavalização". Por exemplo: os italianos são "arlequins", e os franceses "pierrô". Não é à toa que esses dois personagens foram criados nesses dois países, respectivamente, tão diversos. Um, solar; outro, lunar. Ainda quando chegamos à França, no ano passado e um pouco ainda este ano, era moda todas as vitrinas e lojas terem bonecos de pierrô. É mesmo um símbolo nacional. Com a vitória de Mitterrand, no entanto, vislumbrei na "festa" o avesso do que sempre vejo aqui, cheguei até a falar que escreveria sobre isto. Era a volta da "festa" ausente da França desde 1968 – e desde o século XVIII. Há dias vi na televisão que um tipo escreveu um livro na França sobre a política e a festa/alegre. Isso me interessa. Na verdade, estou pensando em escrever um artigo sobre isso para a *Isto É*, mesmo porque o artigo sairia na ocasião do Carnaval no Brasil. É um tópico rico ao qual devo voltar. Aqui, apenas anoto apressadamente antes de dormir.

11 de fevereiro

Fomos à Itália: Varazzi, Brescia, Ravena, Verona, Veneza, Porto Sangiorgio, Roma, Viareggio, Pietra. Chegando a Padova na hora em que o **general Les Dozines** era libertado da mão dos terroristas. Todo esse período aqui convivemos com um modo democrático de combate ao terrorismo. Escrevi uma leve crônica sobre isso para a *Isto É*.

14 de março

Voltamos de Portugal, onde passamos (Marina e eu) uma semana. Fiz conferências-aula na Universidade Nova, uma conferência na Fundação Gulbenkian. A primeira, sobre "carnavalização" (*Macunaíma*, poesias de Mário de Andrade); na segunda, o poder falocrático na relação com a mulher de cor no Brasil. Tudo foi a convite do **Jacinto do Prado Coelho**, que dirige a revista *Colóquio/Letras*.

Anotação sobre o **João Ubaldo**, que visitei aqui em Portugal. Exatamente como há uns quatro anos, quando o encontrei na Bahia (eu com Marina, ele com Berenice), ele contando aquelas estórias da **Candice Bergen**, que estava apaixonada por **Tarso de Castro** – ele, João, sempre conta que as coisas com ele acontecem por acaso. Exemplo: tomou um porre em Iowa, naquele mesmo programa em que estive como Visiting Writer. E um amigo lhe tomou o conto (que escreveu em inglês) e o publicou; foi por acaso que viu num aeroporto um dicionário de inglês e resolveu traduzir o *Sargento Getúlio* para o inglês. Por acaso as pessoas lhe escrevem, pedem seus textos e os publicam.

Fora isso, é um bom sujeito: alegre, um meninão sempre rindo, brincando com o computador e suas músicas e jogos de xadrez – como o surpreendemos no seu apartamento em Portugal enquanto Berenice cuidava das crianças.

Impressionou-me esse programa do Alain Decaux sobre a Hungria, a estupidez comunista soviética executada por Kruschev, que queria até então se fazer passar por bonzinho. Entre as cenas (comoventes), aquela em que o povo húngaro consegue seduzir os soldados russos para sua causa desfilando juntos com suas bandeiras sobre os blindados. Linda também a solução do líder sindical aposentado, mas chamado a aparecer na praça diante de 300 mil pessoas, que durante seis horas gritavam por seu nome. Aparecendo, finalmente, o líder foi surpreendentemente vaiado quando começou o seu discurso com a palavra "camaradas"; mas logo se reorganiza mentalmente e, num golpe de gênio, percebendo o que a multidão queria, canta o hino húngaro proibido – e a multidão o segue.

Ah, se esse filme passasse no Brasil, ajudaria a desmascarar a direita e a esquerda no que têm de ditatorial.

24 de março

Saio de uma aula aqui na Universidade de Aix, onde, de repente, disse: "O famoso poema '**Un coup de dès**'...". E dei-me conta de que ninguém sabia do que estava falando. E repito e insisto e falo de **Mallarmé** e me dizem que não é ensinado no Liceu pois é considerado difícil. Repetiu-se o mesmo trauma que aqui tive quando da primeira vez que falei de **Greimas, Todorov, Lacan, Derrida, Lévi-Strauss**. Só **Barthes** conheciam, e de nome. E a gente no Brasil pensando que isso é moeda comum aqui. Justo o contrário. Estou me lembrando de três alunas francesas que tive no Brasil e que nunca tinham ouvido aqui na França esses nomes e aprenderam tudo isso no Brasil.

Várias lições a tirar disso: capacidade de assimilação-renovação do Brasil, dureza das estruturas francesas. Isso explica o choque do Merquior quando voltou ao Brasil há uns quatro anos e constatou (para seu *désarroi*) que estávamos bem informados das coisas que ele trazia.

29 de março

Viemos de quatro dias de Paris com essa sensação de que lá é que está a França. Nós, desembarcando lá como camponeses. Fomos ao Salão do Livro e ficamos estupefatos com a quantidade de livros que nos interessam. Curioso: uma das livreiras lá me reconheceu, ela é de Aix, de uma das livrarias que mais frequento, viu-me e veio me saudar.

Assistimos a *Amadeus*, de **Peter Shaffer**, com **Roman Polanski**. A peça é boa. Fantasia em torno da relação Mozart/Salieri. A encenação e os atores muito clássicos, apenas corretos. Este tema da peça, a mediocridade *versus* o gênio, é curioso, sobretudo porque Shaffer pinta o medíocre como simpático, invertendo, portanto, os papéis.

A France Culture transmitiu no dia 27 – meu aniversário – a entrevista que dei ainda no Brasil, e sobre a qual tenho o maior constrangimento por causa do meu francês. Falaram também **Darcy Ribeiro, Nélida Piñon** e **A. Torres, Moacyr Félix** etc.

13 de abril

Leio uma coisa estupenda que poria como epígrafe no *Que país é este?* ou no próximo livro de poemas:
"*L'homme naît dans un pays étranger, vivre signifie chercher le pays Natal, et penser signifie vivre.*"
Autor: **Ludwig Borne**, texto em "*L'Art de devenir un écrivain original en trois jours*", artigo que influenciou Freud e o fez descobrir o processo de associação de ideias, pois o autor recomenda que quem quiser ser escritor se feche num quarto durante três dias e escreva com toda a sinceridade possível o que pensa sobre os principais problemas pessoais e políticos.

O texto tem ainda essas frases geniais:
"Não é espírito, mas caráter o que falta à maioria dos escritores para serem melhores do que são. Essa fraqueza provém da vaidade. O artista, o escritor, deseja dominar e superar seus cama-

radas; mas para dominar alguém é preciso colocar-se ao lado dele, e para superá-lo é preciso marchar sobre o mesmo caminho que ele. Os bons e os maus escritores têm todas as coisas em comum. O mau se encontra inteiramente no bom, este último possui algo a mais. O bom segue o mesmo caminho que o ruim, mas ele vai um pouco mais longe."

15 de abril

Esse filho da puta do **Freud** realmente sabia das coisas. Ontem na minha insônia vim ler o artigo de **Marie Moscovici** "*Le monde réel*", que estuda a relação de Freud com o misticismo. Duas frases, entre outras, me tocaram pela sua sabedoria: "O homem começa por ceder nas palavras e termina por ceder nas coisas". E ainda outra frase: "Para alguns de nós, o destino assume a figura de uma mulher, ou de várias".

E depois esta frase que poderia utilizar como epígrafe: "Na sua origem, a escritura era a linguagem do ausente, a casa onde se vivia, o substituto do corpo materno, a primeira moradia cuja nostalgia persiste para sempre, era onde se estava em segurança, onde se sentia bem".

19 de abril

Estou jantando e resolvo ligar a TV. Outra emoção que a TV francesa em mim despeja: uma hora e meia sobre a vida de **Toscanini**. Lindo. Seus problemas com os fascistas italianos. Por duas vezes interromperam seus concertos querendo que executasse o hino fascista, e ele sempre se negando. Até que um dia o agridem no caminho do teatro, quando, ao ser abordado, de novo se recusa a executar tal música. Em consequência de seus ferimentos, naquela noite não houve estreia.

Fico sabendo também que até **Hitler**, além de **Mussolini** diretamente, tentou aliciá-lo, e ele recusou todo tipo de convite até que precisou se exilar nos Estados Unidos. E o belo episódio de sua ex-orquestra (em Londres ou nos EUA?), que resolveu dar um concerto em homenagem a ele, mas sem o maestro presente, mostrando que sabiam de cor todas as suas lições. Lindo. Eu ouvia e chorava. Várias vezes.

21 de abril

Hoje assisti a *Reds,* com **Warren Beatty e Diane Keaton**. Linda, ela. Ao final, saio do cinema com uma enorme tristeza, uma "melancolia me assalta", como dizem os romances. Não sei se devido ao fim triste da fita ou se à própria tristeza da história; pois o que se mostra é o esvaziamento, a distorção dos ideais revolucionários. O que sempre suspeitei e soube, e o que me impediu de virar um guerrilheiro.

Havia me esquecido de uma informação que o filme repõe na minha memória: de que os EUA e outros países enviaram tropas para derrubar o governo novo russo. Estabeleceu-se, da Finlândia em diante, uma cortina contra a Rússia, que depois redundaria na "cortina de ferro" de dentro para fora. Cada vez fica mais claro duas coisas: a) o papel sujo dos países industrializados do Ocidente, que ajudaram a fabricar o comunismo, e b) a constituição de um regime que, por forças externas e internas, distorceu os melhores prognósticos humanistas.

23 de abril

Acabo de ver mais um *Apostrophes,* de **Bernard Pivot**, na Antenne 2.[1] Havia três autores imbecis e **Cohn-Bendit**. Este ainda faz o gênero *"épater les bourgeois"*, mas tem uma vivacidade insólita e era, disparado, a atração do programa. Vive hoje numa comunidade em Frankfurt e vem de prefaciar um livro de dois alemães sobre "comunidades alternativas" – *Vivre autrement.*

---

1. Em junho de 2013, por acaso a TV na Antenne 1. Graças aos satélites, vemos programas diretamente de outros países. Coisa impensável há 30 anos. E lá está Bernard Pivot, de cabelos brancos, mas com a mesma energia e prosápia, falando de um livro que acaba de lançar: usou a estratégia do Twitter, 129 mil frases em 140 caracteres. Atualizando sua técnica de comunicação.

Fico pasmo de ligar a TV e ouvir um dos líderes de 68 falando livremente a favor do que chama de "droga doce" e dizendo mesmo que tomou um "tapa" antes de ir ao programa. Cohn-Bendit fez uma referência ao Brasil neste programa, dizendo que a droga é um tal barato que ele (que nunca foi ao Brasil) imagina "tomá-la ali mesmo, no meio do carnaval, naquela natureza incrível com samba e tudo".

24 de abril

Hoje aprendi (*aujourd'hui j'ai appris*) que na Mauritânia, país africano, até o ano passado ainda havia uma lei regulamentando a escravatura. Exatamente. E mais: que as mulheres e homens são altos, mas muito magros, pela falta mesmo de comida. Então, quando um homem escolhe uma mulher e se casa com ela, a família a leva para um lugar separado e durante um ano, pelo menos, a alimenta à força com leite de camela até que ela fique uma verdadeira broa.

Penso se não é uma maneira inconsciente (?) para proteger a vida da criança por nascer, para não vir tão magra. Mas e depois? Será que todas as casadas são gordas? Claro que aí está a relação entre comer e sexo, que estou estudando.

28 de abril

Escutando rádio, e sempre por acaso, e eles sempre falando de literatura. Agora me veio uma boa imagem/ideia sobre a relação do francês com sua literatura: é uma religião profana. **Flaubert, Baudelaire, Victor Hugo** etc. são os santos. Percebo isso agora tentando explicar a mim mesmo esse fascínio que eles têm pelos seus autores. Na France-Culture a qualquer hora do dia e em quase todo programa de TV, e mesmo os indivíduos comuns que não vivem de literatura, quando falam ou mencionam qualquer autor, falam como se falassem: **Santo Antônio, São Pedro, Santo Agostinho** etc. É isso: no imaginário, a literatura cria também uma hierarquia e suas sacralidades. Sem a literatura, a França não se saberia como se sabe.

(Nota: em Paris existe o Panteão dos heróis da pátria; entre os santos mártires, vários escritores.)

30 de abril

Conflito nas **Ilhas Malvinas**. Depois de um mês, a Inglaterra dá um *ultimatum*: qualquer avião argentino que cruzar em direção à ilha será abatido. Lá já está a Royal Navy, terceira do mundo, com seus mísseis refazendo sua política na colônia. Os argentinos têm superioridade aérea, uns 130 aviões. Hoje os EUA cortaram a ajuda militar e econômica à Argentina e declararam-se pró-Inglaterra. A Argentina é atirada nos braços da Rússia (o que é uma ironia por causa da ditadura militar lá). Toda a América Latina vai contra os EUA, a OEA votou a favor da Argentina (exceto os EUA).

Configura-se, então, um deslocamento da luta político-econômica. Ao invés de leste/oeste, comunismo/capitalismo, temos norte/sul.

2 de maio

A marinha inglesa ataca o aeroporto de Malouines. A aviação argentina ataca os navios ingleses. Suspense. Lições a tirar:

a) hoje o conflito não é mais leste/oeste, mas norte/sul, o que significa países ricos x países pobres;

b) Inglaterra e EUA se unem, e os latino-americanos se unem à Argentina;

c) donde a força geográfica, o clã primitivo.

Nessa hora não tem socialismo francês nem comunismo italiano que analise o absurdo da situação. E o mais curioso: ouço notícias e, apesar do pavor à guerra, fico imaginando as medidas que os militares argentinos poderiam tomar para afundar a esquadra inglesa. Súbito, eles são eu, eu sou eles. Forma-se aquela coisa irracional, agressiva, animal na minha sensibilidade. É isto, como disse alguém, o problema é que os homens amam a guerra. Toda essa verve pacifista é tão verdadeira e enraizada quanto a conversa guerreira. Há uma parte instintiva, não descartável, perversa, tânatos puro, pela qual todos podemos matar alguém de um momento

1982 / 49

para outro. E eu fico pensando nos componentes irresistíveis, míticos, biológicos disto; componentes que despontam acima do que pensamos ser civilização e maturidade. É isto: os homens amam a guerra e a violência. Tanto quanto a paz. O problema é que a próxima, a grande guerra, a Terceira, inevitável (?), talvez seja a última de um ciclo. Sobrarão sempre dois homens. E vão realizar a profecia de Einstein quando lhe indagaram quais seriam as armas utilizadas na Terceira Guerra Mundial: "Sobre essa não sei", disse, "mas a Quarta será a pau e pedra".[2]

Boa ideia para artigos: "O último tango nas Malvinas". Ou: jogar a ideia do tango argentino com a tragédia shakespeariana. Em ambos os casos, o lado lunar, trágico desses dois gêneros.

Mais: esta é a segunda guerra cisplatina, lembrando que a Inglaterra estava metida na tragédia do Paraguai e nas guerras em que se meteram Brasil, Argentina e outros países da região.

4 de maio

A estupidez crescente da guerra. Afundaram um navio de guerra argentino perto da costa, longe da área do conflito: mais de mil homens a bordo. Pelo menos 800 mortos. Ação dos submarinos atômicos ingleses, que afundaram também dois outros navios argentinos, fragatas.

A estupidez anglo-americana bate recordes. Agora, que estão perdendo essa guerra, os argentinos têm pela frente dois inimigos: os militares de um lado e os ingleses. Duro resolver essa esquizofrenia. O ideal seria que este louco sacrifício propiciasse, pelo menos, uma revolta do povo contra esses que há vários decênios aniquilam seu país, depois de haver aniquilado uns 30 mil na guerrilha recentemente. Agora o que se assiste é a união do povo argentino em torno de uma causa equivocada. Só nesse afundamento a Argentina perdeu mais soldados que o Brasil na Segunda Guerra Mundial.

---

2. Nota de 29/4/2013: estava aí a raiz do longo poema que faria depois: "Os homens amam a Guerra".

4 de maio

Encontro M. Frèches[3], chefe do departamento de Português desta universidade de Aix, que lutou na Segunda Guerra Mundial e que retrata isso de que falo. Orgulho de que a Europa tenha dado uma porrada na América Latina. Um orgulho geográfico cultural: "Foi mexer com o leão, levou um golpe de leão". Isso explica o inconsciente, o porquê de os sul-americanos estarem também solidários com os argentinos. É o irmão levando porrada do outro mais forte.

Coisa terrível também me diz a mulher do Frèches, elogiando os ingleses: se eles e os franceses houvessem feito isto em 1936, quando a Renânia... Hitler não teria existido.

5 de maio

Espanto. Os ingleses descobriram que a guerra mata. Que mata seus soldados também. Ontem foi a consternação geral em Londres depois que se anunciou que um avião argentino acertou seus mísseis num navio inglês, afundando e matando 30 pessoas. Também os argentinos derrubaram dois aviões inimigos de decolagem vertical. Agora a hipocrisia americana, francesa etc. Todos querendo que a guerra pare. Mas ontem todos estavam orgulhosos, felizes até, com a morte de centenas de marinheiros argentinos. É a afirmação do Norte contra o Sul, dos europeus contra os índios. Aquelas vidas argentinas não tinham valor, porque eram de um país ditatorial. Alguns ingleses entrevistados na TV fazem sempre alusão à Argentina como um país não "civilizado". Civilizados são eles, que desencadearam uma violência ainda mais estúpida que a da Argentina.

Agora viram que a Argentina pode desmoralizar parte da frota "ocidental", que guarda os mares lá em cima contra a Rússia; estão todos aqui na Europa e nos EUA num deus nos acuda.

Nisso tudo, pelo menos a TV narrou um episódio bonito: quando na noite de antes de ontem correu a notícia de que a

---

3. Numa carta, Frèches, que lutou na Segunda Guerra, me contava, pateticamente, que até hoje sonhava com um alemão que matou numa batalha...

Inglaterra havia afundado o navio – Anita Belgrana – com mais de mil pessoas, em prantos, uma inglesa foi ao Clube da Imprensa dos correspondentes estrangeiros, em Buenos Aires, e chorando indagou se havia mesmo mortos. O jornalista argentino então disse: "Sim, confirmado". Ao que ela respondeu: "Oh! I'm really sorry...", e se afastou, enquanto o argentino respondia: "Gracias".

Agora é a Irlanda do Norte que lança slogans em espanhol, comemorando a morte de **Bobby Sands**, que há um ano morreu na greve de fome. Era um desses líderes separatistas enlouquecidos.

E há uma discussão entre um jornalista argentino e um trabalhista inglês, e lá pelas tantas o inglês diz ao argentino: "Se vocês tivessem uma democracia isto não teria acontecido".

A resposta é parcialmente correta. Os ingleses têm uma democracia, mas o que fizeram até agora foi um barbarismo superior ao da Argentina. Isso sem falar no mal que a democracia inglesa fez no Oriente Médio, a patética história do Irã e golpes de Estado.[4] O Iraque e outros países monitorados pelo negócio do petróleo. Aquele é o típico argumento de advogado, que não toca na verdade.

Diz a TV que houve um festival com 23 mil pessoas em prol dos soldados na Argentina, aí se cantou música brasileira. O Brasil, aliás, mandou/vendeu dois aviões Bandeirantes à Argentina.

Lições a extrair: não há "povos amigos". Não há mais leste/oeste, mas norte/sul, pobres e ricos. Nem há mais superpotência intocável (o que o Vietnã e o Irã já haviam provado).

6 de maio

É uma vitória totalmente pessoal para mim: publiquei um artigo no **Le Monde** sem conhecer ali ninguém. Mandei-o há uns 20 dias. Resolvi, fiz uma versão, pedi ao colega de departamento (Bourdon) para corrigir e mandei com uma carta minha mesmo,

---

4. Em 2014/2015, Marina me conta cenas de *A Rainha de Ferro* – história da ex-concubina Cixi, que governou a China no século XIX, e de como os ingleses barbarizaram aquele país.

dizendo quem eu era e ajuntando artigos do *JB* e da *Isto É*. Já tinha perdido a esperança quando hoje ouço pelo Simões que o Jeremias comentava no refeitório que o artigo tinha saído.

Me deu ao mesmo tempo uma certa tristeza, porque a situação nas Ilhas Malvinas evoluiu, e hoje poderia dizer algumas coisas das que anotei aqui, sobre o problema da Europa. Depois da escalada inglesa e americana, meu artigo fica muito contra a Argentina apenas.

Penso: se eu vivesse aqui, seria colaborador desse jornal.

Assisto a um documentário sobre o fim da Segunda Guerra Mundial. E, entre as cenas todas, dois depoimentos de ex-combatentes da resistência na França e na Suíça me demonstram como o homem é complexo, como, no fundo, ele ama a guerra. Ambos falaram de um sentimento de tristeza que lhes sobreveio em meio às comemorações da vitória. Perdiam suas funções. O que os mantinha unidos desaparecia. E isso se pode entender, não só num sentido psicológico, grupal. Mas entendo que tiravam uma "certa" felicidade nessa atividade armada. Ali colocavam seu eros, sua libido, seu ódio. Gostavam. Como digo neste poema inacabado sobre essa guerra: "Os homens amam a guerra".

16 de maio

Fui à casa de **Raymond Jean,** que havia mandado recados depois que saiu o artigo no *Le Monde* e ali reunira alunos da China, Japão, Coreia, Síria. Simpática, sua casa na campanha. Entardecer. Paz. O quadro é o do intelectual francês, tranquilo em suas funções sem os atropelos nossos "*là-bas*". Deu-me, ao fim, depois que os estudantes saíram, dois de seus livros – *Les Deux Printemps,* no qual romanceia sua experiência na Primavera de Praga e em Paris, e *La Fontaine Obscure* – romance sobre um fato histórico de feitiçaria na Provence, século XVI. Suas posições contra o PCF (Partido Comunista Francês), apesar de pertencer a ele, são boas, e raras, dentro do quadro francês. E ele conta como o PCF o censurou, não só em críticas escritas, mas boicotando seu livro, por isso nunca aparecia em noite de autógrafos do partido.

Falou-me também da Síria: a aluna (Rachel) contando que o governo atual dizimou em fevereiro uma cidade de 30 mil pessoas.[5] Falou-se da China, ao meu lado um dos 10 mil bolsistas chineses no Ocidente, simpático, estudando Sartre na China. E eu sabendo que não existe mais máquina de escrever japonesa com caracteres deles.

31 de maio

Estou em **Berlim** para o **festival Horizon**. Fui visitar o "**muro da vergonha**", o "**Checkpoint Charlie**" – conexão com o lado comunista. O muro de concreto ali em frente. Do lado de cá, algumas guaritas com policiais americanos, alemães, ingleses. Ao lado, uma carroça vendendo sanduíches e refrigerantes para quem vai passar ali alguns minutos ou horas. Há um ponto de observação montado num tablado para que a gente possa subir a escada e ver mais. Defronte, a uns 50 metros, uma cabine de concreto, os policiais do lado comunista nos olham de binóculos. Há uma outra torre como essa a uns 100 metros, de onde outros soldados comunistas também observam a nós, que, de binóculos ou câmeras, também os observamos.

No muro, desenhos, frases, insultos, grafites diversos. Fico por ali bundeando. Entro num prédio ao lado em que há uma exposição de tudo que conseguiram agrupar sobre o drama da fuga: pessoas encolhidas em caixa/tanques de gasolina adaptados; fotos de pessoas cavando túneis (um desses heróis foi contratado pela MGM para fazer um roteiro do filme de sua fuga); pessoas que fugiram de balão; que construíram paredes de concreto dentro da porta de seus carros; outros que trombaram com o caminhão no muro para derrubá-lo, enfim, toda sorte de truques.

Pergunto como fazer para atravessar para o outro lado, mas prefiro esperar uma excursão em grupo, programada. Compro umas camisas para as meninas e volto.

---

5. Continua em 2015 a guerra civil na Síria, agora com uma parte do território ocupada pelo Estado Islâmico, que parece uma seita do século VIII.

À tarde percorro vários quilômetros ao pé do muro, pois me perdi para achar a Staatsbibliothek, onde começaria o festival "Horizonte". Caminho por ali, no sol quase tropical deste verão. Tiro o paletó. Passam ciclistas. Pelo menos do lado de cá. Paro num circo onde dois atletas me indicam o caminho. Essa cena precisa de um fundo musical qualquer. E chego enfim à Biblioteca.

Fala **Octavio Paz**. Aliás, lê poemas, depois de ter lido uns textos em prosa descritivos (me parece) de paisagens. Os poemas são curtos, os melhores. Os maiores, mais surrealistas, mais palavrosos, chatos mesmo. Não tem jeito de eu mudar de opinião: sua poesia parece da geração 45 no Brasil. Claro que uma grandeza ou delicadeza maior. É metafísica, mas no sentido imediato, propositor, quase a transposição para a prosa de alguns conceitos que ele leu.

Quando responde às perguntas, melhora. Anoto a primeira frase marcante: "O bom poeta é também um bom jornalista". Em algum lugar já falei que o poeta é o jornalista da alma humana, Dante etc. Meu trabalho demonstra isso antes, durante e depois do *JB*.

Outra citação que me fica: que **T.S. Eliot** disse que a boa poesia guarda sempre o ritmo, a melodia, a conversa. E dizia isso a respeito deste efeito da poesia moderna que introduz o prosaico no poético. Nossos modernistas usam esse efeito. Ele faz, em grande parte, este tipo de poesia "pura", "leve", "metafísica".

Curioso: ele leu um longo poema sobre o internato onde esteve, dizendo que era autobiográfico e que esperava que os leitores ali encontrassem parte de sua biografia adolescente. Não gostei. Escuro. Barroco. Não sei qual identidade ali se pode reencontrar. Pelo menos a minha não. Penso nos poemas biográficos que faço e que dizem coisas muito mais concretas, uma biografia muito mais social. A teoria dele, nesse caso, não joga com o texto.

Duas coisas boas ele ainda diz... que me tocam: temos que "rir da seriedade dos que governam" – isso aplicando ele também aos que escrevem romances e textos muito sérios, como se a verdade estivesse com eles.

Finalmente, essa sua autoclassificação, que me é útil, sobretudo nesse ódio recente que veio do cristianismo depois que escrevi o livro do desejo/psicanálise. Ele disse: "Sou um pós-cristão". Isso confirma em mim certas ideais, intenções, impulsos.

Acaba de falar **Vargas Llosa**.[6]
A conferência de V. Llosa foi brilhante. Ele começou meio frio, mas foi se aquecendo aos poucos. Quando contou/recontou rapidamente o episódio de Canudos, realmente me emocionei. Curiosa a força da narrativa e do narrador autêntico. Não que ele tenha querido narrar, sai espontaneamente. (Claro, às vezes a narrativa oral pode ser mais forte que a escrita, e mesmo o escritor se trai.[7])

Algumas das coisas que Vargas Llosa falou: do seu ponto de vista, os personagens e a história é que deflagram a novela. É daí que nasce a forma. Por isso, critica ferozmente (e estou de acordo) o "*nouveau Roman*", preso só à forma. Critica **Nathalie Sarraute**, que escreveu: *Flaubert: um predecessor*. Llosa discorda. Acha que o ensaio é fascinante e falso, pois diz que em **Flaubert** o personagem

---

6. Nota em 2012: agora, Vargas Llosa acaba de ganhar o Nobel. Acho que ele sempre pensou nisso. Antes mesmo de ser presidente internacional do Pen Clube (ocasião em que estive com ele numa reunião no Rio). Sempre fez muito bem a política literária, melhor que a política política, quando foi candidato a presidente do Peru. Paz dizia em conversa pessoal que a candidatura de Llosa a presidente da república não era boa nem para ele, nem para a literatura. Estivemos juntos visitando as bibliotecas Farol do Saber, que Greca inaugurou em Curitiba.

7. Nota em 2011: Lembra-me aquele episódio com o Oswaldo França Jr. numa conferência que fizemos juntos num colégio em Belo Horizonte, quando lhe perguntei por que não escrevia sobre sua experiência de aviador e começou a contar uma estória interessantíssima: o avião de carga e passageiros saiu de Belém para Manaus (ou vice-versa?) e, como a gasolina não dava mais, começaram a jogar fora, pouco a pouco, objetos, cadeiras e até animais, para aliviar o peso. De repente, o avião começou a raspar nas árvores da floresta e caiu cinco minutos antes da pista. A história era fabulosa (oralmente) e mais tarde, quando ele a colocou num livro, ficou paupérrima. Lembro-me de ele ter me enviado o livro e uma carta onde dizia ter aceito o desafio e aproveitado a história.

não tem importância, mas a forma. Cita (para ironizar Nathalie Sarraute) **Borges**: cada autor inventa seu precursor. Flaubert foi o primeiro a descobrir/teorizar algo que os romancistas sabiam implicitamente: a novela não é a realidade, é uma visão artística da realidade. Mas, partindo da realidade, dá à realidade algo que ela não tem, que é a linguagem. Nisto Flaubert inventou/colocou também: quem narra a história não é o narrador, mas o narrador é o primeiro personagem do autor, a ficção é sempre uma mentira.[8]

O narrador inocente, depois de **Flaubert**, não é mais possível. Quando depois de alguns anos **Victor Hugo** publica Os miseráveis[9] com o "narrador ingênuo", parece deslocado. Para Llosa, com razão, o jovem narrador europeu nasce preso à tradição literária. O jovem narrador da América Latina (cf. V. Llosa e sua geração) tem o vazio atrás de si. E esse vazio era uma riqueza, diz ele. Pois liam e se alimentavam de livros de todos os países: EUA, Rússia, França, Itália, Espanha, Inglaterra etc.

O que caracteriza a literatura latino-americana é a sua diversidade. Isso nos deu uma ambição. Quando se tem atrás de si um **Shakespeare**, tem-se que ser modesto, mas quando se tem atrás de si o vazio, pode-se ter grande ambição. (Curioso que parece aqui que ele assume a primeira pessoa e revela consciente/inconscientemente seu desejo de ser um **Balzac/Dostoiévski** latino-americano.)

Os europeus, desde a descoberta, viram a América Latina não como ela é, mas como aquilo que a Europa não é. As crônicas desde o princípio narram isso. Por exemplo, Cristóvão descreve as amazonas com detalhes – e este é um mito levado pelos europeus. Até mesmo o nome dos lugares (o bairro onde nasceu Vargas Llosa – Miraflores – é tirado de um livro de cavalaria). Nomes que

---

8. Numa conferência, há pouco tempo, na Sociedade Psicanalitica de São Paulo sobre o tema "Por que os artistas mentem tanto?", abordo esses limites entre a ficção e a realidade.

9. 29/4/2013 – Assisti há dias à versão musical de Os miseráveis, que já havia visto em teatro em Nova York. A história tem uma força invejável. Marina tem uma conferência, que mereceu uma placa em Maceió e foi repetida em vários países, sobre a força de Os três mosqueteiros hoje. A conferência se chama "Como fazer um cavalo".

os europeus projetaram na realidade. Colombo mesmo chegou à América achando que eram as Índias, o *Bug-Jargal* de **Victor Hugo** descreve o Hait, as cenas de escravidão e os sentimentos de acordo com a estética da época.

(Penso: explorar a metáfora "o espelho do outro lado do mar" – nome para ensaio ou poema –, que era assim, fantástica e imaginariamente, que os europeus nos viam. Aliás, se Vargas Llosa conhecesse *Visão do paraíso*, de **Sérgio Buarque de Holanda**, poderia ilustrar isso melhor.[10])

Acusa, a seguir, a "utopia" – em que acreditou quando jovem, vendo nela um agente da violência, pois elimina os que são contrários.

A conferência foi um sucesso. Conforme falei ao **Meyer--Clason**, ocorreu-me uma ideia: vendo os latinos de tão bom nível – Paz, Llosa – e esperando os brasileiros que vão falar na sexta-feira, vejo que os vizinhos latino-americanos levam uma vantagem.

2 de junho

Visita a Berlim Oriental: fui a Berlim-Leste. Na passagem, ao pé do muro, tanto na ida quanto na volta, perdemos uns trinta minutos. Tem-se de sair do ônibus, fazer fila, ser examinado nos olhos (sem óculos) pela polícia, revistado o ônibus, anotado o passaporte e pagar 25 marcos = 1.500 cruzeiros. A viagem do lado de lá é um fiasco. É um exercício de imaginação, porque não mostram nada. O ônibus para num vasto monumento aos heróis soviéticos, no meio de um bosque, e também num restaurante na beira do rio. O guia (comunista), com sua famigerada pronúncia texana (pois diz que já foi prisioneiro na Inglaterra e nos EUA), fala disparado um discurso oficial, passando por prédios, avenidas sem dizer nada que nos interesse. Mostra as lojas que têm inscrito na porta HO – todas do governo.

---

10. Na Feira de Frankfurt de 1994, organizada em parte pela Biblioteca Nacional, que eu dirigi (1990/1996), houve uma mesa-redonda – "A América no imaginário europeu".

Na rua, pessoas malvestidas. Não há alegria. A cidade está (na parte que mostraram) reconstruída. Mais do que eu pensava. E estão reconstruindo ainda algumas igrejas.

Um grupo de mexicanos no ônibus que veio da Tchecoslováquia descreve que tudo lá é muito triste: filas e filas para comprar um só tipo de produto. Também na Alemanha Oriental as vitrinas são paupérrimas.

Vi vários grupos de crianças e turistas que não sei se são do lado comunista (provavelmente, não). Não sei se comunista faz turismo. No restaurante à beira-rio, velhas dançavam com velhos, e todos os velhos comiam a mesma sopa. Mas o que me espantou mais foi ver que o olhar dos alemães de lá não tinha qualquer brilho ou inquietação. Pareciam todos desligados do século XX, como os provincianos brasileiros de minha infância. Só que mais infelizes.

A princípio me pareceu que aquela ordem e falta de desejo e ambição talvez fosse uma coisa certa. Mas regressando ao lado de cá, vendo o desejo nas vitrinas, o desejo nos corpos, o desejo nas roupas, o desejo nos carros, o desejo nos restaurantes, confesso que aquilo tudo que vi do lado comunista me pareceu, então, meio castrado. E essa coisa ainda mais paradoxal: o que eu estava achando meio monótono desde minha chegada a Berlim, depois de ter visto a quaresma comunista, pareceu-me o cúmulo da carnavalização.

Esse socialismo aí é o mais antierótico que já pude imaginar.

À tarde no festival: uma mesa-redonda com o antigo presidente da República Dominicana **Juan Bosch**.[11] Parecia uma sessão do comitê do PC. **Claribel Alegría** fazendo um discurso sobre a Nicarágua (totalmente datado dos anos 50): paixão absoluta. Silenciou

---

11. Juan Bosch foi presidente da República Dominica por sete meses, depois que Trujillo foi derrubado em 1961. Dedicou sua vida a lutar por seu país, esteve exilado em Cuba etc. Curiosidade: Vargas Llosa, que estava naquele Festival Horizon, viria a publicar o livro *La fiesta del chivo*, sobre a ditadura de Trujillo. Fiz crônica sobre isso.

sobre os dois assuntos importantes: a dissidência do **Comandante Zero** e o massacre dos índios Mosquito pelos sandinistas atuais.

Os melhores foram **Artur Arias**, da Guatemala, e o representante do Porto Rico, o qual apresentou um belo texto biográfico sobre o seu problema da identidade cultural a partir mesmo da alfândega, quando não o reconheceram como porto-riquenho, mas o consideraram americano.

Me encontro por acaso com **José Guilherme Merquior** perambulando pela Kurfürstendamm Strasse. Nos sentamos no café e conversamos efusivamente. Eu falando de algumas ideias que registro aqui, ele falando de seus projetos e, eu não sabia, sua candidatura à Academia Brasileira de Letras, concorrendo contra **Arnaldo Niskier**.

6 de junho

Aconteceu o que eu previa. Considero um desastre a mesa-redonda que lá em Berlim reuniu escritores brasileiros. Lamúrias típicas daqueles anos 70. Naquele tempo isso era aceitável. E era um público interno, no Brasil. Era emocional, um grave suspiro contra a ditadura.

Mas agora esse discurso foi incorreto, enquanto dado sobre o Brasil; inapropriado para o público estrangeiro. E mais: confirmou o desnível entre eles e os latino-americanos que hostilizam. Deveriam estudar mais antes de mostrar tanta incultura e primitivismo.

Alguns dos pontos que me irritaram mais:

1. **Darcy** dizendo que o país hoje é mais pobre que há 20 anos e que no ano 2000 será mais pobre que hoje.

(Até **Conceição Tavares** reconhece que a ditadura modernizou muita coisa no Brasil e acumulou riquezas. O que espanta é que alguns levaram textos escritos, poderiam usar pelo menos estatísticas óbvias que *Veja, Isto É, JB* publicam.)

2. Confusão sobre o parque editorial brasileiro. Desinformação. Contradição no próprio discurso.

3. Burrice diante da universidade, que em grande parte inventou esses escritores. Darcy levianamente esculhambando os brasilianistas americanos.

4. Um desconhecimento do papel da poesia nisso tudo.

5. O Merquior apareceu no final e não pôde ouvir a esculhambação indireta que lhe davam, talvez o "teórico", o "crítico" que queriam acertar. Fui só para o hotel, jantei com o Merquior tentando recuperar alguns dos problemas mal colocados por aquele grupo. No que diz respeito a coisas que ele escreve: explicitei minha discordância em relação aos artigos dele sobre psicanálise e minha perplexidade diante da debilidade dos que discutiram publicamente com ele sobre isso.

(Não descrevi, mas num dos dias em Berlim fui com **Peter Brode**, que era meu colega na PUC, visitar o estádio das olimpíadas (1936), daquelas famosas olimpíadas testemunhadas historicamente por Hitler, que ficou irritado ao ver que os arianos perderam muitas medalhas para os negros americanos. Só isso daria páginas e páginas.)

7 de junho

Já em Nova York: Guggenheim.

No Festival de Berlim, me surpreendeu **Manuel Puig**. Embora tímido, fez uma bela exposição sobre a guerra das Malvinas e contou aquela piada histórica (que parece ser de Borges): os outros latinos "descendieron" dos incas, maias, astecas, mas os argentinos "descendieron" dos navios.

19 de junho

Cheguei há mais de uma semana. (...) A guerra das Malvinas acabou. Tragicamente, como previa meu poema "O último tango nas Malvinas", publicado no *Pasquim*, *O Estado de S.Paulo*, *Estado de Minas* e *Zero Hora*.

6 de julho

Brasil desclassificado da **Copa do Mundo 82**, perdendo de 3 a 2 para a Itália. O país em estado de choque, porque todos os prognósticos eram a vitória, não só neste jogo, mas na Copa. O país parado desde que a Copa começou. Sempre dois feriados por semana. Os mais pessimistas reclamando que o país economicamente não suporta essas paradas, que há uma terrível crise. Realmente, a inflação volta a 100%, e o futebol é uma aspirina momentânea no sofrimento geral. Na França, ganhava três vezes o que ganho aqui e poderíamos viver só com meu salário (uns 3 mil dólares).

12 de julho

Acabo de fazer uma triste e surpreendente descoberta: a Enciclopédia Mirador, que **Antônio Houaiss** publicou há poucos anos, fazendo a relação bibliográfica de todos os escritores brasileiros importantes até hoje, esquece simplesmente **Murilo Mendes** e **Cassiano Ricardo**. Ai, meu Deus! Poderiam ter se esquecido de mim, como, aliás, esqueceram, mas desses?![12]

23 de julho

Me diz **Micheline** (ex-mulher do Carlos Leonam) que na Dinamarca traduziram e publicaram o poema "O último tango nas Malvinas" num jornal, *Politiken*, em página inteira. Deve ser tradução do Jorge Jensen.

Hoje encontrei-me com **Drummond** na rua. Vi-o descendo do carro e batemos um descansado papo. Ele está forte e rijo (80 anos). Falou muito sobre **Mário de Andrade**, lembrando que nos dois anos que passou aqui tomou muito porre com **Lúcio Rangel** e outros da turma; que Mário demitiu-se do INL quando Augusto Meyer começou a ficar com ciúme dele; que Mário no final da vida estava muito triste, o sucesso lhe fazia mal. Contou-me ainda, o

---

12. Nota de 3/5/2013 – Relendo isto aqui no aeroporto de Manaus, depois de ter feito a viagem no Rio Negro e indo para a Feira Pan-Americana em Belém: eu mesmo e outros fomos vítimas de "esquecimentos" de pessoas que elaboraram antologias.

poeta, que tem em sua casa uma pasta com uma série de processos conduzidos por **Machado de Assis** enquanto burocrata.

Penso que devia procurá-lo mais. Mas como seria difícil! Esse encontro hoje, ocasional, foi tranquilo. Falei com Marina que o bom seria sequestrá-lo uma tarde para mostrar partes do Rio que não conhece ou que gostaria de rever. A Barra da Tijuca, por exemplo, é uma realidade que ele não conhece.

5 de agosto

Volto da Bienal Nestlé de Literatura Brasileira, seis dias passados no hotel Ca'd'Oro e no plenário do Anhembi. Bela oportunidade para conhecer a **família de Graciliano Ramos**. A mulher – **Heloísa** – **e Ricardo** estavam no jantar que **Julieta de Godoy Ladeira** ofereceu-nos. Outros presentes: **João Antonio, Affonso Ávila** e **Laís, Renard Perez** e sua esposa, **Heloisa, Ary Quintella** etc.

A viúva de Graciliano, que simpatia, que bela mulher! Achei-a bonita aos seus 70 e tantos anos, elegante, cabelos brancos.

Contou-me, por exemplo, que Graciliano escrevia *Vidas secas* à noite, mas de manhã a fazia ler, naquele quarto de pensão em que viviam após a prisão. E que a pensão era cheia de escritores. Que num quarto ao lado havia um grupo integralista que os ameaçava sempre com uma "noite de São Bartolomeu". Que Graciliano dormia sempre com um revólver que José Américo (ex-governador da Paraíba e escritor) lhe deu para se defender; mas que ele, como bom nordestino, se fiava mesmo era na sua navalha.

Ricardo Ramos foi exuberante e fraterno comigo.

Almocei várias vezes com Rubem Braga, que também contou-me coisas de Graciliano e outros, me tratando como seu eu fosse de uma geração mais velha. Contou-me que Graciliano vendia capítulos de *Vidas secas* para *La Nación,* mas a viúva havia me dito que era para uma organização chamada Ibrates (?).

Muito divertidas as histórias de Ricardo Ramos sobre os primórdios da publicidade no Brasil e o papel que **Orígenes Lessa** teve, assim como **Olavo Bilac**. Sem falar no **Marques Rebelo** trabalhando para a Nestlé.

Impressionantes, fascinantes as histórias que **Alberto da Costa e Silv**a e sua esposa, Vera, contam sobre suas experiências na Nigéria: os homens polígamos, cujas 6 ou 7 mulheres mantêm atividades econômicas independentes; o fato de que elas podem comprar sua liberdade devolvendo o dote com que foram adquiridas de seus pais; e a monstruosa história recente de um chefe político que morreu e seus adeptos saíram cortando 130 cabeças de súditos para enterrarem todos juntos com o chefe. Só na biografia de Gêngis Khan eu havia visto isso. E mais aquela história do rei que se considerava Deus.[13] Quando julgam que seu deus está esclerosado, dão um veneno para ele, o qual toma resignadamente.

6 de setembro

Ontem, no *Canal Livre*, passou a entrevista que fizemos com **Jorge Semprún (Leandro Konder, Antonio Callado, Flavio Rangel, Gabeira, Helena Gasparian e Roberto d'Ávila** e eu). Foi ótimo. Como resultado, hoje o Roberto d'Ávila me diz que o Jorge Amado quer que eu participe da entrevista dele dentro de uma semana.

Semprún fala criticamente da URSS todo o tempo. É muito francês e europeu: sempre a sombra da URSS ali na Europa. Aqui nos espanta e atormenta a sombra americana. Lembra-me de quando eu estava na França e percebia esse tipo de mentalidade.

Foi bom no programa ter falado (pela primeira vez) com o Leandro Konder: cara limpa e boa cuca, apesar de termos posições diversas sobre política. Aliás, me disse que sua mulher (Cristina, no *JB*) lê e curte minha poesia.

Insisti com o Semprún – como, aliás, na conferência dele pela manhã na PUC-Rio, para onde o levei – sobre a necessidade de se ir além da semântica velha de "esquerda" e "direita". Mas ele, apesar de boa praça e humano, não consegue teorizar fora desses termos.

---

13. Fiz a crônica "Meu amigo virou Deus", que está no CD da Luz da Cidade e no livro *Mistérios gozosos*, Rocco, 1994, Rio.

Teve excelente repercussão o meu artigo na *Isto É*: "Voto útil, pra quem?". O voto útil era tese do PC. Pedidos para transcrever o artigo em outras revistas.

Carlos Bracher me pede intermediação para que Gullar e Drummond posem para ele. Ele fez uma mostra expondo aquele meu retrato.[14] Fiz-lhe um poema de agradecimento sobre a emoção de vê-lo pintar.

Seminário em Diamantina com estudantes e pesquisadores em economia política da UFMG. Participo de uma mesa-redonda no final com **Antonio Candido, Fernando Brant, Francisco Iglesias, Maria Arminda Arruda, Vera Alice Cardoso, Octávio Elisio e Otto Lara Resende**. Mesa divertidíssima, dada a natureza do tema: "Minas não há mais". Apresentei uma coleção de visões irônicas sobre Minas, encadeando piadas e citações de textos tipo *Voz de Minas*, de Alceu Amoroso Lima; *Mineiridade*, de Sylvio de Vasconcellos; e citações de viajantes e vários livros consultados.[15]

Curioso observar: há uma Minas antes e depois da industrialização que se intensificou nos anos 60/70. E mais: foi curioso, bom e reconfortante reencontrar contemporâneos de meu tempo de bandejão na Faculdade de Ciências Econômicas; agora todos, quase todos, estão em postos altos do governo estadual. O processo de recrutamento do segundo escalão dos tecnocratas agora passa pela universidade e meus ex-colegas, a exemplo do **Paulo Haddad**, estão no poder (Secretário de Planejamento). Encontro **Teodoro Lamounier**, na direção do BDMG, outros como **Luiz Andre, Octávio Elísio e Verinha**. Falam-me de **Fernando Reis**, que foi Secretário de Planejamento etc.

---

14. Esse retrato está com o pintor há décadas. Sempre que o encontro, me diz que acabou de expô-lo na Alemanha, Tóquio etc. Já virou piada entre nós.

15. O Cedeplar fez uma edição chamada *Meditação sobre Minas Gerais/20 anos do seminário sobre economia mineira*, publicada em 2002.

Bela a viagem com **Antonio Candido**, umas cinco horas de carro de Diamantina até BH. Ele conhece tudo, até a história da família **Lage/Colasanti**. Até de Manfredo, meu sogro, nas novelas, ele deu notícia.

No meio da estrada, um restaurante onde se bebe "leite ao pé da vaca", vi também pela primeira vez um cinamomo: "hão de chorar por ela os cinamomos", disse eu em voz alta o verso de Alphonsus, e o Candido respondeu continuando. Ele sabe até de cor sonetos de **Teófilo Dias e Fontoura Xavier,** que estudo nesse meu livro de psicanálise e literatura.

27 de setembro

Ontem a TV Bandeirantes apresentou o *Canal Livre*, onde **Zélia Amado, Tarso de Castro, João Ubaldo, M. Helena Carneiro da Cunha, Antônio Houaiss, Roberto d'Ávila** e eu entrevistamos **Jorge Amado**. Parece que o programa foi bom, a acreditar nas repercussões um dia depois, por pessoas que me pararam na rua, na ginástica e até na minha ida ao Ministério da Fazenda (pois caí na malha fina. Logo eu).

A situação de Jorge Amado é difícil. Tentei fazer-lhe todo tipo de pergunta objetiva, esforçando-me por provocar um clima parecido com aquele da entrevista do Jorge Semprún. Aliás, me disse o Ávila que foi o próprio Jorge que sugeriu meu nome entre os entrevistadores, por causa da entrevista com o Semprún.

28 de outubro

Esta semana é o festival de **80 anos de C.D.A.** Começou domingo, com uma página inteira n'*O Globo*. Terça, o *JB* dedicou-lhe um suplemento de 12 páginas, homenagem jamais prestada a um intelectual brasileiro. Tem ali um artigo meu – "Poesia como conhecimento do mundo" –, versão jornalística de minha tese sobre ele. Deve sair no sábado, n'*O Estado de São Paulo*, uma entrevista minha ao Nilo Scalzo, editor do suplemento daquele jornal. Aliás, o **Mindlin** e a **Cremilda** (do *Estadão*) me pediram um poema sobre ele para o jornal. A Globo me contratou para assessorar o programa que querem fazer sobre C.D.A. Ontem estive vendo o copião na Globo. Vi até alta madrugada a montagem da entrevista. Deu uma hora e dez minutos de entrevistas, e querem cortar 30 minutos para aproveitar outros entrevistados (eu inclusive) etc. E gravei entrevista sobre o poeta para o *Jornal da Globo*.

Soube, então, de uma fofoca. **Julieta,** sua filha, está furiosa com a TV porque filmaram uma cena dele sendo maquiado pela **Leda Nagle**, apesar de terem dito que não estavam filmando. A Globo apagou, mas os repórteres presentes registraram as fotos, que saíram na *Isto É* e *Veja*.

O C.D.A. na imensa entrevista diz algumas bobagens (sinceras): primeiro, confessa seu conservadorismo, seu viés udenista-lacerdista, dizendo-se eleitor de **Sandra Cavalcanti**. Evita falar de coisas graves ou se comprometer. Depois, fala mal do teatro brasileiro, que confessa desconhecer. Aliás, na sua entrevista na Globo, parte que possivelmente cortarão, outras inverdades: diz que só responde carta de poeta quando gosta de seus versos. Há milhares de cartinhas e bilhetes para todos os poetas medíocres do país. Ele para de elogiar os poetas exatamente quando o poeta começa a crescer (de **João Cabral** até hoje).[16]

Mas foi uma pena que nesta semana dessem o Nobel ao García Márquez, e não a ele. Por outro lado, não é nada fácil, socialmente, ser Drummond. Mas nesses 80 anos ele se abriu em mil entrevistas.

1º de novembro

Aniversário de **Drummond** (ontem), que comecei a narrar noutro diário. O festival insólito jamais visto no país para um intelectual. Não sei mesmo se no Exterior já se fez algo assim. Em São Paulo, Minas e Itabira – chuvas de poemas sobre a cidade. Mês

---

16. Tenho um ensaio, "Drummond e Cabral: pedras e caminhos", no qual estudo essa complicada relação entre Drummond e os poetas, sobretudo Cabral. Coleçao ARS da Unesp, 2014.

inteiro de comemorações. No Rio, desenharam imensa flor no asfalto em frente a sua casa. Representações de "Caso do vestido" em vários pontos da cidade. Suplementos e edições especiais. Até a revistas como *Claudia* ele deu entrevista, onde aparecem a filha e os netos. Discurso dele na Biblioteca Nacional, na abertura de sua exposição. Até hoje, pós-aniversário, o *JB* deu foto na primeira página dizendo que ele foi com a família para um hotel-fazenda no Estado do Rio. Ontem, até os colunistas políticos, como o **Fernando Pedreira,** lhe dedicaram espaço. O *JB* fez-lhe um editorial, depois de já ter feito um suplemento de 12 páginas na terça. O *Estadão* publicou meu poema "Homenagem ao Itabirano" no suplemento especial, apresentou um artigo do **Décio Pignatari,** onde o concretista, *eh, voilà!*, vem com seus velhos vícios de citações e vezo do trocadilho ironizar e dar parabéns. Cobra do Drummond várias coisas: diz que ele seria caudatário do concretismo em "Lição de coisas". Em parte ele está certo, o Décio: sem o concretismo, C.D.A. não teria feito muitos dos poemas que fez. O concretista a puxar a brasa, e o Drummond a querer apagar as pistas, seus débitos. Na verdade, ele não precisava na introdução daquele livro dizer que "pratica, mais do que antes, a violação e a desintegração da palavra, sem entretanto aderir a qualquer receita poética vigente. A desordem implantada em suas composições e, em consciência, aspiração a uma ordem individual".

Aliás, um dia alguém pode fazer mais detalhadamente aquilo que **John Gladson** tentou/começou a fazer e parou: mostrar as influências em C.D.A., coisas marcantes como o uruguaio-francês **Supervielle** e outros. O poeta é bom, mas é leitor contaminado. Haja vista os contos curtos de Marina que sempre o impressionaram, que entusiasmado mencionava em conversa comigo, até que, de repente, publicou o livro de contos curtos: *Contos plausíveis,* 1981.

4 de novembro

Curioso como **Drummond** vai se revelando. Curioso como essa imagem que dele se cultiva é também fruto do não atrito programado, do exercício da sabedoria mineira, da empostação do chefe de gabinete.

E ontem somou-se mais esta: uma crônica do **Castelo Branco** em que mostra como o poeta não o perdoou por criticar e expor a diferença de opiniões entre eles desde Belo Horizonte. E ainda ontem, coisa estranha, o repórter do *Arquivo Manchete* liga para dizer que saiu a reportagem comigo e outros poetas. E resolve contar a entrevista que fez com C.D.A. Na hora em que fez uma pergunta sobre mim, o tipo de poesia como "A implosão da mentira", o poeta ficou mudo, quase surpreso! E sua filha, percebendo a cena, cortou (também sintomaticamente), lembrando-lhe de que Dolores estava pronta para sair...".

Drummond me enviou carta de agradecimento, aparentemente emocionado, pelas coisas recentes que escrevi e falei sobre ele quando de seu aniversário.

23 de novembro

Juan Rulfo foi à PUC para uma reunião-debate comigo, **Antônio Callado, Nélida Piñon, Luis Felipe Ribeiro, Edmundo Font** (cônsul mexicano no Rio). Velhinho, meio irônico, o auditório cheio de gente ávida para ouvir algo. Queriam que fosse algo tipo **Jorge Semprún**. Pois bem. Decepção. O escritor mexicano, apesar de uma certa simpatia e ironia, não tem uma visão clara nem de política, nem de literatura. Sobre literatura, falou coisas que inutilizam metade da história literária: "Só é literatura o que for imaginação, o resto é história e jornalismo". Com isso, acaba com Balzac, o realismo de Zola e outros, os romances autobiográficos etc. Ponderei-lhe, não em forma de pergunta, mas de considerações gerais, se não achava que a realidade era apenas a parte mais visível da ficção. Se não achava que o chamado realismo fantástico era um mal-entendido, pois tudo aquilo que é chamado de fantástico nas novelas de **García Márquez** e outros, na verdade, ocorre em nosso mundo latino-americano, onde, por exemplo, na

Argentina, as pessoas desaparecem de repente (mais de 30 mil na última ditadura).

Ele foi grosseiro em relação ao **Vargas Llosa**, recusando--se até a pronunciar seu nome. Ninguém sabe por quê. Pior ainda: disse que é fácil escrever um romance sobre um personagem delineado – o caso de Llosa sobre Antônio Conselheiro (Canudos). Acho um equívoco: é justo o contrário. Estranho: não conseguiu acertar o nome de Euclides da Cunha, a quem chamou de Tristão da Cunha o tempo todo (nome de um poeta simbolista brasileiro). Pior ainda foi a resposta que não conseguiu dar quando indaguei por que não escrevia mais, pois havia produzido só dois livros, e o mundo, e ele mesmo, e todos estamos cheios de indagações e perplexidades; enfim, se ele ao amanhecer não sentia ganas de sentar e escrever...

E ele reponde: há uns 20 anos que estuda antropologia social e não lê muito literatura. E começou a falar de antropologia, matéria em que não demonstrou sensibilidade alguma. Ao contrário, só mal-entendidos.

Claudia, minha irmã, conta que no programa **Flávio Cavalcanti** um grupo de estudantes, numa gincana em que tinham que levar algo sobre a Polônia, dramatizaram o poema que escrevi sobre o tema, que foi lido por um ator.

28 de novembro

Vim de Campos do Jordão, onde com Marina participei do **V Moitará**, reunião de dezenas de analistas junguianos orientados por **Carlos Byington**, nosso amigo.

Hotel belíssimo. Dos debates participaram: **Décio Pignatari, Aracy Amaral, José Miguel Wisnik**, eu, **Byington, Carlos Lemos** (arquiteto) e **Telê Ancona**.

1. A exposição do Décio foi uma "overdose". Gastou toda a tarde (quase) para explicar a teoria do **Pierce** através de slides. Isso não tinha nada a ver com o "modernismo", que era o tema da

sessão, mas é o assunto que o fascina nos cursos que dá na PUC-SP e está relacionado com o concretismo.[17]

2. Curiosa foi a apresentação do Wisnik. Ele fazendo o papel de tímido, acabou mobilizando emocionalmente a plateia. Contou aquela estória de Mário e seu irmão que ia ser músico, e como isso marcou Mário.

3. Não gostei de minha apresentação. Não consegui (pelo menos pra mim) explicar direito a relação entre modernismo e carnavalização.

Por coincidência estou lendo o livro do Semprún *Um belo domingo*, onde conta que o partidão tinha seus quadros no próprio campo de concentração. Ou seja, os comunistas eram um encrave dentro do nazismo. Teoria sobre o "parisitismo" que desenvolvi, aliás, num artigo na *Isto É*.

Em Belo Horizonte, onde fui homenageado como patrono da turma de Letras da UFMG, reencontrei-me com amigos de ontem como **Orlando de Carvalho**, reitor no meu tempo de estudante. O paraninfo, então, era **Rodrigues Lapa**, português da velha cepa. Eu era o orador da turma. No meu discurso agora (leio trechos do discurso que fiz há 20 anos como orador de minha turma), referi-me a essa geração, que começa num clima diferente da nossa. Naquele meu discurso de formando eu dizia: "Não entramos na vida como quem entra num pomar". Era tempo de guerrilha e nacionalismo radical. Conforme disse em *Que país é este?*, "minha geração se fez de terços e rosários: um terço se fuzilou, um terço se exilou e um terço se desesperou".

---

17. Tendo que dar um curso sobre Drummond na Casa do Saber/Rio, em 2012, reli a análise que seu Décio faz do poema "Aporo". Fiquei de novo impressionado com as coisas que ele inventa. Chega até a meter Prestes na hiperinterpretação, dizendo que "Rosa do Povo" é de 1945 - "ano da soltura de Luís Carlos Prestes ("presto se desata"...), ano de todas as auroras"... Se tiver paciência, farei um ensaio sobre essa e outras alucinações de Décio.

Encontrei-me com inúmeros amigos. **França Jr.** me revela que em 1961 ele, tenente da aeronáutica em Porto Alegre, foi escalado para organizar, mapear o bombardeamento do Palácio Piratininga, onde **Brizola** resistia, forçando a posse de Jango. Jogariam bombas de 250 quilos!

Quando tudo estava pronto, houve um racha, e os sargentos se negaram a obedecer, ficando o campo numa situação tensa, oficiais e sargentos se espreitando, como se fosse haver um choque.

Revelou-me que a Aeronáutica realmente queria derrubar o avião que vinha com Jango, na altura de Santa Catarina. A seguir, dissertou sobre a mentalidade do militar, que se julga certo, justo e puro.

1983

14 de março

Encontro, saindo de minha análise, o poetão **Drummond**. Eu já vinha pela rua pensando que aquela era a região de sua casa. Vejo-o, cruzo a rua e começamos a conversar sobre percalços amorosos.

E ele me confessa a respeito do amor: "Não, isso não tem solução, nem idade". Mesmo quando lhe digo, citando seu verso: "na curva dos 50 derrapei neste amor", ele acrescenta: derrapamos sempre, em toda curva. E quando lhe falo desse conflito/escolha entre vida e literatura, ele cita um verso meu. E acha que vale a pena o sofrimento. E me conta, com uma abertura de pasmar: "Tenho duas mulheres, com a segunda estou há 31 anos". E conta de outras paixões que lhe vieram quando era mais jovem, paixões durante o casamento. Até de uma que, começando a transar um amigo, deixou-o desesperado, fazendo com que arrumasse a mala com a família e partisse por um mês para Itabira. E lá ficava subindo nas árvores e chamando a tal amada de filha da puta. E me confessa que seus companheiros de geração o achavam dissoluto, até que se apaixonaram, mesmo os casados. E falou-me também do tesão que permanece idade afora, e eu contando que meu pai se queixava, já velho, que mamãe não queria mais trepar, e que ele era inda potente e com isso sofria imenso.

Conversa quente, humana, imprevista. De repente, na rua, dois poetas de geração diferente se encontrando em torno do amor. Pensei num poema que talvez escreva. Pensei num outro poema a duas mãos que seria conversa do poeta experimentado e do mais jovem, os dois perplexos diante do amor.

25 de agosto

Acabo de ver uma boa entrevista de **García Márquez** no **Roberto d'Ávila**. É curioso e confortante ver um sujeito assim no sucesso. E percebo nas entrelinhas as habilidades dele em jogar politicamente os pensamentos, evitando radicalismos. Aparecem entrevistando-o: **Chico Buarque, J. Amado** e **Zélia, Darcy** etc. Vendo-o lembrei-me daquela frase que ele falou ao Pasquim: "O Brasil é o maior país do Caribe"...

Agora, dizer que somos o continente do futuro me parece demais.

9 de setembro

O que está havendo com este país, meu Deus! Há mais de uma semana que ocorrem dezenas de ataques contra supermercados na zona norte do Rio. Seca braba no Nordeste, não chove há cinco anos; inundação e geada no Sul; dívida externa de 120 bilhões de dólares; as reservas de ouro acabando; o ouro descoberto em dezenas de minas se esvai; rombos financeiros – o último foi da Brastel-Coroa – 400 bilhões de $. Todo dia estouram financeiras. A inflação que o governo diz ser de 150% ao ano é de 300%, pois a TV mostrou ontem que é nessa proporção que sobem os preços dos produtos básicos: legumes, carne, arroz e feijão.

E **Figueiredo** mudo e imbecil, sustentando a política do **Delfim**. Me disse meu irmão Carlos, ontem, que está indo negociar petróleo lá fora, mas que tem que convencer os países a receber daqui a seis meses. Não há lastro, não há $ para o petróleo, não há credibilidade do povo no sistema.

Penso nos que estão no governo. Estão na merda. O curioso é que não sofrem oposição declarada, proibida, aquela oposição que JK e Getúlio sofreram...

7 de outubro

Pensei em mandar uma carta ou telegrama ao **Drummond** por causa de umas frases que andou publicando sobre "a universidade", aquela espécie de ABC que vem fazendo no *JB*. Essa coisa assim generalizante é injusta. Claro que há coisas abomináveis, mas não se deve confundir alhos com bugalhos. Ele, sobretudo, deve muito à universidade. Desisti de lhe mandar a nota, pois está saindo de uma cirurgia e acabaria se desculpando.

9 de novembro

Reunião na casa de **Miguel Lins**, com **Franco Montoro**. Acabou sendo uma reunião histórica, decisiva para a história do país. Aqui começa a campanha das "diretas". Presentes: **Castelinho, Villas-Bôas Corrêa e seu filho, Marcos, Otto Lara Resende, José Aparecido, Fernando Pedreira, Zuenir, Severo Gomes, Evandro** (editor de *O Globo*)**, Irineu Roberto, Cícero Sandroni, Ênio Silveira, Ziraldo, Wilson Figueiredo** etc.

Todos forçando Montoro a liderar a campanha pelas diretas, já que São Paulo é 50% do PIB e decisivo. Todos enérgicos com ele, obrigando-o a tomar a bandeira. E ele meio pasmo. Como disse a várias pessoas, havia ali um "erro essencial de pessoa". Montoro é honesto, está fazendo uma administração admirável em SP. Mas não tem voo nacional. Mesmo assim, ele acabou acatando o empurrão que lhe foi dado. Lá pelas tantas, enquanto ele falava, o Otto gritou lá do fundo, como um garoto na parte de trás da sala de aula: "Levanta o farol!". Era uma advertência para que o governador pisasse no acelerador, acendesse o outro farol, assumisse de vez o papel que tem que assumir nesse momento histórico.

Ele acabou acatando o empurrão. No dia seguinte, o Villas--Bôas e o Castelinho (usando a força do *JB*) fazem textos dando o fato como consumado, obrigando Montoro a assumir o papel de destaque nesse momento político.

Morreu cortando os pulsos e atirando-se pela janela **Ana Cristina César**, que havia há quase um mês tentado se matar na praia da Barra, depois de tomar uns comprimidos. Trauma. Ela é prima de Marina (minha cunhada). Conheci-a desde menina na casa do meu irmão. Estive em algumas festas familiares com ela. Era tida como uma menina excepcional. Como eu era diretor de Letras da PUC, ela teve uma conversa comigo antes de optar por fazer Letras. Participou da Expoesia com o **Cacaso, Geraldinho Carneiro** e outros do departamento. Em algumas fotos de conferências no RDC, tipo Foucault, ela aparece na plateia. Não chegou a ser minha aluna, mas algumas semanas antes dessa tragédia me ligou para conversar sobre pós-doutoramento. Parece que estava fazendo análise lacaniana com alguém. Dizem que pulou da janela do apartamento fugindo aos cuidados de alguém que a acompanhava durante o tratamento.

15 de dezembro

Converso com **Paulo Autran, Fernanda Montenegro** e **Dilea Frate** na TV Globo. Conversa amena, tranquila. Paulo leu os textos que escrevi para a *Retrospectiva 83* – programa de fim de ano da Globo. Leu e ia gostando, sorrindo. Ele já refeito da operação de coração. O título que sugeri foi: "83: com o coração na mão". Foi uma boa experiência. Usei de poemas que tinha, fiz outros: inseri poesia na TV. Um caminho. Acho que é consequência do caminho que abri com o *JB*, jogando poesia no jornal.

O Paulo Autran se lembrando de Belo Horizonte, dos anos 60, ou fins de 50. Aquela "geração complemento", o balé do Klauss Vianna, o Teatro Experimental, o CEC. Naquele tempo, encontrando juvenilmente os discos de poemas e recitais de Paulo Autran (que vi em BH), cheguei a pedir/insinuar que ele gravasse uns poemas meus. Menino metido! O disco (fantasiava eu) seria só para mim. Ia gravá-lo no estudo da Rádio Inconfidência. Pura fantasia minha que não deu certo, obviamente, mas Autran, na ocasião, me tratou bem, e agora juntos nos lembrávamos disso com certa doçura.

Fora isso, um painel do país: em todo lugar que se vai o assunto é "assalto". Todos contando sua experiência. Todos em pânico. **Paulo Autran e Fernando Sabino** narrando vários. Eu narrando o novo assalto em Friburgo: entram em minha casa, levaram-me a TV, máquina de escrever e até a sirene de alarme, ainda por instalar...

Paulo Autran lembrando a solução de seu sócio lá em Paraty, o Fábio, que acha que as pessoas deveriam se organizar em *squads* para se defenderem. Os jornais discutindo a morte do pivete pisoteado, em revanche, por um Procurador da República em São Paulo. A igreja do lado do pivete, o *Estadão* e *O Globo* do lado do procurador.

Acho a reação do procurador legítima. Irracional, mas legítima. Não sei o que faria se estivesse numa situação de perigo. Conheço a narrativa de pessoas que, subitamente, ficaram violentas quando ameaçadas. Querem tratar o pivete com caridade cristã, só que isso não foi combinado com o agressor. A psicologia social – ameaçada por tanta violência, e a psicologia individual – idem: razões que a razão não conhece.

Hoje leio a entrevista que **Maria Julieta** fez com o C.D.A. A ideia é simpática: a filha fingindo-se de repórter. Mas tem mais duas mentiras do poeta. Desnecessárias: uma, ele dizendo que a poesia nunca foi sua grande preocupação: "Me considero um mau cultor de poesia, pois nunca me dediquei a ela como a um valor superior".

Ora, Drummond...

Depois mente novamente, dizendo que nunca fez um livro de propósito, que tudo foi por acaso, reunião simples de coisas. Aliás, demonstrei em minha tese o sentido de construção, o conceito de "logos" e "reunião".

Tenho participado de atividades políticas comunitárias: passeatas pelas Diretas (em Ipanema, Copacabana), debates na Associação de Moradores e Amigos de Ipanema, visitado o 19º Batalhão para discutir com o Coronel Comandante a questão da violência na cidade.

Vou continuar batalhando isso. Como disse ontem na conferência no encerramento Nacional das Bandeirantes – é preciso reverter a situação e passar de indivíduos a cidadãos ou pessoas. Aliás, outro dia entreguei ao *JB* um artigo (muito bem aceito pelos leitores): "Crime e política sem castigo"[1], onde tocava no assunto. Agora tenho que voltar a enfocar nisso. Outro dia encontrei o **Frei Betto**[2] na casa da **Dina Sfat**. Ela me pareceu uma mulher mais quente e interessante do que na televisão e no teatro.

---

1. In *Política e paixão*, Ed. Rocco, 1994.
2. Nota de 5/5/2013: Estou vindo de passar com Frei Betto (outros escritores), de cinco dias no barco da Iberostar pelo Rio Negro. Cada um ao seu modo fazendo sua caminhada literária e existencial. Aliás lhe dediquei um poema em *Que pais é este?*.

1984

25 de janeiro
Revista *Senhor*: dei uma ampla entrevista a **Nirlando Beirão** e **Mauricio Dias** que deve interessar a vários públicos.

14 de fevereiro
Saiu ontem meu artigo "**A preguiça do presidente**" no *JB*. Hoje saiu a resposta da Presidência da República, assinada pelo porta-voz **Carlos Átila**: "O trabalho do presidente". Susto. Não esperava tanto. Acostumado a não ser ouvido diretamente, esta reação me tocou. Leio a *Folha de S.Paulo*, *O Globo* e *Tribuna da Imprensa* – todos dizendo que o presidente ficou puto, ficou triste e irritado com meu texto. O artigo do Átila foi escrito cumprindo ordem do presidente. O título dele já é constrangedor. Por outro lado, algumas pessoas, desde a **Dalva Gasparian** até o meu irmão na Petrobras, dizem que **Figueiredo** pensou mesmo em renunciar. Outros, ironicamente, dizem que ele deveria me agradecer pelo artigo, pois há um tom amigável. Tancredo, já candidato à presidência, fez um discurso numa cidade de Minas dizendo que não se deve atacar Figueiredo. Agora chama o telefone: é a *Veja* querendo fazer meu perfil para esta semana, por causa do artigo. O Walter Fontoura, diretor do *JB*, já me dizia ao telefone: "Puta merda! Que rolo!". Sem especificar o que estava acontecendo. Mas revelou que o Nascimento Brito me considera o seu melhor colaborador.

Vivo, assim, um clima de euforia e excitação política.

Vou ver *King Lear,* de Shakespeare (com **Sérgio Britto**), e vejo ali o drama da sucessão presidencial. Dei uma longa entrevista à *Veja*, que acabou não saindo, e fui a Brasília para uma reunião do CNPq. Fiquei na dúvida se devia ir ou não, pois todos previam coisa ruim para mim, ali é a boca do lobo. Boas conversas com **Joaquim Falcão** e **Antonio Octavio Cintra**, sobre a situação. A *Isto É* desta semana, fazendo levantamento da crise, refere-se ao artigo. A *Folha de S.Paulo* fez dois editoriais (**Galeno Freitas e José Silveira**) comentando o incidente com o artigo. A coisa esquenta mais, pois o *JB* publica no Caderno Especial o que seria a minha resposta ao artigo da presidência: o poema "Sobre a atual vergonha de ser brasileiro", que eu tinha aqui guardado. O poema caiu como uma bomba. Repercussão imensa nas praias, bares, clubes, escolas, repartições. Telefonemas, telegramas, pessoas que me param nas ruas, no elevador, nos consultórios. Sobretudo uma pergunta: "Ainda não foi preso?". Todos pasmos com minha coragem, me chamando de Maiakovski, num misto de espanto e temor, querendo fazer o mesmo. **Vicente Barreto,** do *JB,* me previne que surgiram resistências criticando o poema. Mas parece que o **Walter Fontoura** tem bancado tudo, com uma coragem insólita.

Ênio Silveira, da Civilização, se entusiasmou e quer lançar quatro poemas em pôsteres.

9 de março

Outro dia num restaurante alguém deu umas porradas no **Niemeyer**, depois de insultá-lo de tudo. Ao ouvir "comunista de merda", Niemeyer voltou para brigar, e aí apanhou. E tudo isso aos 70 e tantos anos, com o nome que tem. Ter que ficar assim, à mercê de alucinados.

Outro dia, lançamento do disco de poesias de **João Cabral de Melo Neto** pela Som Livre na Casa do Bispo. Curioso: não havia escritor, nem acadêmico, nem o mundo diplomático. Estranho vazio. A última entrevista que ele deu foi muito estranha: aquilo de dizer que escritor não tem nada depois dos 60 e que não tem nada a dizer...

25 de março

De repente, vendo essa frase em francês de **Simone**, a propósito da mulher: "*Elles n'accedent à l'indèpendance économique qu'au sein d'une classe*", me veio um *insight*: erro do marxismo quando tanto fala de "ser de classe", como naqueles textos de **Mao Tsé--Tung** e outros. Isto é uma visão dentro de uma camisa de força: a luta em geral é pela diferenciação dentro da aparente igualdade. Há aqueles que querem se adaptar aos códigos da classe (ou grupo), mas, em geral, há outro movimento individual, contrário a esse: de querer subir, emergir, extrapolar a sua "*conche sociale*". O rico quer ser mais rico, o pobre menos pobre. Forçar o indivíduo a ter consciência de classe e a movimentar-se socialmente, sempre manietado aos demais, é cortá-lo, castrá-lo em seu movimento natural.

O marxismo deveria dar elasticidade a isso, pois "ser de classe" não deve ser um determinismo, um condicionamento para sempre. Há outro lado da questão, o esforço para sair disso. E o diabo é que o indivíduo evolui mais rapidamente do que o conjunto, porque o conjunto é mediano. Daí a relação paradoxal do intelectual que dialeticamente está-mas-não-está numa determinada classe (operária, burguesa). Estar e não estar no rebanho é um dilema para ele.

16 de abril

Há uma semana, dia 10, foi o glorioso dia do **Comício das Diretas,** na **Candelária.** Estávamos discutindo como ir quando telefona o **Renato Martins** (assessoria de imprensa de Brizola) e diz que eu deveria ir para o palanque. À noite torna a telefonar, insistindo e sugerindo que eu fale, discurse algo. Deve ser por causa dos artigos/poemas no jornal.

Havia aquele desejo do **Hugo Carvana**, de ele mesmo dizer (no comício) o poema "Sobre a atual vergonha de ser brasileiro". Mas é um texto grande. Penso, então, em elaborar algo mais curto. Mas será que consigo elaborar algo para ser falado à multidão?

Poderia ter sido uma grande experiência para mim e para essa relação entre a poesia e o público. Mas, na hora, sobraram oradores: **Fernando Henrique Cardoso, Candido Mendes, Leon Hirszman** etc., e eu com meu poema no bolso. Teria sido emocionante falar para um milhão de pessoas. Seria uma variação no meio da discurseira. Mas, do ponto de vista promocional, para os organizadores era mais negócio apresentar artistas da MPB e os da TV. Como, aliás, ocorreu.

Antes, ficamos umas duas horas no Museu Histórico, depois fomos transportados para a Secretaria da Fazenda e, com dificuldade, só às seis e meia chegamos ao primeiro e segundo palanques. Lá estava o velho **Sobral Pinto,** corajosamente dizendo que tínhamos que respeitar o presidente e as Forças Armadas, em resposta a alguns irresponsáveis que radicalizavam seu discurso. Lá, **Hélio Fernandes, José Aparecido, Otto Lara, Carlos Castelo Branco,** além de políticos, artistas e das **famílias de Brizola e Jango.**

Voltamos com **Tereza Rachel** – nossa vizinha. Foi bom reconhecer, entre os artistas presentes, alguns leitores de meus poemas nos jornais. **Ziraldo** insistindo que eu deveria tomar o lugar de Vinicius na MPB, que eu era o melhor poeta do momento, que tinha que abrir, que era o poeta do povo etc. Com **João Bosco,** tornamos a falar da hipótese de parceria. Com **Fagner** também, a mesma conversa. **Kate Lyra** dizendo que eu deveria compor com o **Carlinhos Lyra.**

Esse foi o maior comício da história brasileira. Esse governo não pode continuar, ou se segurar. Depende tudo agora do **Aureliano Chaves,** que é vice. Se ele partir realmente para o apoio às diretas. A maioria o quer como presidente.

17 de maio

Dia 13, à noite, matou-se **Pedro Nava** com um tiro de revólver na cabeça, mais ou menos às nove da noite, a 50 metros de sua casa, na Glória, junto a um pé de árvore. O país traumatizado, pois ele era bonachão e estava no auge da glória literária. **Sobral Pinto, Ziraldo** e **Drummond** não queriam aceitar a tese do suicídio, apesar de o revólver ser do Nava, de ele ter pólvora nos dedos etc. Surpresa geral. Agora, torna-se público que era um deprimido e que o suicídio é um tema em sua obra. Em entrevistas sempre revelava que não gostava da vida. Com efeito, esse depressivo, na véspera, fora tirar pressão do **Francisco Assis Barbosa**.

O assunto dominou a conversa em todas as rodas e classes sociais. Acho esse suicídio mais incômodo que o de um jovem: o jovem é mesmo impaciente. Por não compreender o sentido, desespera-se. Mas o velho deveria estar acostumado. Pelo visto, não. E, no entanto, Pedro Nava fazia planos: para o aniversário etc. Como será esse curto-circuito repentino? Numa entrevista ele já dissera que ninguém deve se admirar de velhos que, de repente, se dão um tiro na cabeça.

Mas sempre me lembro da ***Dolce Vita*, de Fellini,** daquele personagem "*raffiné*" que escutava música clássica, sabia sânscrito e, no entanto, se mata e mata os dois filhos, deixando a mulher que chega em casa desesperada.

Outro dia alguém me falou de uma mulher que estava se preparando para sair, já com o cabelo enrolado, e que, no entanto, enfiou a cabeça no forno do fogão e se matou com gás.

Penso que poderia escrever um artigo, mas deveria ser um poema, um poema que falasse: 1) da solidão do suicida, 2) do imprevisto, 3) da crueldade consigo e conosco, 4) do seu direito de fazer isso, 5) do absurdo da vida, 6) de que o homem não é o único animal que se mata.[1]

A Globo me chama: pede um poema sobre isso. Preciso ir lá para receber o dinheiro de outras colaborações e, na sala, esperando a Dilea Frate, começo a esboçar algo num envelope que tenho nas mãos, sem saber no que vai dar:

> Um tiro na memória
> A mão que inscreveu outros
> Apagou sua própria estória.

---

[1]. Acabei depois fazendo o poema "O suicida". E postando-o no Facebook em 2013, por ocasião do suicídio dessa pessoa admirável que foi Walmor Chagas.

Depois da conversa com outros da equipe do *Jornal da Globo*, concluo que seria impossível, difícil fazer o que estava começando a esboçar: queriam um texto que acompanhasse a câmera saindo da casa dele e indo até o lugar do suicídio. Reportagem/poesia? O risco, digo, é cair no melodramático. Todos concordam. E como, depois, eu mostrasse à **Dilea Frate** aqueles versos, ela os pediu como quem não quer nada. De noite, na TV, além da entrevista que dei, sai o primeiro verso como título da reportagem e a leitura do texto do poema fechando o programa.

Achei simpático. A *Folha* o reproduziu no dia seguinte.

Finalizando: que violência e autoagressividade nesse gesto de Nava. Na sua obra, ele diz que não há nada de bom na vida, a não ser o ato sexual. E pensar que ele passou 82 anos se torturando, adiando a própria morte...

13 de junho

Paulo Sergio Pinheiro marca para o dia 5 de julho o jantar com o **governador Franco Montoro**. O governador teria gostado de algumas coisas que escrevi. Lá devem estar alguns intelectuais paulistas, que eles e eu indicamos.

27 de junho

Há dois dias **morreu Michel Foucault**. Um choque. Lembrei quando ele esteve aqui em casa naquele jantar, quando o trouxe para conferências na PUC, em 1973. Pessoa tão viva, atraente, correta. Se vivesse até os 80 anos teria sido ainda mais útil. Pego agora a edição espanhola das conferências que ele fez aqui. Lembro-me de várias coisas: ele chegando ao Rio, a gente não sabendo onde ele estava, uns dizendo que ele tinha um amante brasileiro na Lapa. Depois, alguns alunos de filosofia fazendo demonstração, nos abordando, a mim e a ele, na entrada do RDC – antes das conferências –, dizendo que não tinham dinheiro para pagar ingresso. O que fez com que Foucault se dispusesse a se encontrar com eles depois da palestra. No jantar em casa, me contando como ficou chocado ao ser levado pelos alunos para uma rica cobertura no

Leblon. Claro que tinham dinheiro, saíram da universidade em vários carros de luxo, deram o golpe nele.

E aquela estória da **Lea Novais**, sua intérprete: alta noite, um casal, insistente, vai procurá-lo no Hotel Sol Ipanema. Ele pensa que é algum recado político para exilados, e como o funcionário da portaria diz que é urgente, se veste e desce. O casal diz que não dá para conversar na portaria, querem levá-lo para algum lugar. Entra no carro deles. Finalmente, Foucault pergunta do que se trata. E o homem diz:

– Mr. *Qu'est-ce que c'est le structuralisme*?[2]

4 de julho

Há dias **Roberto Muggiati, da *Manchete***, me telefonou: quer reviver os tempos em que a revista, nos anos 50, tinha um grupo de cronistas, que a sustentava: **F. Sabino, R. Braga, P. Mendes Campos, H. Pongetti**. Muggiati me disse que meu nome foi aclamado na redação como o que melhor retrataria a linguagem dos anos 80, algo que não fosse mais aquelas crônicas ligeiras, apenas líricas de antigamente. Enquanto anoto isso vou pensando em escrever uma crônica exatamente estabelecendo o painel de uma época: talvez fosse interessante para criar teoricamente a distância entre os anos 50 e 80 e marcar meu espaço. Facilita, clareia melhor a coisa na cabeça dos editores.

Aceitei a ideia. Fui lá conversar. **Carlos Heitor Cony** e Muggiati me receberam muito bem, repetindo que havia uma unanimidade a meu respeito. Preço: chegamos a 500 mil (mais uma passagem para a Europa por ano – aprendi isso com **Mino Carta**). Depois disso fiquei com um problema, porque o Nascimento Brito quer minha colaboração periódica no *JB*. E eu, que amo esse jornal desde a adolescência e lhe devo tanto, não posso aceitar, pois pagam uma miséria.

---

2. Em 2013, a PUC-RJ comemoraria os 40 anos da presença de Foucault entre nós, e eu apresentaria na abertura das comemorações o texto "Michel Foucault, 40 anos depois".

No dia em que fui à *Manchete* levar o meu primeiro artigo, "Roberta Close – e a nossa androginia política", ao sair de lá me senti como aquele adolescente de Minas quando lia os mestres da crônica naquela revista. Vim de carro pelo Aterro, parei em Copacabana, fui à areia. Fazia uma tarde linda. E ali fiquei, feliz, olhando o mar.

Hoje sai o artigo na *Manchete*. Fui procurar um exemplar: como se fosse o meu primeiro artigo. Pouco depois, Muggiati me telefona se desculpando por duas modificações/censura que fizeram no meu texto: 1) onde eu dizia sobre nós/Roberta Close "democracia da cintura para cima e da cintura para baixo amorfa ditadura", puseram em vez de "amorfa ditadura" a palavra "arbítrio". Em vez de "senadores biônicos, que são eunucos sem lastro político", puseram: "senadores biônicos que são homens sem lastro político".

É o diabo. E Muggiati explica: os **Bloch** têm muitos amigos que são senadores biônicos. E a *Manchete* antes de agradar ao público tem que agradar aos Bloch, que são complicados.

Da editora Rocco me comunicam que a primeira edição de *Política e paixão* se esgotou em dez dias. Ótimo.

12 de julho

Fui a São Paulo, com Marina, para jantar no Palácio com o governador Franco Montoro, conforme convite. Confesso que estava nervoso. Não sou do PMDB, nem fiz campanha, ao contrário, apoiei o PDT e às vezes o PT. Ademais, São Paulo é terra dos Campos e Chamies. Bem que eu havia escrito em carta ao **Paulo Sérgio Pinheiro**, que vinha articulando isso tudo, cautelosamente, que achava que o governador tinha coisa mais importante a fazer. Mas ele insistiu. Ao contrário do que pensei, foi tudo manso, quente, fraterno. Presentes, entre outros: **Fábio Lucas, José Mindlin e Guita**, sua esposa, **Severo Gomes,** o secretário de Cultura **Jorge Cunha** etc. Montoro, ali no Palácio, conversou comigo praticamente toda a noite. Ele e **Dona Lucy** são pessoas corretas, bem-intencionadas. Quando me referi ao fato de ter vivido na França e ter testemunhado os primeiros anos de Mitterrand, ele me confessa que enfrenta os mesmos problemas que o presidente francês: a inércia do terceiro e quarto escalões. Montoro fez questão de ler um trecho do discurso que fará em Minas, no qual cita poema meu. No jantar houve uma espécie de noite de autógrafos, com livros enviados pela Rocco e pela Brasiliense.

Passei quase o dia todo dando entrevistas no hotel e no Palácio: *Visão, O Estado de S.Paulo*, TV Cultura, TV Globo. O jantar até atrasou por causa disso. Estávamos felizes, eu e Marina, via no rosto dela. Dia seguinte, entrevista na Rádio Record FM durante meia hora – **Lídia Maria**, a entrevistadora, relatou-me que quando foi lido o "Poema da Vitória/Derrota de 25 de abril, publicado no Folhetim, as pessoas na técnica choravam. E tiveram que enviar o texto para numerosos ouvintes. Sendo fotografado na avenida Paulista, passantes perguntavam se eu era algum manequim... No almoço, **Paulo Sérgio** veio com **Luiz Schwarcz, Jefferson del Rio**s e outros nos contando da visita que fizeram à Penitenciária, onde surgiu a questão das "Serpentes Negras": e a situação terrível de presos pagarem aluguel da cela, famílias de egressos sendo exploradas, 70% dos presos regressando à prisão reincidentemente.

Com a redemocratização, começa-se a pensar no preso comum.

6 de agosto

Bom o lançamento de *Que país é este?, Política e paixão* e *O canibalismo amoroso* em Belo Horizonte. (...) À noite, muita gente no lançamento. As "meninas" do **Madrigal Renascentista**, colegas de ontem e hoje. O **Roberto Drummond** deu-me boa cobertura na imprensa. Depois, fomos à casa de **Aluísio Pimenta**, ex-reitor da UFMG no meu tempo. **José Aparecido,** secretário de Cultura de Tancredo, tem sido gentilíssimo comigo, patrocinou o lançamento, os convites, coquetel etc. E ainda insistiu para eu ir assistir ao encontro de **Tancredo** e **Montoro** no próximo dia 9, quando eu voltar a Minas. Os dois governadores estão articulado a questão da "abertura" política. Mas há um problema que não sei resolver: as conferências que naquele dia devo fazer para médicos e senhoras, organizadas por **Zulma Fróes**.

Resultado político da conferência que fiz há dias para os **200 diretores de Furnas:** embora cauteloso em não fazer nenhum ataque frontal ao governo, apesar do sucesso da minha fala, apesar de os diretores terem me convidado para o almoço, hoje **Cristina Bomfim** me informa que um tal de **Cotrim** foi ao presidente de Furnas denunciar esse tipo de conferência, dizendo que, se soubessem que eu era o autor daquele artigo – "A preguiça do presidente" –, não deixariam eu falar.

Resultado: foi interrompido o ciclo de palestras. Daqui pra frente, só palestra técnicas. E o que é mais danoso: os diretores todos adoraram: disseram que era disso de que precisavam mais. Pelo que se vê, continua a censura, o regime questionando, como antigamente.

27 de agosto

Visita ao asilo/hospital/manicômio de Barbacena, que povoou o nosso imaginário desde a infância. **Dr. Neile,** que assistiu às palestras e lançamentos de livros meus e de Marina ontem, aquiesceu em nos abrir o hospital. Manhã de domingo. Frio, talvez oito ou dez graus. Aproximando-se do prédio, já nos jardins, alguns loucos de uniforme velho meio azul-e-cinza. Eram os loucos mansos que ali trabalhavam livremente. Tentavam nos seguir, pedir cigarro ou dinheiro. Sempre sorridentes.

Entramos no pavilhão das mulheres. Ali, uma que tinha um filho (de outro internado) e que nos dizia estar ali há 20 anos (desde os 10) sem nunca receber visita. E está comovida com a criança em seu berço, noutra sala, sempre fechada, por causa dos loucos. O marido, o pai, nem ela sabe quem é. Dr. Neile diz que provavelmente é um outro doente que morou junto com ela numa casinha (cabana? o quê?) que ambos construíram ali.

Essa é a figura mais bem-vestida, de calça comprida e meio loura. Todas as outras são velhas, pretas, de saia (o que levou Marina a indagar ao Dr. Neile porque não dava calça comprida para as mulheres. "Nunca pensei nisso", disse ele, surpreso). Visitamos a cozinha, depois do almoço: pessoas lavando pratos. Menu: feijão, arroz, maionese e carne. O pavilhão dos "trabalhadores-doentes" tem até televisão, e eles assistem à Fórmula 1. São pretos também. E parecem mais normais. O pavilhão dos "agudos" – esse é brabíssimo: quartos todos vazios porque estão num pátio separados por grades. Acordam às cinco da manhã e ficam naquele pátio igual gado: nus, seminus, se cagando etc. Cheiro de mijo e cocô enquanto passamos pelos quartos vazios, que no entanto estavam bem limpos. São os loucos miseráveis. Sem família. Sem endereço. Ali estão atrás das grades. Ali ficam o dia inteiro. Há uma seção de jaulas para os mais agressivos: um que come tudo o que encontra, até lâmpadas. Outro que fura e arranca o olho (de vários). Estão na jaula-cela como macacos, comendo numa vasilha no chão. Tiveram que colocar a lâmpada da parede num lugar onde ele não a possa alcançar. Adiante outro louco, desgarrado no pátio, passa seminu pela parede, se cagando.

A dose já era demais. E quando o Dr. Neile nos levou para outro prédio, o mais antigo, onde estavam os presos "agudos" e os "menores", aí falamos: não aguentamos, ficaremos dentro do carro. E voltamos, saindo rápido, todos nauseados.

No entanto:

1. A situação, dizem, melhorou. Antes havia ali comércio livre de cadáveres para todas as escolas de Medicina do país: uns 30 por dia. Saíam em caminhão. **Ivanée (do Grupo Ponto de Partida)** nos conta que era hábito perguntar ao chofer que levava os corpos se eram 6, 10, 20?

2. Havia um trem – um vagão que vinha trazendo os loucos do interior. A "nau dos insensatos". Um trem. E aí vinham não só os loucos, mas os tuberculosos ou qualquer outro doente que a família despachava como tal. Até o inimigo político.

3. O grande problema são os "atendentes" – que em geral enlouquecem depois de anos de trabalho ali. Por isso, **Dr. Júlio,** jovem médico que luta para transformar aquilo com um grupo de

colegas, apresenta, quando nos despedimos, um plano de melhoria da situação.

4. E os pavilhões têm nomes. Nomes de Antonio Carlos Andrada, Bias Fortes. Nomes de políticos. Ambiguidade da loucura nacional.

5. E o sexo? Dr. Neile, irônico e vencido, diz: esse problema não existe. Como quem diz: não há como resolver. O melhor é ignorar. Sugere-se: por que não administrar as pílulas anticoncepcionais como remédio regular? Ele não consegue responder.

6. Muitos médicos ficam apenas meia hora por dia e saem cinco minutos antes de chegar.

7. Terapia ocupacional: um artista local tentou carpintaria com os "agudos". Durante um semestre, deu tudo certo. Mas não houve interesse na continuidade. Os loucos não se atacavam com os instrumentos. Portavam-se ótimos.

8. Há uma ala de adolescentes que não quisemos ver: são criminosos. Estão sob tutela da Secretaria da Justiça. Loucura e crime juntos.

9. Todos se referem à visita que **Franco Basaglia** (em 1978) ali fez há alguns anos. O choque foi tal que as denúncias tornaram as coisas menos piores. Tanto Dr. Júlio quanto Ivanée andam com o livro de Basaglia nas mãos.

10. Isso me faz repensar a loucura. Hoje são 800, mas havia antes 3 mil, 5 mil.

11. Pergunto pelos arquivos dessa loucura: para que alguém estude isso, pois ali está parte da história do Brasil. Não sabem. Não há. Referem-se a um Dr. Tollendal, pai de um ex-aluno meu, que seria capaz de "contar" coisas, pois se "lembra", trabalhou ali ou dirigiu o hospital por muitos anos.

Isso tudo impregnou meu dia, marcou minha vida.

1985

18 de janeiro

A TV **Globo** me chama. Querem que eu "entre para a casa". Há tempos seria uma tentação. Releio coisas que escrevi antes da subida de Tancredo. A mudança política alterará minha poesia? Ainda outro dia, conversando com **Drummond**, depois **Rubem Braga** e **Fernando Sabino**, que habitam esse espaço da "mundanidade" da vida literária concreta (não universitária), me pareceu ser esse um espaço mais instigante. Dizia-me Rubem Braga, em sua casa, enquanto julgávamos um prêmio literário, que ele só lê o que gosta. Um luxo. Morri de inveja. Preciso reler Machado, Alencar, Mário de Andrade etc. Reler.

Hoje entrevistei **Adélia Prado** na TV Manchete/Persona. Foi a pedido da **Ângela Falcão,** que trabalha com o Roberto d'Ávila. Ela foi minha aluna, aprendeu assim a gostar de Adélia, e vendo que Roberto não tinha muitos elementos para entrevistá-la me chamou para ajudar.[1]

21 de março

Jantar na casa de **Maria Clara Mariani**. Toda a "intelectualidade" presente. Interessante (para análise) essa mistura. Quando me convidaram, primeiro disseram que era um convite do **Niemeyer** (para um jantar). Depois explicaram: dele, **Chico Buarque, Antônio Houaiss**. É coisa do Cebrad ou "partidão".

---

1. Depois da entrevista, recebi telefonema de Fernanda Montenegro, que, interessada em Adélia Prado, montaria o espetáculo "Dona Doida" e percorreria o país.

Conversei com o **presidente Daniel Ortega** – tem um ar nordestino, meio parente nosso. Simples. Conversei com a mulher dele – **Rosário** –, poetisa e deputada na Nicarágua. Convidaram-me para ir à Nicarágua, já que vou a Miami semana que vem para um seminário organizado por **Randal Johnson** (que foi meu aluno no Texas, em 1977). Acho difícil conciliar as duas coisas. Mandarei livros para ela e **Ernesto Cardenal**. **Eric Nepomuceno** se dispôs a conversar com Cardenal sobre essa possível viagem.

5 de maio

Tancredo já morreu, no dia 21. Foram sete operações, 39 dias de agonia, o país paralisado. Tentei contar isso nas crônicas. No dia da morte, domingo à noite, Marina iria aparecer numa longa entrevista no *Persona* falando sobre *E por falar em amor*, que é best-seller. Eu, Leca e Fabi apareceríamos na entrevista. Ficou tudo para a semana seguinte. A notícia da morte veio às 22h28.

Traumatizados todos, embora se esperasse o desfecho, vivemos três dias de luto, com o caixão passando por São Paulo, Brasília, Belo Horizonte (onde morreram seis pessoas no tumulto para ver o corpo) e São João Del Rei.

A TV Manchete me chama para um depoimento ao vivo, enquanto transmitiam flashes do hospital e do Congresso. Encontrei-me lá com o historiador **Hélio Silva, Gabeira, Gullar, Sandra Cavalcanti** etc. No mesmo horário em que eu falava, a Globo levava ao ar o poema "Acalanto para o presidente morto", que produzi para televisão. É um poema de circunstância. Devido ao clima emocional o poema foi muito bem-recebido em todo o país. A Rádio Globo de SP pediu-me para gravá-lo para o programa *Balancê*, de **Osmar Santos**. A Rádio JB pediu-me para gravá-lo para o noticiário das 12h30. A **TVE** veio aqui gravar e criou imagens novas para o texto. A **TV Record** me chamou para ir a SP, mas não pude ir. A **Rádio Guaíba**, de Porto Alegre, fez uma entrevista por telefone. A **revista Manchete** publicou o poema. A *Veja* e o **Caderno B** do *JB* pediram o texto. E na missa de sétimo dia na PUC me pediram para lê-lo.

A **Rádio JB** fez um debate comigo, **Don Marcos** e **Thiago de Mello** sobre poesia e acontecimentos políticos. Me dizem na Globo que querem repensar a relação do noticiário com a poesia.

Hoje almoçamos com **Marco Maciel** (na casa de **Arnaldo Niskier**), ministro da Educação, que depois mandou pedir por escrito as sugestões que lhe fiz informalmente. Sugeri-lhe, entre outras coisas: 1) um encontro de brasilianistas com intelectuais brasileiros, nos meses em que aqueles estão por aqui de férias (julho – setembro): é uma maneira de confrontar e enriquecer nosso conhecimento, pois existe uma cultura brasileira lá fora (teses, pesquisas) que aqui se desconhece; 2) aprimorar o sistema de leitorado de português e de literatura junto às universidades estrangeiras, tomando do Itamaraty algumas prerrogativas. Minha experiência nos EUA, França e Alemanha provam que é preciso rever isso. O Brasil tem que ter uma política cultural mais agressiva no Exterior.

23 de maio

Ontem belíssima cerimônia no Colégio Bennet em solidariedade aos irmãos **Leonardo e Clodovis Boff**, que foram censurados pelo Vaticano e com isso perderam o direito de expressar suas ideias. **Hélio Pellegrino, Zezé Motta, Roberto d'Ávila, Waldo César** encabeçando o ritual. No palco, umas 40 pessoas representando várias entidades. Assentaram-me lá. Plateia lotadíssima. Fui lá também para ler o poema "Eppur si muove", dedicado a Leonardo e Clodovis Boff, já publicado no *JB*. Fiz a leitura do poema. Aplausos. Hélio me anunciando publicamente como "nosso Maiakovski". (Até que gostaria de um dia fazer um recital, leitura de meus textos.) Tudo comovente. **Sérgio Ricardo** e **Zezé** cantaram. Todos leram a Declaração dos Direitos Humanos e a Oração de São Francisco. Religião e política. Falaram líderes sindicais, cientistas sociais, pastores, padres, e, sobretudo, a ex-prostituta **Gabriela Leite** (sobre quem farei uma crônica). Ela se quebrou em prantos no meio da fala. O auditório, todo de pé, aplaudiu. Choramos. Chorei.[2]

---

2. Ver crônica: "Gabriela sem cravo e canela" (*JB*, 29/5/1985).

9 de julho

Linda a entrevista de **Borges** ao **Roberto d'Ávila** na TV Manchete. Borges chega a cantarolar a "Canção do Exilio", do **Gonçalves Dias,** sem saber de quem era, dizendo que gravou de memória quando passou pelo Brasil em 1914.

Curioso e tocante o seu tom terno, envelhecido, experiente. Essa coisa de o velho olhar o mundo com uma ausência de desejo, ausência de aflição. Isso me faz pensar (tema de crônica) que o velho sente essa doce neblina da maturidade, tão invejável, porque não tem mais o desejo. O desejo é que tumultua. Ele mesmo diz: quando se é jovem, a gente quer ser Poe, Baudelaire etc. Mas o velho já não mais!

Evidentemente, há também a situação diferente, daqueles que, por serem vencedores, podem desdenhar ou ironizar a glória, exatamente porque já a têm. Então, como ocorre com o **Drummond**, podem ironicamente dizer que não são o "maior" nem o "melhor", exatamente porque já sabem que são assim considerados. Mas para o jovem que escala a glória, isso é difícil, quase impossível.

Lembrou-me muito daquela observação de **Bertrand Russell**: de que queria ver **Salomão** dizer "vaidade das vaidades, tudo é vaidade" quando tinha 20 anos.

Mas é bonito. Apesar de ele mentir dizendo que leu pouco, de repente, cita *A ilustre casa de Ramires,* de **Eça de Queiroz,** e até o **Euclides da Cunha.** Diz que gosta de folhear livros e quase não lê um livro inteiro, seja Bertrand Russell ou qualquer outro filósofo. Pura mentira. É preciso dizer ao grande público como o escritor mente. E, ao mesmo tempo, como isso lhe é permitido.

Outro dia li num livrinho do **Moacyr Scliar** a estória de um menino mentiroso, tão mentiroso que descreveu um avião caindo sobre a cidade quando todos sabiam que o avião pousara no aeroporto. O poeta é um fingidor.

Belo e pungente aquilo que Borges ia dizendo: "Quero morrer todos os dias e não consigo. Gostaria de morrer esta noite. Hoje. Depois de acabar esta entrevista".

É doce e real isso do indivíduo que sente que sua obra possível está feita. Claro que ela nunca está completa. Ele, o autor, pode ainda fazer um grande gesto histórico: matar um presidente, por exemplo. Mas o essencial, ele sabe, já está feito. E pode morrer.

Pensando no que fazer, se continuo a dar aulas na Federal ou se aceito o convite para trabalhar na TVE, conforme sugeriu **Roberto Parreiras**, diretor lá. Isso de aparecer sempre no vídeo não me fascina. Não sou ator. Dar entrevistas, sim.

Passei essa semana terminando outro livro de poesia – *A catedral de Colônia*. É um poema difícil. Não é como *A grande fala*, embora parecido. Tem partes meio prosaicas, como qualquer epopeia. Tem uma construção como a de um romance.

Outro dia na casa de **Chico Buarque,** uma recepção informal de vários artistas a **Sergio Ramírez** – vice-presidente da Nicarágua. Outro dia, na casa de **Maria Clara Mariani,** foi o **Daniel Ortega** – presidente daquele país. Hoje, **Reagan** ataca violentamente a Nicarágua. **D'Escoto**, o chanceler da Nicarágua, entra em greve de fome.

Estou, por coincidência, no **Consulado do México: Edmundo Font,** cônsul mexicano, sobe comigo ao **Consulado da Nicarágua**, ali perto, para pedir permissão para divulgar o manifesto do padre D'Escoto. Cena tocante: a pobreza do consulado da Nicarágua. Aqueles móveis (torneados) de subúrbio. Um aplique de papelão de lâmpada rasgado, toalhinhas de *frivolité* sobre as mesinhas, como nas casas das tias. Tudo pobre e honrado. A camisa do cônsul, tipo camisa índia latina (guayabera) com bordados em fundo vazado. E a esses, os EUA temem. A esses pobres, a esses 3 ou 5 milhões, os 220 milhões de americanos temem, como o lobo teme o cordeiro.[3]

---

3. Em 2012 fiz, numa crônica no jornal *Estado de Minas*, cinco versões diferentes desta fábula, onde às vezes o lobo não é tão lobo e o cordeiro não é tão cordeiro.

10 de setembro

Repercussão da crônica "A mulher madura", publicada no *JB*. Na Feira do Livro, pessoas me abordam e pedem autógrafo sobre a folha do próprio jornal. **Moacyr Félix** me telefona, entusiasmado por ele e pela **Kaj**. **Carlos Eduardo Novaes** me diz: "Tive vontade de tocar uma punheta com sua crônica". Ontem, na Federal, outras alunas vieram me falar sobre isso. Na PUC, hoje, muitas outras. Uma aluna interrompe minha aula, me chama lá fora e me pergunta quantos anos tem a mulher madura, pois ela tem 18 anos e quer saber. Telefonemas interurbanos. Chegam flores e bilhetes. Hoje à noite, uma leitora telefona dizendo que a crônica virou assunto de rua. Algumas mulheres dizendo que acordaram os maridos para ler o texto. Outras dizendo que leram, para outras, ao telefone, chorando. **Otto Lara** me conta que o deu para quatro senhoras.

4 de outubro

Continua a repercussão de "A mulher madura". A **TV Manchete** pede que eu grave o texto em minha voz e fazem um clipping. O *JB* resolveu ouvir várias dessas mulheres que estão se manifestando e fez uma reportagem de página inteira sobre o tema. Uma delas, Elizabeth, representante da Christian Dior, disse que a crônica mudou sua vida. Separada há pouco do marido, que a trocou por uma garota de 21 anos, a partir da crônica seu astral subiu tão visivelmente que a semana foi um sucesso para ela: foi promovida a gerente geral da loja.

Estou indo **à Bahia (programa *Encontro Marcado*)** e, no aeroporto, uma moça se aproxima, tira a crônica da bolsa e pede autógrafo para uma amiga. A amiga se aproxima e conta que na **Receita Federal**, onde trabalha, o texto quase paralisou o trabalho na segunda-feira. Ela chegou à repartição com o texto para conversar sobre ele com colegas e encontrou na sua mesa já três cópias com clipes e recados. Um rapaz da repartição pegou a crônica e a transformou em poema.

Em **Belô**, fizeram 180 cópias para o curso de atualização da mulher da **Zulma Fróes**. Houve um debate na **Universidade**

Católica e tive que ler o texto no final, e saíram fazendo cópias. Aqui no Rio, na **academia de ginástica**, o assunto voltou. Colegas que passavam por mim, que subiam ou desciam a escada, leram ou querem ler. Idem no **Departamento de Psicologia da PUC**, o chefe, Bernard, me dizendo que uma cliente dele começou a ler na praia, chorou e foi assim para a análise. Idem em **Brasília,** me contou o Walter, do CNPq, que no Ministério da Previdência foi um tal de fazer xerox. Na reunião da cadeira de literatura brasileira na Federal, **Marlene Correia** veio dizer que queria ler. Como eu tinha uma cópia, dei-a. Leu e começou a chorar devagar, ficando corada e me dizendo coisas. **De Paris, Leny Dornelles** me manda a crônica em xerox, com o retrato dela implantado no meio no texto. Uma artista plástica – Denise –, que não conhecia, me encontra na rua, me abraça emocionada. **Geraldo Mayrink,** da *Afinal*, me telefona, vai inserir a crônica e comentário sobre ela em sua reportagem sobre o "Novo homem e a nova mulher". A **TV Manchete** levou ao ar um debate com quatro mulheres que o *JB* entrevistou, e agora a **Leila Tavares** está me procurando.[4]

13 de novembro

A onda d'"A mulher madura" continua, dois meses depois. Todo dia aparece alguém. Outro dia foi em Natal. Idem em Salvador. Cartas continuam chegando. Outras crônicas citadas pelos leitores: "Fazer 30 anos", "Conselhos durante um terremoto", "A pele de verão".

Um telefonema ao **Drummond** apenas para papear. Falar à toa. Contou-me que já se livrou da papelada/arquivo, que já está

---

4. 31/1/2005 – Vinte anos depois, recebo um e-mail de uma leitora narrando que há 20 anos leu "A mulher madura" e como lá eu dizia: "A mulher madura tem esse ar de que, enfim, está pronta para ir à Grécia... merece sentar-se naquela praça de Siena à tarde acompanhando com o complacente olhar o voo das andorinhas e as crianças brincar"... Então, essa leitora, que tinha na ocasião 19 anos, se mandou para a Europa, está lá há uns 20 anos, por minha causa. Quer uma outra cópia da crônica e pergunta se esse endereço é meu mesmo.

tudo na Casa Rui Barbosa; que agora se sente mais leve, livrando-se das coisas que antes pareciam tão importantes. Fala sempre que está ficando velho, se desinteressando, mas, como lhe disse, me parece sempre ágil, ativo.

Contou-me de um desastre de automóvel que teve perto de Palmira (Santos Dumont), quando ia com a família a MG. Ele sangrando na cabeça, e o chofer sentado no meio-fio, desesperado, chorando. Voltaram a Petrópolis, e um farmacêutico integralista saudou-o com um "Anauê" e fez um péssimo curativo que lhe deu febre etc. Ficou no leito algum tempo, de onde emitia ordens burocráticas para o MEC.

Lembrou-se também de uma sessão espírita em que **Vinicius de Moraes** fingia ser o espírito de **Mário de Andrade**, até que descobriram o blefe e acabaram com a invocação, o copo e a mesa. Lembrou também que, quando Mário de Andrade morreu, não foi com outros a São Paulo, de avião, porque Vinicius disse que tivera um sonho sobre um terrível desastre. Então, desistiram todos.

Estava eu lembrando a ele que, numa crônica recente, **Moacir Werneck de Castro** narrou um desastre de avião em que Vinicius, A. Machado e Moacyr estavam, e escaparam. E que Drummond deveria também estar no avião, mas não aceitou o convite.[5]

Curioso: Drummond falou, falou, falou, perguntou sobre meu trabalho na universidade, mas não se referiu em hora alguma a qualquer crônica minha.

Fui a Porto Alegre para a Feira do Livro, com **Rubem Braga** e **Antônio Callado**. Palestras, gente nova e conhecida, como os **Reverbel**, o psicanalista **Meneghini** e a **Dra. Lina**. Com **Luis Fernando Verissimo,** num jantar, ocorreu essa coisa típica e cômica. Como ele não fala, disse a alguém do meu lado: "Olha, vou ali trocar duas palavras com o Verissimo". Cruzei a sala, cheguei perto dele e trocamos duas palavras:

– Tudo bem?
– Tudo bem.
E pronto.

---

5. O que isso tem a ver com o poema de Drummond "A morte no avião"?

Pediram-me para escrever um texto para **Fernanda Montenegro** ler durante o concerto na Sala Cecília Meireles – em favor dos mexicanos mortos no recente terremoto. Jantar depois com os músicos, mais **Miguel Proença, Lúcia Godoy.**

4 de dezembro

Aeroporto de La Habana. Aqui estou, estamos, uns 20, 30 brasileiros, para o II Encuentro de los Intelectuales para la Soberanía de los Pueblos de las Américas. Que nome pomposo! São, entre outros: **Antonio Candido, Frederico Morais, Carlos Guilherme Mota, Caio Graco, Chico Caruso, Chico Buarque, Roberto d'Ávila, Ricardo Gontijo, Pedro Oliveira, Geraldo Sarno, Heloneida Soffiti, Nélida Piñon, Reinaldo** (jogador do Cruzeiro), **Adélia Prado, Hélio Pellegrino, L. Carlos Bresser** etc. E **Maitê Proença**, que chegou noutro voo.

Nas ruas, encontro turistas brasileiros que conheço: **Dirce Riedel, Rubens Gerchman.** Cuba se transformou numa espécie de "plaza mayor" da América Latina. Está fazendo (com suas distorções) o que nossos países não conseguem fazer na área da cultura: reunir os intelectuais. Pena que a discussão seja condicionada.

No jantar no palácio, uma certa fartura: lagostas, vinhos de países comunistas. Chamam para jantar com **Fidel** um "petit comité" do qual fazem parte **Antonio Candido, Hélio Pellegrino, Frei Betto.**

Anoto: acho que deveriam desenvolver uma campanha nacional para limpar Havana, reformar as casas. A desculpa de que todo o material (por causa da escassez) está sendo utilizado no interior não cola. As pessoas poderiam fazer isso. Não são revolucionários? Então, comecem a revolução limpando suas casas. Bresser Pereira me diz que a casa de um economista aqui do nível de Celso Furtado é toda delabrada. Fidel, com sua autoridade, poderia desenvolver uma campanha nacional a favor da limpeza.

A alegação de que as casas não lhes pertencem explica só em parte o descaso. Fidel deveria dizer: o bom revolucionário cuida de sua habitação. Mas ninguém fala disso, todos são complacentes, com medo de fragilizar a revolução. Este é um tema para debate: como a complacência pode virar uma cumplicidade negativa.

Temas que desenvolverei nas crônicas no *JB*:
1) a presença de Frei Betto, lançando *Fidel y la religión*, que vendeu mais de 50 mil exemplares, filas nas portas da livraria; 2) a cultura, os livros, papel contraditório de Cuba etc.

Encontro aqui muitos "funcionários" da esquerda. Não os vejo discordar, fazer críticas. Me incomoda. Digo alto certas coisas que vão a contrapelo. Se eu embarcasse de corpo e alma, acriticamente, nessa atmosfera de esquerda, certamente teria meu nome/obra circulando mais continentalmente. Mas não me presto a esses jogos. Chico Caruso perguntou a um chargista cubano por que Fidel não aparecia retratado. Deram três razões: primeiro, porque não é necessário; segundo, seria um desrespeito; e, terceiro, porque não é ele que resolve todos os problemas.

Quando alguém de nosso grupo questionou um cubano que lhe propunha fazer câmbio negro, houve esse diálogo:
– Companheiro, você não é revolucionário. Por que faz câmbio negro?
E o adolescente:
– Sou revolucionário, sim, mas quero comprar um jeans e um videocassete.

Hélio Pellegrino estranhou que mesmo os loucos, na ilha, pintam quadros com estilo realismo socialista, bem diferente, portanto, do surrealismo dos loucos de **Nise Silveira**.[6]

---

[6]. Publiquei no JB quatro crônicas sobre Cuba: "Meu nome é Chico, mas podem me chamar de Nélida Pinõn" (8/12/1985), "Cuba já não será a mesma" (11/12/1985), "Cuba não é Arizona, mas ali os homens se encontram" (15/12/1985) e "Três estorinhas finais sobre Cuba" (18/12/1985).
A melhor definição do que se viu naquele país foi dada por um jornalista: "Se eu fosse rico ia morar em Nova York, se fosse pobre ia morar em Cuba, como sou classe média, moro mesmo no Brasil".

1986

16 de janeiro

Publico crônica "**Ruschi: crônica de uma morte anunciada**" retomando o tema de uma reportagem de domingo no *JB*, onde se dizia que ele estava para morrer por ter recolhido com as mãos, 30 sapos venenosos na Amazônia. É uma crônica emocionada, que teve uma resposta imediata. (Eu dizia que não podiam deixar Augusto Ruschi morrer, e que os índios que o viram pegar os sapos deveriam saber como curá-lo.)

Telefonam-me homeopatas, como **Reinaldo Collor e Orlando Fernandes,** dizendo que têm cura para o mal. Telefona **Jordão Pereira,** que dirige o Jardim Botânico e diz que vai encaminhar ao **Sarney** pedido para tomar providência. **Capitão Sérgio,** o "Sérgio Macaco" (aquele do Para-Sar), querendo informações para colocar em função os conhecimentos dos pajés da região. Agora **Aluísio Pimenta** – ministro da Cultura –, para dizer que entrou em contato com o ministro da Saúde e ambos vão colocar uma junta médica e tudo mais à disposição de Ruschi.

Telefona-me agora **Marcos Villaça,** de Brasília, dizendo que vinha de avião com o presidente Sarney quando leu o artigo sobre Ruschi. O presidente Sarney também o leu e mandou o ministro do Interior entrar em contato com a Funai para achar a erva necessária à cura de Ruschi.

27 de janeiro

O episódio Ruschi dominou as manchetes dos rádios e jornais toda a semana. O governo trouxe os pajés **Raoni e Sapaim** para o Rio e também o Ruschi. Encontraram-se no Parque da Cidade, onde mora o sogro de Ruschi. Durante três dias houve sessões de pajelança para extrair o veneno dos sapos do corpo dele. A imprensa presente. Notícia nos jornais americanos e europeus. Já no primeiro dia sai do corpo de Ruschi uma substância verde-amarela que, diziam os pajés, era o veneno dos sapos. Os pajés fumavam, cobriam-se de urucum e passavam as mãos tirando do corpo dele a substância, que chegou a ser vista pelos jornalistas e fotógrafos.

Três dias de fumo, extração do mal e banho de ervas, e Ruschi é dado como curado. Pararam as hemorragias no nariz, pararam as dores e começou a sonhar.

Eu devia ter ido assistir, mas por uma estranha timidez não me mobilizei.[1]

Domingo, na reportagem final sobre o processo de cura, **Luis Orlando Carneiro,** da sucursal do *JB,* fez uma crônica dizendo que tudo começou com meu texto etc.

Ontem à tarde fui à casa do **capitão Sérgio (Macaco) Ribeiro** para um jantar, onde havia funcionários da Funai e do Ministério do Interior, para conhecer os dois pajés. Entrei, estavam todos em torno de uma mesa onde se comiam vários tipos de carne. **Raoni** comia com aquele adereço nos lábios. Viu quando entrei, mas depois que me assentei continuou comendo de cabeça baixa os pedaços de galinha. Ele e **Sapaim**. Não pareciam tomar conhecimento de minha pessoa, e a rigor o Capitão Sérgio não lhes explicou direito.

Contudo, depois fomos ao quarto do Sérgio para autografar meu livro, e ali Sapaim viu o retrato de sua filha (que morreu no colo de Sérgio ao tempo em que ele pulou de paraquedas entre os txucarramães para evitar uma guerra com os índios tucanos).

Depois fomos para o jardim e, cada um num banco, conversamos. Assentou-se também **Acrocoro** – semi-índia, estudante de antropologia em Belém. Raoni lembrou como virou pajé. É coisa

---

1. Em 22/1/1986, o JB faz a matéria: "Cacique sonha com Ruschi e vê um presságio de cura", narrando um encontro do cacique Raoni com Sarney. O cacique disse: "É pena que o cientista só tenha contado agora que está morrendo e virando sapo; se tivesse contado antes, estaria salvo".

recente. Um dia, uma cobra lhe mordeu. Quando isso sucedeu, ele saiu de seu corpo, aí pegou um pedaço de pau e matou a cobra. Depois, voltou ao seu corpo, retornou à aldeia e aí um pajé o curou. Mamaé, o espírito, queria que ele fosse pajé. Sapaim diz que foi ele quem fez de Raoni um pajé.

Sapaim conta que, quando menino, não gostava de pajés. Tinha horror de fumaça. Um dia ouviu a voz de Mamaé chamando-o, ordenando que fosse pajé, mas resistiu. Resultado: caiu doente. Ficou vários dias péssimo. Os pajés então se reuniram e um deles comunicou-lhe que ele devia ser pajé. Fizeram a cerimônia da fumaça (idêntica à que fez com Ruschi). O pajé tirou da perna dele o mal, a doença. Mostrou-lhe a substância retirada, soprou em cima, ela desapareceu. Exatamente como ocorreu com Ruschi.

Pergunto-lhe o que fazer se eu quisesse ser pajé. Dizem que é só eu ir lá no Xingu e fazer a iniciação. Perguntam-me (entre convidando e desafiando): "Você aguenta?". Digo: "Aguento".

A ideia me fascina e apavora.

A noite vem chegando, os índios têm que receber um telefonema do Tucumã (o grande chefe). No portão, nos despedimos. E o capitão Sérgio durante algum tempo continua a narrar as fabulosas aventuras de quem viveu na floresta ao tempo do Para-Sar.[2]

14 de junho

Já fiz cinco textos (poemas) para a Globo na série **Copa 86**. É um trabalho novo, desafiante, ainda que o resultado não transpareça. Fazer um texto-poema logo depois de um jogo do Brasil na Copa ou de outros jogos e vê-lo no ar para uns 50 milhões de ouvintes... O programa é repetido à tarde, além de repassar à noite.

O primeiro texto foi um sofrimento terrível, achava que não conseguiria, que teria uma coisa no coração. Marina me disse que

---

2. O leitor encontrará na internet muita informação sobre o Capitão Sérgio (1930-1994) e o Para-Sar. A principal é que se negou a cumprir ordens do brigadeiro João Paulo Burnier para explodir o gasômetro do Rio. Em 24/7/1985, publiquei no *JB* a crônica "Um certo capitão Sérgio", a propósito da entrevista que ele deu ao *Persona*, de Roberto d'Ávila, contando como se recusou a dinamitar represas e a jogar cidadãos no mar.

eu estava verde. Eu achando que não conseguiria. A TV esperando. O mensageiro esperando na sala, eu rasgando papel e quase desistindo. E não saiu bom. Fiquei numa armadilha. Texto bom tem que ter ritmo. Do ritmo caio na rima, começa a virar cordel, me desagrada. Depois os outros, mais soltos, foram melhores. Telespectadores escrevendo para a TV pedindo cópias. O que não significa nada. Gostam de qualquer coisa que aparece na tela. Mas meu plano era aceitar esse desafio/oportunidade para ver se desenvolvia uma linguagem nova. Hoje fiz alguns esboços. Gostaria de fazer uma "animação visual", precisaria de muito tempo. Conseguem apenas colocar uma imagem acoplada à voz que fala o texto. Isso vira uma ilustração banal. Queria algo mais sofisticado. Aproveitar minhas vivências da visualidade durante o tempo em que atuei nos grupos de vanguarda.

Morreu Jorge Luis Borges (creio que ontem). *O Globo*, a Rádio JB, a TVE procuram-me para entrevistas. Creio que farei uma crônica sobre o "SUBLIME MENTIROSO".

2 de julho

Num jantar na casa do cônsul da Itália, organizado para artistas estrangeiros da *Aída*, **Zeffirelli** (*metteur en scène* dessa ópera) está com seu cão, a que chama "Bambino".

Antes havia se dirigido a mim para me cumprimentar diretamente. Achei-o cortês: dirigir-se a um desconhecido para pô-lo à vontade.

De repente, na hora em que nos servíamos todos à mesa, aproxima-se e diz:

– *Come sei bello, ahm?! Sei italiano?*

– *Mezzo a mezzo, il mio nonno etc.*

– *Quale parte è italiana, di su, o di giù? Verticale o orizzontale?*

E dito isso começou a pentear minhas sobrancelhas com a mão, entusiasticamente.

...O que nos divertiu a mim e aos amigos quando lhes narrei a cantada...

8 de agosto

Há dias **Fagner** me telefonou dizendo que havia musicado "Os amantes", poema de *A catedral de Colônia*. Sempre amigo, brincalhão, como o João Bosco me chamando de "parceiro". Quisera eu! Dia seguinte, tocou o telefone, e era Fagner já com a música para eu ouvir. Está boa. Acho que conseguiu a simplicidade do poema (escrito há uns 20 anos e só agora posto em livro). Fiz há tempos uma letra para **Caetano Veloso**, *Arlequinal*, que acho boa e nunca mostrei a ele. É uma reverberação da "teoria da carnavalização", aplicada a ele e aos baianos do seu grupo. Seria uma boa ideia fazer com eles um disco a partir da ideia da *commedia dell'arte*. Mas claro que isso vai ficar só em planos.

4 de outubro

Não sei por que me vem a vontade de registrar que outro dia, pela primeira vez, estive ao lado de **Prestes** numa festa para a viúva do presidente Allende (do Chile). Curioso estar no mesmo espaço do mito. Mas não conversamos. Nem havia por quê.

Convite para sair na Comissão de Frente da Mangueira, no enredo sobre Drummond. Melhor que Prêmio Nobel.

1987

9 de março

Peru, Calle la Colmena.[1] A familiaridade com o "charme" do subdesenvolvimento começa no aeroporto Jorge Chávez. A companhia de turismo responsável para me receber não estava. O funcionário simplesmente desapareceu. Há um outro brasileiro também perdido: quem vinha recebê-lo também se esvaneceu. Percebo que estou em casa: somos uma cultura do descontínuo. Sem *follow up*, coisa de americano e europeu. Então, arranja-se um chofer que nos leve ao Hotel Bolívar e que a Hasta Turismo acertará com ele. Chegamos ao seu carro velho e verde, um Ford daqueles dos anos 50.

Entramos no veículo. O chofer vira a chave e nada. De novo e nada. Descobre que deixou o rádio ligado e a bateria foi-se. Convida então a mim, que seria regiamente recebido por uma recepcionista da companhia de turismo, a mim, que adiantei uma fortuna no Brasil para não me chatear, convida-me a empurrar o carro com ele. Jura que o carro pegará, porque "los coches americanos antiguos son muy buenos".

Jovial e latinamente empurro a viatura, e vamos pela cidade adentro conversando amenidades sobre nossos países, perfeitamente irmanados.

---

1. Textos tirados de uma caderneta de viagem. Estive no Peru a primeira vez em 1967, vindo de Los Angeles, e roubaram-me umas coisas na alfândega. Estive com vários escritores, conforme sugestões de Malise Simon, esposa do correspondente do *New York Times* no Rio. A Lima que vi recentemente nada tem a ver com aquela: hoje é uma moderna metrópole, a começar pelo aeroporto.

Outra cena: de manhã cedo saio do Hotel Bolívar para caminhar até a Praça 2 de Mayo: bela praça com prédios antigos conservados. O trajeto é de um ou dois quilômetros. Passam inúmeros ônibus pequenos apinhados.

Eu vi a espada de **Pizarro**.[2] Uma carta ao lado dizendo que um colecionador americano comprara a espada por uma quantia misteriosa. Mas explica que a espada exposta tem a inscrição F.P., que comprova sua autenticidade.

Anotações para um poema tipo videoclipe:
Eu vi a espada de Pizarro num museu de Lima.
Desde então está difícil dormir.
Rolam cabeças na minha cama. Índios despencam vermelhos sobre meu computador. Crianças índias berram sob minha mesa. Cavalos relincham entre minhas derribadas estantes.
Está difícil dormir.
Está difícil fazer compras. No supermercado, sua tropa irrompe em meio às caixas de desinfetantes.
Fui tirar dinheiro num banco. E Pizarro, disfarçado, botou a espada no meu peito.

Passamos em frente à **casa de Vargas Llosa**. Na praia Barranco. Eu havia lhe telefonado, mas ele está em Londres. Agora somos um grupo de turistas que foram jantar no El Otro Sítio – belo restaurante numa casa velha, com comida "criolla", muito apimentada, gostosa, tipo baiana.

Pergunto ao guia se não havia policiais para protegê-la. Ele pergunta: por quê? Respondo: o Sendero Luminoso... Se sequestram o escritor, seriam um problema internacional. Antes que me

---

2. Ver poema sobre isso publicado anos depois: "A espada de Pizarro" in *Textamentos*, Rocco, Rio, 1999. Três crônicas sobre essa visita: "Ali atrás dos Andes" (18/2/1987, *JB*), "Aquele adeus em Machu Picchu" (22/2/1987, *JB*) e "Fragmentos do império inca" (5/3/1987, *JB*). O poema "A espada de Pizarro" foi relançado em *Poesia reunida*, L&PM, vol. 2. p. 278.

responda, vejo dois guardas sentados num murinho branco, conversando. O guia diz: "Aqui é a casa do nosso grande escritor Mario Vargas Llosa. Ele se põe em seu escritório, lá em cima, olhando o mar, e escreve".

Há outras versões sobre o ato de escrever. **Fernando Sabino** cita aquele americano que dizia: "Escrever é muito fácil, basta se assentar, diante de uma folha de papel... e abrir uma veia".[3]

24 de março

Paris, ida ao **Museu Picasso**. Prédio era antes de um rico comerciante de sal. Nunca pensei que o sal dos pobres adoçasse tanto a vida dos ricos.

Picasso desborda, é excesso.[4] Estranho e notável: de tanto olhar esses quadros de Picasso, percebo uma reversão. As mulheres diante dos quadros de Picasso começam a ter a cara das mulheres de Picasso. Mexem a cabeça, têm dois olhos, embora mais lindas (no real) têm agora a boca e o nariz, tudo fora do lugar. O quadro é a realidade. Ele pintava o movimento, é isso. Não é deformação.

Marie Thérèse – infeliz aos 17 anos, o envelhecimento aos 22. **Olga** – dançarina russa. **Eva Gonell**, morta em 1915; **Fernanda** (1904), **Dora Mar** (consciência política), **Françoise Gillot** e **Jaqueline**, a última.

Aquela frase de **Paul Éluard**, "*Picasso aime intensément, mais il tue ce qu'il aime*" (1920).

Seus mestres: Henri Rousseau, Cézanne, Braque, Matisse, André Derain.

– Horrível quadro – "Staline à ta santé", de 1949, em "encre de chine". Oferece, no quadro, uma taça ao líder soviético.

Palácio Eliseu: estou aqui com uns 20 escritores brasileiros no programa Belles Lettres e olhando o jardim lá fora. **Madame**

---

3. Numa entrevista recente, Luis Fernando Verissimo diz que a frase é de Norman Mailer.
4. Raiz de dois poemas, "Picasso e as mulheres" e "Errância".

Mitterrand ao lado. Não consigo descrever tudo. Marina o faria. Estupidez masculina. Não posso ser romancista. Ou poderia, à maneira de Clarice, que não se interessa pelas coisas aparentes, só pela essência. Não descrevo a comida, os tapetes, os garçons fardados, os espelhos, as cadeiras.
Sentimento de que sou índio.

14 de julho

Com **Carlos Bresser**: um mês depois, o país começa a sair do buraco.
Música: continuo fazendo músicas com **Rildo Hora**. Comecei a fazer um tango (a três) com **Fagner** e seu parceiro antigo, **Fausto Nilo**. Assisti à gravação que **Martinho da Vila** vez do samba que compus com Rildo Hora: "Quiproquó" – que é um comentário sobre o mal-entendido que é a república e projetos e Sarney.

Ontem, exibição oficial de *Ele, o boto,* **de Walter Lima Jr**. **Luiz Carlos Barreto** pediu-me para fazer um texto para uma parte do filme, um tipo de narração. O texto funcionou. Experiência nova.[5]

Octavio Paz publicou meu ensaio "Que fazer de Ezra Pound" em sua revista, *Vuelta*.

19 de julho

A bordo do DC 10 da Scandinavia Airlines rumo a Israel.
O avião, saído do Rio às 7h45, agora na altura de Salvador. Tem uma coisa diferente, este avião: no painel, tela de filmes, um mapa dizendo onde o avião está: a costa brasileira, o avião na altura de Salvador, 930 quilômetros horários, 577 milhas.
No audiofone, ouço "**A valsa triste**", **de Sibelius**. Já ouvi o concerto para violino e orquestra de **Mendelssohn (Andante)** e **Mozart** – "**Concerto para clarineta e orquestra**".

---

5. Ver "Nós e o boto" (22/7/1987, *JB*) crônica a propósito do filme de Walter Lima Jr.

Hoje à tarde, em casa ainda com Marina, começamos a ouvir "**Carmen**", **de Bizet**, na Rádio MEC, e os locutores mencionavam os 25 anos da morte de **Gabriella Besanzoni Lage** – tia-avó de Marina. Uma figuraça! Marina deveria escrever sua biografia. Gabriella cantou com **Caruso**, era o maior contralto de seu tempo, foi amiga de **Mussolini**, teve caso com **Rubinstein**, viveu no Scala, no Metropolitan etc. E casou-se com o lendário Henrique Lage, vivendo com ele no Parque Lage, dando incríveis festas e recepções a que não faltava nem **Getúlio Vargas** e, depois, **Roberto Marinho**. Agora começam a executar **"Peer Gynt"**, de Grieg – quantas vezes ouvi isso na velha Rádio MEC, lá em Juiz de Fora, na Rua Padre Tiago...

Ontem ouvíamos, vindo de Friburgo, preciosa entrevista de **Bidu Sayão**, também na Rádio MEC. Ela contando tudo: reclamando de como sumiram com as doações das placas em sua homenagem, que ofereceu ao Municipal do Rio. Lembrou com orgulho sua trajetória no Metropolitan Opera House. E sobretudo uma certa autocrítica, dizendo que sua voz tinha pouco volume, embora pudesse sustentar bem qualquer nota (Ah, essa "Valsa triste", de Sibelius, soando aos meus ouvidos a 8.840 metros de altura neste avião que vai para Israel). Lembra Bidu que as óperas de Verdi tinham uma massa musical que ameaçava cobrir sua voz.

Penso nessas artistas de primeira grandeza que viveram entre nós: **Magdalena Tagliaferro, Guiomar Novaes, Gabriella Besanzoni, Bidu Sayão**. Esta hoje vive em Miami. E contou várias tragédias que teve que enfrentar depois que se aposentou, em torno dos 50 anos: morreu-lhe o marido, morreu-lhe a mãe, sua casa pegou fogo e, quando a refez com o que sobrou, em Nova York, foi assaltada e lhe levaram tudo.

Agora, nessa "Clipper class" (presente do *JB*) ouvindo a **"Valsa das flores", de Tchaikóvsky**, tenho vontade de ir escrevendo. Não sei quantos poemas comecei em ônibus, trens e, sobretudo, em aviões.

21 de julho

Jerusalém. Encontro com escritores latino-americanos.[6] Estou ainda traumatizado com a situação brasileira. Esta semana, a TV deu pela primeira vez que milhares de brasileiros estão indo viver no Canadá, em Portugal e na Itália. Comecei uma crônica sobre isso outro dia. Posso, como neto de italiano, requerer cidadania italiana. Marina fala sobre isso várias vezes por dia, me desafia. Ela é meio europeia. As meninas só pensam em viajar, também. Olho esses dinamarqueses nesse avião, essas cabeças loiras. Converso com um alemão que me diz que lá a inflação é de 2% negativos esse mês... E eu vendo que a vida se esvai e a gente vivendo num país menor que a gente, que puxa para baixo...
     Mas posso sobreviver emocionalmente noutros? Penso que não. Para Marina é mais fácil. O bom era ser um Jorge Amado, um García Márquez, extrapolar a geografia e a própria história.

     Morreu Gilberto Freyre. A *Folha de S.Paulo* faz uma enquete a respeito. Acrescentaria: sua obra não precisa ser científica para ficar. Ele passou o desejo, a emoção, ele "inventou" um Brasil. E é impressionante, com o "texto", que é mais que simples ciência. Se ele tivesse apenas os dados, como outros, não teria feito a obra que fez. Refiro-me à *Casa-grande & senzala*, sobretudo. O fato de ele ter se tornado um "reacionário" inquieta, mas é assim a vida.
     Curioso que **Antonio Candido,** num artigo para a *Folha de S.Paulo,* diz que vai se referir só ao Gilberto dos anos 30-45, quando era um radical de centro-esquerda. É uma maneira fácil e ao mesmo tempo corajosa de enfrentar a questão. Pode alguém partir

---

6. São umas 20 páginas no caderno que não tenho como reproduzir. Ficamos no hotel Mischenot Shananin (?) diante dos muros de Jerusalém, visitamos todo o país, assistimos a seminários, conversamos com escritores, fizemos sessões de leitura de poemas. Ver crônicas e poemas: "Plantei uma árvore em Jerusalém" (2/8/1987, *JB*), "Um violino em Auschwitz" (5/8/1987, *JB*), "O que é um judeu?" (9/8/1987, *JB*), "A guerra de cada um" (12/8/1987, *JB*), "Uma tarde entre os ortodoxos" (16/8/1987) ou o livro *Perdidos na Toscana* (L&PM Editores).

assim a vida de outrem? Ou é a delicadeza do Candido que o poupa de se indispor com os vivos?
(Volta o concerto para oboé e orquestra de Mozart...)

26 de julho

Chego a **Lisboa** às três da manhã (7h local). Fomos para **Copenhague**. Cá estou sobre a **Polônia**, o piloto descrevendo o roteiro que temos até Israel: **Romênia**, Mar Negro etc. Duas aeromoças, uma loira, outra morena, começam a falar, conversar alegremente, a falar em português com um passageiro. Uma delas viveu sete anos no Rio. Curioso como o som da língua, de repente, quebra tempos e espaços. Lembra-me da crônica "O segundo verso da canção", que fiz sobre aquela experiência de **Jorge Jensen**: o dinamarquês que encontra outro dinamarquês que tentava há 30/40 anos lembrar o segundo verso de uma canção...[7]

Esses nórdicos todos, loiros, civilizados, sempre me fascinaram. Eles têm uma simplicidade.

Ali embaixo, a Polônia: tudo plantadinho, paginado. E, como é verão, a paisagem polonesa é o avesso do que se espera e poderia ser qualquer lugar do mundo. Contudo, lá embaixo, vejo/penso no comunismo **Gdansk, Solidariedade, Gorbachev etc.**

Esses países europeus, cada um já teve o seu momento de glória (ou vários) e seus (vários) momentos de tragédia.

A comida chegou, e a aeromoça sorridente, aparentando 45 anos, me conta que desfilava pela União da Ilha. Passou sete anos no Brasil.

– Quem ganhou o Carnaval este ano? – me pergunta
– Mangueira.
– Outra vez?
– Sim. E eu desfilei na Comissão de Frente! – disse, orgulhoso, deslizando sobre o céu da Polônia.[8]

---

7. Ver "A mulher madura" ou "Fizemos bem em resistir", no livro *A mulher madura* (Rocco, 1986).

8. Relatei algo nas crônicas: "Com a Mangueira na avenida" (8/3/1987, *JB*) e "Pegar o Chico, beijar o Chico" (11/3/1987, *JB*).

(O comandante acabou de anunciar que vamos sobrevoar **Budapeste**, do lado direito. Estou do lado esquerdo: invento que aquelas casas lá embaixo à beira-rio são Budapeste).

A aeromoça vem com mais vinho. Nem precisava, estava feliz com o vinho branco, mas aceito o tinto para ser gentil. E pergunto (bobagens). Conta que fez a América Latina durante sete anos. Repete: há três anos não voltava. E começa a se referir e a perguntar sobre a situação brasileira.

Digo: está melhorando. Mais um plano novo, "o Bresser": a inflação é de 3,5 % (digo, vitorioso), mal percebendo que posso lhe provocar um enfarte, pois na Suécia...

Estou vendo os terrenos cultivados da Romênia. Lindíssimos. Estou a 5 mil metros de altura, disposto a achar tudo lindo. Como minha mulher que, quando viaja, acha tudo ótimo. Se a assaltarem (em viagem), é capaz de rir de prazer.

(Uma vez a vi em Roma: ria para as pedras da rua. Fica boba-boba. Basta sair do Brasil.)

A outra aeromoça, morena, também lá pelos 40, vem me oferecer café e pergunto-lhe tolices, só para curtir o Brasil sobre Budapeste. Porque não é todo dia que se fala de samba num "céu de brigadeiro" sobre a Romênia.

Ao lado, há meia hora, uma argentina-judia tenta se exercitar em português. Eu lhe digo que o português é uma língua ou código secreto, que deve estar registrado nos manuscritos do Mar Morto. Lá pelas tantas se levanta, vem conversar comigo, mora em Entre Ríos (Argentina), vendia livros para a Freitas Bastos, no Rio, até 1955. Fala do Brasil com certa tristeza. Se diz sionista. "O único lugar para nós vivermos é mesmo Israel."

E a sueca volta com um conhaque, que agradeço.

Conheço muitos exilados que viveram no seu país, lhe digo, me lembrando do **Gabeira** e outros que lá dirigiam metrô, trabalhavam em cemitérios etc. E daí a pouco eu já estava lhe falando que o Brasil era um país muito louco.

– Mas é desta loucura que eu gosto – repete a sueca, sorridente, com seus fuzilantes olhos azuis. Ri, e me resgata.

Pergunto-lhe o nome.

1987 / 113

– Brita.

– *Ladies and gentlemen* – anuncia o comandante –, passamos por Bucareste (já havia notado uma cadeia de montanhas quebrando o desenho das fazendas planas) e agora estamos sobre a Transilvânia – lugar do conde Drácula. Está à sua esquerda. Podem ver. Olho. Estou à esquerda. Continuo a ver a mesma coisa. Faz um sol danado lá fora. Não há como ver o conde Drácula ou qualquer vampiro. Aliás, minto, vejo-o: está ali atrás daquela terceira montanha, perto daquele caminho maior. (Vim para ver, vou ver tudo que me mandarem ver, tudo a que tenho direito.) Como minha amiga **Gilse Campos,** que diz: "Quando viajo vejo tudo, até o que não vejo. Assim, quando alguém me pergunta: e aquele castelo, e aquela ilha, e aquele museu, digo (diz ela) que vi. Imaginem voltar sem falar que vi. Não vou dar ao outro esse prazer de me humilhar". Viajar tem que ser assim. Perguntem ao Marco Polo.

18 de agosto

Morreu Drummond.[9] Às 20h10 me telefona **Armando Nogueira,** diretor da Globo: diz que o poeta está mal, teve outro enfarto no sábado, internou-se com outro nome.

Me pede para estar à disposição da TV. Pede também para fazer uma seleção de versos que usarão como vinheta.

(Minha mãe está também no hospital. Converso com meu irmão, com a cunhada por telefone. Não está bem. Está variando, emagreceu muito, estamos em contato, e preocupados.)

Os jornalistas começam a me ligar. De repente, a confirmação: morreu o poeta. Às 20h45. Mais uma vez tenho que viver, contar, transferir minha emoção. Entrevistas por telefone. A TV vem aqui em casa (semidestruída pela reforma).

Quando falei com ele por telefone, uma semana antes de sua morte, ele me disse: "A **Dolores** é mais forte do que eu". E eu vendo

---

9. Duas crônicas sobre esse assunto: "Perto e longe do poeta" (19/8/87, *JB*) e "O poeta e a morte" (23/8/87, *JB*), tratando desse tema também em Manuel Bandeira.

Dolores ali imóvel junto ao caixão da filha (**Julieta**), de bengala, tão miudinha, enquanto ele me parecia bem, apesar de estar sentado. Mudo. Estático. Olhava fixo o chão. Todos o contemplavam, respeitando-o. Dizem agora que a morte de Julieta lhe foi fatal. Parou de tomar remédios do coração. Na verdade, ministrou-se a própria morte. Ele, que administrava tão bem sua vida, decidiu sua morte. Discretamente. Dormi tarde. A Globo mostrou um grande noticiário com recortes e entrevistas. Escrevi um artigo/ensaio quando ele teve o primeiro enfarto (a pedido do **Zuenir**, que chefiava o B do *JB*). Na época, foi duro escrever. Mas o jornal precisa prever, anteceder. Coisa cruel. Quando o vi no enterro da Julieta e o cumprimentei, pensava: "Não sabe, mas seu necrológio já está pronto". Deveria mostrar a ele? Talvez se divertisse.

Mudaram alguma coisa na abertura do meu texto. É sempre um problema escrever no atropelo típico da imprensa, a emoção, o tempo rápido.

O dia amanheceu no clima, chuvoso. Com Marina, estive no São João Batista. Me lembrei de **Vinicius** e outros mortos históricos que ali fui levar. É curioso como os artistas ali presentes se veem refletidos num exercício de morte. Cada um sabe que um dia será ele. Isso até que alivia, angustia menos. Me faz habitar a morte com naturalidade.

Drummond não quis qualquer rito religioso ou cruz. Lá estavam o presidente da República em exercício, **Ulisses Guimarães**, o governador **Moreira Franco** e outros.[10]

Várias pessoas comentaram meu artigo no *JB*. Alguns vieram me falar de "sucessão" de Drummond. Afastem de mim esse cálice! Não há sucessor. Conversei com **Pedro** – o neto mais novo, com quem estive na Mangueira. Doce pessoa. Falei que ia visitar Dolores semana que vem. Coitada. Até a empregada disse que vai embora. "Don Don Don/é o castelo de Drummond que vai à penhora"...

---

10. Alguém me mandou depois uma foto jornalística na qual caminho com Marina à frente do caixão do poeta.

Mas era um poeta extraordinário. Ontem à noite, relendo seus versos, vi a vitalidade e a originalidade de seus primeiros livros. Mais moderno que muitos dos nossos primeiros livros.

Disse-me **Ziraldo** que os netos do poeta foram buscar **Lygia** (sua outra mulher) de madrugada para se despedir do poeta. Lembro um encontro que tive na rua com ele, em 82, quando ele me falou de seu "segundo casamento", que já durava 30 anos.

Estou exausto. Minha relação com sua poesia era intensa.

Impressionante o destaque que a Globo deu ao Drummond. Além de um longo *Jornal da Globo* ontem, o *Jornal Nacional* hoje, 18, dedicou pelo menos uns 25 minutos ao poeta. Mais que o resto total das notícias. Várias pessoas ficaram impressionadas com isso. Estórias de C.D.A. Me contou **Candace Slater** hoje que há anos havia conversado/entrevistado Drummond sobre literatura de cordel, e, de repente o poeta lhe diz:
– Você é bonita.
Ela fica encabulada. E ele, vendo-a assim, continua:
– É por causa dessas marcas no rosto?
Era. (Ela tinha umas marcas que não me explicou bem.)
Então Drummond pegou o telefone, chamou o Pitanguy e acertou uma operação para ela.
E seu rosto hoje é normal.

Messias Amaral dos Santos e mulher me contaram que C.D.A. pegou a edição Aguillar deles, consertou todos os erros à mão (vírgulas etc., além de uma estrofe) e ainda lhes fez uma dedicatória.

28 de agosto

Uma leitora me liga e me diz que quer contar uma coisa que ela acha bonita e eu acho bizarra; Drummond apareceu numa sessão espírita, dessas em que o copo anda e um espírito se manifesta. E mandava recados, dizia um verso ou outro, aconselhava "calma" a Dolores (sua mulher), mandava dizer que estava bem. Dizia também uma palavra misteriosa: "govena", que as duas moças da sessão não sabiam se era um remédio ou o quê. Referia-se ainda o poeta a mim, dizendo que a frase de que mais gostou no artigo que escrevi quando de sua morte foi: "Vai, Carlos, ser gauche na eternidade!". Pedia para eu ligar para sua família. E disseram-me elas que Drummond disse que voltaria etc.[11]

22 de setembro

Releio **Clarice**. *A paixão segundo G.H.* É genial demais. Alguns capítulos, como a visão de cenas milenares da janela, são demais. É a escritora mais genial que tivemos. Só igual ao **G. Rosa**. Mais louca, contudo.

Curioso o **Sérgio Sant'Anna,** que se sentiu mobilizado a propósito da crônica "O triunfo da morte". Ele muito juvenil ainda, pois acredita em "revolução" no Brasil. Disse-me que precisamos de um Lenin. E eu contestando esse endeusamento de Lenin, e afirmando que revolução alguma ocorreria aqui.

Dessa ideia equivocada de "revolução" passou a expor sua admiração pelos concretistas, outro exagero juvenil. E, de repente, falou uma coisa curiosa, quando apontei as falhas dos concretos:
– Mas foi você quem me apresentou ao concretismo naquela exposição de poesia de vanguarda em Minas, em 1962...
Dizia como se dissesse: como agora me abandona?!

Ernesto Cardenal recebido na casa de **Chico Buarque,** com um grupo de 20 intelectuais e artistas. Converso com ele (atraindo **Gullar** para a conversa) sobre essa infeliz declaração que ele deu no Brasil de que Pound era o maior poeta do século. Ele não conseguiu se explicar. E, além do mais, essa declaração não se coaduna com sua poesia. (Estava meio "interessado" em Marina, que comentou: "Esse padre gosta de mulher".)

---

11. Narrando isso em bate-papos e conferências, sempre concluo: "Isso me deu uma sensação estranha: se do outro lado da vida a pessoa tem ainda de ler jornais...".

25 de setembro

Octávio Alvarenga desenvolvendo, ao telefone, um estranho raciocínio em relação a Maria Julieta, que era sua namorada: "Drummond era um assassino".

Na visão de Octávio, havia uma concorrência entre os dois. Seria uma relação ambígua/amor/ódio complementares. Uma relação de posse. Drummond não teria suportado que ela tirasse o sobrenome dele (nas crônicas).

Eu lhe disse: ele já havia perdido a filha, primeiro para o Manolo – o primeiro marido argentino de Julieta, depois para você.

Drummond disse à médica de Julieta que queria que ela fosse para a casa dele quando sarasse do câncer. Reaver a filha.

Octávio narra que Pedro Nava, anos atrás, andando de carro com ele, disse: "Drummond não é amigo de ninguém". E Octávio pôs-se a narrar aquela cena que vivemos aqui perto de minha casa: ele, Octávio, estava conversando comigo numa tarde, na Teixeira de Mello, em frente à favela, quando eu notei que o Drummond lá vinha vindo, talvez da casa da Lygia – sua amante/segunda esposa.

Como ele – Octávio – estava exatamente me falando de como era complicada sua relação com Drummond, de como este boicotava seu namoro com Julieta. Ao ver Drummond vindo lhe disse: "E agora? Olha quem vem ali. Ele te cumprimenta?".

Drummond parou a dois metros da gente, ficou olhando para o chão como se estivesse procurando alguma coisa ou se esquecido de algo. Levantou a cabeça e começou a olhar a favela. Isso feito, passou rente por nós dois, sem qualquer cumprimento.

Chegando em casa, furioso (como contou Julieta ao Octávio), disse a Dolores que tinha visto o Octávio na rua, a cena etc. Quando Julieta soube do que ocorrera, começou a brincar, zombar dele de tal modo que a expressão "olha pra favela" virou um *private joke* na casa deles. Quando ele ficava irritado com alguém ou alguma coisa, Julieta lhe dizia: "Olha pra favela!" (significando: finge que não está vendo).

28 de setembro

Relendo **Drummond** para um vídeo para a Globo Vídeo, que o **Marcelo Garcia**[12] dirige, volto a constatar que sua melhor poesia está concentrada até *Lição de coisas*. Daí para frente vai se liquefazendo, aguado. Seus último livros seriam interessantes como estudo à relação poesia/memória, poesia/biografia, poesia/história.

21 de outubro

Reunião da cadeira de Literatura Brasileira da PUC-RJ. Enquanto não chegam todos, comentando o artigo que escrevi sobre **Gullar/Cabral, Gilberto Mendonça Teles** conta duas coisas sobre Cabral:

1 – No Porto (onde serviu como diplomata), Cabral já de porre, bebendo no hotel, começa a se referir a Drummond como "Dr. Drummond". E fala mal de diversas pessoas, mostrando azedume e agressividade.

2 – Drummond um dia pergunta a Gilberto: "Já leu o último livro do Cabral?". E como Gilberto dissesse "não", Drummond então lhe oferece o livro que tinha dedicatória de Cabral para Drummond. Mas Drummond escreveu embaixo para Gilberto: "Você que gosta dessas coisas"...

Fazendo um ensaio sobre *G.H.* de **Clarice** para a edição francesa/Unesco. Que sofrimento! Essa mulher tortura a gente. Entrar na pele do outro. Descobri, enfim, a solução formal para meu ensaio: entrar na estrutura de seu livro construindo um simulacro estilístico do próprio livro. É uma forma criativa de fazer ensaio: parafrasear o texto alheio, meter-se dentro dele para, por dentro, esmiuçá-lo. É uma experiência criativa, que me interessa.[13]

---

12. Marcelo foi secretário da Saúde de Carlos Lacerda. Estive várias vezes, com Marina, Stella Marinho, Betinha Lins do Rego em sua casa em Petrópolis.

13. O ensaio saiu editado pela Unesco/USC e depois está em *Com Clarice*, Unesp, 2013.

Lembro-me do meu mergulho em Drummond e outros.[14] O crítico-analista vive essa metamorfose, vive muitas vidas. Como um romancista, um ator dramático, um poeta.

Visita à **casa de Drummond** para conversar com **Pedro** – o neto – sobre o livro iconográfico a ser editado sobre C.D.A. em SP com texto e organização minha. Emoção de já andar naquelas proximidades onde morava o poeta. Depois a portaria, o elevador. O elevador subindo, e eu pensando: por dezenas de anos ele subiu aqui, com que pensamentos? Necessidades? Solidão? Eu na "caixa" dele, com ele. A porta do andar: o espelho dourado, onde ele se mirava ao chegar. Batia para abrir a porta?

Lá encontro **Pedro, Dolores**, que vem apoiada numa bengala, mas forte e bem falante. E **Octávio Alvarenga,** que lá estava.

Emoção. Eu sem querer invadir, passar dos limites. Não profanar. Ali o sofá. Sentamo-nos a tagarelar. Dolores contando que viveu com ele 62 anos, cinco de namoro. Que era de Mar de Espanha e viveu na Rua Direita, em Juiz de Fora. Expliquei-lhe o sentido do nome Mar de Espanha: lá a rua central é pavimentada de mármore de Espanha...

Ela se levanta com a bengala mostrando, orgulhosa, *O negro*, de Portinari, que diz precisar ser restaurado. Possui entre os móveis tapetes antigos (sem ostentação), diria que de classe média decadente.

Pedro me fala da falta da mãe (Julieta); do Carlos, como diz, nem tanto. Toma ansiosamente a palavra (mais uma vez Dolores fica calada, como ao tempo de Julieta e C.D.A.). Pedro conta do tombo do poeta quando foi homenageado na Biblioteca Nacional. Teria tido um pequeno desmaio? Ficou humilhado. Depois, outro tombo na noite de 31 de dezembro, ali perto da Rua Gomes Carneiro, no Arpoador. O susto de toda a família que com ele estava. E o outro neto, Maurício, sempre protegendo-o.

---

14. Dei um curso na Casa do Saber/Rio sobre a poesia de Drummond, em 2012, revendo e adicionando coisas mais de 40 anos depois. O texto está na coleção: ARS da Unesp ("Drummond e Cabral", 2014).

Depois me levaram ao seu escritório. Ficamos os quatro ali conversando. Abrem livros, arquivos, pastas, mostram o fichário etc. Eu estivera ali havia 20 anos. Fazia minha tese, o poeta me recebeu, emprestou-me todas as críticas literárias sobre ele. Eu estava morando na rua Montenegro, por um semestre. Tomamos um suco qualquer, mas só o incomodei outra vez para devolver daí a meses o material.
Pedro diz que as cartas Julieta/Drummond/Dolores são pilhas e pilhas. Diz de coisas inéditas (os poemas eróticos).
O poeta tinha poucos livros. O quarto-escritório é pequeno. Ele dava/jogava fora quase tudo que recebia.
Vi alguns santos do santeiro Alfredo Duval. Devo voltar noutra ocasião por causa do livro em andamento.

A editora de São Paulo está impaciente com a não resposta de Pedro Drummond ao projeto. Passou-se quase um mês, e ele nada. Pedem para lhe telefonar. Faço-o. Converso antes com Dolores, que fala bastante: sobre a empregada gorda, sobre como os amigos a convidam para sair, e diz: "Pedro está se sentando na cadeira do avô, como se fosse ele!". E diz que têm, ela e o neto, "brigado" um pouco. Falo com Pedro. Conta-me, bem-humorado, do carinho com a avó. E promete apressar o contrato, que mandou para os irmãos na Argentina.

22 de novembro

Viajando para o México. Colóquio sobre "Identidade latino-americana". Convite oficial há uma semana. Mesa organizada por **Octavio Paz**, como parte da Conferência dos Chefes de Estado da OEA. Devo falar sobre televisão e poesia, os trabalhos que fiz para a Globo.[15]

---

15. Presentes dezenas de chefes de Estado. Lembro-me, entre outros, de Alan García, que foi acusado de corrupção, do presidente do Uruguai, que visitou a casa de Lorca comigo, e do presidente do Panamá – Noriega –, que depois foi deposto pelos Estados Unidos. Claro, lá estava José Sarney.

Li ontem uma entrevista do **Autran** no *Ideias*. Acho-o corajoso em dizer certas coisas, mas preferia que ele tivesse um pensamento mais amplo, menos local, como **Vargas Llosa** e **Octavio Paz.**

Entrevista de **Chico Buarque** na revista *Afinal*. Achei curiosa: desancou com a imprensa, falando coisas que também falo. Entrevista bem grande. Para mim foi importante constatar que um "ídolo" está sendo maltratado. Que essas coisas dos "pivetes" como críticos atingem não só a mim.

27 de novembro

Uma breve anotação antes de retomar e contar sensações – ideias sobre o colóquio que se encerrou hoje em Acapulco (México), na presença de oito presidentes da América Latina, que teve a parte literária chefiada por **Octavio Paz**.

Senti, súbito, depois de passar um dia, de novo, no Museu Nacional de Antropologia, depois de visitar, de novo, o magnífico Museu Templo Mayor, depois de comprar livros em livrarias, depois de debater todos esses dias sobre a "identidade" latino-americana, depois de ler poemas e textos mexicanos... Senti, enfim, necessidade de reler partes de *A grande fala do índio guarani*.

29 de novembro

Aqui no México, o avião da Aeroperu levantou voo depois de três horas de atraso, às três e meia da manhã. Tinha um defeito na porta das bagagens. Disseram, finalmente, que estava consertado. Levantamos voo e daí a uma hora estávamos de volta. O piloto avisou quando estávamos quase pousando. Ao descer, vi inúmeros carros/ambulâncias, corpo de bombeiros com luzes vermelhas rodeando o campo. Um chileno disse que o avião lançou todo o combustível fora, em pleno voo, e ele viu isto, foi falar com a aeromoça – que lhe pediu segredo.

Resultado: depois de muito cansaço, viemos para um hotel, eu e outros da delegação, como o antropólogo peruano Carlos Franco. Devo sair só na segunda à tarde.

Aproveitei o domingo cedo para ver o Museu de Arte Moderna. Não podia ver o **Museu Tamayo,** que estava fechado em homenagem aos 70 anos de criação do pintor.

Foi bom ver não só **Orozco** – que me pareceu muito óbvio e temático (*El Tirano*, 1947): o tipo monstruoso sentado. Na mão direita, grilhões (oh, retórica pictórica!); na esquerda, uma corneta. Atrás e acima, militares. Embaixo: corpos nus caindo. *O culto aos huichilobos* (1949) é melhor: um grupo de figuras andando; expressionistas, mas mais pessoais.

Gostei de conhecer as mulheres pintoras mexicanas. Não as conhecia: **Maria Izquierdo** (1902-1955): *Belém* – uma mulher em pé apoiada numa cômoda. Fortes cores, boa figura, pessoal. Tão boa ou melhor que a nossa **Anita Malfatti.**

Frida Kahlo (1907-1954): *Las dos Fridas* (1939). Excelente, apesar de literária: a mulher dupla, ela mesma. As duas sentadas num banco. Uma com roupa de festa, a oficial. Outra roupa normal, caseira. O coração das duas do lado de fora e as veias dando volta pelos braços, por trás das figuras como fios condutores.

A Frida oficial: "pinça a veia no seu colo para que não sangre". A "Caseira" tem um retratinho na mão onde dá a veia. Retrato: nome: **Diego.** O vestido da primeira tem manchas de sangue.

Deveria ter comprado o livro sobre ela. Agora que está sendo reavaliada, como mulher que marcou sua época.

Outra boa pintora mulher: **Alice Rahon** (1914): *Piedad para los Judas.* Tem um quadro dedicado a Frida. Outra: **Leonora Carrington** (1917), pintando bichos fantásticos: gatos, raposas. *Reflection on the Oracle* (1959) e *Diseño de la Cruna* – uma mulher tecendo perto desses bichos. Outra pintora: **Cordelia Urueta.**

(Eu, que já estava tocado pelos quadros movido por minha identidade-saudade por/com Marina, achei isso espantoso.)

Curioso: de longe vi uns trabalhos, e sem saber de quem já gostei. Fui ver. Eram do fabuloso **José Luis Cuevas** (1934): *Los Gigantes, La rue des Mauvais Garçons, El poeta en el comedor.*

Por que a obra de qualidade se impõe assim, mesmo quando não lemos sua famosa assinatura? Surpresa: **Fabelo**. Originais, enormes "Fragmentos vitais" – grandes papéis em crayon, rasgados sobre fundo branco. Fragmentos do cotidiano, corpos dormindo, rostos, animais, formas antropomórficas. Político. Erótico. Ótimo.

Octavio Paz. Estive com ele nesses dias no México. Simpático. Gentil. Esperava que apreciasse minha tese sobre poesia e TV, a partir da minha prática no Brasil, quando sobretudo a TV Globo me chamou para produzir vários textos nessa linha, seja para o *Jornal Nacional*, o *Jornal da Globo* e até o *Jornal dos Esportes* (durante a Copa de 86). **Fernando Daniel**, professor de filosofia, acha que ele não quer discutir isso porque se queimou, se expôs muito em TV no México.

Eu disse:

– Mas ele publicou um artigo sobre poesia e TV para *The New York Times*...

– Lá fora, aqui não – consertou ele.

No jantar na casa do **Merquior**. **Nino**, da Venezuela, que foi muito simpático e gostou de minha apresentação, disse uma frase que eu também ouvi de Paz: "A poesia não deve estar a serviço da televisão, a televisão é que deve estar a serviço da poesia". A frase é boa, de efeito, mas não é realista. Para mim, Paz disse ainda que acha que a poesia é coisa para minoria, elite. Acho um pouco radical. O assunto é muito mais complexo do que parece, não se trata de pão-pão/queijo-queijo. Embora o barulho normal da festa-recepção que lhe ofereceu Merquior, tentei explicar-lhe que eu achava que se poderia produzir um "novo gênero", que a poesia literária poderia continuar noutro ranking.

Dias depois, Nino me diz no café do Gran Hotel do México que jantara com Paz, e que ele havia gostado de minha tese, que achava das melhores e que tinha mesmo uma paranoia de perseguição (das esquerdas) que viviam sabotando seu trabalho.

De qualquer modo, um fato trans-histórico: os belos poemas pré-colombianos nas paredes do Museu de Antropologia e do Templo Mayor reforçam minha tese sobre a diversidade de suportes para a poesia hoje e ontem. Anotei vários desses poemas antigos.

Anotando coisas: nossos escritores são menos internacionais que esses latino-americanos. Quem, entre nós, poderia escrever esse brilhante artigo de **Carlos Fuentes** sobre a reunião de Acapulco, onde estive? Para compensar meu complexo de inferioridade, **Jose Montemar** (do Peru) me diz que o Brasil tem uns 20 autores internacionais nas ciências sociais.

Três propostas minhas foram aprovadas no colóquio:
1) que convidem mulheres para o próximo colóquio, que sejam menos machistas;
2) que haja esse colóquio latino-americano todo ano;
3) que o português seja estudado nos países latino-americanos.

Essas duas últimas propostas entraram no documento final dos oito presidentes latino-americanos.

27 de dezembro

Vai acabar o ano. Com algumas tragédias finais. Assassinaram o **Luís Antônio Martinez Corrêa** aqui perto de casa. Pés amarrados, toalha enforcando-o e facadas pelo corpo. Crime homofóbico.

E ele fazia um belo trabalho de recuperação do *Theatro Muzical Brazileiro*. Assisti a essa peça. Discreto e bom. Não espalhafatoso como José Celso – o irmão.

1988

5 de janeiro

Estou voltando do enterro do **Henfil**.[1] Calor. Muito. Na chegada, **Betinho**, magríssimo, recebendo cumprimentos. Saúdo-o discretamente, caminhamos alguns metros, eu segurando seu braço.

Veio gente de São Paulo: **Eduardo e Marta Suplicy** (ela com a cara molhadíssima de água), **Lula** (que **Carlito Maia** tenta me apresentar). Passa **Flávio Rangel**, que está com câncer, e **Ziraldo** comenta que Flávio lhe disse que "já pagou tudo, todas as dívidas, que está pronto". **Otto Lara** conversando aqui e ali. Não lembrava que, comigo, havia entrevistado Henfil para o Museu da Imagem e do Som.

Passa várias vezes **Chico Mário**, irmão de Henfil, em cadeira de rodas, magríssimo. Lembro-me de quando ele veio aqui em casa com o **Betinho** para que eu fizesse a letra da *Suíte Brasil*. Parece que saiu do hospital só para o enterro do irmão.

Gente do PT distribuiu um jornal *Viva Henfil*. Esta é a exclamação que fazem na hora do enterro. E todos aplaudimos.

Muito calor. Saio com Otto. Venho para casa.

Alguma coisa de trágico está ocorrendo com minha geração. Estamos morrendo demais. E antes da hora. Ou será que estamos velhos e não sabemos?

10 de janeiro

Pensando em minha geração (e adjacências), que tem morrido tão cedo: **Glauber Rocha, Armando Costa, Oduvaldo Vianna Filho, Paulo Pontes, Leon Hirszman, Luís Antônio Martinez Corrêa, Mário Faustino, Cacaso, Henfil, Elis Regina**.

---

1. Na crônica "Somos todos irmão de Henfil" (JB, 7/1/1988), conto algumas estórias do amigo e sua família.

Sensação de que antes morriam mais tarde. Claro que me equivoco. Sempre foi assim. Alguns se adiantam.

Leio um artigo curioso de **Domingos Carvalho da Silva** sobre seus contatos com **Oswald de Andrade**. Conta coisas interessantes e contraditórias: Oswald foi quem produziu, com um administrador paulista e seu filho Oswaldo Andrade, o escudo do congresso Eucarístico de São Paulo, em 1952.

Curioso: na sua morte, diz DCS que não havia mais que 15 pessoas presentes. Penso na diferença entre o espetáculo da morte do artista – hoje no Brasil e naquele tempo.

24 de janeiro

Quando **Darcy** saiu (de um almoço na casa de **Miguel/Rosiska**), nós conversamos sobre o dilema dele (e nosso) de conviver com políticos populistas, corruptos, como **Newton Cardoso** e **Quércia**. (Darcy fez projetos com os dois governos.) Que justificativas teria para si próprio?

Seu projeto (MG – CIEPs e SP – Centro Cultural Latino-Americano) é para os governantes muito importantes. Esses políticos é que podem patrociná-lo. A causa deles pode estar errada, mas deles Darcy se serve.

Como, aliás, a tradição desde **Capanema, Niemeyer, Drummond** etc.

24 de fevereiro

Acabou de me ligar **Flávio Rangel**. Ontem tentei falar três vezes com ele, tão logo soube pelo **Zuenir Ventura** que o câncer de pulmão tinha voltado e, por isso, Flávio não estava escrevendo mais suas crônicas no *JB*.

Liguei, mas só pude falar com a empregada. **Ariclê**[2] não estava, e Flávio descansava, não podendo atender. Liguei mais tarde, e aí consegui falar com Ariclê.

---

2. Ariclê Perez, atriz, que em 2006 se mataria jogando-se do 10º andar do prédio.

É difícil. É muito difícil. O que é que a gente vai dizer numa ocasião dessas? Sei o que outros pensam: não vou incomodar, pois fazer um doente terminal falar sobre sua doença é um suplício para ambos. Penso nisso, mas também penso o contrário. Que o outro, do lado de lá, está numa solidão danada, porque é normal que as pessoas se afastem consumidas em suas ocupações e por medo de se envolverem. Além do mais, devemos dar ao outro o direito de dizer se quer ou não conversar, se quer ou não receber visitas.

Na conversa com Ariclê, ela me relata que Flávio se sente melhor pelas manhãs. De tarde, descansa. Disse-lhe então que transmitisse a ele o meu carinho e que, se achasse que não atrapalhava, aparecia por lá.

Pois ele me ligou agora. Sua voz delicada e sempre firme. E foi direto ao assunto. Não ficou rodeando, fingindo, tapeando. Completamente diferente de um conhecido que ao receber telefonema de um amigo, em idêntica situação, não só desconversou como ainda disse que estava ótimo.

Flávio, não. Foi diretamente ao assunto dizendo que queria ter um fim digno, um resto de vida útil. Não queria ser problemático nem dependente. Contou-me que havia começado um tratamento quimioterápico, mas que havia solicitado ao médico que ficasse atento, pois, repetia enfático, queria ficar lúcido e firme.

Nunca vi uma conversa tão límpida e madura em situação tão difícil. Aliás, a situação perdeu seu caráter constrangedor e, em pouco tempo, conversávamos sobre a sua morte com uma intimidade e uma clareza, como se ele não fosse mais morrer ou como se a morte fosse um assunto sobre o qual se pode conversar desassombradamente.

Falava-me ele do caso de **Nara Leão**. Bem que os jornais de alguma maneira filtraram alguma coisa a respeito. Ela voltou radiosamente à vida normal. O Flávio está tentando o mesmo médico, lá em Belo Horizonte, mas sente que ele não lhe deu muitas esperanças. Falei então do **Darcy Ribeiro:** retirou um pulmão com câncer e, como o próprio Darcy me disse outro dia, o pulmão restante começou a crescer... Só o Darcy! Aí já havia quase bom humor na conversa. E Flávio diz que esse é o caso semelhante ao do **Chacrinha**, e me fez uma descrição detalhada.

Flávio não se ilude. É contra essa coisa da medicina ocidental de ficar prolongando a vida com sofrimentos inúteis. Lembrou-me que conversou sobre isso com o Darcy no enterro do **Henfil**. No enterro do Henfil, o vi (enquanto conversava com o Ziraldo), e o **Ziraldo** ali me dizia que estava impressionado com o Flávio: "Cara macho tá ali!", dizia. Naquela época o câncer do Flávio havia sido controlado ou regredido.

E a conversa correndo, surgiu o nome de **Maria Julieta Drummond**: ela teve três ou quatro anos mais do que os três ou quatro meses que a medicina lhe dera. Flávio repete: não quer sobrevida, quer vida mesmo, ou nada. E vai dizendo que parou de fazer as crônicas no *JB* porque estava com dificuldades para se concentrar. Era um esforço danado. E dizia: "Você sabe, nós fazemos uma crônica diferente dos maravilhosos cronistas dos anos 50. É voltada para o cotidiano e participação. E a leitura dos jornais me cansa. De manhã ainda consigo ler um pouco um jornal, mas à tarde durmo. Meu dia encolheu".

A conversa terminou mais ou menos por aí.

O que dizer mais? O amigo vai morrer. Está morrendo com uma dignidade rara. Aliás, lembro que ele disse outra coisa relativa a essa tragédia das enchentes de fevereiro: "Já que começamos a falar dessas enchentes, como dizia Shakespeare: até a queda de um pardal é regulada pela Providência. Se vai cair hoje ou amanhã, é outra coisa. Tudo tem seu fim. Que seja digno".

Sobre **Antonio Candido** em conversa após a aula inaugural: me diz que se recusou a participar das mesas-redondas quando **Octavio Paz** aqui veio. Disse: "Sou a favor de Cuba, e Octávio pertence ao 'grupo' (Fuentes, Llosa) dos que são contra". E contou que **Lauro Escorel** ouviu Octavio afirmar esse absurdo: que o regime Sandinista era pior que o de Somoza.

A conversa girava em torno da criação de *Vuelta* em português. Candido prefere dar força a *Nuestra América* feita por **Darcy Ribeiro**.

23 de março

Dez horas da manhã. Acaba de telefonar **Rubem Braga**: morreu **Hélio Pellegrino**, às duas da manhã, numa clínica da Rua Canning. Enfarte. Desde segunda-feira não estava bem. Não merecíamos mais essa. "Acho que vou ficar de vez na porta deste cemitério", dizia eu quando morreram vários amigos no ano passado. Brilha o sol neste terraço

Mucho tiempo pasará
hasta que nazca un andaluz
de tez tan pura – (penso, lembrando o poema de Lorca)

Tenho que escrever uma crônica para o *JB*. Começo uma crônica assim: "Nesta límpida manhã de março o telefone ainda não anunciou a morte do amigo. A lagoa e as montanhas sabem que já algo morreu longe de mim e, no entanto, disfarçam a notícia numa cumplicidade azul".[3]

Roberto Marinho telefona para mim há dois dias dizendo-se "ansioso" por uma solução e começo de meu trabalho. Tanto eu quanto Marina estamos surpresos com tanto interesse. Também **Stella Marinho**, sua primeira mulher, me dizia ontem estar surpresa com o interesse do "Robertão" em meu texto. Acha que outras pessoas devem tê-lo influenciado.

29 de março

Acabo de ligar para **Roberto Marinho** comunicando-lhe que vou para *O Globo*. Foi um dia tenso. Continuo tenso até agora, 4h20. **José Antonio** (*JB*) foi consultar **Marcos Sá Corrêa**. Ficou nítido que não podem cobrir ou não têm interesse (esse jornal vai mal...).

---

[3] O curioso dessa crônica onde dramatizo a chegada da notícia é que, tendo sido prosa, eu a converti depois em poema. Fernando Sabino me disse: "Li o seu poema"...

Roberto Marinho marcou um encontro para depois da Semana Santa, dia 4, terça-feira, às dez horas. Vou lá acertar detalhes. Só espero que ele não morra de repente e fique tudo no ar...

Manhã seguinte tinha encontro com Roberto Marinho. Amarelo, fraco, fui. A sala (n'*O Globo*) dele é quase pobre. Não tem janela, ao contrário da sala da TV, cuja janela e vista tanto ocupam sua conversa com visitantes. Fechamos o acordo em 1,5 mil dólares. Ao final ele pergunta pela recondução do Carlos à diretoria da Petrobras e, quando falei que a decisão seria naquele dia, disse que ia "dar um telefonema". O que fez, conforme me disse horas depois Carlos. Roberto Marinho ligou direto para Sarney, que disse estar tudo tranquilo, a recondução do Carlos certa.

Sexta-feira fiz uma carta ao José Antonio, do *JB*, comunicando a "interrupção" de minhas crônicas e a esperança de voltar a trabalhar no jornal de novo. Afinal, esse jornal foi importantíssimo na minha vida cultural e afetiva. Esse diário deve ter registrado minha trajetória. Desde a adolescência que o leio e escrevia para lá, mesmo na província.[4]

Como será n'*O Globo*?

Dizem que RM mete o dedo em tudo. Ainda agora está nos jornais uma polêmica em torno de *O pagador de promessas*, já que ele censurou quatro episódios. O **Dias Gomes** e a **Tizuka** estão reclamando e em péssima situação. *O Globo* deu uma nota na primeira página contra o Dias. Acho que ele deveria se demitir. Ao contrário, foi fazer as pazes e almoçar com o RM.

Não sei quanto tempo ficarei n'*O Globo*.

---

4. Na crônica "Minha vida no *JB*" (*Estado de Minas/ Correio Braziliense*, 25/7/2010), conto minha relação com o *JB*. Começou nos tempos do SL-JB, em 1968, 1970, 1973, depois como colaborador a partir dos anos 80, cronista quando Drummond se aposentou. Saída para *O Globo* (1988-2005), tentativa da outra direção do *JB* (tempos de Tanure) de me levar para lá.

17 de abril

De hepatite, leio aleatoriamente livros que editoras mandam. Por exemplo: *Diário da tarde*, de **Josué Montello**. A leitura é agradável. Humor, informações sobre suas relações com políticos como JK, especialmente. Ele trabalhou no gabinete do presidente, e data daí uma rusga com o **Autran Dourado**, e vice-versa.[5] Não sei quanto tempo ficarei no *Globo*.

13 de maio

Não sei escrever diário. Preguiça. E, depois, as crônicas nos jornais são o meu "diário".

Eu pelejando para reorganizar o Departamento de Letras, a pós-graduação. Depois da saída repentina de dois professores, substitui-os por **Antonio Candido** e depois **Sábato Magaldi** e **Décio de Almeida Prado**. Resultado: grande sucesso com o curso de Antonio Candido que trouxe de São Paulo para demonstrar novas faces de nossa literatura. Gostaria que Candido e **Gilda** ficassem aqui em definitivo. Criaria o "Seminário Antonio Candido" durante uma semana, todo semestre: ele vem, fala, e pronto.

31 de maio

A leitura de **Pedro Nava** durante esta doença (hepatite) está gerando/solidificando em mim um certo amadurecimento. Minas, o tempo, a morte. Pensei até em escrever um longo poema de reencontro com esses temas e o passado.

Constato em Nava como é importante o "grupo", a "geração", a "AMIZADE" – que ele inscreve em caixa alta em *O círio perfeito*. E como lamento que minha geração nisso foi um fiasco.

---

5. Autran Dourado contava que havia pensado em se suicidar, pois tudo estava já escrito. A literatura não precisava dele. Preparou o revólver, escreveu a carta de despedida e, na hora em que ia puxar o gatilho, viu na estante um livro de Josué Montello. Resolveu lê-lo e concluiu: "Que me suicidar, que nada!". Continuou a escrever seus livros...

Que esplêndida descrição faz Nava de **Murilo Mendes** no enterro do **Ismael Nery**. Lembro-me de tê-los visto, Nava e Murilo, na casa do **Odylo Costa Filho**. Por que não anotei a conversa dos dois, ali em pé, como dois mamutes, históricos, admiráveis, risonhos? Consideração sobre minhas limitações e as memórias. Falta-me vocação para esses detalhes. Já com as crônicas, muitas coisas estão lá e também na poesia.

2 de junho

Plínio Doyle me conta que, num dos caixotes doados por **Murilo Miranda** (cunhado de **Rubem Braga**, ex-diretor da Rádio MEC) ao Museu de Literatura da Casa Rui Barbosa, descobriu um documento do **Drummond** fazendo a adaptação do poema "Os bens e o sangue" para teatro. Texto autógrafo.

Rachel de Queiroz ontem no *Clô para os íntimos* (TV Manchete), numa entrevista muito simpática e honesta, dizendo que achava "um horror escrever" e que era "muito doloroso". Que fazia aquilo porque era o que sabia.

Quando lhe perguntam sobre Deus, responde: "Olha, é uma pergunta muito difícil". Explicou de maneira decente que essa pergunta não tem resposta, é uma coisa íntima e que ela, Rachel, é precária e nada sabe.

4 de junho

Dizia ontem a uns alunos de Letras que aqui vieram (**Carlos, Bia Bracher** etc.), pois querem fundar uma revista literária (*34 Letras*). Digo-lhes várias coisas. Por exemplo, que há um ritmo de leitura, e é preciso saber quando um livro deve ser lido. Por exemplo: doença, prisão, exílio, são bons para ler memórias e longas estórias.[6]

---

[6]. Em várias conferências tenho me referido a duas coisas: que certos textos são lidos melhor quando se tem hepatite. Eu li Nava com hepatite. Em conferências narrei como Alessandra (minha filha) descobriu a leitura numa hepatite. *Eu, Cristiane F. drogada, prostituída* foi o livro que a cativou. Marina narra isso em *Fragatas para um país distante*.

16 de junho

Ziraldo me disse que leu *Guerra e paz* quando estava preso. Li-o no hospital militar de Juiz de Fora, quando fui operado de hérnia. Por isso, agora consigo (de hepatite) ler o Nava. Doença: outro ritmo. Hora de ler: *A montanha mágica*. Como ler livros assim na correria do dia a dia? Não é à toa que *A montanha mágica* foi escrito em clima de doença.
A velocidade da vida e do texto.
Finalmente sarei da hepatite. Quase seis meses!
Antonio Candido e **Gilda** estiveram aqui ontem. Eu tentando seduzi-los para a PUC, para ajudar-me nessa travessia. Ficaram tocados com o convite, mas saíram mineiramente para decidirem depois.
Publiquei um artigo sobre ele n'*O Globo*, que o emocionou. Está emocionado também com os alunos da PUC. Disse que achava que nunca mais daria aula e se entusiasmou. Declarou-me que todo professor é um ator, e ele como tal que fala bem, que expõe bem. E fez uma brincadeira: gosta de falar, e a aula propicia isso, pois quando fala se acha inteligente, quando se cala se sente burro.
Contou: **Décio de Almeida Prado,** voltando do exterior, soube que Candido ia dar aula em Assis.
– Em Assis? Que maravilha! Naquela cidade incrível. Um seminário internacional com estudantes de todo o mundo?
– Não, em Assis, no interior de São Paulo.
– Ah, então o Candido é uma besta, pensei que fosse em Assis, na Itália...
Era o contrário dos professores franceses, que faziam sempre o mesmo espetáculo, repetindo o que diziam e como o diziam.
Gilda lembrou de **L. Strauss,** que dava uma aula seca.
E como Gilda manifestasse seu entusiasmo pelos autores e teóricos italianos, lembrando que os franceses não são tão bons, e que tradicionalmente sabotamos italianos (até hoje), dei-lhe como sinônimo de minha simpatia por esse pensamento o belo volume *Futurismo/Futurismi* que ganhei da Fiat – catálogo da linda exposição que ocorreu em Veneza enviado por Mario Chamie.

Hoje consegui localizar o **José Nava**. Já havia pedido ao **Octávio Mello Alvarenga** o telefone de **Nieta,** viúva do Pedro. Penso às vezes no José. Pensei muito nele após a morte do Nava, o Pedro. Agora, lendo trechos das memórias de Nava, Pedro, vejo na citação de José referência a seu belo ensaio sobre Proust/ *belle époque.* Não resisti. Telefonei para a Nieta, que deu-me o telefone do "José" – como o dizíamos ao tempo do botequim Lua Nova em Belo Horizonte, anos 60, Zenava. Chamei. Não atenderam. Esperei. Esperei. Insisti. Finalmente, o próprio veio ao telefone

A mesma voz. Foi uma alegria mútua. Ele emocionado do lado de lá, eu idem do lado de cá. E ele antimineiramente falando de sua emoção, no reencontro.

Combinamos de nos ver. Quero publicar coisas dele. Lembro-me de ter-lhe pedido artigos (que os fez, magistrais) sobre a *belle époque* para o DM2 (*Diário de Minas*), o segundo caderno do jornal que dirigi entre 1964-1965.

Tenho a impressão de que esses textos do José motivaram o Pedro a tocar seus textos então guardados. Intuição. Um estilista – o José também. Muito bom. É necessário recuperá-lo.

Encontrávamo-nos no Lua Nova. no final da tarde ou na hora do almoço de sábado com **Isaias Golgher, Chanina, Maria Amelia, Murilo Rubião, Vicente Abreu, Carlos Estevão** (chargista), às vezes o **Ivan Ângelo.**

Curiosidade: o terceiro Nava, irmão dos outros dois, foi meu chefe no Banco do Comércio Varejista, onde trabalhei por três anos para pagar meu sustento.

5 de julho

Anita Schmidt (irmã de Augusto Frederico Schmidt) – incrível figura.[7] Contando coisas, embora cega (quase) julgando-se esclerosada, precisando falar, queixando-se de sua nora que; parece, brigou com ela.

---

7. Anita comprou dois quadros da exposição que Marina fez nesses dias.

Dizendo que a nora destruiu nela a imagem do **Roberto Rodrigues**, a "imagem que eu construí com tanto esforço". Dizendo que o Roberto, irmão do **Nelson Rodrigues**, era "tarado sexual".

– Eu estava vaidosa, recuperei parte da visão, tudo que tenho vem dele, estou até pintando, estou fazendo as minhas próprias tintas. Pinto: "o dia em que o sol virou a mesa" e "o arco-íris enlouqueceu". Ela chama **Beatriz**, mulher de **Sérgio Rodrigues,** de sua nora, pois "pensa" que Sérgio é seu filho. Diz que chegou a pegar Sérgio no colo quando este tinha oito anos.

Diz que o ex-marido dela destruiu o material que tinha sobre Roberto Rodrigues. Descobriu esse material dentro de três malas, procurou a mãe dela dizendo que ia se separar. A mãe foi quem rasgou tudo. Só mais tarde conseguiu um retrato do Roberto tirado do jornal que guarda até hoje.

Estou anotando isso rapidamente enquanto ela me fala ao telefone, agradecendo a crônica publicada no *JB* contando como foi proibida pelo marido e pelo irmão, Augusto Frederico Schmidt, durante quase toda a vida de pronunciar o nome do amado.[8] Dizia que meu artigo fizera "essa velhinha louca" feliz como ninguém.

9 de julho

De novo **João Cabral** joga farpas contra Drummond (morto ano passado). Em entrevista na revista *Diálogo* (para médicos, na qual colaboro como cronista) diz que Drummond "desbocou" depois que leu Neruda. Se somarmos isso a outras entrevistas em que falou mal do verso lírico e longo, e que o **Drummond** que lhe interessa é o dos primeiros livros...[9]

Curioso, **Helen Hanft** (*Charing Cross Road*) dizendo em entrevista ao **Geneton Moraes**, no *Ideias*, que não gosta de Joyce e Beckett, nem de romances.

---

8. A crônica "O amor impronunciável" (in *O Homem que conheceu o amor*, Rocco, 1988) narra este fato.
9. No volume *Entre Drummond e Cabral* (Unesp, 2014), faço uma análise da disputa poética e edipiana entre eles.

Interessante seria alguém pesquisar (em diários, entrevistas) a opinião de gente famosa sobre obras famosas.

13 de julho
   Ciclo Stockhausen, Sala Cecília Meireles. Curiosidade geral, depois de intensa propaganda. Vejo conhecidos: **Cacá Diegues, Caetano, Joaquim Falcão, Tárik de Souza, Júlio Medaglia e Haroldo de Campos.** Penso em cumprimentar Haroldo, de quem fui mais próximo (e até ia à sua casa em São Paulo). Faço-o quando ele está sentado. Ergue-se, me aperta a mão gentilmente:
   – Bom ver você aqui – digo.
   – Sim, era importante.
   – Sim, isso é uma efeméride – digo.
   – Muito bem, até já, a gente se vê.
   Foi bom para quebrar o gelo por causa da polêmica, dos artigos que escrevi recentemente sobre os 30 anos do Concretismo.[10] Deveria até ter puxado mais conversa na saída, quando de novo nos cumprimentamos. Afinal, discordo de muita coisa, mas admiro o trabalho dele.
   Sobre o concerto: acho inadequado o teatro. Um paradoxo: música de vanguarda, mas todo mundo ali sentadinho. É o teatro possível, mas a música exige outro espaço menos organizado. No cinema o som (dolby stereo) seria mais avançado, o som vem de todos os lados; aqui vem só de dois conjuntos de caixas, um de cada lado do palco.
   Stockhausen lá atrás do auditório, última fila, manejando os sons. Regendo eletronicamente (...).
   Questões:
   1. Anacronismo entre a roupa e a música. De propósito?
   2. Paradoxos entre as composições e a estrutura do texto, convencional.
   3. Como *happening* teatro é fraco, velho, simples demais.

---
10. Esses artigos saíram no *JB, O Estado de S.Paulo* e *Leia* e estão na edição recente de *Entre leitor e autor* (Rocco, 2015).

4. Dá prazer? Mais ou menos. Mas outra questão: tem-se prazer em ouvir de novo? Duvido. É apenas um esforço de ver o novo, a aura do "novo".

Talvez só a composição para piano eu ouviria de novo.

E a questão levantada por Guerra Peixe: "as plantas fenecem ouvindo essa música".

5. Há algum significado esotérico no símbolo das roupas? Em outros números anunciados leva-se isso em consideração. Sua pretensão com a Telemusik. Analisar isso.

Curioso essa música que requer "legenda". Os jornais fizeram enorme trabalho, adiantaram, prepararam o público. E o programa é biográfico, palavroso.

O que seria sem o texto?

Mozart precisa de texto? Sobrevive sem ele?

6. E outro problema: o aleatório. Arte aleatória é possível. Até já foi feita. Mas não se estabeleceu ainda sua qualidade. O tachismo, na pintura, tem interesse, é uma curiosidade e referência, mas esteticamente é pobre.

Assim, a impressão que se tem é que, em algumas peças, acordes, módulos, partes podem ser substituídos, pois não fariam falta. Isso é uma característica, sem dúvida, mas não uma qualidade. Há ênfase na quantidade. A qualidade, no entanto, seria o salto estético.

Pensando na ideia de sistema em arte.

Claro que Stockhausen há de dizer que tem um sistema em sua obra. Tem, ele pesquisou. Mas devemos avaliá-lo. Funciona? Dá alguma sensação notável, prazerosa, estimulante? Ou apenas constatativa?

Os incautos e inseguros que passam por vanguardistas/consumidores, pensam valorizar a obra se descobrirem suas formas e dobradiças; se conseguem desconstruir de algum modo analiticamente.

Se isso fosse em si ingrediente suficiente da obra de arte, toda bula de remédio seria uma composição estética do produto.

15 de julho

"Nobre simplicidade e serena majestade", isso eu procuro, ideias que **Winckelmann** e **Gluck** viam na antiguidade.

11 de agosto

Outro dia **Antonio Candido** aqui em casa contava que um aluno lhe perguntou sobre o conceito de alegoria em **Walter Benjamin**. Ele disse que não sabia, que usava um conceito antigo que tinha aprendido. E me confessou que não leu Benjamin. Começou Adorno, mas achou-o chato.

Dizia isso a propósito de uma conversa em Paris em que um professor teve a coragem de dizer que não tinha lido *Guerra e paz*.

Demonstrou de novo seu entusiasmo por **Ungaretti**. Narra que professores como **Braudel** representavam quando ensinavam. Tudo planejado, até a hora em que os alunos deviam chorar quando ele contava certas estórias.

3 de setembro

Vindo de Diamantina. Final do IV Seminário Sobre Economia mineira (Cedeplar). Painel coordenado por **Francisco Iglésias**, com **Antonio Candido, Maria Arminda Arruda, Otto Lara** e eu, para falarmos sobre cinco ilustres ex-alunos da UFMG: **Drummond, Pedro Nava, Guimarães Rosa, Emílio Moura e Hélio Pellegrino**.

Casos ouvidos: Candido, num congresso internacional em Gênova, conviveu sete dias com **Rosa**. Um dia, este lhe diz: "Olha, acho que o Astúrias está querendo o Prêmio Nobel, pois está aqui neste congresso. Fui há pouco a um congresso em Paris, ele estava lá. Outro dia eu estava em Berlim, ele estava lá, depois estive em Varsóvia, estava lá. O Astúrias não me engana, quer o Nobel".

Contou também que era íntimo de Emílio Moura. Que quando ia a Belo Horizonte, na década de 40, passavam quase o dia inteiro juntos. Que Emílio até lhe dedicou um livro escrevendo: Ao AC (ofereço, dedico e consagro) com o desenho de um coração.

Contou também que, quando em 1946 participou do 2º Congresso Brasileiro de Escritores, saiu numa noitada com vários escritores e foram dar num *dancing* onde havia as *taxi girls*. E lá iam eles, dançando e pagando por minutos dançados. De repente, uma daquelas moças se levanta, atravessa o salão e entrega uma rosa a Drummond. Espantadíssimo, ele disse: "Para mim?". "Para o senhor."

Candido achava admirável a intuição daquela mulher da noite.

Otto disse que insistiu muito para Nava ser cronista, mas ele estava se guardando para sua obra. (Isto em resposta a uma ponderação que fiz de que Nava teria sido o maior de nossos cronistas, se o quisesse.)

Otto revelando que Emílio Moura morreu em meio a uma gargalhada.

Que ele, Otto, numa noite tomou um porre no Parque Municipal de Belo Horizonte, desgarrou-se e caiu escornado, e acabou sendo atendido por alguém que passava. Foi saber depois: era **Juscelino Kubitschek**.

Narrou isso, em Paris, ao próprio JK, quando este estava ali exilado. E conversando com ele, ajudado por **Fernando Sabino**, ocorreu-lhe perguntar: o que o senhor fazia no Parque Municipal às duas da manhã?

– Provavelmente vinha do hospital, do outro lado – disse JK, reticente.

Foi um bom fim de semana. Candido ficou atento à seresta cantada durante o jantar. Isolou-se, carregando sua cadeira para perto dos músicos, para melhor ouvi-los.

Otto, como sempre, falante e engraçado. Iglésias, idem.

Na volta, quase uma tragédia: o carro em que vinham Candido e Iglésias para Belo Horizonte chocou-se com uma carreta, que, acostada, entrou na estrada, à esquerda. A perícia do chofer do carro de Candido/Iglésias os salvou, pois desviou o carro para a esquerda.

Candido e Iglésias sofreram leves escoriações. Iglésias assustou-se (falei com ele por telefone logo que cheguei à noite).

Ficou, como disse, uma hora em pânico. Mas no hospital de Gouveia tiraram-lhe a pressão – 13 por 8, e estava ótimo. Candido manteve-se de bom humor. Dizia: "Seria uma glória morrer com o Iglésias, conversando", e assim os dois iriam para o além encontrar-se com os amigos. Depois, começou a conjecturar brincando sobre como seria o necrológio no *Estadão*, no *JB* etc., como forma de exorcizar o susto.

Tentei ligar para ele hoje, mas ainda não havia chegado de viagem e eu não quis assustar Gilda. Preferi não me identificar.

6 de outubro

A Globo me pede um poema para fechar o *Jornal Nacional*. Aceito o desafio. Inquieto. Não queria fazer mais o tipo de texto que me rendeu algumas críticas. Parto para um poema visual, como sempre quis fazer e não me deixavam. Fiquei bem mais satisfeito. No *Jornal Nacional* saiu bem. Original. Poema visual no *Jornal Nacional* é um acontecimento. Várias pessoas telefonam, outras nas ruas me dão notícia de que viram o poema. Estou mais feliz, recompensado. Claro que posso fazer algo melhor do que aquele poema para Tancredo (1985), que paradoxalmente agradou e emocionou tanta gente, mas eu sabia ser precário.

Na época eu não havia ainda achado o caminho dentro da Globo, o jornalismo é apressado. Há uns três anos o **Luiz Lobo** (da Globo) me pediu um texto sobre a Constituinte. Mostrei-lhe um texto visual. Mas não fora ainda dessa vez.

Décio de Almeida Prado convidado por mim para um curso sobre "O teatro romântico", na PUC. Sucesso. Seguro. Um mestre. Um tipo que lembra A. Candido. Apresentando-o aos alunos, aliás, disse: o **Antonio Candido** que eu trouxe para dar um curso para vocês é o Décio de Almeida Prado da literatura.

Aqui em casa, Décio jantando com **Walmor Chagas, Yan Michalski e Bárbara Heliodora,** contou coisas. Aliás, no dia anterior também, quando jantávamos a sós, ele e eu. Por exemplo: que **Oswald** conheceu **Tarsila** e "consentiram" que **Pagu,** amante-menina de Oswald, se casasse com outro. Arranjaram-lhe um casamento. Mas, depois da cerimônia, Oswald pegou o carro, foi a Santos e sequestrou-a na viagem, acabando assim o casamento com Tarsila.

Contou que viu Oswald na "corte" de **Ademar de Barros**, num banquete, e que, aproximando-se dos jovens escritores, Oswald se desculpando/justificando:

– Ademar é meu personagem ... – e mencionou o nome de um romance ou peça de teatro de sua autoria.

Boa estória que Bárbara Heliodora contou de Décio. Os dois em Caracas (Venezuela), num encontro de teatro, recebidos por uma bichinha chamada Romeu: "É a primeira vez que vejo Romeu e Julieta numa só pessoa", disse Décio.

Curioso ele falando sobre a depressão de 30 e comparando-a com a crise atual, lembrando da crise do café, a ruína de vários parentes etc.

23 de outubro

Depois do show Se Liga Rio me sinto bem, tranquilo, realizado. Conseguimos. Levamos milhares de pessoas ao Aterro do Flamengo. Betinho (**Herbert de Sousa**) voltando do exílio e já liderando tudo.[11]

Tinha havido reunião na casa do **Chico Buarque**. Ele queria que poesia estivesse presente. Houve preparação, agrupamento de sindicatos, organizações – a chamada sociedade civil mais artistas. Queríamos acordar a cidade. Pensei num poema visual ousado: projetando no ar letras que emitissem uma mensagem sobre/para o Rio. Usaria os canhões de luz do Exército. Mas não haveria tempo para fazer isso. Uma ideia. Usaria esses trocadilhos: Rio, só, sorrio etc.

Tantas emoções num só dia.

Na sala, Marina e as meninas veem o filme do Luis Carlos (Bigode) sobre Leila Diniz. Venho para o escritório. Olho a cidade, a lagoa. Consegui, conseguimos abalar a apatia dos cariocas diante da prefeitura falida no governo Saturnino Braga.

---

11. Ver crônica n'*O Globo* (26/10/1988), "E o Rio se ligou".

Estive no palco. De perto, vendo os artistas, os sambistas. Que força passam. Eu os olhando: um dia vão morrer, esses corpos brilhantes, ritmados, sonoros vão morrer. Estupor.

24 de dezembro

Nova York.[12] A TV mostrando um programa sobre a poesia de **Walt Whitman**. Cenas dele na Guerra. Ficção. Realidade. Crítica. Ele dizendo seus poemas. Poemas para Lincoln, assassinado. Poemas para os soldados mortos. Ele e a censura sobre sexo. Ele dizendo: "Se cortarem o sexo, cortam tudo da vida".

25 de dezembro

Nova York com a família. Reportagem no *New York Times* feita por **Marlise,** esposa de **Alan Riding,** sobre a Amazônia, ela é que pôs a Amazônia sob o foco internacional. Visitou a região várias vezes. Estive lá com ela no Círio de Nazaré. Estava lá também Roberto DaMatta, e assistimos ao Círio. Ler sobre a Amazônia aqui e ver a coisa de outro lado. Estranho.

---

12. Ver crônica "New York! New York!" (*O Globo*, 22/1/1989).

1989

1º de janeiro

Chegamos a Aix-en-Provence para uma revisita. Tédio diante de livros como *Signogonzo*, de **Derrida**: jogo de palavras tentando ser pensamento.[1]

8 de janeiro

No avião Roma–Nova York. Passam um desses filmes policiais com extraterrestres enquanto na revista literária italiana *Mille libri* leio parte do diário de **Ionesco**. Fala muito. Repetidamente de sua angústia e do prazer nenhum da vida: velhice, tudo mecânico, hábito, sem interesse (inclusive) pela leitura em 1986. (Depois, uma nota dele dizendo que acabou recuperando o gosto pela leitura). E Ionesco falando de "ficar" ou não, preocupado para quem afinal escreve etc. Todos os lugares-comuns que atingem o escritor jovem. E ele confessa que está perdido, nem sabe mais escrever.

Curioso, tanta fama e infeliz. Aliás, tem a cara de um pierrô abatido, envelhecido. A glória não traz felicidade.

Ele fala também que hoje lhe interessa a pintura. E fala sobre Deus e o sagrado, temas a que tem se referido em outras entrevistas recentes.

(O avião começa a fazer um ruído estranho de uma máquina de cinema e me assusto. Afinal, derrubaram um avião da PanAm há dias, e a revista da segurança em Fiumicino sempre deixa o passageiro em suspense.)[2]

---

1. Ver crônica "Fragmentos de um discurso parisiense" (*O Globo*, 29/1/1989).
2. Ver crônica "Em Roma, Romano" (*O Globo*, 25/1/1989).

15 de janeiro
 Hoje **Sarney** falou às oito da noite na TV sobre o Plano Verão, novo choque na economia, "única" maneira de vencer/sair da crise. Vamos ver se dá certo. Talvez até dê. Se não der, a longo prazo, dará para remendar até o próximo presidente, a ser eleito no dia 15 de novembro.

16 de janeiro
 O governo decretou o "novo cruzado". Gastei parte do dia lendo e vendo TV para entender. O plano está certo. O governo tem ainda chances. Corrigiram o erro do primeiro cruzado. Resta saber das surpresas embutidas no futuro. Esse pode ter seus defeitos internos. Mas era a última chance do governo **Sarney**. Torço para dar certo, ao contrário dos profissionais do contra.
 Que crepúsculo vivi na praia e em casa!
 Que privilégio essa cidade, essa vista!

25 de janeiro
 Hoje me telefona um secretário de **Ziraldo,** querendo meu nome num manifesto – telegrama pelos 30 anos da Revolução Cubana. Fui contra. Louvar a revolução hoje é um equívoco. **Fidel** acaba de fazer um discurso contra a "perestroika". Ele não abre. Hoje não é ontem. Se fosse para mandar-lhe uma carta pedindo abertura, sim.

2 de fevereiro
 Cai **Alfredo Stroessner** no Paraguai. Só *O Globo* deu o furo. Depois as TVs. Todos alegres, mas com o pé atrás. Esse general Rodríguez, sócio da corrupção e sogro de Stroessner (sua filha casou-se com o filho de Stroessner), não inspira confiança, apesar de prometer democracia.
 Penso: agora restam duas ditaduras na AL: Cuba e Chile. Diferentes, mas ditaduras. O Chile, mais horrível, está sendo obrigado a se abrir, com eleições que devem substituir **Pinochet**.

E Fidel? Outro dia fez discurso contra a abertura na China e na Rússia.

Penso se não deveria mandar brasa em um ou mais artigos. Quando tento ser brando, me sinto mal. Foi falando o que penso que me impus nos anos 80. Isso tem seu preço: solidão. Na linha internacional, **Vargas Llosa, O. Paz, Jorge Edwards** se expressam sobre isso. É uma questão ética. Democracia é melhor, conquanto um jogo perigoso. Ditadura "para o/do" proletariado é diminuir as potencialidades de um povo.

19 de fevereiro

Sexta-feira, finalmente, chegaram os dois **Macintosh** que compramos. O da Marina foi já montado. O **Doc Comparato** veio dar as primeiras instruções. Marina fez uma capa para ambos. Nossa vida mudará. Como faz um calorão danado no meu escritório ainda não montei o meu, que está na caixa.

19 de março

Estou nos EUA: Austin, Texas, para dar um curso na universidade a convite de Fred Ellison.

A televisão mostra mais um **programa evangélico**. Já mostrou antes um pastor negro pregando, orando, gritando, suando, um coro atrás, gritando palavras e suspirando. Agora, vejo uma cantora loura, tipo Doris Day, sorrindo. Ela fala de Jesus com entusiasmo, tudo é um show. O culto nos EUA é um espetáculo. Pessoas sentadas em todos os lugares do auditório lotadíssimo, como um teatro. É isso, *the show must go on. Jesus Christ!*

Agora na TV o pregador fala sobre São Paulo e diz que o santo havia asseverado que o marido é a cabeça do casal. Ele, então, defende São Paulo, afirmando que Cristo liberou as mulheres. Curioso esse sofisma, igual ao que diziam os positivistas. A mulher deve servir a Cristo, ou melhor, ela encontra sua liberdade servindo aos homens. *Crazy this kind of speech in a country where there are so many liberated women.*

6 de abril

So, here I am, fiz minha última conferência na Universidade. Foi a melhor: muitos estudantes trazidos por **Bill** – marido de **Regina Vater**[3], estavam o romancista Zulf[4] e Helena e mais umas 40 pessoas. Assunto: "Poesia – TV e política". Mostrei meus poemas para televisão, os da Globo. Fiquei muito feliz.

Sentirei falta dessa paisagem, da biblioteca, dos pássaros pretos nas árvores às seis, oito horas da tarde, tão alvoroçados quanto as andorinhas romanas. Sentirei falta dos estudantes com os quais não falei, apenas vi passando pelos campos com suas bermudas, pernas à vista, deitados de maiô no gramado.

Levanto, vou à janela e olho Austin à noite. Essa amena temperatura de abril. A bela, organizada cidade, o que será isso daqui a 100 anos.

24 de maio

No Brasil. Há quanto tempo não escrevo aqui. Tarde de outono. Volto de dar duas aulas nas duas universidades. Acordei às seis da manhã em SP, depois de dormir às duas da manhã, dando entrevista no *Jô Soares*. Exausto.

Collor é o fenômeno político atual. Vou escrever uma crônica amanhã sobre "Collor – o coringa". Que será dele quando eu reler isso daqui a um ano, 10 anos, 20 anos?[5]

---

3. Regina Vater e seu marido, ambos artistas, passariam temporadas no Brasil.
4. Zulfikar Ghose é romancista paquistanês, com vários livros editados pela Record.
5. Nota de 16/5/2013: estou voltando de Brasília. Leio isto mais de 20 anos depois. Collor já foi eleito e deposto, hoje é senador da república. Tem cabelos brancos. Descasou-se de Rosane. Está na base do governo Lula. Impensável.

9 de junho

Lendo "Viagens ao mundo imaginário", de **Ernesto Sabato**, encontro essa citação de **Borges**: "Afinal, **Shakespeare** desconhecia completamente a bibliografia de Shakespeare".

Morreu **Nara Leão**, que vi no show *Opinião* e que certa vez assistiu a uma conferência minha (1968), no Colégio Brasil. Fiz-lhe um poeminha.

Morreu **Leminski**. Um jornal me pergunta sobre ele. Recebi-o na Semana Nacional de Poesia de Vanguarda, em BH (1962), analisei seu *Catatau* na *Veja* (1975). Tinha talento, mas o concretismo o atrapalhou. Acabou achando seu caminho na poesia curta, irônica, de fácil assimilação pelo público.

Matou-se de álcool, nas tramas da marginalidade literária.[6]

11 de junho

Morreu **Oswaldo França Júnior**, desastre de carro perto de Monlevade. Mais uma morte na minha geração. Todos morrendo antes da hora. Como se houvesse hora para morrer. Se rememorasse os nomes dos mortos nesses dois anos, seria uma lista imensa. Os modernistas, parece, duraram mais. Também os de 45. Lembro-me de Oswaldo França. Forte, viril, conquistador, galanteador, amando a vida. E logo agora que o filme *Jorge, um brasileiro* está aí. Inda bem que ele estava vivo quando viu a edição de suas obras na Rússia etc.

21 de junho

Depois de uma entrevista para a TV Manchete sobre **Machado de Assis**, que hoje faria 150 anos: não se confunda o nível da obra com o nível de participação. Querer elevar o nível de participação justificando-se, louvando-se na importância da obra/autor é um equívoco. Ontem Machado era monárquico, atualmente o

---

6. Nota de 16/5/2013: hoje Leminski está na lista dos mais vendidos com um livro de poesia, e a Companhia das Letras e a imprensa celebram o fato. Virou um ícone, um mito, que vi nascer.

querem de esquerda ultrassofisticado. Erro crasso: ontem e hoje. E se não fosse ousar muito, machadianamente diria: a verdade está no meio.

22 de junho
Saiu um artigo de **Moacyr Werneck de Castro** no *JB*: "Machado adolescente". Chega a cotejar texto de Marx que fala de "relações sociais" e cita texto de Machado. Elogia também **Roberto Schwarz** e **Faoro** como sendo os que desmitificaram a "alienação" de Machado. E conta aquela estória de **Astrojildo Pereira** (fundador do Partido Comunista) indo ao enterro de Machado e lhe beijando as mãos. O bom Moacyr certamente pensa no resgate de Machado à esquerda.

Ontem, inauguração da "Cameron", formidável máquina que **Alfredo Machado** comprou para a Record por 5 milhões de dólares e que tem a característica de produzir 100 livros por minuto. Parecia um "dinossauro" – tão grande e tantas vértebras que tem. Impressionante.
Grande coquetel para centenas de pessoas. Alfredo me mostrou pessoalmente o funcionamento da máquina.

24 de junho
Clarice Fulkman, que foi minha aluna na PUC contando que, ao visitar **Drummond,** entrevistando-o, ele lhe deu alguns livros para doar à biblioteca de uma penitenciária, onde ela desenvolve um trabalho entre os presos. Entre os livros, poesia de Dante Milano, corrigido por Drummond, que ela queria reaver.
Disse que Drummond também se queixou de Nava, que ele não entendeu ou não avaliou bem a doença de Julieta. Pouco depois, Nava se mataria.

Cá esteve nesses dias **John W. Foster Dulles,** filho do outro famoso secretário de Estado americano. Expansivo, dizendo que sou o maior poeta do Brasil. Quando lhe perguntei de onde tirou isso, disse que leu nos jornais, e eu dizendo que os jornais mentem muito.

Queria saber coisas específicas sobre o homossexualismo de **Lacerda,** para usar no quarto volume sobre o seu biografado, a sair. Não tenho dados sobre isso. Também ouvi falar. Já não sei onde. Lembro que **Alexandre Eulalio**[7] narrou-me algo com algum detalhe que esqueci. Não fui de muita valia. Nenhuma.

20 de agosto

Telefona **Edla van Steen,** pedindo informações sobre Aix-en-Provence, já que vai com **Sábato Magaldi** para lá, ele vai lecionar.

5 de setembro

Estou lendo, deliciado, o livro de **Moacyr Werneck de Castro** sobre **Mário de Andrade**. Acabei de falar isso com ele agora, no lançamento do livro *De cabeça para baixo*, do **Fernando Sabino**. E eu vivia dizendo e insistindo com Moacyr que ele tinha que escrever um livro sobre Mário, que ele afinal conheceu.[8]

13 de outubro

Assaltaram o Otto Lara. Assaltaram duas vezes Cícero Sandroni, ele levou um tiro porque não tinha dólares... e ofereceu cruzados novos.

5 de novembro

Situação agitada, nervosa com a entrada (a confirmar) de **Silvio Santos** na eleição presidencial do dia 15 de novembro. Hoje enviei para *O Globo* a crônica/artigo: "Carta aberta ao **ministro**

---

7. Alexandre Eulalio esteve jantando em minha casa e conversou bastante com Michel Foucault, chamando a atenção para *O alienista*, que tinha uma visão especial sobre a loucura.
8. Anos depois ele publicou *Mário de Andrade – exílio no Rio* (1989).

Rezek", do Supremo Tribunal de Justiça, que deverá julgar a procedência da entrada do Silvio Santos na corrida. Meu Deus, que artimanha é essa? De que grupos?

Cai o comunismo fragorosamente na Europa: na Polônia, incendiaram uma estátua de Lenin, o Muro de Berlim já caiu, quase todos os ex-países comunistas liberaram o mercado e os partidos.

11 de novembro

Ouvindo uma vez mais o disco de poemas de **Aragon** musicados por Léo Ferré, me ocorreu a necessidade de um ensaio/ crônica – "A traição dos poetas" – onde apontaria o divórcio entre poesia e público, coisa que ocorreu na medida em que os poetas passaram a escrever para si (para ninguém). Ouvindo o disco, penso em poetas que sabiam se comunicar, como **Éluard, Lorca, Neruda, Pessoa, Whitman** etc.

Poetas pararam com as "canções", tipo Lorca. E isto faz falta. Os músicos populares sozinhos não podem dar conta de preencher esse vazio. Há um espaço ocioso, que eu, ao meu modo, tentei /tento ocupar com poemas políticos nos jornais e com crônicas líricas.

Curioso: ouço um disco de poemas de **Borges**, na sua voz, editado pela Universidade do México. Ele não é poeta, é só um escritor excepcional. Na prosa, sim, é um bom poeta diluído.

8 de dezembro

Muita coisa acontecendo. Já passou o primeiro turno das eleições presidenciais, semana que vem o segundo turno decisivo entre **Collor e Lula**; já fui operado de duas hérnias (segunda vez) no dia 27, pelo **Dr. Gabriel Gonzalez**, na mesma Clínica São Vicente onde estive internado para cuidar daquela pneumonia que quase me levou.

Minhas crônicas n'*O Globo* contam um pouco do clima. Ficamos o dia inteiro ligados nas eleições. Lula crescendo, agora

40% x 49% de Collor; cresceu 50% em cinco dias, dentro da diferença anterior que dava 37% Lula, e Collor 52%. Os programas mostram: o PT sobretudo forja mais as notícias, mente mais. É melancólico.
Acabei me envolvendo na questão das patrulhas ideológicas. Os petistas fizeram uma passeata no teatro onde **Marília Pêra** representa, em São Paulo, hostilizando-a. **Fernanda Montenegro** começou um manifesto defendendo a livre expressão, já que os petistas pressionam Marília porque ela é a favor de Collor.
Escrevi uma crônica contra a patrulha e inseri parte de um poema de um argentino sobre o extremismo político. Traduzi-o do inglês: é de **Armando Tejada Gómez:**

> Já que o mundo é redondo, é recomendável
> Não se posicionar à esquerda da esquerda
> Pois, além daquele declive, aqueles
> Que são distraídos acabam na direita.
> Conhecem-se vários casos. E eles têm se repetido muito.
> Nesses dias de confusa urgência.

18 de dezembro

Collor ganhou as eleições. Uma hora depois de encerrada a votação, três pesquisas de boca de urna o davam como vencedor. Na última semana, no horário gratuito, um depoimento da ex-mulher de Lula contando coisas brabas sobre ele: abandonou a filha, não dava pensão, é racista. Discutia-se se isso ajudou ou atrapalhou Collor. O fato é que Lula parecia abatido no debate. E dizem que havia a ameaça de Collor revelar algo sobre um presente (aparelho de som) que Lula teria dado a uma amante...
À simples possibilidade da eleição de **Lula** os restaurantes se esvaziaram, as lojas pararam de vender, apesar do Natal. Só voltaram ao normal após o debate e os primeiros resultados pró-Collor. Tivesse ganhado Lula, o dólar iria logo para 35, 40, a hiperinflação implícita explodiria.

20 de dezembro

Chegou carta da **Miami University**, assinada por **John T. Fitzgerald**, Chair Stanford – Leach Committee, insistindo para que eu aceite concorrer à vaga com a aposentadoria do Nobel Isaac B. Singer. Acho difícil ser encolhido entre tantos.[9]

Hoje *O Globo* dá notícia curiosa: manifesto de **G. Márquez** e outros condenando a invasão do Panamá pelos EUA para depor Noriega, o presidente traficante, que vi na reunião da qual participei em Acapulco. Nesta semana havia saído manifesto de **O. Paz, V. Llosa, Fellini** e outros pedindo que **Fidel** derrubasse o "muro" cubano.[10] Hoje, V. Llosa – candidato à presidência do Peru – defendeu a invasão do Panamá, alegando que Noriega é um bandido.

Ou tudo está muito simplificado pela imprensa ou os intelectuais continuam maniqueístas. Vou escrever um artigo sobre isso para *O Globo*.

---

9. Nélida Piñon foi a escolhida.
10. Ver crônica: "Cuba, pão e liberdade" (*O Globo*, 3/1/1990): 31 anos de revolução cubana e a liberdade exigida por dezenas de intelectuais famosos.

1990

2 de janeiro
Na Faculdade de Letras da Federal, o **Antônio Carlos Secchin** e outro professor me surpreenderam com o sorridente convite para proferir a aula inaugural.[1]

15 de janeiro
Continua a ruir o império comunista. Eu escrevendo poemas sobre este impacto, e algumas crônicas. Penso em como divulgá-las. Ainda temo a patrulha da esquerda. Boa frase de **James d'Ormesson** citada pelo **José Guilherme Merquior** n'*O Globo*: "O problema de Gorbachev é que ele é o Papa e o Lutero ao mesmo tempo".

Finalmente marquei hora com **Roberto Marinho**, depois de quase dois anos de indecisão sobre mostrar-lhe sugestões para melhorar a parte cultural do jornal. Telefonei um dia, marcou logo para o dia seguinte. Recebeu-me com a cortesia de sempre. Começou, no entanto, se queixando do tratamento que a *Folha de S.Paulo* lhe havia conferido quando de uma coletiva sua a jornalistas estrangeiros. A partir daí, começou a falar de seu pai (como tem feito nas vezes em que o vi). Falou com emoção, lembrando de como o pai cuidou dele quando ainda menino foi mordido por

---

1. A aula inaugural teve como título: "O que aprendemos até agora". Fiz uma análise das transformações da sociedade e a proximidade do fim do século XX. Essa aula foi de novo proferida em outras universidades que mais tarde me convidaram para proferir a aula inaugural. Deve aparecer na coleção ARS da UNESP.

um cão raivoso. Levava-o três ou quatro vezes ao dia ao hospital. Contou como o tal de **Dias da Rocha** enganou seu pai tomando--lhe *A noite* (disse que conta isto de suas memórias).

Depois, puxei o assunto para o meu projeto: um suplemento cultural semanal e a criação de uma página de opinião dos leitores. Eu lhe dizia, as pessoas querem "opinião", e não apenas notícia. Ficou entusiasmadíssimo. Pediu para eu falar francamente sobre seu jornal. Confessou que às vezes encontra no *Jornal do Brasil* as coisas de que gosta, mais do que em seu próprio jornal. Levantou-se, chamou João Roberto, pediu-me que lhe expusesse tudo de novo. Este foi gentilíssimo. Disse que há muito também queria uma página de "opiniões". Elogiou a coisa de "Globo Cultura" que propus. Ficamos de nos encontrar, almoçar, planejar algo.

31 de janeiro

Fomos jantar com **Marília Pêra** e **Ricardo,** seu marido, ex-psicanalista, **Cacá Diegues** e **Renato Paulo César** (da rádio e TV)**, Moacyr Deriquém, Marilena Cury,** convidado por **Leonardo Loyo,** no Maxims. Era aniversário de Marília. Ela queria externar seu agradecimento a mim pela força que lhe dei durante a eleição no episódio de patrulhamento do PT.

Contou como os petistas iam assistir ao espetáculo *Elas por elas* ostensivamente usando suas camisas e distintivos, interpelando-a na hora dos debates. O pior foi a passeata, pessoas vaiando do lado de fora do teatro. Contou que **Gonzaguinha** aconselhou-a a se aproximar de novo das esquerdas, a "telefonar" para o **Chico**. Apesar de ela ter se oferecido para cantar no show em benefício do filho de **Nana Caymmi,** está duvidando se vai e se lá vão vaiá-la de novo.

Revelou que seu ex-marido **Nelson Motta** escreveu-lhe uma carta censurando-a por causa do episódio Collor e mandou-a através da filha. Ela leu-a e disse à filha: "Devolva ao seu pai, que esta carta dele eu não quero guardar".

7 de fevereiro

Outro dia uma coisa impressionante: o projeto gráfico com fotos de um livro sobre o pintor **Iberê Camargo**, feito pelo **Salvador** (da Salamandra). A primeira sequência de fotos como se fossem quadrinhos de cinema, e ele de corpo inteiro, atuando diante de uma tela, pintando. No final, coisas sobre a sua obra e uma nova série impressionante de fotos: mas desta vez ele diante de um stand de tiro, fazendo pose e atirando. As fotos da pintura e as fotos dos tiros são parecidíssimas.

Nota: ele matou a tiros um cidadão na rua ao interferir numa briga de um desconhecido com a própria mulher (5/12/1980). Iberê hoje está vivo. Se a Justiça soubesse dessas fotos na época do julgamento, o que faria?

Hoje começa a ser velado o corpo de **Prestes**. Morreu aos 92 anos. Por coincidência, saiu meu artigo hoje sobre o pacto/Hitler/Stalin. Que vida mais equivocada, a do Prestes.[2]

A apresentação de **Manolo** – genro de **Drummond** – neste simpósio no CCBB foi boa. Manolo me surpreendeu, pois foi corajoso na análise do erotismo em C.D.A., não só citando versos onde fala do "membro", "felatios" e "bunda", mas também porque enfrentou discretamente a questão da poligamia do poeta e do amor de C.D.A. por Julieta etc. Lembrou que nos diários de C.D.A. o desaparecimento de Julieta era o desaparecimento do que ele mais amou em vida.

Curioso: Julieta entre os dois. E mais: C.D.A. mandou a Manolo a edição pessoal de *Amor natural* em dois únicos exemplares. O segundo exemplar, imagino, deu-o a Lygia (sua amante durante 30 anos). Curioso, até psicanaliticamente, que o sogro tenha passado ao genro o seu "sexo" e a sua "eroticidade". Concorrência? Cumplicidade? O que teria isso a ver com Julieta? Bem, é verdade que

---

2. Ver crônica "Prestes: os santos erram menos" (*O Globo*, 11/3/1990).

Manolo tem uma rara biblioteca de poesia erótica[3], e C.D.A. viu nele uma parceria para a confidência literária. Mas diz-se também que C.D.A. deu exemplares a outros amigos, como **José Mindlin** e **Plínio Doyle.** Teria presenteado a Maria Julieta? Ela, sem dúvida, sabia de seus amores.

15 de março

Outro dia estiveram aqui **Paul Engle e Hualing**.[4] Foi difícil agrupar os membros do International Program of Iowa.

Que dias importantes foram aqueles entre 68/69 que passei em Iowa!

Deveria ter feito um diário. Insisti na época com **Eva van Ditmar,** da Fundação Ford, para também levar outro brasileiro, o Luiz Vilela. E consegui. Lá estavam o **Lindolf Bell** e **Elke** em lua de mel. Ficamos no prédio Mayflower. Quarenta escritores, todos se achando geniais. Eu fazendo minha tese sobre C.D.A. Ajudando o Bell a organizar a apresentação de poesia no Museu de Arte de Chicago. Seminários eventuais em Iowa onde cada um se apresentava. Os escritores chineses se deliciando com os meus sonetos concretistas parodiando o que os concretistas vivem dizendo sobre a forma e o fundo. Neve.

Essa vinda de Paul; ele era o coração do programa. Foi emocionante. Mas algumas pessoas tiveram comportamento estranho. João Ubaldo disse que não se dava como Engle. Engle era gentilíssimo, um pai de todos, paciência diante de tantos "gênios". **João Gilberto Noll,** não apareceu. **Júlio César Martins,** prometeu mas não apareceu.[5]

Veio de Brasília **Luis Berto**. E na recepção organizada por **Sandra Kaiser,** apareceram **Sérgio Sant'Anna, Liana Santos, Edilberto Coutinho, Sônia Coutinho, Flávio Moreira da Costa.**

---

3. Tentei arrumar compradores para essa biblioteca, em vão.
4. Paul dirigiu o International Writing Program em Iowa, EUA.
5. Júlio César vivia há uns 20 anos na Itália onde lecionava, escrevia e divulgava a literatura brasileira. Morreu em 2014.

Bela figura o Paul. Estava percorrendo o mundo para se despedir de todos os escritores, certo de que não os veria mais. Ver crônica que fiz sobre ele.

Dentro de uma semana irei ao Canadá.

30 de abril

Montreal. Canadá. Onze horas da noite, Hotel Mont Saint Gabriel. Ceamos com os 30 escritores nesse 18º encontro Québécoise Internationale des Écrivains. **Pierre Morency** chegou. Eu o havia conhecido no México há anos. Amanhã iremos a Montreal. O congresso vai bem. De manhã minha apresentação "Les risques du métier".[6]

Conheci o **Gaston Miron** num almoço durante o encontro, num restaurante. Ele é o mais famoso escritor local. Simpático, com sua bengala, falante, estava na recepção do Sindicato dos Escritores. Acho que as posturas do Miron têm algo a ver com minha poesia: a luta pela identidade nacional, o questionamento histórico. Ele me falou que foi preso em 78, quando Ottawa mandou tropas contra o separatismo de Quebec. Perguntei-lhe o que ocorreria com o Canadá se Quebec se tornasse independente. Disse que o país seria dividido em dois e que a parte em inglês seria assimilada pelos EUA. Por outro lado, penso: os quebequenses têm muita ligação com a França. Complicado. Notei uma certa tensão cultural: quando no restaurante tocaram "happy birthday" (em inglês, claro), os escritores presentes se sentiram insultados. E Micheline, mulher do Royer, cantou para nós a música em francês, que fala de amor e que lhe parece mais bonita. Surpreendeu-me que Montreal seja praticamente dividida numa sessão francesa – anglófila, separada pela rua Sherbrooke. Não há choques, mas tensão. Os imigrantes querem falar inglês por causa da universalização da vida, por isso os quebequenses perderam o plebiscito independentista

---

6. Meu texto foi publicado como crônica n'*O Globo* e está em *Entre leitor e autor* (Rocco, 2015).

nos anos 70. Votaram contra: os imigrantes (20%) mais 30% de anglófilos.

O mais inesperado foi ter encontrado aqui o escritor (do Iraque?) **Naim Kattan,** que muito me perguntou sobre Maria Julieta Drummond e acabou por revelar que teve um caso com ela. Foi um grande amor, disse. Ainda fala disso com emoção. Curioso: contou que **Maria Julieta** tinha um pacto com o primeiro marido, de casamento livre. Um dia ela resolveu ter um caso com um amigo de Drummond, um escritor da idade do pai... Contou também que **Drummond** tinha ciúme dele. Quando ia à casa dela, se Drummond estivesse, ela descia, só subia se ele não estava, e quando ele telefonava, Drummond o atendia mal. E vivia aconselhando-a: "Cuidado com o turco".

Curioso que há 20 dias encontrei o neto de C.D.A. em Buenos Aires e dei-lhe um livro para o Manuel Graña, o primeiro marido. Curioso, já contei, que Manuel Graña fez uma conferência comigo no CCBB sobre o erotismo na poesia de Drummond.

4 de maio

Em Nova York, museus, livrarias, visita à Sala dos Impressionistas. Voltando ao Brasil depois de quatro dias de NY. Os jornais como *Folha de S.Paulo* e *Jornal do Brasil* começam a elogiar **Collor,** sobretudo agora que vai botar 300 mil funcionários públicos na rua, enfrentou um general que discursou contra a extinção do SNI e começa a privatização.

Passei o último dia na Public Library, usando o computador para pesquisas. Localizei 17 livros meus, que surpresa!, na listagem do computador. Devem ter mais livros (meus) que a Biblioteca Nacional do Brasil, que a PUC e a Federal.

Ontem, no aniversário de **Octávio Mello Alvarenga,** o **Pedro Augusto,** neto de Drummond, como o avô que falava sem parar, disparou a falar comigo mal chegou à festa. Falou que **Lygia**

Fernandes (amante de C.D.A.) ficava telefonando sempre, que lhe pediu até para botar uma camisa de seda e o perfume de Carlos... Que já lhe telefonou até às duas da manhã. Por isso, diz, foi bom o quiproquó que ela mesmo montou espalhando para a imprensa o caso com o velho, porque a amizade ficou meio estremecida.

Contou que, depois do enfarte de C.D.A., ele levou o avô ao médico, mas em chegando este lhe dizia: "Daqui pra frente tenho quem me acompanhe". E a Lygia o trazia de volta, enquanto Pedro o escoltava, de longe, dando a volta no quarteirão para se reencontrar com o avô na entrada antes que a avó visse.

Que num jantar, depois da morte do poeta, perguntou:
– Vó, a senhora já ouviu falar de uma tal Lygia Fernandes?
– Ih, sim, muito. Essa, o seu avô até comprou um apartamento para ela.
E parecia não se importar.

Quando lhe falei de **Naim Kattan** (que me disse ter namorado sua mãe), contou que o conheceu e até ganhou dele um livro sobre a vida dos esquimós.

Otto Lara disse depois, naquela festa, em particular, o nome do amigo de C.D.A. que fugiu com Julieta, após ela estar casada com Manolo: um tal de **Marinho**, algo assim. Vou perguntar de novo ao Otto, que sabe tudo de todo mundo. Revelou, aliás, que **Paulo Mendes Campos** também teve um namoro com Julieta.

29 de junho

Fim do comunismo: na Alemanha, queimam as notas de dinheiro comunista e fundem as moedas para utilizá-las como lataria de automóvel.

No Brasil, **Zélia** e **Collor** decretam a abertura dos portos, fim do protecionismo industrial brasileiro. Eu, minha geração que sempre foi acostumada com o "nacionalismo" como algo positivo, hoje o vejo com restrições.

16 de julho
Coisa melancólica/sombria: o "gabinete sombra" ou "gabinete paralelo" do PT. A própria foto é melancólica.

15 de setembro
Telefona-me **Ipojuca Pontes**, Secretário de Cultura, para amigavelmente me dizer que vai mandar uma contrarresposta ao comentário que fiz sobre a ausência de um projeto cultural do governo. Falou quase uma hora.

29 de setembro
Esta semana foi gasta com duas coisas paralisantes: a) um contato de Brasília convidando-me para ser Secretário de Cultura no lugar de Ipojuca Pontes, e b) o livro *Homem e a máquina*? a ser editado pela IBM, a propósito da exposição sobre as obras de Da Vinci. Pagam 10 mil dólares.

Telefonemas de **Araken Távora, Mary Fonseca** (assessora de **João Santana** e de **Dalmácio Madruga**). Essa coisa de ser secretário/ministro me incomoda. Em raros momentos fico feliz com a ideia. É uma mudança muito radical na minha vida:
 a) abrir mão da crônica n'*O Globo*;
 b) da viagem à Dinamarca (por três meses) e possivelmente da bolsa da Smithsonian, que daria muito prazer e condições de fazer o livro da carnavalização. Se aceitar, isso precisaria ser adiado por cinco anos e, talvez, não o faça mais;
 c) quebraria a vida doméstica. Marina iria comigo? E as meninas? Quantos dias ficariam em Brasília? Por outro lado, teria que entrar pra valer, ficar com um pé fora e outro dentro não é meu temperamento;
 d) teria condições de realizar um bom trabalho? Haverá dinheiro? E a vida do país?;
 e) teria que interromper a dedicação à escrita, ao recolhimento. Essa tarefa me obrigaria a fazer um trajeto inverso para o mundo exterior, e confesso que isso não me seduz.

Por outro lado, positivamente:
a) complemento da carreira como intelectual;
b) poder testar ideias, propostas;
c) matar de inveja os inimigos (claro que ficaria ainda mais exposto).

Por outro lado, penso:
a) não sou homem de adminstração, de escritório, a não ser para escrever;
b) Teria que ter uma bela assessoria para me dar espaço, despertar o imaginário brasileiro.

7 de outubro

Continua rolando a coisa de secretário da Cultura (no lugar do Ipojuca). Consulto uma ou outra pessoa confidencialmente. Entusiasmam-se. Mas há problemas – como disse **Eliana Yunes**, que conhece setores da área e até se dispôs a arranjar uma reunião com as pessoas do ramo. Numa conversa com Marina, pensamos que, caso chamado pelo presidente, teria que indagar duas coisas: "O que o senhor espera de mim?" e depois "Que condições terei?".

Contudo, acho muito difícil. Estão pagando mal. Como disse Carlos, meu irmão, os ministros tinham mutretas na folha de pagamento, participando de conselhos etc. para complementar o salário. Seria pegar um abacaxi. E o risco de desmoralização no jogo do poder... Os atuais ministros devem ter ganho dinheiro antes em outras coisas ou...

19 de outubro

Ando abatido com o **governo Collor**. Eu e muita gente. O governo parecia ir tão bem, de repente, o estapafúrdio romance **Zélia/Bernardo Cabral** e tudo fica abalado. Chacota na imprensa nacional e internacional. Bernardo parece um bobo triste, apareceu de improviso, depois de demitido, na sessão da CPI onde Zélia falava, constrangendo a todos. E agora a demissão do **Motta Veiga** (da Petrobras) e choque com o governo – Zélia e **PC**.

Me disse Carlos que estava com ele num almoço de ex-presidentes da Petrobras e que Motta Veiga confessou que não aguentava mais. Carlos diz que PC quis $ da Petrobras, processo de corrupção. Motta Veiga resistiu.
E Collor em tudo isto? Enigma.
E agora dizem (já apareceu na imprensa) que Zélia está grávida.
Estou preocupadíssimo. E começo a ficar desapontadíssimo. Por essas e por outras o papo de ser secretário de Cultura no lugar do Ipojuca fica, para mim, cada vez mais absurdo.

Ainda ontem (coincidência) convidaram-me da Biblioteca Nacional para participar de um depoimento pelos 180 anos da casa. Era uma cerimônia onde estavam presentes **Ipojuca Pontes, Joaquim Falcão (Fundação Roberto Marinho), Aspásia Camargo (secretária de Cultura)** e outros. O clima de politicagem não me faz bem. Eu ali, diante do Ipojuca, já tendo sido sondado para substituí-lo, além do Joaquim Falcão, meu amigo, que também o foi, como me disse há dias, embora me garantisse que eu era o candidato dele; e Aspásia, que, dizem, aspira à mesma secretaria.
Sem dúvida, não é a minha.

24 de outubro

Eu, Marina e **Araken** ficamos pasmos e chocados. O assessor do **João Santana**, ministro todo-poderoso da Secretaria de Administração, veio ao Rio para efetivar o convite para que eu aceite a Secretaria da Cultura.
Essa coisa toda começou com uma conversa do Araken num avião para Brasília. Disse para alguém do governo Collor que deveriam me chamar para ministro. A coisa colou. O Araken me contou por telefone, achei engraçado e ainda disse pra ele:
– Só se você for meu chefe de gabinete...
Só que a coisa continuou, não era brincadeira. Até entendo isso, pois o governo não tem quadros e tenho escrito há muito, dado entrevistas sobre a urgência de um projeto cultural para o país.

Concordei em me encontrar com o emissário de Brasília no lançamento da biografia de Fernanda Montenegro. Estava todo mundo no Teatro dos Quatro. Todo o Rio. Entre as diversas pessoas presentes, Walmor Chagas, na fila de autógrafos, conversa comigo, querendo saber como estão as coisas na Secretaria da Cultura... O Araken ja havia espalhado a notícia para os vinte artistas.

Eu estava ali para o encontro com o emissário e não podia dizer nada. Quando ele chegou, já achei o tipo meio estranho. Fomos jantar no Satyricon. E foi surrealista e desagradabilíssimo. Não só porque narrou a intimidade do poder: João Santana já namorou a Zélia; Collor deu um soco na cara do **Renan Calheiros** há anos, por ocasião de uma disputa na prefeitura de Maceió etc. Não soube me explicar o que queria. Apenas disse que não havia um projeto cultural no governo, que meu nome teve livre trânsito inclusive da parte do embaixador **Marcos Coimbra,** chefe da Casa Civil da Presidência da República.

Quando Araken perguntou sobre as condições financeiras, revelou: o secretário da Cultura ganha um DAS 6. Eu entendi só o 6, e pensei que estivesse falando em código, que seriam uns 600 mil = 6 mil dólares. Não era. Sim, 70 mil cruzeiros (= 700 dólares), tendo que tirar os 12 mil do aluguel, sem carro ou chofer.

Uma piada! A perplexidade foi geral. Esse governo que está destruindo a administração pública deve ter formas subterrâneas de pagar os ministros. E o mais estranho: o emissário não pagou a conta do restaurante, fez-se de ausente, e eu acabei pagando, já que estava com Marina e não ia deixar o abacaxi para o Araken. E, no entanto, esse emissário é o responsável pela liquidação de 20 empresas, tipo Portobras, Interbras etc.

6 de novembro

Esses dias foram de novo dias de agitação. **Ipojuca Pontes** me telefonou na quinta-feira de manhã, dia 31, para me propor dirigir o IBAC, que concentra as áreas de música, teatro, artes plásticas, gráficas, folclore, cinema etc.

Marchas e contramarchas. Pedi tempo para pensar, ele com pressa. Natural. Passei o feriadão em Friburgo, pensando, aquilatando, angustiado, com Marina. Pensando em tudo: o $, minha figura, o desgaste físico e profissional, as coisas positivas. Comparando com a vida que havíamos programado: Dinamarca (em abril), EUA (em agosto), França (dezembro) e os problemas disso atrapalhar a criação.

Voltei querendo-não-querendo. Ontem, Ipojuca me chama de manhã enquanto dava aula, no meio de um seminário no Fundão, lá na Federal, para reafirmar o convite. É o terceiro ou quarto telefonema. Diz que deixou todas as informações sobre o funcionamento do IBAC aqui em casa. Volta a ligar à noite; eu ligo para **Eliana Yunes**, que pinta um quadro negro da situação, pois conhece as pessoas das extintas áreas das artes/cultura. O governo Collor desmontou a estrutura anterior, milhares de funcionários foram postos em quarentena, outros mandados embora e trocados de ministério. Um caos e muita revolta. Revela Eliana que soube que sou o candidato do ministro **Marcos Coimbra**. E revela que o **Mario Machado,** que já dirigiu a Funarte e foi da Finep, é candidato a esse cargo.

Hoje de manhã Ipojuca interrompe a escrita da crônica que faço para *O Globo* e insiste duas vezes. Falamos quase uma hora ao telefone, até que a linha caiu e ele teve que ir ao encontro do ministro Coimbra – o qual quer levar ao presidente o meu nome amanhã, antes da viagem ao Japão.

Ontem, análise dos papéis/documentos do IBAC: uns 500 funcionários, tudo por fixar, tudo por fazer.

Ontem liguei para o **Antonio Callado,** que me informou sobre o caráter do Ipojuca. Callado fala bem dele, diz que ele o ajudou quando precisou ir aos EUA para se operar de câncer na próstata, adiantou o dinheiro. A única coisa é que tem um temperamento áspero, que lhe grangeia inimigos.

Falei com o **Walmor Chagas** sobre a situação do teatro. Falei com **Marina Escorel** sobre o cinema, que o Lauro não estava, falei com **Tônia**, com **Luiz de Lima**. Falarei a qualquer hora com Sérgio Britto.

Hoje, dia 6, saiu nota enigmática no *JB*, dizendo que eu recusei ser secretário de Cultura da presidência como ocorreu com a **Fernanda Montenegro:**
"NÃO! Consultado pelo governo Collor, o poeta Affonso Romano de Sant'Anna repetiu o gesto da atriz Fernanda Montenegro, ainda nos tempos Sarney. Disse 'não.'"

À tarde, a imprensa começou a me procurar: *O Globo, JB, Folha.*
Certo é que terei que começar pedra por pedra, porque o governo Collor demoliu tudo. Mas, como a classe artística e intelectual confia em mim, acho que poderei fazer algo.

Converso com Eliana Yunes e Marcelo Garcia, que me convencem a aceitar a Biblioteca Nacional, que agora receberá o INL (Instituto Nacional do Livro). O pai de Marcelo foi diretor da BN. Sim, poderia fazer mil coisas. Tem uma estrutura melhor, em vez do Butantã do IBAC. (Os telefonemas que recebi contando sobre os grupos da Funarte/IBAC, me deram náuseas.)
Por outro lado, penso em jogar tudo para cima e continuar meus planos: Dinamarca, EUA, França.

Acresce que o governo está péssimo. A imprensa caindo de pau. Dizem que Zélia foi se encontrar em Nova York com Cabral (*Veja*). A inflação não cai. O governo briga com os empresários, e Collor no Japão. É o que, a propósito de Zélia, se chama de "inferno zodiacal".

Não sei o que vai acontecer agora. Ontem, uma ex-aluna que trabalha na Funarte disse que aquilo é realmente um problema: se reuniram "para tirar um documento". É o fim. Continuam brincando de "partidão". Lá dentro, dizem, duas facções: o PCB e PT, que continuam achando que a Funarte existe e ainda criaram até uma associação dos ex-funcionários da Funarte. Como me disse a ex-aluna brincando: "Se alguém passar pela Funarte vendendo uma estatueta de Lenin, eles compram".
Continuam nos anos 50.

20 de novembro

Coluna do Swann: "Última forma: O escritor e poeta Affonso Romano de Sant'Anna decidiu abrir mão da indicação para presidir o Instituto Brasileiro de Artes e Cultura (IBAC), órgão mais poderoso da Secretaria de Cultura, para o qual fora convidado na semana passada pelo secretário Ipojuca Pontes.

– Senti que estava caminhando sobre areia movediça".

Telefona-me **Paulo Mello,** da Secretaria de Cultura, para me convidar para a presidência da Fundação Biblioteca Nacional. Pediu os dados pelo fax do Paulo Rocco.

Desta vez, aceitei.

24 de novembro

Ontem tive, no prédio do antigo MEC, uma reunião **com Ipojuca Pontes e Ronaldo Menegaz** (diretor interino da Biblioteca Nacional). Primeiras discussões concretas sobre minha função na presidência da Fundação da BN. Clima ótimo. Minha cabeça fervilhando de ideias.

Segunda-feira, nova reunião, desta vez na BN, com o **inventariante**. Esse é um personagem inventado pelo governo Collor: o interventor que foi posto em várias instituições com direito de vida e morte sobre os funcionários – pode mandar embora, suspender, refazer estatutos etc. Uma loucura.

26 de novembro

Fui à Biblioteca Nacional emocionado. Do lado de fora, o fotógrafo do *Estadão* me esperava para fotos na entrada e nas escadarias. Não disse aos funcionários quem eu era. Mesmo assim, um segurança me reconheceu, pediu desculpas por me tratar como um qualquer. Disse-lhe que fizera de propósito, e ele:

– O senhor estava experimentando a gente?

– Estava – falei rindo.

1991

3 de fevereiro

Pensava em escrever mais amiúde, mas não tenho tempo. Agora são três e quinze da manhã e resolvi escrever para cortar a insônia.

E continua a **Guerra do Golfo**.[1] E o governo aqui decreta o **Plano Collor** 2.[2] A rigor, não tinha alternativa. O dólar está a 220 cruzeiros. Devo estar perdendo dinheiro. Mas estou adorando trabalhar na FBN. Há alegria em torno de mim. Saí daquele clima de depressão de quando fui do *JB* para *O Globo* e de certas traições de colegas de departamento na universidade.[3]

10 de fevereiro

Os jornais estão narrando a toda hora os desmandos da **mulher do presidente Collor** [4]: prepotência e interferência fisiológica na política, dentro e fora de Alagoas. Fico pensando num bom ensaio: "Entre o Estado e a família" – analisando a questão

---

1. Outro conflito na região (sete meses: 1990-1991). Desta vez, forças lideradas pelos EUA defenderam o Kuwait invadido por Saddam Hussein.
2. Plano Collor 2 pegou a população de surpresa. Foram confiscados os depósitos na caderneta de poupança acima de determinada quantia. O Plano não deu certo, e o governo teve que, depois, devolver com juros o dinheiro.
3. Escrevi uma crônica sobre isso, uma lenda nas universidades americanas: que Deus criou o universo e o Diabo criou o "colega de departamento" (*Estado de Minas/Correio Braziliense*, 25/12/2011).
4. Collor divorciou-se de Rosane em 2005. Ela teve as contas da LBA, que dirigia, contestadas pela Justiça.

do pessoal/impessoal em política, aprofundando o que **Roberto DaMatta** colocou hoje no *JB*, quando analisou a escandalosa foto em que **Moreira Franco**, governador, recebe no Palácio das Laranjeiras o comando do jogo do bicho/escolas de samba, dando assim um aval à marginalidade. Eu deveria me referir a "família Vargas", "família Sarney", "família dos militares" durante a ditadura, essa mistura da coisa pública e privada.[5]

Tenho a impressão de que Collor vive uma ambiguidade: a sociedade arcaica (sua família) e a sociedade moderna (sua intuição). De um lado, a corrupção política em Alagoas, o grupo dos "sete amigos" e o PC Farias; de outro, a equipe econômica e o desejo dele de querer fazer uma política de primeiro mundo.

Pensei até em mandar uma carta, através do **embaixador Coimbra**, analisando essa ambiguidade (que é da estrutura brasileira) e a necessidade de reforçar o outro lado sadio, caso contrário, cairá na mão dos retrógrados.

17 de fevereiro

Hoje estive muito desanimado. Ontem, às quatro da tarde, sábado, estava aqui vendo um filme antigo com Errol Flynn na TV, saboreando um vinho tinto francês e um espaguete com/da Marina, quando me telefonam da FBN. Um funcionário, desesperado, dizendo que o temporal havia uma vez mais molhado livros dos dois **"armazéns"** e que ele e vários outros haviam tentado salvar vários documentos, mas precisaram que ir embora, pois o expediente acabara às três horas, e deixavam a responsabilidade comigo.

Fui, aflito, pensando já na calamidade, corpo de bombeiros, TV etc. Cheguei, vistoriei os armazéns com um dos vigilantes e separei mais livros molhados enquanto algumas goteiras escorriam por três andares – passando, inclusive, pela fiação, com grande risco de incêndio.

Registrei tudo no livro de ocorrências. E segunda feira vou insistir nas providências.

---

5. Ver poema: "A coisa pública e a privada" in *Poesia reunida*, L&PM, vol. 2, p. 165.

É duro. O Ministério da Cultura é aquela coisa, o Patrimônio não tem recursos. Acresce que não tenho liberdade orçamentária. Estou trabalhando sem conhecer o orçamento que virá para a Fundação. Por outro lado, o inventariante, essa figura que o governo Collor criou, atrapalha – e o governo, para cúmulo do azar, sustou as verbas de custeio em 90%.

Uma calamidade.

30 de março

Ipojuca caiu há quase um mês. Era secretário de Cultura da Presidência. Um dia me telefona **Oto Maia**, lá da Presidência. São sete e tanto da noite, eu no escritório da FBN conversando com Sílvia Eleutério, da Fundação Roberto Marinho. Oto diz que gostaria que eu fosse ao Palácio no dia seguinte para a assinatura de um pacote audiovisual da Secretaria de Cultura. Eu, meio reticente, perguntei francamente:

– Será que tenho que ir? Não é bem minha área.

– Se eu fosse você, viria. Será uma continuação da conversa que tivemos há um mês...

Referia-se à entrevista que tive com Marcos Coimbra quando liguei para agradecer a força que me deu para a nomeação dos diretores, a despeito da posição contrária do Ipojuca. E disse-lhe francamente naquela reunião os nomes de possíveis candidatos à Secretaria caso substituíssem Ipojuca. Comecei com **Sérgio Paulo Rouanet**, que nem conheço pessoalmente, mas que é intelectual e do Itamaraty, não tem desgaste político aqui e surpreenderia as esquerdas. Disse até que o presidente gostava do Merquior, que morrera, e que o Rouanet era um Merquior mais *light*. Lembro que Coimbra tinha uma vaga ideia de Rouanet, e Oto referiu-se a ele como se fosse uma possibilidade em quem nunca haviam pensado, fazendo a seguir comentário sobre um ou outro aspecto da carreira do Rouanet.

Chego ao Palácio e nos corredores encontro **João Santana**, do Ministério de Planejamento, com quem começo a conversar pedindo-lhe para exonerar o inventariante **Casimiro Eligio**. E surge

Oto, confirmando algo que Santana me falou: que o Ipojuca cairia naquele dia. Fui para a sala onde haveria a assinatura do pacote audiovisual. Ipojuca fez seu discurso, assinou papéis. Saíram da sala e Oto me disse:

– Agora vai ser a degola.

Daí a pouco, na sala de Oto, aparece **Mário Machado**. E Oto diz:

– O Rouanet está aí e vai falar com o presidente.

Estava tudo já encaminhado, segundo o estilo do Itamaraty, sempre cauteloso. O resto da tarde foi uma felicidade só. Conversamos com Rouanet, que viera falar com o presidente. Não o conhecia, mas foi simpaticíssimo.

Lá pelas tantas, eu, **Mário Machado** (IBAC) e **Lélia Coelho Frota** (Patrimônio) íamos saindo do Palácio para nossos escritórios quando um batalhão de repórteres nos cercou indagando quem eu era, se eu era o novo secretário, por que estava ali etc. No Rio e em São Paulo corria o boato de que eu seria o novo secretário. O telefone da biblioteca não parava. Idem o de minha casa. Expliquei aos repórteres que o candidato já havia sido escolhido – disse o nome, mas continuaram me perseguindo Palácio adentro, até o elevador. Daí a uma hora houve o anúncio do nome de Rouanet, sua primeira entrevista coletiva, no Palácio, e voltei, voltamos felicíssimos para o Rio.

Funcionários da Secretaria da Cultura fizeram panelaço e demonstrações de alegria pela queda de Ipojuca.

Há várias semanas que há um festival de entrevistas do Rouanet. Ele já visitou a FBN. Infelizmente, eu não estava lá, e sim na Colômbia, mas já nos falamos várias vezes por telefone e já conseguiu do presidente a liberação de dinheiro etc.

De qualquer jeito, me escandaliza a morosidade burocrática. Vários diretores e funcionários, o diretor de Administração, **Tomás de Aquino**, há três meses trabalhando sem receber. Outros, idem. O orçamento não chega. **Zélia Cardoso** está retendo tudo em Brasília. Vou convidá-la a vir à FBN.

Ainda não consegui um prédio/espaço para por o DNL com o **Márcio Sousa** e seu pessoal. Trouxe **Janice Montemor**[6] – antiga e respeitada diretora – para me assessorar. Trouxe de volta **Mercedes Pequeno** – outra figura notável, da área da música. As pessoas me param na rua para manifestar simpatia pelo trabalho. O astral na FBN é ótimo.

Realizamos o congresso da ABINIA – **Associação de Bibliotecas Nacionais Iberoamericanas**. Um sucesso. Reuniões na seção de Obras Raras. **Virginia Betancourt** (da Venezuela – filha de um ex-presidente da república[7]), hoje secretária geral da ABINIA, 22 presidentes de BN presentes. Recepção bela na casa de **Ricardo Cravo Albin**, arranjo da **Ester Bertoletti**.

Greve em outras instituições. Um funcionário – o **Madureira**, eletricista –, referindo-se a outras instituições federais que aderiram por questão salarial, disse:
– A FBN não entra em greve. Lá o diretor até nos deu rosas no Dia do Bibliotecário.

O advogado **Márcio Cataldi** acha que sou muito "democrático" com os funcionários, que não se pode dar as coisas todas que pedem, que é necessário manter o sindicato sempre à distância. Em reunião e pessoalmente, eu lhe disse:
– Acho que funcionário é o nosso grande investimento e darei a eles tudo a que têm direito.

Na Colômbia, reunião do **Cerlac (Centro Regional para o Fomento do Livro na América Latina e no Caribe)**. Uma semana. Os representantes quase todos são veteranos do Cerlac. Fiz algumas intervenções boas, apelando para que pensássemos grande. Era necessário recorrer a outras fontes.

---

6. Janice Montemor foi diretora da BN, sucedeu Adonias Filho e precedeu Plínio Doyle.

7. Filha do ex-presidente venezuelano Rómulo Betancour, foi diretora da Biblioteca da Venezuela por 25 anos e fez um trabalho de unir as bibliotecas do continente, sobretudo durante o Quarto Centenário da Descoberta da América.

A repercussão foi ótima. Esse discurso tornou-se o *leitmotiv* dos demais nos outros dias. E o delegado da **Unesco, Álvaro Garzón**, aproximando-se simpaticamente de mim, deu as dicas sobre grandes projetos na Comunidade Europeia, onde estes são de 500 mil dólares.

No mais, revi **Eduardo Font** e **Patricia** (ele, ex-cônsul do México aqui no Rio), contato simpático com o poeta **Alberto da Costa e Silva** e **Verinha**. Gravei poemas na Biblioteca Nacional da Colômbia a pedido do seu diretor, **Ruben Sierra**. Ele passeou comigo pelo centro de Bogotá e dissertou sobre a violência do país, como foi tomado e incendiado o Palacio da Justiça, ocupado pelo grupo guerrilheiro M-19, e a reação do Exército.
Comprei livros de **Álvaro Mutis** etc.

9 de maio

Ontem caiu Zélia Cardoso de Mello, ministra da Fazenda que fez aqueles planos radicais, confusos. Dentro de quatro dias, dia 13 de maio, Collor vai à Biblioteca fazer grandes declarações sobre a política do livro, a partir de coisas que sugeri ao Rouanet.[8]
É sua primeira investida para retomar terreno na área da cultura depois da nomeação do Rouanet. Acabei de fazer o discurso de saudação a ele. Dei ao Rouanet os dados do discurso do presidente. Abordarei o que chamo de **Projeto Biblioteca Ano 2000**.
(Me dou conta de que inúmeras coisas aconteceram nestes dois meses. E eu não anotei nada).

18 de maio

Collor esteve na BN. Uma semana de grandes emoções, preparações. Há uns quinze dias, tive que enfrentar uma assembleia

---

8. A mudança de Collor em relação à classe artística está expressa nos jornais de então: "Presidente se reconcilia com artistas" (JB, 14/5/1991), "Collor vai prometer guinada na relação com a cultura" (JB, 11/5/1991), "A cultura renasce da paixão dos artistas", in *Correio Braziliense* ("O poeta Affonso Romano de Sant'Anna assume a Fundação Biblioteca Nacional e lidera onda de otimismo", 7/12/1990 e "Nova Cultura entra no ar: tomam posse em Brasília os primeiros presidentes do IBAC e IPPC", JB 6/12/1990).

de centenas de funcionários, que, pressionados pela CUT, queriam entrar em greve de duas horas por dia, mais o sábado. Estão pensando em tumultuar a vinda de Collor. Como a FBN se tornou a mais visível das instituições da Cultura, isso atrai outros interesses. Foi tensa a reunião, mas afastei o perigo de greve e consegui que recebessem o aumento de 75% que estava preso, relativo ao dissídio de 1989.

A recepção a Collor era delicada. Foi o cenário escolhido para ele anunciar a mudança política na área cultural, a primeira visita a um órgão da cultura. Eu havia dito ao Rouanet, quando ele assumiu, que a única maneira de o presidente mudar sua imagem era fazer um discurso mudando sua política e ir pessoalmente à FBN dizer isso e dar, por exemplo, um milhão de dólares para reformas.

Lá estavam autoridades várias – **Brizola,** governador que aguardou Collor na porta, ao meu lado, conforme o cerimonial. A segurança passou toda a semana ensaiando exaustivamente tudo. Colocaram do lado de fora uma viatura até com CTI, além de Corpo de Bombeiros. Até médico pessoal do presidente veio para as inspeções.

Foi ótima a presença dele. Estava atento, delicado e seguro. Visitamos os grandes "armazéns" (vários andares de livros), onde pude lhe mostrar a beleza da arquitetura e as obras e os estragos causados pelas chuvas, justificando assim sua visita e a verba de 300 milhões (= um milhão de dólares) para os consertos.

Impressionante o carinho e delicadeza de Brizola com Collor. Quem diria? Descendo a escadaria, no final, Brizola ainda lhe disse algo sobre a vaia encomendada por CUT e PCdoB no passeio em frente:

– Não ligue, sr. presidente, tem ali um pessoal da CUT...

E Collor:

– Ah, isso é desenho animado, já conheço.

E desceu tranquilo.

Os jornais deram o maior destaque. Idem a TV. Só a *Folha de S.Paulo,* no lugar de ressaltar a importância política e cultural do evento, preferiu dar foto da manifestação.

Com isso, o prestígio da FBN está nas nuvens. Agora é trabalhar. É fazer a Campanha Nacional pela Leitura (Proler), as mil bibliotecas e o Sistema Nacional de Bibliotecas etc.

Foi uma proeza trazer o presidente à FBN, como eu queria desde o princípio. Nisso Rouanet foi rápido no gatilho, captou tudo.

31 de maio

Lisboa. Vim para o **Prêmio Camões** (com **Márcio de Souza** e **Jorge Fernandes**), num júri que tinha também, do lado português, **Luís Forjaz Trigueiros, David Mourão-Ferreira, Arnaldo Saraiva**. Demos o prêmio a **José Craveirinha**, de Moçambique, embora nosso candidato fosse **Luandino Vieira**.

Mas o júri, na parte portuguesa, achou que seria ruim o prêmio para Luandino, pois ele é do PMLA e isso poderia ser mal-entendido. Os portugueses preferem Craveirinha. Houve boa recepção entre os escritores, conforme a imprensa, mas Luandino seria mais representativo, melhor, conquanto menos bem-recebido.[9]

Com efeito, nesses dias a UNITA (**Jonas Savimbi**) e o PMLA (**Eduardo dos Santos**) acabam de assinar um tratado de paz em Lisboa, na presença de **Cavaco Silva** (Primeiro-Ministro de Portugal), do Secretário-Geral da ONU (**Pérez de Cuéllar**), do secretário **James Baker** (EUA) e do **Ministro das Relações Exteriores da URSS**.

Dezesseis anos de guerra. Os sinos de Lisboa soaram às 19h, no Rocio. Angolanos dançaram. Os do PMLA celebraram na embaixada de Angola, os da UNITA num estádio. Portugal atinge maioridade política num momento de maturidade econômica e social. Andorinhas voavam das torres ao som dos sinos de Lisboa, enquanto se celebrava a festa[10].

Essa visita a Portugal foi diferente de quantas fiz. Visitei a Biblioteca Nacional, chefiada por **Maria Leonor Bastos**, que

---

9. Luandino ganhou o Prêmio Camões, posteriormente, em 2006, mas o recusou, "por motivos íntimos e pessoais".
10. O acordo não funcionou, e a guerra iniciada em 1975 continuou até 2002. Morreram 500 mil pessoas, um milhão de desabrigados, fora as minas plantadas aqui e ali com muitas vítimas.

conheci na reunião da ABINIA (Rio, fevereiro), e fiquei muito bem impressionado com a grandeza, o espaço, a aparelhagem, as edições raras e as publicações. Fazem o que ainda eu gostaria de fazer. O **Arquivo Nacional (Maria do Carmo Farinhas)** é então coisa do primeiro mundo. Não está pronto: uma nova Torre do Tombo. Mas é fabuloso. Invejável. Estou humilhado. O quanto temos que caminhar para avançar e chegar aonde Portugal já chegou neste setor. Portugal é hoje um país da Europa.

Fui a Sintra, Mafra, Cascais, Estoril de carro. À noite, **Doc Comparato** e **Elsie Lessa** vieram ao hotel. Doc está ótimo: leciona em Barcelona/Liboa e faz roteiros. Sintra é linda: bem que o Byron viveu ali.

Conversei com **Saramago** por telefone, o qual vinha de Barcelona e Andorra.

Que coisa incrível o convento de Mafra reinventado por Saramago em *O memorial do convento*. Depois de seu livro, o turismo cresceu por ali.

À porta do convento, pergunto airosamente a uma vendedora de recordações:

– Conhece Saramago?

– Não, nunca estive lá. Minha família é da Madeira e Lourenço Marques.

Outra coisa: gostei muito do espetáculo *Passa por mim no Rossio* – uma revista das revistas, que conta a história de Portugal com muito humor. O público uivava. Casa cheia. O humor português em alta prosperidade.

Estive com **Lobo Antunes**, no restaurante/bar Trindade.

Estávamos na casa de **Maria Helena Mira Mateus**, mais **Lídia Jorge** e **Alçada Baptista**. Este, dirigindo a **Fundação Oriente**, que investe na cultura portuguesa no Japão e na Ásia. Se o Brasil quiser ser de primeiro mundo, tem que ter algo parecido. Ou um Instituto Machado de Assis[11] ou articular melhor o Instituto da

---

11. Inacreditável que o Brasil não tenha um instituto para divulgação de sua cultura. Em 2015, a China, de origem maoista, tinha mais de 500 Institutos Confúcio no mundo.

Língua Portuguesa recém-criado. Estou impressionado com a literatura portuguesa: tem um corpo médio de escritores, e a revista *Colóquio* está de altíssimo nível, inclusive gráfico.

Não sei se na FBN conseguiremos fazer algo parecido, a exemplo da revista internacional sobre a qual conversei com **José Blanco,** da **Gulbenkian.** Este ficou entusiasmado e quer ajudar. Não pedimos dinheiro, e ele ofereceu. Ótimo.

8 de junho
Avião Varig/Paris–(Tap)–Lisboa–Rio, 17h (Europa).

Visitei logo na terça-feira o **Emmanuel Le Roy Ladurie,** diretor da **Biblioteca Nacional da França.** Isto foi às oito horas, antes do expediente começar. Nenhum funcionário lá, e ele, que viajaria às nove para os EUA, à minha espera, meio desligado, espontâneo, se divertindo no computador e no gabinete empilhado de livros. Achou no computador 12 livros meus na BN da França, o que aumentou logo o meu prestígio junto a ele.

Ficou encantadíssimo com a promessa de trazê-lo ao Rio para um seminário sobre **carnavalização,** conforme velha ideia minha e do **DaMatta.** Dele já havia lido em Aix *Le carnaval de Romans* – uma cidadezinha na França.[12] Ele começou logo a espalhar para todos os que estavam com ele que tinha sido convidado para ir ao Carnaval no Rio, pediu até à secretária que visse se ele não tinha algum compromisso na ocasião.

Depois, tendo que viajar, me passou a **Marie Thérèse,** que me levou a todas as seções da BN francesa, onde sempre uma pessoa me explicava o funcionamento.

Fiquei impressionado ao saber que eles têm três vezes o nosso orçamento, 50 milhões de dólares. Têm salões para exposição

---

12. Em 2015, retomo na estante o livro que trata do carnaval que analisou os fatos de 1579-1580. Como dizia Ladurie: "deux courtes semaines. Mais quelles semaines! Celles du Carnaval de Roman, en février 1580, au cours du quel les participants des deux bordes se sont déquisés, et puis entre-tués".

(coisa que a BN Brasil não tem). Havia uma exposição incrível sobre o personagem **Don Juan** (até com manequins, trajes teatrais) e um belo livro-catálogo. Têm espaço e dinheiro. Disseram que o governo é que resolveu (sem consultá-los) aumentar o orçamento e as dotações para informatização. Vou batalhar para aumentar nosso orçamento no Brasil.

Fomos ao **Museu d'Orsay**, que Marina não conhecia. Eu o vi quando fomos, em grupo, uns 23 escritores brasileiros naquela visita oficial de 1987 ("Belles Lettres"). Vi, antes de Marina chegar, a exposição sobre **Seurat**. Fomos às livrarias. Marina comprou bons livros. Eu, nenhum, pela primeira vez na vida – talvez o efeito FBN. Por outro lado, tenho na mala dezenas de livros de arte que ganhei. A FBN alterou minha relação com os livros. As teorias literárias, olho-as como ficção. Com um distanciamento, como se não precisasse mais lê-las desde que me afastei da universidade.

Fomos à **Unesco**. Visita a **Marie Ange Mosca** – agente literária do **Márcio de Souza**. Trocamos ideias sobre nosso plano para incentivar a literatura brasileira no Exterior. Ela confessando que um tradutor francês ganha 100 francos por página (16 dólares), uns 1,5 mil dólares por mês. Alguns, o dobro.

Fomos a um coquetel da **Seuil** a convite de **Alice**[13] e **Georges Raillard**. Mais de 500 pessoas no clube tipo século XVIII ou coisa que tal. Lá estava **Betty Milan**.

Atrapalhei-me e faltei ao "rendezvous" com o **Jean Gattangon**. Seria para falar sobre o Brasil no **Salão do Livro**.[14] Peguei o metrô errado e perdi o número do prédio. Chovia. Acabei deixando um recado dramático para ele ao telefone.

---

13. Alice Raillard é tradutora e esteve em um dos Encontros de Tradutores da FNB.

14. O projeto se realizaria, digamos, em 1998. Aí eu não era mais presidente da FBN. O MinC (leia-se Francisco Weffort) e a Biblioteca Nacional (leia-se Eduardo Portella) cortaram meu nome da lista de convidados. Fui ao Salão convidado pelo governo francês.

9 de julho

Vim de Brasília. Reunião com o ministro **Alceni Guerra** e algumas pessoas de outros ministérios sobre os **CIACs** (Centros Integrados de Educação – uma ampliação dos CIEPs do Rio). Eu havia sugerido/reivindicado que houvesse um espaço para biblioteca. Fui chamado a Brasília, levei **Eliana Yunes** para a reunião. Alceni ficou muito bem impressionado e foi receptivo com/ao nosso projeto de organizar as bibliotecas de 5 mil ou 10 mil CIACs. Falou em conseguir implantar a política do livro/leitura utilizando a grande verba que tem. Estou tentando outras coisas: depois, disse que o presidente Collor está distribuindo livros que pertenciam ao antigo INL[15] quando realiza suas visitas ao interior. Eu gostaria que ele distribuísse uma coleção de livros básicos brasileiros, cuja edição nós faríamos.

Converso com **Zélia Zaher**, antiga diretora da BN:

– É a primeira vez que venho aqui e não me perguntam quando é que vou voltar. É sinal de que você vai muito bem! – acrescentou.

26 de julho

Estranha e infeliz experiência: venho de **Campinas (Unicamp)**, do **8º Cole**, promovido pela Associação de Leitura do Brasil. Uma mesa-redonda com **Letícia Mallard, Samir Maserani** e outros. Quando fiz minha exposição sobre a prática da leitura (não a teoria), sobre o que estamos fazendo na FBN, houve uma estranha reação.

Eu havia optado por dar dados reais: as bibliotecas dos 5 mil CIACs a serem construídos (fomos nós que fizemos o projeto revolucionário de uma biblioteca moderna nesses centros integrados); o Proler (Collor já aprovou, com 2 milhões de dólares); as campanhas várias (como o acordo com os produtores de papel, livro etc., que devem compor um fundo de 1%) etc. E falei do projeto "Teatro

---

15. Em Brasília, havia cerca de 200 mil livros estocados do antigo INL e era preciso distribuí-los, torná-los úteis. Enviamos muitos para bibliotecas públicas.

1991 / 179

do Texto", das revistas e publicações em várias línguas que a BN estava fazendo. Projetos de exportação da literatura brasileira etc.

Aí começaram a chegar perguntas, metade das quais ressentidas, patrulhadoras, agressivas. Eu dando dados concretos das mudanças que estávamos fazendo na cultura do livro, e a horda petista, irracional, relutando.

De repente, uma infeliz me fez um aparte demagógico (que foi aplaudido), distorcendo tudo o que eu falei, tipo:
– O Affonso Romano de Sant'Anna acabou de anunciar que não há mais problemas no Brasil! Que agora etc. – E acrescentava:
– ...mas e os pobres? E os miseráveis? – dizia, fazendo um típico comício.

Diante disto, respondi:
– Uma das características da democracia é que as pessoas podem falar as bobagens que quiserem, como acabamos de ouvir, mas também têm que, democraticamente, ouvir as respostas.

Precisei, até o final, apesar dos aplausos aqui e ali e do apoio, ser agressivo, lutar contra a corrente. Eu caíra num reduto de militantes irracionais. Disse-lhes, então, que me sentia como **Osvaldo Cruz**[16], tendo que vacinar o povo contra a vontade do povo, que eles ali estavam se rebelando contra a vacina da leitura. E repeti que quem estivesse me patrulhando estaria patrulhando também o livro e a leitura.

Triste. É o imobilismo ideológico. Analiso o sucedido: 1) ficam furiosos de ser um governo adversário que está propiciando essas mudanças, e mais 2) sentem que estamos tirando-lhes as razões de se queixarem. Quando lhes dou tudo com o que sonhamos (um plano nacional de leitura e uma política do livro), ficam desesperados porque foram surpreendidos pelo novo.

Contei-lhes o episódio de **Mulungu**[17] (que narrei em crônica, sobre o funcionário de meu prédio perguntando se a sua

---

16. Moacyr Scliar estava presente e havia publicado a biografia de Osvaldo Cruz.

17. A crônica "Uma biblioteca para Mulungu" está em *Ler o Mundo* (Global): conto como mandei livros para lá e as respostas do prefeito e do governador da Paraíba.

longínqua Mulungu, na Paraíba, merecia ou poderia ter uma biblioteca), contei coisas, dei dados concretos e, quanto mais eu dava esses dados concretos, percebia, mais ficavam perplexos.

Curiosamente, alguns me cobravam "o poeta" ("Onde está o poeta ARS?"), como se o "administrador" os incomodasse ou um abolisse o outro. O que seria isso? Querem o nefelibata? O que fala, mas não necessita agir? Ao me perguntarem se eu havia encostado o poeta e o professor que sou, respondi:

– Agora trabalho para que outros possam ler e escrever.[18]

Fico desanimado com o elemento humano no país, é muito ruim. Com isso aí, é impossível. Primeiro, a burocracia; depois, a incompetência e a preguiça, e a isso se soma a torcida do contra fazendo tudo para o país não dar certo. Assim, o fracasso público serve para justificar o fracasso privado de cada um. Sobre essa dificuldade de lidar com o elemento humano que temos, **Luís Milanesi**, que trouxe para coordenar o **Sistema Nacional de Bibliotecas**, que criamos, contou que enviou 253 cartas para bibliotecas, perguntando se queriam o programa "O escritor na cidade", gratuito para eles. Só 50 responderam. Mesmo assim, algumas dizendo que não tinham espaço para isso. E Milanese perguntava de novo:

– Não há um clube? Qualquer salão? Mesmo uma funerária onde possam se reunir?

Por outro lado, desde 13 de maio até hoje, o 1 milhão de dólares prometidos pelo presidente Collor não chegou. Todo dia, **Rouanet** me diz que fala com o **Marcílio Marques Moreira** (ministro da Fazenda). Agora, o terceiro escalão confessou-lhe que o presidente não pode alocar verbas não previstas, a não ser na sua "emergência".

Carlos, meu irmão, com a experiência que tem na direção da Petrobras, havia me dito que o dinheiro não viria nunca. Recentemente, aludiu que alguém poderia pedir comissão (5%, 10%) para liberá-lo. Será possível?

Que solidão, a do administrador! Na coluna do **Zózimo** no JB:

---

18. Essa patrulha ideológica foi semelhante à de colegas universitários ligados ao PT.

"Do presidente da FBN, ARS:
– Descobri que na administração pública a roda é quadrada, e a gente tem que, mesmo assim, fazer a carruagem andar, como se a roda fosse redonda".
Na FBN, a quantidade de coisas que ordeno não acontecem. Não há *follow up*. Bem dizia eu em *Que país é este?*:

Este é o país do descontínuo,
onde nada congemina.

Por outro lado, coisas bem ilustrativas: outro dia, por causa de uma série de medidas que tomei, acenderam-se dezenas de lâmpadas que estavam queimadas há anos nos salões de leitura – e os funcionários, surpresos, aplaudiram o fato.

Dona Janice Montemor, ex-diretora que trouxe para me assessorar nos primeiros meses, me contou que foi ela quem demitiu **Paulo Mendes Campos**, que faltava sempre... E ele chegou, no entanto, a ser Diretor Substituto.

8 de agosto

No avião Iberia (com Marina), **indo para Moscou**, passando **por Madri, Viena e Praga.** É o **57º congresso da IFLA.** Custei a me resolver a vir, não queria dar despesas à FBN, mas decidi porque apareceram umas passagens mais baratas (2,1 mil dólares no lugar de 4 mil) e porque tenho que saber o que outros bibliotecários estão fazendo/pensando. Claro, a passagem de Marina, paguei-a eu. É a oportunidade que temos de conhecer essas cidades/culturas.

Estou felicíssimo com o que tenho conseguido na FBN. Ainda hoje fiz um "Informe Informal" de quatro páginas, para os funcionários, só com notícias boas. São oito meses (na verdade, cinco) que o orçamento começou a ser liberado e revolucionamos tudo. É emocionante a quantidade de coisas em marcha. O ministro Rouanet está encantado com nosso trabalho. Eliana Yunes se saindo muito bem. E o próprio presidente Collor na reunião que tivemos, em Brasília, com parte do seu ministério, exclamou: "Bravo! Brilhante!" quando Eliana acabou sua apresentação sobre a campanha de leitura. A partir daí, o presidente da Caixa se ofereceu para ajudar. *O Globo* fez um editorial. O Sesc quer ajudar. Por outro lado, conseguimos a **mansão de Laranjeiras** e alguns andares num prédio da **rua Debret**.[19] Fui ver as reformas no **Anexo**.[20] Vamos fazer a exposição *O Rio ao tempo de Mozart*. O **Teatro do texto,** às segundas-feiras, com atores dizendo textos literários, é um sucesso. O **Brazilian Book Magazine**, para ajudar livros brasileiros a entrarem no mercado internacional. A Biblioteca virou uma grife. Está mudando a psicologia das pessoas em relação ao tema biblioteca/leitura.

Se continuarmos, se não nos interromperem nem sabotarem, vamos fazer uma revolução cultural no país. Estou felicíssimo. Num dia, por exemplo, acontecem coisas assim: exposicão das partituras de Mozart restauradas e a emoção dos funcionários diante disso; **Turíbio Santos** vem à BN para um concerto; doação de documentos/partituras de **Francisco Mignone** através de sua viúva, **Josefina Mignone**. O pesquisador **Olímpio Mattos** descobriu dois poemas inéditos (em livros) de **Manuel Bandeira** (na revista *Yolanda*, da Souza Cruz); visito o Anexo na Rodrigues Alves para ver as obras; falo com Rouanet sobre as novas leis de incentivos, preparo a viagem para Moscou etc.

Essa coisa das ideologias com reserva de mercado do pensamento é coisa do passado. **Roberto Campos,** por exemplo, escreveu

---

19. O *JB* fez uma reportagem: "Biblioteca Nacional ganha novo prédio" (18/9/1991), relatando que o secretário nacional de Administração – Carlos Garcia – oficializava a cessão do palacete na rua Pereira da Silva, Laranjeiras. A matéria se refere também às 30 salas da rua Debret, que foram conseguidas pela nova administração e onde ficaria a parte administrativa da FBN.

20. O Anexo quase foi trocado por outros prédios do Banco Central, e em 2014 a nova direção da BN (Renato Lessa) desenvolveu um projeto para o Anexo junto do IAB (Instituto de Arquitetos do Brasil). Fui convidado para a cerimônia de lançamento do projeto.

um artigo sobre Cuba que estava certo, mas fomos treinados para ter horror a Roberto Campos. Aliás, outro dia o **Luiz Carlos Barreto**, num avião que vinha de Brasília, dizia que o **Aloizio Mercadante**, do PT, confessou que cada vez mais lê Roberto Campos. A resposta das esquerdas ao artigo de Roberto Campos foi a mais primária possível: um manifesto assinado por **Antonio Candido, Antônio Houaiss, Ferreira Gullar, Dias Gomes,** enfim, pelos "comunistas" clássicos. Fiquei triste com a pouca inteligência do texto deles. Parecia coisa de estudantes. Partiam para a defesa de Fidel como se ele fosse intocável, um dogma. E sobre Roberto Campos diziam que não iriam discutir com ele, porque ele sempre esteve errado...

    Não é verdade. Eu, que já escrevi sobre/contra ele ("Quem é inteligente no Brasil?"), devo reconhecer que em muita coisa ele tem razão. Na verdade, o que me aborreceu, desiludiu, foi isto: pode-se criticar Roberto Campos, mas pode-se também criticar Cuba. Tudo soou como uma velha religião do PC. E me chateei de não ter escrito sobre isso. Mas já tenho tantos desafetos! Mas deveria.[21]

    Lygia Marina me contou (reservadamente) que **Fernando Sabino** está escrevendo um romance sobre a experiência de Zélia no governo. E que ela conta tudo. Tudo sobre Collor, Cabral etc. Que vai ser um grande escândalo quando sair. Que Fernando está mobilizadíssimo, que nunca fez um trabalho desses. (Realmente, ele nunca escreveu sobre política explicitamente, como o Hélio Pellegrino.) E se Zélia voltar ao governo, como o jornal aventou hoje? Pode ser que aí o texto fique para as calendas.

    Tenho a impressão de que ela é muito esperta e está usando o Fernando. Ele me narrou vários encontros com ela, antes, durante e depois da "queda" dela.

---

21. Em 2014/2015, o PT e os chamados "partidos da base aliada", com os escândalos do "petrolão", realizaram o sonho do Roberto Campos, desmoralizando a Petrobras.

10 de agosto

Viena a caminho de Moscou, reunião da IFLA.[22] Numa exposição sobre Mozart (mais um centenário), essa frase dele: "*Ich kann nicht Poetisch schreiben: ich bin kein Dichter.* [...] *ich bin ein Musikus*", carta a sua mãe, 8/11/1777 – onde dizia que era músico, e não poeta.

José II, que permitiu que não católicos pudessem usar cavalo e ter propriedade.

Vejo um aparelho musical e terapêutico – "Copos harmônicos", inventado por **Mesmer** (1734-1815). Os sons causados ao se tocar os copos com os dedos levemente molhados ajudava na terapia. Franz Mesmer curou a pianista **Theresa Paradin**, mas o imperador José II não gostava dele, porque suas teorias contrariavam o primado da razão (Ilumimismo).

12 de agosto

No trem Viena-Praga.[23] Vendo as paisagens: plantação de uva, milho, trigo (cortado), campos com hortaliças, legumes, as casas austríacas pequenas, mas organizadas, a tranquilidade de tudo, como se ninguém tivesse que fazer um esforço extraordinário senão cumprir o seu dever. Uma vez mais a inveja deste mundo europeu, que já decantei em crônicas e poemas.

E leio *The Guardian.* Uma terrível reportagem sobre o regime soviético após a liberação: gangues de assaltantes nas ruas, prostitutas nos hotéis, taxistas barrando a entrada do aeroporto para assaltar estrangeiros. Penso no que vamos passar por lá. O autor, um soviético – **Vitali Vitdaliev** –, assinala que muitos dos marginais eram ex-esportistas. Acabada a febre dos recordes, ficaram ociosos e agora jogam sua energia na vadiagem.

---

22. Não podia imaginar que estava indo para assistir em Moscou ao fim da URSS e do comunismo russo.

23. Aqui começa a narração da viagem que terminaria com a história surpreendente do fim da União Soviética como contei com Marina no livro *Agosto 1991: Estávamos em Moscou* (Melhoramentos, 1991).

The Herald Tribune e os jornais destes dias continuam, junto com *The Guardian*, a falar do drama da Iugoslávia. Agora, é a antiga família real que pensa em retornar. **Príncipe Masmilov**, residente na Grã-Bretanha desde 1942.

Na Itália, a polícia cerca no porto os 10 mil albaneses, que atacam de volta com objetos. No Haiti, outra tragédia, pois São Domingos expulsou 10 mil haitianos. É isso, a mesma cena no mundo inteiro: ricos expulsando e se protegendo contra os pobres invasores.

Sobre **Viena:** agora no trem. Já na Bahnhof, pós-moderna, limpíssima, nos aproximamos do trem anunciado para Praga. A primeira classe parece segunda. Comento com um italiano que estava ao meu lado, e ele me diz que este já é um **trem tcheco**. A primeira classe dos austríacos é realmente diferente, diz ele e olha, apontando o trem ao lado, para onde eu gostaria de ir: lá tudo mais claro, espaçoso, limpo, bonito.

Ah, sempre a pobreza! Ela nos fere mais que aos ricos que a veem pela primeira vez.

Disse-me **Alfredo Carlos** (da embaixada): a Áustria tem uns 78,5 milhões de habitantes e um comércio exterior maior que o do Brasil. Quer dizer: acabou-se o tempo em que a matéria-prima era "prima" mesmo. Matéria-prima, hoje, mais do nunca, é cultura e educação. Vide o Japão.

Viena inundada de italianos, depois espanhóis, japoneses, franceses.

Belvedere: chegamos às quatro e meia da tarde, já não vendiam ingressos para o museu. Vimos uma sala com alguns **Géricault, Van Gogh, Renoir, Courbet, Manet**. Não deu para ver **Klimt**. A exposição de **Kokoschka** já havia terminado. No entanto, entardecia sobre o belo jardim dos nobres de ontem: tudo geométrico, com algumas flores. Fomos de volta ao hotel, nos perdemos, nos irritamos mutuamente. Pedimos um mapa de um turista espanhol. Chegamos, enfim. Era ao lado.

Falei por telefone com **Isaac Karabtchevsky**, que mora aqui, lembrando dos tempos do Madrigal Renascentista em Belo

Horizonte, no qual cantei por três anos (1959-1962). Ele está regendo a terceira orquestra do país. Disse-me que cada vez tende a ficar mais tempo aqui em vez de passar seis meses, conforme pensava, no Brasil. E aí se lembrou de tudo aquilo que a gente sabe: oportunidade, seriedade, recompensa etc.

E, para sua profissão de maestro (e sabendo ele alemão, pois falava iídiche e estudou na Alemanha), as coisas fluem melhor. Invejável. Lembro-me sempre do Madrigal. Ele era já um artista em progresso.[24]

Viena. Domingo de manhã: missa de **Mozart na San Michaela** – igreja superlotada. Todos os bancos clarinhos.

Visita à **casa de Freud**[25], na Berggasse 19: "*In diesem Haus lebte und wirkte Prof. Sigmund Freud*". Será que Freud notou as esfinges na entrada do Museu Belvedere?[26]

Que beleza o concerto ao ar livre com **Plácido Domingo** e uma cantora americana! Espetáculo a Rathaus, cujas luzes foram sendo acesas progressivamente, como se fossem ondas luminosas.

Srivenig – bairro dos restaurantes. Henrigen (vinho da colheita).

De repente, neste trem vejo **Veseli,** nome de uma estação já na **Tchecoslováquia.** Me dou conta de que não sei uma única

---

24. Em janeiro de 2016, vi um documentário sobre a vida dele, as orquestras que regeu na Europa, Brasil etc. Uma carreira vitoriosa. Lembro-me de um concerto do Madrigal em BH onde Isaac, na segunda parte, apresentou ao vivo Chico Buarque de Hollanda, que estava fazendo sucesso. Já havia escrito dois artigos sobre ele, que estão na edição recente feita pela Nova Alexandria.

25. Ver crônica "Viena, Berggasse, 19" em *Perdidos na Toscana*, L&PM, 2009.

26. Em *Canibalismo amoroso* (Rocco), estudo a questão das esfinges como aparecem nos poetas de várias épocas; e, especialmente, trato disso no segundo capítulo: "Da mulher esfinge como estátua devoradora ao striptease na alcova".

palavra em tcheco, nem "sim", nem "não", nem "bom dia", nem "muito obrigado".
É como se a língua deles fosse japonês ou chinês.
Lá fora, um guarda-freio com uma bandeira vermelha na mão. Chapéu também vermelho. Camisa branca, calça azul. Esses sinais ferroviário tão antigos, que via na estação em Juiz de Fora. Olho o maquinista tcheco que passou ao meu lado e o trem. Olho as crianças tchecas com mochila nas costas, na estação Veseli. Todos têm cara de tchecos, característica que lhes confiro. Olho pela janela, não vejo pobres. Pouco mudou o cenário desde que saímos da Áustria. Talvez menos geométricos os campos, mas plantados, arados.

E pensar que esses países passaram por uns 50 anos de opressão, primeiro pelo nazismo, depois pelo comunismo.
Tabor – outra cidade. Deve ser bíblica.

Praga à noite neste mês de agosto: indescritível. Haviam me dito maravilhas. Mas foi tudo diferente e mais emocionante sair deste hotel às margens do rio Vitava. E entrar pelos quarteirões desses prédios do século XVIII ou XIX, austeros, meio clássicos, meio **art nouveau**. As janelas fechadas, um ou outro turista na rua. Sim, as janelas fechadas. São oito e meia da noite e está claro ainda. Aonde foram parar todos os moradores desses prédios? Seguimos por uma rua-cenário e súbito desembocamos numa praça desconcertante, inesperada, desigual, estranhamente bela. Ao centro, uma grande escultura com várias figuras humanas; ao pé de seus degraus, dezenas de pessoas assentadas com seus **blue jeans**. Em frente, uma antiga igreja; de outro lado, outra antiga igreja; de outro ainda, uma igreja barroca. E prédios diferentes entre si, estranhos e fechados, exceto um ou outro restaurante, barraquinhas, um bar ao ar livre.

E, súbito, a multidão desembocando na praça. Vêm aos bandos, **espanhóis** cantando uma música de Valência. Cruza um grupo de jovens **italianos** cantando um hino sobre a Itália. Os **franceses** ainda não cantam. São minoria, como os **alemães** e os **americanos**.

O dia vai terminar, e estão todos encantados com a praça, com a catedral e seus vários relógios, um deles de ouro, mais baixo, próximo aos turistas. A multidão escoa pelas ruas, e as janelas continuam fechadas. Procuramos um restaurante. Há vários. Não falamos a língua deles, mas se entende tudo. E comemos e saímos acompanhando essa multidão rumo à ponte deslumbrante.

Agora está tudo iluminado: as torres na ponte, as igrejas todas pelos morros, ao longo do rio, tudo tornando-se uma paisagem mágica.

É em cima da ponte que o mistério e o charme da cidade mais nos toca. Retratistas por todo lado, vendedores de bijuterias, os ex-hippies, a cada vinte metros um grupo de cantores e instrumentistas. E a juventude alegre, liberta, sem ideologia explícita que não seja se alegrar com a beleza dos outros, da vida e dos sentidos.

Ser jovem aqui deve ser uma emoção muito especial, pois os tchecos estão recuperando os anos 60 (que não tiveram). Não é à toa que o grupo de rock sobre a ponte está vestido alegoricamente, um de romano, outro de militar (tipo Beatles), exatamente como se fazia nos anos 60 na Califórnia que conheci.[27]

Não vi drogas, bebe-se pouco. Sob uma estátua e outra, os casais se beijam e jovens fazem as primeiras aproximações eróticas.

Surpresa: um shopping pós-moderno onde se encontra de tudo. É um paraíso, a Tchecoslováquia, comparada com outros países comunistas.

Assisto a um concerto às seis da tarde na **Igreja Saint-Jacques,** com uma orquestra de Bourdeaux. Um *Te Deum,* **de Dvorák,** e outras peças. Emocionante.

Um dólar vale 28 crowns.

---

27. Quando vivi uns dois anos em Los Angeles, escrevi para o *Estado de Minas* (Belo Horizonte) e o *Diário Mercantil* (Juiz de Fora) textos despretensiosos onde narrava, por exemplo, um concerto que assisti dos Beatles. Por isso, no Rio, brinquei com um chofer de táxi que havia ido a São Paulo ver o beatle Paul: "Como ir a São Paulo ver um beatle se eu já vi os quatro?".

14 de agosto

Casa de Kafka (1883-1924). A sinagoga que frequentava. Seus objetos, suas cartas, seu encontro com **Milena**, a escrita de *O veredicto* (1912) em estado de epifania. Pouca gente entre os turistas interessados na casa de Kafka.

Súbito, dobra-se uma rua e surge uma igreja onde há um concerto. Seis horas da tarde. Famílias, mães com bebês, moças loiras de shorts. E pensar que inda há pouco estava vendo o inferno daquela **exposição sobre o Gulag**...

Gulag: exposição. Entre 1937-1957, 40 ou 50 milhões estiveram em campos de concentração, o folheto diz que eram 61 mil campos. O escritor **Asir Sandler**, prisioneiro, criou um código de "nós indianos" para recordar suas experiências ali. O único livro permitido era a história do Partido Comunista. Temperatura abaixo de -40°C. As pessoas morriam em seis meses. Fotos.

16 de agosto

Em **Moscou**. Com uma caneta Mont Blanc (rollerball) paradoxalmente comprada no paraíso consumista, estou no Hotel Intercontinental, onde haverá (já está começando) o **Congresso da IFLA (International Federation of Libraries)**.

Acabamos de ver um filme de **Woody Allen** na TV, aquele em que conta suas memórias do rádio. Maravilhoso. Em inglês. Poderíamos ter ficado em Praga. Faltava ver lá **Bruegel e Lucas Cranach**. O único Bruegel que nos faz falta. Saímos tristes com isso. Não era preciso ter chegado aqui ontem à tarde. Poderíamos ter ficado em Praga para ver as casas dos compositores **Dvorák e Smetana**.

No último dia, vimos a casa de Kafka (anotações no bloco azul). Vimos também uma exposição sobre o Gulag – traumática, pois era em Praga, a caminho daqui. E uma frase sempre me vem: "Como esses intelectuais comunistas brasileiros conviveram com isso? Não nos contaram nada! E Prestes? Era mesmo um energúmeno!".

Penso: se os russos tivessem declarado guerra aos Estados Unidos, perderiam rapidamente. É um desastre o que vejo por aqui.

Penso: agora sei por que Napoleão voltou das portas de Moscou...

As ruas são sujas. Detritos, remendos nos asfaltos, prédios velhos, casas decadentes e as pessoas malvestidas, meio sujas. Parece Terceiro Mundo. E pensar que muitos morreram por este ideal...

No hotel onde estamos – **Intourist** –, na **rua Gorki**, há uma multidão de gente e hóspedes. Na porta, choferes de táxi disputam quem sai. O preço seria 25 ou 30 rublos (= 1 dólar). Mas cobram cinco. Você pechincha, pode sair por 2 dólares. **Ludmila,** que é russa e mora no Rio, acabou de pagar 50 rublos.

Prostitutas pelo hotel. Estão mancomunadas com os funcionários. Soviéticos não podem entrar aqui, só estrangeiros (e as putas, é claro). Aquelas caixinhas que na rua Arbat custam 500 ou mil rublos aqui valem 500 ou mil dólares.

Tudo se parece muito com **Cuba.**

Filas por todas as partes, sobretudo na **Pizza Hut, McDonald's** e **Baskin-Robbins**. Mas só estrangeiros podem entrar.

Os jardins estão meio abandonados. Parece muito com a **Berlim Oriental** que conheci antes da queda do Muro.[28] Só que tem mais gente.

Garçons e pessoas que atendem sempre de mau humor e com desatenção. A comida é baratíssima no hotel: 5 dólares para vinho branco e dois tipos de caviar (vermelho e preto).

Lá fora, na rua, um conjunto animado de rock. Pessoas aplaudem o *Rock around the clock*. Os cantores têm mais de trinta anos e vestem jeans. **Fernando Sabino,** que começou a tocar numa banda aos 70 anos, faria sucesso aqui.

É um espanto: é necessário tirar visto para ir a **Stalingrado.** Um visto para ir ao próprio país. No escritório, uma moça turista da Tailândia desanimada, querendo voltar ao seu país, chegou há um dia e está desesperada, não entende nada, não pode viajar nem fazer turismo.

---

28. Ver p. 54 deste "quase diário", onde conto minha experiência em Berlim quando ainda havia o Muro.

Em frente ao hotel um grupo de crianças mendigando, descalças, tipo ciganas. Os porteiros/guardiães são em geral ex-combatentes.

Rua Arbat: imensa, com centenas de pessoas vendendo as babuskas, bandejas, caixinhas coloridas. Um movimento turístico incrível.

Fomos à **Praça Vermelha** ontem à noite e hoje à tardinha. É imponente. Belíssima. Não tem nada a ver com o resto da cidade. A bandeira vermelha tremulando. Embaixo, o túmulo de Lenin, um guarda e a multidão de turistas.

O problema é que não há indicação em qualquer língua estrangeira, tudo em caracteres cirílicos. Em geral entendem alguma coisa de alemão, como na Tchecoslováquia.

Nossa sensação é de incômodo e desconforto. E de pena deste povo. Quanto tempo perdido nessa revolução que será apenas um parêntese idealístico e brutal na história?

Pegamos o metrô. Encontramos um americano do Arizona que vinha também ao Congresso da IFLA, que reúne 3 mil pessoas.

No jantar no hotel, de todo o cardápio só tinha dois ou três pratos, o resto havia acabado.

Ganhei dois tíquetes de dois americanos que tentavam se informar sobre várias coisas e não conseguiram nada. Era para ir numa excursão.

Rumo aos **jardins** do lado de fora do Kremlin, comovedora cena: dezenas de **noivas** indo ao túmulo do soldado desconhecido jogar flores. Os padrinhos vão atrás, com uma faixa. Um turista americano, brincando, ao ver a faixa numa madrinha, disse: "Miss Rússia!".

O **PC é uma religião**.[29] Os cultos são simétricos. Até o local é o mesmo. Há inúmeras igrejas dentro do Kremlin (sede dos que governam o país). Os russos que vão lá recebem a religiosidade

---

29. Quando estudei a carnavalização, vi o que fizeram antes na Revolução Francesa, substituindo os ídolos.

passada e presente. **Lenin (São Pedro?)** está deitado no seu Vaticano como Primeiro Papa/discípulo do **santo Marx**, o **Cristo ateu** que apenas inverteu/criou a utopia ao inverter as leis de **Feuerbach** e de **Ricardo**.

Visita ao **Gum** e ao magazine **Podarki**. Gum está na **Praça Vermelha**. Dá suas vitrinas para o **túmulo de Lenin**. Sei que ele está apodrecendo como o regime, e nem a luz rosa que o turista iraniano me disse descer sobre as mãos e o rosto do herói me atrai. Há mais de um ano li que Lenin está apodrecendo inexoravelmente e seu curador já comunicou isso ao regime, o qual já degenerou há muito, com **Stalin**. Tardiamente, **Gorby** tentou salvar na UTI da história.[30]

Diria que o Gum se parece com as Galeries Lafayette. De fora, quase. São três alas numa construção clássica, tipo século XVIII/XIX, com armação de vidro no teto. Parece aquelas construções feitas para as feiras internacionais. Dentro, uma multidão incrível nos três andares de bela arquitetura. E, nas lojas, nada. Ou quase nada: muitas fechadas, outras com uns vestidinhos pobrinhos e uns sapatos. Surpreendentemente, umas marcas ocidentais famosas: **Nina Ricci** e **Benetton**, cobrando em *hard currency*. Os russos não podem entrar, como não podem entrar nos hotéis de turistas. Só as putas entram.

Todas as balconistas com um uniforme azulado, lá dentro, nada para vender. As vitrinas vazias. Parece um bazar feito em loja emprestada. É doloroso. Dá pena. E todos com uma cara de autômato. Cinza. Terrível.

Nas ruas, pessoas vendendo coisas, um ou outro alto-falante. Pena não saber o que dizem. Mas ninguém presta atenção. Ninguém se aproxima. Se fosse um pregador, com essa crença, o povo ouviria.

18 de agosto

Domingo. Fomos ao **Trade Center** para a reunião de eleição da nova diretoria da IFLA e relatórios dos comitês 1989-1991.

---

30. No livro *Política e paixão* (Rocco, 1984) estudo a "politização dos cadáveres", como ocorreu na Argentina com Evita e Perón.

Antes, passamos no **Hotel Rússia**, que nos diziam ser melhor que o nosso. Logo na entrada, a própria recepcionista, finalmente falando em bom inglês, advertiu:

– Não, não venham para cá. Aqui tem muitos insetos, baratas, percevejos... Esta noite não pude dormir. Eles passavam por cima de meu corpo...

Bem que Ludmila havia falado...

Depois, reunião da **IFLA: Hotel Intercontinental**, magnífico, tudo ocidental.

Resolvemos comer lá no restaurante italiano: queríamos um lugar digno, respeitável, civilizado, com um código conhecido. Comemos um picadinho de vitela, uma pasta de batata, ½ garrafa de vinho tinto, 2 expressos: 94 dólares = 35 mil cruzeiros, o dobro do Brasil, e o equivalente a 3 mil rublos. Num restaurante brasileiro seria uns 5 dólares, no máximo, mas valeu a pena.

Na ida, paguei 25 rublos de táxi e ainda dei carona a um casal americano. Na volta, propus ao chofer dois dólares, e ele aceitou, outro queria cinco.

De volta ao hotel, fomos passear na rua Gorki. Comemos na Pizza Hut por temer não encontrar os restaurantes do hotel funcionando, como ontem. Aí ocorreu uma cena dostoievskiana: chovia fino, calçada molhada, algumas poças d'água e uma fila de russos tristes, esperando um pedaço da pizza, da pizza capitalista. A cena era dolorosa. Pois descobri como entrar na parte interna do restaurante. Entrei, tirei Marina da fila. Lá dentro havia lugar sobrando, porque, uma vez mais, a segregação econômica e social. Lá dentro, só estrangeiros com dólar, pagando preços ocidentais (ou mais). Lá fora, os russos, sem poder ver sequer o interior do restaurante, pois havia uma cortina barrando a vista. Aliás, a cortina tem uma dupla função: serve para que os de dentro não vejam os desditados lá fora.

É doloroso. A gente fica sempre pensando na esquizofrenia dos empregados desses hotéis, restaurantes, que vivem em dois mundos. Assistimos a **uma cena estranha e violenta:** de repente, um cidadão russo é barrado na saída, por uma funcionária da Pizza Hut, que lhe dá uma estiletada de lápis na barriga, enquanto o guarda toma dele o menu, que ele estava roubando.

Fiquei perplexo. Perguntei ao gerente o que estava acontecendo. Chamou uma das moças para traduzir: ela explicou que o rapaz estava bêbado.

O que faz com que um bêbado roube um cardápio? Isso teria sentido se não estivesse relacionado a tudo o que vi em torno e a seguir. Em torno, os russos fazendo fila, sem poder entrar no restaurante, sendo servidos do lado de fora.

A seguir, vimos: descobrimos a "Loja/Casa de Alimentação" (construção do século XIX): uma espécie de confeitaria Colombo, belíssima, **art nouveau**, com candelabros esplêndidos, espelhos, vitrinas... Mas tudo em estado de pobreza. Retrato da contradição: de doer o coração. Nos balcões, quase todos vazios, somente uns poucos enlatados e vidros de conserva ou frutas em calda nos vidros. Onde o esplendor da comida prometida pela decoração da loja? Os cremes, o chocolate, a pâtisserie, coisas encontradas em qualquer loja sofisticada do mundo? Nada, só pobreza, miséria, quase. E a cara do povo, as roupas, tudo um paradoxo com o cenário do passado do edifício.

Descobrimos várias lojas também abertas, uma padaria deserta, escura, imensa e quase sem pão, as pessoas ali dentro como baratas tontas.

Percebemos, finalmente, uns dois ou três restaurantes russos nessa rua Gorki – **Petakapi e Aragavi** – e outros. Não dava para adivinhar. Têm cortinas que não deixam a gente ver, descobrir que são restaurantes. Os russos, naturalmente, o sabem. Mas por que querem comer tanta Pizza Hut – essa coisa capitalista? Por que seus restaurantes têm que ficar escondidos? Entrei para vê-los. Estavam cheios e me diziam na porta que só com reserva. Deve ser um golpe. Se eu der um dólar, abrem caminho.

Pela rua, um vaivém de marinheiros que nos lembram *O encouraçado Potemkin*. O que sobrou da nossa fantasia cinematográfica? O que sobrou do "Outubro"? "Outubro ou nada"– como eu dizia naquele poema ao tempo do CPC. Pois bem: deu nada.

Falei com **Vilma Figueiredo**, casada com **Roberto Cruz**, ministro conselheiro. Ela esperava seu marido, viajando. O avião para Leningrado atrasou e não davam explicação. Não dão. Disseram a ela: a senhora espera, até o avião chegar.

Enquanto isso, ó ironia dos fatos, tenho que registrar: lá fora, na rua Gorki, um conjunto de jazz tocava Glory, Glory Hallelujah!...[31]

Queda de Gorbachev – descrição do ocorrido na crônica para *O Globo*.[32] Outras anotações: conversa com **Vlado:** o salário mínimo é de 10 dólares (320 rublos). Também é o salário de Irina, professora universitária, nossa intérprete.

Daí, difícil entender. Uma sombrinha (para a chuva) custa 200 rublos. Vestidos, ternos só se pode comprar um por mês, já que custam até 300 rublos.

20 de agosto

Moscou. A televisão estatal russa exibe esta noite *E o vento levou*, enquanto em volta do Parlamento milhares de russos resistem em barricadas às tropas da junta que derrubou Gorbachev há duas madrugadas.

Estaria o vento levando a "perestroika" e a "glasnost"?

Vim com Marina caminhando da embaixada do Brasil, rua Rerzena, 54, até aqui, na Gorki, nosso hotel ao lado do Kremlin. Chovia. Nós dois com um minúsculo guarda-chuva comprado numa loja soviética, obedecendo agora ao "toque de recolher" às onze da noite.

Roberto Cruz e **Vilma**, que têm sido gentis nesses momentos dramáticos, ontem e hoje, se despedem de nós na embaixada e nos deixam enfrentar a noite rumo ao hotel.

Na televisão da embaixada, a **CNN** complementava o que havíamos visto na praça: a realidade e a imagem. A situação é

---

31. Encontro numa caderneta dados da reunião que tive com os responsáveis pela Editora Progresso, das maiores do país. Publicam em 50 idiomas. Querem contato com o Brasil e a América Latina. Dizem os autores brasileiros traduzidos: Jorge Amado, José Sarney, Erico Verissimo, Graciliano Ramos, Osvaldo França Jr., João Ubaldo, Mário Pontes, Homero Homem. Edições de 50 mil exemplares.

32. Ver as crônicas publicadas em *O Globo* ("O dia em que Gorbachev perdeu o poder", 29/8/1991).

grave: esta noite, pode ocorrer um violento choque entre os que resistem em torno de **Iéltsin**. Uma coluna de tanques avançava no final da tarde contra os rebeldes nas barricadas.

Desde o amanhecer que as pessoas começaram a afluir ao **Parlamento Russo**, onde está Iéltsin. Ali passaram a noite centenas de resistentes em vigília cívica enquanto lá dentro Iéltsin e os seus também faziam vigília em reuniões.

Chegamos ao local das barricadas espalhadas por toda parte. Era de tarde. Uma multidão de 150 mil pessoas no pátio, no gramado que vai até o bosque, diante da sacada da "Casa Branca" – nome que dão à sede do parlamento. Quase em frente à praça, um monstruoso prédio do tempo de Stalin. Como uma catedral do comunismo. Em frente, a renovação contestada, acuada.

Estou junto a uma estátua – daquelas do realismo socialista – em que uma mulher ostenta uma bandeira: a estátua está apinhada de gente com bandeiras e cartazes. Há uns tanques parados, sem soldados, como que fazendo barreira. Os soldados rebeldes foram para dentro do prédio onde está Iéltsin, para protegê-lo. Um gesto simbólico. Em cima dos tanques não só rapazes e moças amontoados, mas um punhado de comida, pão e leite, como se estivessem juntando víveres para a multidão.

Em alguns círculos, pessoas recolhem dinheiro para comprar alimentos aos que estão no vasto prédio onde Iéltsin e os seus resistem. Aqui e ali, para quem quiser pegar, caixas de leite e pão. Pego uma caixa, saio bebendo, pois são duas horas da tarde e não sei se comerei tão cedo. Um zepelim sobre o Parlamento ostenta a **bandeira russa do tempo dos czares, tricolor: branca, azul, vermelha** (em faixas). Passam enfermeiras para emergência. Várias ambulâncias. Pelotões de civis em fila obedecendo comandos de civis. São ex-reservistas. Converso com um deles. Falam de esperança, democracia. Diz ele:

– Acho que não devemos ficar esperando que os americanos façam alguma coisa por nós. Temos que resolver nossos problemas.

Ao me saberem do Brasil, perguntam sobre as semelhanças entre nossos países. Explico que estou habituado com esse tipo de golpe, mas espero que tenhamos superado essa fase histórica. Eles me olham com um olhar de inveja que me deixa ainda mais penalizado com eles.

Passa por nós na multidão o segundo de Iéltsin, **Hibulatoff**, e é aplaudido. Troco de tradutor, de interlocutor, agora um estudioso do estruturalismo, que me fala de **Lotman, Bakhtin e Skolovsky**. De repente, ouvir esses nomes que eu falava nas salas de aula na PUC/Rio, nos anos 70, tem um eco bizarro. A realidade ali à minha frente, e esses nomes nas nossas vidas. E o interlocutor fala com tal entusiasmo que tenho que interrompê-lo para pedir que me explique coisas que estão acontecendo na história à nossa frente. Tem uma mulher jornalista, que trabalha anotando tudo, e um filho de cinco anos, por quem zela enquanto fala comigo. É judeu. Chama-se **V. Eidlin** e diz:

– Nunca havia visto uma concentração desse tipo...

Lembro-me do filme – *E o vento levou* – que estava vendo na televisão. Do letreiro que aparece na tela: "The wind swept through Georgia" – diz o filme na início de sua segunda parte: "The split of the Confederacy". Impossível não correlacionar a Geórgia americana da Guerra da Secessão com essa Geórgia aqui, russa; impossível não pensar na guerra civil neste país. Que ironia essa superposição de filme e realidade entre dois países opostos no tempo e no espaço.

Por que escolheram um filme americano para esta noite patética da história russa? Claro que é sempre um sucesso aqui, quando o exibiram de outra feita ficou tudo paralisado. Mas por que não passar algo histórico deles?

Agora, passa uma longa fila carregando aquela bandeira tricolor de 50 metros para dentro do Parlamento, vão colocá-la no parapeito da sacada. Olho a multidão: não há uma só bandeira com a foice e o martelo. Foi-se o tempo. Na sacada, discursos de políticos e artistas. Ouvimos a fala do violoncelista **Rostropovich**, que veio de Londres juntar-se aos revoltosos. Fala Iéltsin. Emoção generalizada.

O rádio de um carro junto às barricadas reúne curiosos, que ouvem notícia de um líder socialista alemão pegando o avião para vir ao encontro de seus amigos.

O nome "junta", dado aos golpistas, parece que pegou. Ontem, o correspondente do *Corriere della Sera* perguntou, na conferência de imprensa, aos representantes da junta: "Vocês tomaram aula com **Pinochet** para dar esse golpe?".

Corre a notícia de que Iéltsin deu 24 horas para os golpistas apresentarem Gorbachev a uma junta médica da Cruz Vermelha e devolver-lhe o poder. Numa barricada, um cartaz manda o Partido Comunista à merda. Outro pede boicote à junta.

A cidade está semiparalisada pela greve parcial.

No gramado onde estamos, em frente à **Casa Branca** onde se abriga Iéltsin, sinto que pisei em uma coisa: é uma lata de caviar vazia. Ouvimos notícias de que o prefeito de Leningrado apoia o prefeito de Moscou e Yelstin. E que o prefeito de Leningrado tem o apoio da tropa.

Correm notícias de conflitos na Bielorússia.

De repente, notícia de que uma coluna de tanques está vindo em nossa direção e que as mulheres devem evacuar a praça. Um tipo meio desesperado, com uma barra de ferro, grita para as mulheres se retirarem:

– Isto aqui não é teatro.

Cansados, depois de esperar (pateticamente) uns quarenta minutos pelos tanques, vou com **Vilma e Marina** para a embaixada. Lá, vejo a CNN – realidade e imagem. Confronto. Na TV é mais assustador. Quando estávamos no meio da multidão, se chegassem os tanques, acharia normal. Vendo pela TV, temermos pelos que estão lá.

O chefe do bureau do *The New York Times* em Moscou diz que vai correr sangue, que os militares no poder são da linha dura, que o modelo deles é como o chinês, que para eles 2 mil mortos na Praça Celestial não altera em nada o essencial. O último discurso de Iéltsin é uma conclamação para que as tropas não massacrem o povo:

– Irmãos, filhos da grande Rússia, não venham derramar sangue!

A TV mostra o **primeiro-ministro inglês (Major)** dizendo que acabou de falar com Iéltsin por telefone. Que ele avisou que "há pouco tempo para alguma coisa" e pediu às nações para fazerem alguma coisa. Major e **Bush** são duros com a junta. Dizem não reconhecê-la.

Já no hotel, onde cheguei há pouco, a TV oficial tenta mostrar que está tudo em ordem. Mostra cenas da cidade e do país, visão mentirosa, parcial. Nada sobre a resistência de Iéltsin. Acabam de decretar o toque de recolher. E a TV começa a passar *E o vento levou*. Dublado de uma maneira meio esquisita, pois com narradores descrevendo o que ocorre.

22 de agosto

Acordo às oito e meia e ligo aleatoriamente a TV soviética, querendo saber algo. Não entendo a língua, mas entendo tudo. **Gorbachev** apareceu dando uma entrevista no aeroporto. Em camisa e blusão, cercado por assessores com o rosto sério, seguro, malsinando a junta, dizendo que **Perestroika** continua mais do que nunca.

Terminada a entrevista, entra um conjunto de rock. Rock aqui é contestação. Um belo cantor. A música deve ser de protesto. Entra um noticiário em que um homem e uma mulher, locutores tipo **Bom dia, Moscou**, em manga de camisa, mais sorridentes, leem telegramas de todo mundo saudando a Rússia e Gorbachev pelo retorno. O rosto dos locutores está mais suave e feliz. A seguir, entra um filme da BBC sobre um romance de Dickens naquela dublagem consecutiva, meio esquisita.

Que coisa simbólica essa presença do Ocidente: primeiro *E o vento levou...*, agora Dickens...

Dez horas e dez minutos. Iéltsin entra no Parlamento da Rússia (vejo na televisão). O plenário se levanta. Iéltsin de pé, diante dos deputados, enquanto toca o hino nacional russo. Dão a palavra a Iéltsin, que vai ao microfone falar. Grande momento de emoção.

Virou-se uma página da história e desse país.

25 de agosto

No **avião da Iberia**, que saiu às 18h15 de Moscou. Agora são 20h25. Estarei onde? Passei pela Ucrânia, Lituânia e outras repúblicas báltica que vi no mapa e que continuam batalhando sua independência. O avião com dois ou três japoneses segue para Madri. Penso numa crônica sobre esses japoneses que dormem perto de mim e sua emoção de ir para o Ocidente. Chegamos a Madri às 22h10. Quanto mais a Rússia se distancia, mais incrível acho nossa vivência durante esses "três dias que abalaram o mundo". Leio com Marina *El País*, *ABC* e outros jornais espanhóis, que relatam hoje, sábado, o que vimos ontem, antes de ontem e durante toda a semana. De novo a confusão entre a imagem e a realidade. Terei que escrever uma crônica sobre isso. Mas as cenas continuam na minha cabeça: hoje vivemos, **antes de sair de Moscou, dois grandes momentos**. De manhã, na Praça Vermelha, no Mesmeh, uma comovente missa pelos mortos do dia 21. Acordamos às oito horas, as pessoas andando na Gorki na direção da missa-comício. Quem diria? Não era uma multidão pobre, todos com ar de classe média: socialistas, vestidos corretamente, nada miseráveis. Na praça, uma missa ortodoxa. Um coro solene e um solista com voz de baixo conduziam a emoção cívica. Uma enorme missa campal ao lado do Kremlin. E pensar que há alguns anos os padres eram perseguidos, reprimidos por aquele regime...

Numa janela de um prédio qualquer na praça faz-se um altar para os mortos. As fotos dos três mortos: uma pessoa acende várias velas para eles. Outras arrumam flores. Flores. A praça é um jardim ambulante. Todos, jovens, velhos, crianças, trouxeram flores: dálias, gladíolos (que chamam de palma), e que dálias, meu Deus!, as mais lindas (e históricas) que eu já vi.

Padres ortodoxos celebram a missa. Um silêncio descomunal na praça, em que devem estar umas 50 ou 100 mil pessoas. Passa um padre ortodoxo conduzindo um cartaz com a cruz de madeira. Militares estão piedosamente ouvindo. Na multidão, como nos dias da barricada, grupos com rádios ao ouvido. Agora é uma missa, não de palavras de resistência guerreira, nem de palavras de medo, senão de fé e de consolo. A religião é a única força que pode substituir o esfrangalhado PC do ponto de vista mítico.

E pensar que há alguns dias em Viena vi uma exposição sobre o **Ouro da Coroa Imperial Russa**, onde várias bíblias riquíssimas apareciam expostas nas vitrinas, e eu pensando: como os comunistas puderam pensar que destruiriam essa tradição de 2 mil anos propondo uma religião leiga, sem o charme ritualístico desta outra?

Dali saímos. Encontramos, a seguir, a comovente procissão pela Kalinina, com os corpos dos três mortos. Alguém junto ao passeio perto do cordão de isolamento nos informa que outra pessoa acabou de morrer, vítima de ferimentos nos conflitos.

O avião se afasta da Rússia, e minha alma retorna às emoções recentes.

A procissão caminha. Abrem-se espaços de uns vinte ou trinta metros entre uma ala e outra. Agora está tudo organizado. Descubro que os resistentes de Iéltsin se organizaram melhor do que parecia. Um cartaz do desfile diz nº 129 – é o número do grupo da Resistência. É sinal de que havia centenas deles.

Como a procissão do Círio de Nazaré, no Pará, dos dois lados da rua, uma corrente humana de mãos dadas avança. Estão ladeando o que vai ao centro. Grupos com cartazes, bandeiras, todos em marcha solene. Vem um grupo de **ex-combatentes do Afeganistão**, todos de braços dados com suas fardas diferenciadas, alguns soldados de infantaria, outros paraquedistas. Outra ala de cadetes da escolar militar, garotos imberbes de braços dados na maior demonstração que Moscou já viu. Mais de um milhão de pessoas devem estar desfilando aos meus olhos. Tudo em silêncio. Exceto que numa das esquinas uma camioneta com alto-falante transmite um concerto de piano que a todos ritmiza.

Outra ala: a dos familiares dos mortos. De negro. Estavam ainda há pouco ao lado dos padres ortodoxos que rezavam a missa no Manege. Em toda parte, bandeiras da nova Rússia: branca, azul e vermelha. Não há uma só bandeira vermelha com foice e martelo. Isso já pertence à história, ao passado.

A multidão silenciosa desfila. Irão todos para o Parlamento, onde reverenciarão os que morreram no próprio lugar em que morreram. Depois, irão ao cemitério. A multidão, informam, não poderá entrar lá, somente os familiares. Nem caberia.

Agora, no entanto, passam por mim os três caminhões com os três ataúdes em suas carrocerias. Os retratos dos três mortos estão em toda parte: jovens, bonitos, corajosos. Eles eram daqueles que vi passando com pedras de mão em mão para fazer barricadas junto ao rio ou à Casa Branca. Eram daqueles que empilhavam ferros, madeira e lajes de concreto; eram daqueles que estavam de braços dados fazendo barreiras diante dos tanques com o peito desguarnecido.

Por que esses três?, perguntam seus familiares no íntimo de seu sofrimento.

Não puderam ver a festa, a vitória. Deveria haver uma vida após a morte para que os justos pudessem ver que não morreram em vão.

Avião **Madri-Rio**. Estão passando *A fogueira das vaidades*, baseado no romance de **Tom Wolf**. Não consigo ver. Esse mundo, digamos, "capitalista decadente" me causa espécie vindo de onde venho – Rússia. É um sentimento muito contraditório. O autor apresenta uma sociedade altamente corrompida e egoísta. Fico imaginando um russo vendo isso. Seu olhar seria leninista, inapelavelmente.

Lemos os jornais de Madri relatando tudo o que vivemos esta semana. Ler depois em outro lugar, em outra língua, tudo o que vivemos... Ver as fotos coloridas e em branco e preto. As ruas, as praças, a gente com quem convivemos. Vontade de voltar correndo e abraçar todo o povo, as imagens, as lojas decadentes, viver, rever tudo. Uma ternura imensa me possui. A distância torna tudo mais tocante.

El Mundo diz: 17 milhões de carteirinhas do PC jogadas no lixo.

El País: "O novo homem, que não se conseguiu em 73 anos, surgiu em 48 horas que comoveram o mundo" – Pilar Brant.

(Dentro de quatro horas estaremos no Rio. Escrevo meio no escuro, enquanto o filme continua, e as pessoas dormem no avião.)

Como viver, preservar o que vimos? Fazer um livro com textos e fotos? Contar aos amigos, às filhas? Uma sensação de que voltamos como heróis da frente de guerra. Ainda que seja uma guerra pessoal.

O PC português apoiou os golpistas. O PC espanhol discute o que fazer. Fidel ficou em cima do muro. Os jornais dizem o inimaginável: Gorbachev colocou o PC russo na ilegalidade, fechou o *Pravda*, o comunismo acabou.

E os comunistas brasileiros que foram acolhidos e ganharam medalhas desse regime? E os 17 intelectuais brasileiros que ainda há dias assinaram manifesto defendendo Fidel e o regime? É preciso cautela. A caça às bruxas também não levará a nada. São 17 milhões de membros do PC jogando suas carteirinhas fora. Os jornais pintam Iéltsin como o grande herói. Desconfio de que a radicalização em torno dele poderá provocar reações e até chance de golpes e contragolpes na Rússia. Olhando à distância, Gorby parece mais conveniente ao processo, embora o povo esteja impaciente para sair, enterrar de vez o comunismo.

Nos jornais, **Ievtuchenko** finalmente aparece numa reunião de escritores acusando um superior de ter participado do golpe. Eu ia tentar vê-lo nesses dias, havia mesmo marcado (vagamente) um encontro através de **Luiz Rezena**, que o conhece. Quer dizer: queria um encontro, mas ele não estava em Moscou quando chegamos, estava de férias. Minha ideia, antes que tudo acontecesse, era uma entrevista com ele, sobre o estado do país e da literatura, Não foi preciso. Os fatos...

Encerrou-se parte da história deste século. O comunismo, de alguma maneira, foi a Inquisição deste século, junto com o regime nazista. Claro, é mais complexo. Serviu para dar um choque, um susto no capitalismo, torná-lo mais cauteloso, talvez; criou sucedâneos como o socialismo democrático nos países nórdicos. Mas penso em todos os meus amigos, em minha geração dos anos 50/60, em que tudo estava embaralhado. Quantos amigos foram parar na cadeia, apanharam, morreram para defender ambiguamente uma vida mais digna no Brasil (e em outros países) e por pensar que o modelo soviético era o melhor. É irrecuperável. Eis o grande processo do século, o novo Nuremberg, o julgamento do comunismo. Mas este será mais complexo. Como idealistas e autoritários, homens e mulheres de boa vontade e facínoras se mesclaram. Foi essa a grande religião laica de nosso tempo.

Chegando a Madri, algo estapafúrdio testemunhamos. Como tínhamos direito a uma noite em Madri, fomos para a Plaza Mayor. E aí, altas horas da noite, quando nos preparávamos para voltar ao hotel, ouvimos, de repente, o hino da **Internacional Socialista/Comunista**.

Como? Àquela hora da noite, para quem vinha de ver a morte do comunismo? Será que na Espanha não leem jornais? Nós chegando de Moscou, trazendo notícias de espantar, e em Madri, de um apartamento alto e solitário, um disco com essa velha canção.

Que seria? Um protesto contra os fatos? Anacronismo.[33]

Chegando ainda de Moscou: muitas entrevistas no aeroporto (**TV Manchete**) sobre as peripécias na Rússia. Acertamos um livro com a **Melhoramentos** sobre essa experiência, no qual estamos trabalhando há duas semanas para que saia antes do Natal. Foi um arranjo do **Ziraldo**, que fará a capa.

Diálogo ontem com **Hilton Japiassu**, no casamento do psicanalista **Carlos Alberto**, tendo ele achado que meus artigos sobre Moscou eram reacionários...

– Eu soube que você falou isso – disse ele –, mas eu acho que você não devia falar essas coisas porque, criticando abertamente o socialismo, está ajudando o neoliberalismo.

Eu, perplexo! Pois ele é filósofo!

– *Quequeéisso*, Japi? A verdade é para ser dita. O que aniquilou o comunismo é que a verdade não podia ser dita. Crítica, só em

---

33. Encontro numa caderneta de notas sobre o que vivi na URSS uma anotação de 24/4/1992, quando estava no Canadá: "Noticia o *NY Times*: enterrado em São Petersburgo o grande duque Vladimir Kirollovich Ramanov". Morreu na Flórida, Iéltsin providenciou missa e enterro solene com guarda de cossacos. Ele, o Romanov, tinha estado na URSS há alguns meses para ver coisas sobre o seu sepultamento. Como os comunistas cimentaram tudo, tiraram as inscrições e não se sabe exatamente onde os corpos dos antepassados desse Romanov estão. *Mon Dieu! Combien de haine il a fallu pour faire une révolution?*

segredo, os de fora não podiam fazê-la. Se tivessem aberto desde sempre, teriam evitado o que aconteceu...[34]

4 novembro

No aeroporto para o **Egito** para conhecer o projeto da **Biblioteca de Alexandria**.[35] Na viagem, leio duas revistas da Library of Congress que Valéria Gauss me emprestou. São sobre o golpe de Estado e a revolução anticomunista que testemunhei durante a reunião da IFLA. Pois os bibliotecários americanos insistem o tempo todo que frequentaram o congresso durante a crise, que não se deixaram abalar. Um deles chega a dizer: *What else could we do?*

Comparo evidentemente o meu relato e o de Marina com o que eles falaram.

Coisa curiosa esses números que a Library of Congress apresenta:

– tem 60 pessoas para pegar livros nas estantes;

– um ladrão chegou a roubar arquivos inteiros de fichas sobre certos assuntos para dificultar as pesquisas de outros;

– os ingleses queimaram a L.C., e Jefferson doou os seus 6 mil livros para recomeçar a coleção;

– foi fundada em 1800;

– há um material sobre literatura gravada onde aparecem os nomes de **Jorge Amado** e de **Nélida Piñon.**

Nessas duas semanas o país viveu o livro de **Fernando Sabino**: *Zélia, uma Paixão*. Poucas vezes houve tanta unanimidade: o texto de Fernando é cheio de lugares-comuns, e Zélia é uma deslumbrada. Querendo entregar Bernardo Cabral**,** entregou-se. Relata casos amorosos seus, meio levianos, e dá uma ideia da leviandade na política.

Não escrevi sobre o livro, mas Marina o fez por nós dois. Fernando respondeu-a. Foi publicada a resposta e depois uma

---

34. Ver *Agosto 1991: Estávamos em Moscou*, Melhoramentos, 1991.

35. Em 7/2/2001, escrevi a crônica "Fascínio e poder de Alexandria", depois de ler *O poder das bibliotecas*, editado pela UFRJ.

carta de Fernando para Marina agradecendo que tenha publicado sua resposta. Ele insiste que está sendo patrulhado pela imprensa. O resultado foi tão desastroso (embora estivesse vendendo 200 mil exemplares, que rendem uns 300 mil dólares) que foram cancelados coquetéis e entrevistas dos dois. O fato é que ele se deixou siderar por ela. E, ao contrário do que pensa, não fez um livro feminista onde valoriza a figura da mulher, mas se expôs demais. Pior é que isso piora o governo Collor.

A situação política se complica. A família Malta, de Rosane Collor, é um escândalo. E há as acusações de roubo aqui e ali. Collor foi atingido em dois pontos fracos: dizem que Rosane teve um caso com o assessor do Roriz – governador de Brasília (razão por que Collor tirou a aliança de casado do dedo); o país todo participando da crise conjugal. Ele ficou péssimo, emagreceu.

Minha análise é que ele é o retrato do Brasil velho e do Brasil novo. De um lado, os Malta, e de outro lado, o desejo de ser do Primeiro Mundo. Ambiguidade, impasse.

Mas o governo avança. Duas empresas foram privatizadas, apesar do quebra-quebra aprontado na porta da Bolsa do Rio, organizado pelas esquerdas.

Bibliotecas dos **CIACs:** os 5 mil que seriam construídos conforme projetos do governo Collor, aproveitando influência e sugestão de **Brizola/Darcy Ribeiro**. CIACs como CIEPs nacionais, ampliados. Embora todos os esforços que fiz na FBN planejando, enviando projetos para o ministro **Goldemberg**, e apesar das reuniões no Palácio, tenho a impressão de que a coisa parou. Não seguiram o planejamento que fizemos na FBN. Diminuíram o espaço da biblioteca. E agora o dinheiro para o treinamento que prevíamos (pois temos que preparar gente para isso) gorou.

Por falar nisso, Darcy Ribeiro me diz que os 50 mil livros que doamos para os CIEPs (do extinto INL) são "lixo", que ele é que vai escolher a sua biblioteca.

Nem sabe que livros lhe ofereci.

Voo para o **Egito**[36]: no avião, ouço **Mozart** num dos canais disponíveis no assento, mas na tela estão projetando vários clipes de concertos de rock. Contraste. A flauta desliza nas nuvens da alma, mas o rock mostra, exibe, escancara uma figura grotesca de uma mulher deitada arranhando o chão e gritando como uma aranha desesperada.

A flauta agora se faz acompanhar de uma harpa, mas na tela a mulher com um alto-falante cantando/gritando num comício de ruídos que ameaçam o mundo.

Um balé grotesco no clipe, um frenesi de imagens desvairadas. Negros, brancos, pernas, bocas, braços entrelaçados num mundo que se fragmentou na modernidade.

Mas a flauta de Mozart continua. Isto é agora um adágio; uma coreografia, diria, natural, mais para o voo de gaivotas, diverso do desesperado balé da imagem da mulher-aranha na tela.

Na tela: fumaça, ângulos deformantes, sequências não sequenciadas a não ser a técnica da descontinuidade levada à exaustão.

Essa indústria do horror, do feio, da agressão começou sua larga escalada industrial há uns 40 anos. Não negar que em outro séculos, nos murais e igrejas e nas gravuras já havia a dança macabra, sim, havia. Mas naqueles tempos os espaços eram ainda divididos, não tão superpostos, ou melhor, o horror não predominava sobre outras formas artísticas. Como hoje.

5 de novembro

O avião descende no **Charles de Gaulle**, temperatura de 6°C, ulalá! Seis e meia da tarde – já no avião, acertado o horário com Cairo. A cara das pessoas neste outro avião começa a se modificar. Há um parentesco com os brasileiros. Sinto-me um egípcio, essa pele oleosa, esse olhar, esse perfil: sou um deles.

---

36. Fui como parte da comitiva do ministro Rezek. Entre outras coisas, o projeto da Biblioteca de Alexandria, para a qual mandamos vários livros.

6 de novembro

Fui visitar à noite as **pirâmides** e a **esfinge de Gizé**, na periferia do Cairo. Um espetáculo de "*son et lumière*" para não se esquecer. As cadeiras, às centenas, ao ar livre diante do deserto escuro. Contraste depois que a gente sai da cidade luminosa, viva, agitada, humana que é Cairo. Pelas ruas, vende-se de tudo e passam pessoas orientais/ocidentais, o trânsito meio barulhento, os carros se desviando milagrosamente dos transeuntes que os desafiam pedestremente.

De repente, chega-se a um local onde as lojas se acumulam com vitrinas cheias de objetos de ouro, prata, pedras preciosas, tapetes, papiros coloridos. Compra-se o bilhete para as pirâmides num guichê. Ali acabou a cidade. Escuridão. Ali começa o deserto.

Acabou a sessão anterior em inglês, esta é em francês. As pessoas saem, e tento ver no rosto desta loira multidão de turistas o que verei na minha sessão. Entramos. Estou com dois colegas da missão comercial brasileira: Luciano (do Itamaraty) e Álvaro (do Banco do Brasil). Sentados na primeira fila disponível, olhamos para o escuro onde se instala o cubo de uma pirâmide mal divisada.

Há toda uma parafernália de sons e luzes por entre as ruínas a 50 metros de nós, mas não as percebemos direito. De repente, escurece-se ainda mais tudo, começa um som dramático, épico, jorra a luz sobre a pirâmide – **Quéops**! E um texto desliza sobre as pedras e sobre a história.

A pouco e pouco o foco está em **Quéfren** e **Miquerinos**, e depois na pequena esfinge de Gizé, em frente à pirâmide do meio. As três pirâmides têm tamanhos diferentes. A maior – Quéops –, à direita, do grande faraó: a segunda, do filho menor, que não quis ombrear com o pai; a terceira, da mulher (se é que não troquei aqui a segunda pela terceira).

O espetáculo é belo, discreto. E é em língua francesa, que flui com propriedade. Talvez porque a plateia em grande parte é francesa, em parte porque o texto lembra os generais que chegaram aos pés da pirâmide, começando com **Alexandre, César** e chegando a

Napoleão; insistem em destacar Napoleão e o francês que decifrou o hieróglifo – **Champollion**.

A luz vai deslizando sobre as pirâmides, sobre a esfinge, conforme o foco narrativo. O som sai daqui e dali, parece que os narradores estão espalhados com suas vozes masculinas e femininas em diversos pontos do meio do deserto: 100 mil homens para fazer essa pirâmide, 3 milhões de blocos de pedra acumulados.

Conta-se (ouvindo os ruídos) a história do faraó desembarcando nas margens do Nilo, subindo em sua carruagem para desferir sua flecha sobre um alvo. A descrição horrorizada dos ruídos dos cavalos, da carruagem, o povo murmurando, a flecha zunindo, partindo do arco, tudo perfeito. O espetáculo também atinge o alvo.

Grande tema do texto é a construção da pirâmide que desafia e derrota a morte. De dia, visitei o **Museu do Cairo**. Uma vez ainda vi centenas de urnas funerárias, múmias, lembrando das que vi no Peru e México e de outras que vi nos museus do mundo, das que levaram do Egito (inclusive para o Brasil).[37]

A arte se compraz na morte. A arte se alimenta da morte. A Arte nasceu para superar a morte. A vingança do homem (e de alguns deuses) contra o tempo, a dissolução, o nada.

Permanecem e resistem ali as pirâmides. Nesta noite, imagino milhares de obreiros que as construíram sob as ordens severas dos faraós.

Quantas fotos de personalidade mundiais tiradas ali, ao pé da esfinge e das pirâmides! Inclusive do nosso **Pedro II**.

Quando o espetáculo acaba, não consigo sair destas cadeiras, ver as lojas abertas lá fora me solicitando para o presente. Não sinto vontade de conversar com ninguém. O bom seria, apagada a luz, extinto o som, dormir aqui ao relento. Como um beduíno. Como múmia, viva, olhando pelos poros da alma as estrelas que iluminam naturalmente a história comovente dos homens.

---

37. No Museu da Quinta da Boa Vista, há múmias que Pedro II importou. Há casos estranhos de mulheres que menstruam quando estão diante de uma múmia de mulher. Fiz uma crônica sobre isso.

7 de novembro

Visitas de trabalho: 1. chegou conosco a subsecretária de Cultura: **Flávia Ribeiro da Luz Guimarães** (da embaixada no Cairo). Um homem de uns 45/50 anos, uma autoridade, com algum charme nos recebe. No meio da entrevista na sala dele, quase irrompi em risos: é que ele não conseguia tirar os olhos dos joelhos da Flávia, aliás, uma bela mulher. Um diplomata saxão não faria isso. Mas para ele era insopitável. Achei a cena cômica e sociologicamente familiar.

De novo: o prédio, como o de ontem, parecia um cenário de decadência. Tudo delabrado, sujo. Móveis, parede, porta do elevador, piso, tudo um chiqueiro. A conversa foi pouco produtiva, porque houve novo equívoco nas agendas egípcias e brasileiras.

Mesmo assim, divulguei lá a nossa BN.

A seguir, fomos à **Biblioteca Nacional** deles. A sala do diretor era boa, a melhor de todas: ampla, estantes, poltronas da mesma família/estilo. Seu assistente falando um bom inglês. O diretor da BN, professor de Ciências Sociais, um senhor gentil, baixo, chegou a mostrar-me tudo, e foi tudo desolador: parecia um prédio de subúrbio, favelado. A mesma sujeira por todas as partes. Nem as folhas de papel eram limpas, pois, quando o funcionário de intercâmbio quis me dar uma publicação, ofereceu-me uma com a capa suja, que colocou em um envelope também sujo.

E o laboratório? Três funcionários com aquelas roupas típicas (guarda-pó) mostrando frascos onde capturavam bactérias. Fizeram-me olhar um microscópio para vê-las. Mas como, se a imundície estava por todas as partes? E foi interminável. Na seção de microfilme, dúzias de máquinas estragadas. A parte de livros raros e manuscritos, triste, suja, empoeirada. A visita interminável. Panos dependurados em basculantes. Lixo nos telhados.

Disse à Flávia:

– Parece um hospital decadente!

– O hospital é pior – disse ela –, pois há gente dormindo pelo chão, comendo etc.

Observação dela sobre a psicologia do egípcio: são doces, suaves. Querem que em tudo passe o sentimento. As coisas têm que ser afetivas. Ontem isto aconteceu comigo: o chofer me deu um pequeno camelo de couro. Insistiu, tive que aceitar. Fazem isso para cativar. Às crianças no mercado, os comerciantes dão coca-cola, para gentilmente agradar e reter as crianças dos fregueses.

(A TV está mostrando um filme sobre uma dessas comunidades africanas no deserto. É produção francesa, a Europa sempre fascinada e com sua "*mauvaise conscience*".)

O chofer ontem, sempre sorridente, em vez de esperar uma hora e meia esperou duas e meia e não cobrou nada a mais. Outro chofer, que nos levou ao **Khan El Khalili** – fantástico centro comercial –, deixou-me lá, prometeu voltar dali a uma hora e meia e o fez, embora o trânsito infernal. Estava lá e me achou no meio da multidão.

Ontem, **Nilo Nemer** brincava com outro chofer dizendo que éramos do país de Tombinken. O outro perguntou se ficava na Austrália. Nemer brincava dizendo que um de nós era um príncipe etc. E o chofer ria. Disse que não tinha dinheiro para pagar e ficaria até sem comer. E o chofer o convidou para ir comer em sua casa, ele pagaria o que tinha no bolso e sairia mais barato que comer na rua.

Igualmente as moças e os moços do Sheraton: gentis. Idem as telefonistas, que atendem brincando, sorrindo. Eles têm uma pureza juvenil, primitiva, que os "civilizados" perderam. Gostam de pegar na gente. Se reagimos, ficam ofendidos. Mas não há roubos – embora tenha visto a polícia revistando um grupo do que seriam "pivetes" egípcios no El Khalili.

(Contraste: estou no hotel, e a TV mostra um filme sobre a Islândia, cavalgada de jovens turistas numa região montanhosa acompanhando lindos rebanhos.)

A visita ao El Khalili foi tocante. Parece com o Mercado de Constantinopla, como a cidade velha de Jerusalém. Mas é mais selvagem, primitivo. Chegar lá é uma emoção. Desce-se perto de algumas mesquitas. A praça entulhada de gente, crianças, velhos, todos esparramados pelo passeio – o que seria um jardim: bares apinhados de gente em torno daquelas mesinhas. Ora são turistas com seus olhos claros, cabelos claros, pele clara, todos seduzidos pela alegria, sujeira e vitalidade. Os homens dos bares fumam aquele cachimbo – narguilé. Cada bar tem poucos metros, as ruas ou vias, um ou dois metros. Tudo parece estar num grande túnel, numa grande tenda. E os turistas, tranquilos.

Compro objetos (...agora, este outro programa na TV mostra os Mayote – uma tribo de negros numa ilha selvagem: também falam francês, continua esse olhar francês/europeu sobre essa *étrangeté* africana. Os garotos cavam o barro e pisam a lama com restos de vegetais: fazem um barro, uma massa para erguer uma cabana), penso nos presentes que deverei levar: vasinhos de alabastro, brincos, dois penduricalhos de Nefertite, o curry para comida que Marina encomendou.

É entusiasmante. Os homens com aquela manta, na verdade feia. Um grupo jovem cantando numa roda de música. As vitrinas com brincos, colares, anéis de prata e ouro. Cestos coloridos, bares aqui e ali. Não é opressivo. Não se tem medo.

(O filme na TV mostra o garoto da tribo africana construindo sua casa aos 12 anos, pintando-a com os amigos. Ele vai ali viver até se casar. Mostram a cena de um outro jovem, de 24 anos, que chamou sua casa de *"maison d'amour"*. Mostra o casamento: a jovem linda, esperando o noivo na porta de sua casa. O jovem com um fardão como na Academia Brasileira de Letras é conduzido pela irmã da noiva.)

Deveria fazer uma crônica sobre El Khalili. Deveria ter anotado: a chegada do entardecer, a visão de dois carneiros duelando no teto de uma casa semidestruída. Também deveria ter descrito as mulheres vendendo papel Yes nos sinais, com aquelas longas roupas e as buzinas estridentes dos automóveis.

Aqui no hotel, dez da noite, o ministro Francisco Rezek deve ter chegado do Irã. Embora me convidassem, achei desnecessário ir recebê-lo com os outros no aeroporto. O trânsito explica sempre um país. Tem sua lógica própria. Se alguém for dirigir com a lógica americana, sofrerá um desastre. No fundo, vão todos aonde querem, dobram dentro e fora de sua pista, e dá certo.

Outra coisa sobre a semiologia desta cultura mesclada: vitrinas onde os manequins são ocidentais (os mesmos de nossas vitrinas). Mas nas nossas vitrinas não sentimos a diferença, estamos acostumados com a diferença entre o traço ariano e a população mestiça. Aqui, torna-se mais óbvio. Sobretudo quando, além das roupas e das faces, há um nome na loja: Bella Gente – aí fica mais flagrante a importação do paradigma de beleza expresso contraditoriamente.

Mas as pessoas, sobretudo os homens, têm um olhar doce, adocicado, oriental, meloso, erótico e terno: maneira de olhar diferente dos ocidentais.

8 de novembro

Encontrei com Rezek (ministro das Relações Exteriores) no hall do hotel quando ele chegou com a comitiva, às dez horas. Foi gentil. Nunca havia estado com ele, e agora estou em sua comitiva. Havia, sim, escrito uma crônica n'*O Globo* quando ele teve que decidir no STF se o Silvio Santos podia ou não ser candidato – o que tumultuaria por completo o quadro eleitoral.

Com ele estava o **Carlos Pellegrino**, que foi colega dele na UFMG, ao tempo do **Márcio Penido, Adão Ventura** e outros. Curiosa sensação de revê-lo não como o ministro austero que eu via na TV, mas como um contemporâneo que não conheci em BH. Dizem-me que ele escreveu também ficção numa revista *Porta*, de que não me lembrava também.

Começamos pela manhã indo em cinco carros alugados pela embaixada conhecer as pirâmides/esfinge, que já havia visto à noite. É um cenário deslumbrante, mágico. Tirei fotos, vimos camelos e o barco gigantesco de Quéops. Milhares de turistas em todas as partes e nossa comitiva com batedores, motociclistas, chamando atenção de todos, seja no meio das ruas apinhadas, seja entre as pirâmides.

Na verdade, antes fomos ao **Museu Nacional**, agora em comitiva oficial, o diretor do Museu nos explicando todo o setor de **Tutankamon**: as três urnas gigantescas que estavam dentro de outras (cobertas de ouro), dentro das quais estavam os três sarcófagos, um dentro do outro, onde estava o corpo de **Quéops**, que morreu aos 20 anos.[38] Fotos nas paredes sobre como em 1923 o túmulo foi descoberto por um inglês. Riqueza extraordinária. Seu pequeno trono revestido de ouro. As duas estátuas revestidas de ouro na entrada da tumba/sala. Se ele morreu aos 20 anos, pergunto, quando começaram a elaborar tudo isso? É trabalho para décadas. Dizem-me que, a exemplo de Quéops, começavam a construir as tumbas desde cedo, quando a pessoa ainda era criança.

De novo: uma visão consagrada à morte. A morte dando sentido à vida. Daí o *Livro dos mortos*, hoje tão vivo.

Depois, fomos passear no **rio Nilo,** num barco. Também aluguel da embaixada. O passeio durou três horas. Almoço magnífico, com garçons e tudo. Rezek relaxado. Uns cinco jornalistas junto. Passamos diante de uma casa, à beira-rio, hoje uma igreja, que dizem ter sido uma estalagem onde José e Maria pousaram no caminho de Belém.

Depois, cortejo de buzinas e batedores para a **Mesquita e a Cidadela.** Lindíssima. O sol se punha. A mesquita é tão grande quanto as de Istambul. A região é fantástica. Mesquitas da cor da terra, marrom. Casas da cidade velha, com cara árabe, parecendo meio desertas, abandonadas, mas deve ser ali que vive o povo mais pobre.

Depois, voltei/fui com a comitiva ao El Khalili, onde, de novo, estava a alegria, a vivacidade, a luminosidade.

À noite, mais caravana com buzinas pela cidade para um jantar no **Clube Democrático.** Longas mesas com uns 40 homens, lado a lado. Pensei: é o único lugar limpo do país. E, claro, os diplomatas. Os egípcios vivendo a mesma ambiguidade dos brasileiros: a elite é cosmopolita numa cultura que tem algo de tribal. Vivem ilhados. Uma situação paradoxal. O embaixador egípcio, jovem, moreno, charmoso, desinibidamente narcisista, discursa. Rezek discursa e menciona o meu nome, com destaque, dizendo que a

---

38. Eu voltaria ao Egito em 2007, com Marina, e escreveria crônicas e poemas. Estes estão em *Sísifo desce a montanha* (Rocco, 2011). Em 13/6/2016, assisti a um documentário sobre o Vale dos Reis e múmias que vem sendo descobertas desde o século XIX.

minha presença significa o nosso interesse na **Biblioteca de Alexandria**. Fico surpreso e comovido com a homenagem.

Na verdade, o responsável por Alexandria não apareceu ainda. O acordo será prejudicado. Só será assinado depois.

(Enquanto escrevo aqui no hotel, vejo TV, canais europeus, ora a BBC, Paris, Suíça etc. Gosto disso: cultura e informação.)

Ontem foi um dia formalmente movimentado. Vi como é o encontro de ministros das Relações Exteriores. No belo prédio estilo francês do Ministério das Relações Exteriores do Egito, uma longa mesa com dez pessoas de cada lado (as pastas) e os dois ministros um diante do outro.

O do Egito dirigiu a palavra, abrindo a seção. Colocou uma série de questões, que eu pensava seriam tratadas em particular: Irã, Cuba, Nações Unidas. Foi quase uma sabatina, da qual Rezek, com elegância, saiu-se bem com seu inglês de Oxford. O ministro egípcio teve até a indelicadeza de querer discutir uma citação do professor Duverger, citado por Rezek, sobre a questão das fronteiras.

Depois, eu e Nilo Nemer fomos solicitados a falar sobre a parte cultural e comercial. Limitei-me a citar os textos da proposta egípcia, destacando uns itens que apoiamos. Acrescentei uma série de pontos relativos à Biblioteca de Alexandria, ressaltando que poderíamos fornecer-lhes um *"strong support"*. Eles têm na verdade uma biblioteca como um símbolo. Pouco fizeram até agora. Querem é dinheiro para investimento.[39]

Eu poderia (perdi a oportunidade) ter lido/falado meu texto já publicado sobre as bibliotecas hoje em dia e qual o papel delas. Mas fui pego de surpresa. Não sabia que deveria falar. Nem levei o tal documento meu. Poderia ter ressaltado também como, como secretário executivo da ABINIA (que reúne 22 bibliotecas nacionais ibero-americanas), poderia aliciar apoio para essa iniciativa etc.

À tarde almoçamos no hotel, comida árabe. Vi o belo forno de fazer pães ao ar livre, a cena de duas mulheres vestidas a caráter,

---

39. Renato Lessa, atual presidente da agora BN, me diz, em dezembro de 2015, que foi à Alexandria para nova rodada de contatos com a famosa biblioteca. Com o novo governo Michel Temer (2016) foi substituído.

assentadas junto ao forno e fazendo, ar livre, o magnífico pão que era amassado na mesa de pedra ao lado.

À noite, jantar na casa do **embaixador Márcio Dias**, bela casa de dois andares à beira do Nilo. E a mulher, **Walkiria**, gentilmente dizendo-se minha leitora e convidando-me para voltar com Marina. A filha deles, jovem, contou uma coisa bonita: o programa, o barato mesmo, era ver o sol nascer junto às pirâmides. Quando viu isso pela primeira vez, exclamou:
– Mas isso acontece todos os dias da vida e eu não tinha visto ainda!...

10 de novembro

Aeroporto Charles de Gaulle, três e dez da tarde. Cheguei do Cairo há uma hora e só partirei às dez. Perdi os óculos ao sair do Egito, não sei como. Por isso, sem ler, essa viagem será um suplício. Tento diminuir o drama com óculos à distância. Meio embaçado, mas escrevo. Terei que viajar sempre com dois óculos.

Leio *Le XI Commandement*, de **Andre Glucksmann,** que comprei na vinda. Ontem vi-o num debate na TV, programa *Caracteres*. Estava eu com insônia, acordei lá pela uma da manhã e lá estavam ele e mais dois autores. Coincidência. Não gostei muito do modo como abordou o tema. Já fisicamente o penteado me desagradou. Isso de botar o cabelo de jovem sobre o rosto enrugado é patético. Depois, me pareceu meio superficial, jornalístico. Falar em "mal", "Deus" e "diabo" nessas alturas acaba conduzindo a lugares-comuns inevitáveis que o filósofo deveria evitar, sobretudo no caso dele, que afirma que o filósofo é "aquele que diz não" às verdades existentes.

Vou lendo seu livro, e a sensação é de que é jornalístico esparso, apenas. O filósofo passou a ser jornalista. Nada demais, até se pode pensar a filosofia de maneira menos árida que **Kant. Hegel,** nesse sentido, foi o primeiro filósofo jornalista.

Tenho dito, por outro lado, que o poeta é o jornalista da história. Noutro nível, é claro. E, como cronista metido no cotidiano, conheço a questão. Com efeito, Glucksmann começou sua exposição relacionando as manchetes dos jornais sobre a questão do sangue contaminado, que o governo francês não consegue controlar.

Regressando ao hotel, notícia: **Yves Montand** morreu à tarde num hospital de Paris, do coração. O noticiário concentra-se nele inteiramente: o que dizem, por exemplo, seus colegas que jogavam *boule* com ele no Sul da França. Seu amigo proprietário do Colombe d'Or (Saint-Paul-de-Vence) se recusa a falar. Recapitulam sua vida com **Edith Piaf, Simone Signoret, Marilyn Monroe, Nicole** – que lhe deu um filho, que ele costumava levar à escola primária como um pai comum.

Curiosa a relação do povo francês com ele, chegou a receber 16% de intenção de votos para presidente do país. Fez uma bela carreira. Havia rompido cedo com o PC, que passou a criticar. Imagino que tivesse aí influência do **Jorge Semprún**, que estava preparando uma biografia de Yves e até o acompanhou ao Brasil. (Lembro-me de haver participado da entrevista de Semprún no programa do **Roberto d'Ávila**.)

No aeroporto do Cairo, ouço um garoto francês comovido comunicar aos colegas que "Montand est mort!". E os outros se interessam. No avião, os franceses se comoveram com essa morte.

No voo, converso com franceses que acham que **Mitterrand** é um desastre: *"Il y a dix ans je pensais que j'étais riche..."*, diz um deles.

26 de novembro

Guadalajara, México. Feira do Livro Silar. Conversa com **Alfredo Weiszflog** e representantes da editora Bertrand, que pertencem à Câmara Brasileira do Livro. Conversa sobre o convênio já assinado na FBN quando Collor lá foi em 13 de maio deste ano. Até hoje os livreiros e papeleiros não se entenderam: 50 editores e todos os papeleiros estão de acordo. Falta o pessoal do livro didático, as grandes editoras como Ática, FTD etc.

É outro universo. Me parece que **Collor** tem razão: nossa elite é reacionária. Proponho: peguem, então, os 100 mil dólares que vocês são capazes de reunir (1% da venda + compra de papel para o livro) e me deem, que há uma conjunção favorável, estão comigo as pessoas certas, como **Eliana Yunes**, que tem experiência da Campanha da Leitura na Colômbia, Venezuela e México.[40] Reagem: querem que o governo compre livros, é o caso dos livros didáticos. Digo: o governo precisa é criar bibliotecas e fazer a campanha da leitura. Vocês entram nisso. Vocês só têm a ganhar. Digo: com esse dinheiro, vamos fazer a cabeça dos prefeitos para comprarem livros para bibliotecas. Mas querem cheque-livro para venderem mais. Não tem projeto de país, só projeto de ganho.

Proponho: tenho uma ideia antiga, que pode ser melhorada – pedir que, durante seis meses, os editores cobrem 1 cruzeiro a mais nos livros. O leitor é que vai pagar, nem vai sentir. Editores não terão que desembolsar nada. Depositarão esse dinheiro num fundo e, com ele, farei bibliotecas. Respondem: isso é imposto, não vamos concordar.

Não entenderam. O absurdo de tudo isso é que mesmo o 1% daquele convênio não sairá do bolso deles. O mais desanimador é que países como Colômbia e México estão tocando o projeto que aprenderam com o Brasil. Já copiaram essa ideia. Alegam que essa campanha só daria resultado depois de 10 anos. E daí?

Tenho então que me concentrar em: conseguir dinheiro para construção de bibliotecas, a Campanha de Leitura, fortalecer o Sistema Nacional de Bibliotecas, fortalecer a Sabin e as feiras internacionais, tipo Frankfurt.

27 de novembro

Feira de Guadalajara, México. Hoje o bom foi assistir à mesa-redonda com **Salvador Elizondo, Sergio Ramírez** (vice-presidente da Nicarágua, que já tinha encontrado no Brasil), **Eduardo Galeano** (que conheço de vários encontros).

Como Eduardo abrisse a sessão dizendo que não lhe ocorria nada para falar, se divertindo, fazendo a plateia rir, como Elizondo

---

40. A Colômbia copiou, com sucesso, a ideia brasileira na administração de Silvia Castrillón no Fundalectura.

dissesse que tudo já foi dito nas dezenas de palestras que fizeram nos últimos anos, especialmente esta manhã, Sergio Ramírez, sério, leu um texto escrito sobre a função do escritor. Pensei que fosse ser um porre. Mas, apesar da seriedade inicial, saiu-se com um texto autoirônico, embora dramático. Contou sua infância, tipo *Cine Paradiso*, somando a novela *O direito de nascer* (que ouvia andando pela rua da cidade, pois todas as casas estavam ligadas no drama). Depois, contou como aos 12 anos ganhou um concurso literário, cujo prêmio foram duas garrafas de rum. Aos 17, morreram-lhe dois companheiros de classe ao lado dele, num massacre de estudantes feito por Somoza. Um tinha um nome parecido com o dele: aí, literatura e revolução passaram a conviver. Foi em 1973 a Berlim estudar cinema. Voltou em 75 para derrubar Somoza. Conta que seu primeiro livro distribuiu-o a um livreiro e voltava todos os dias para conferir quantos haviam sido vendidos. Um dia, chegou lá e havia mais livros do que deixara. Pessoas haviam devolvido exemplares.

Salvador Elizondo é engraçadíssimo. Parece de porre quando fala. Brinca com o sério, a plateia se divertindo. Contou sua formação: queria ser pintor. Contou que um mestre de Guadalajara nacionalisticamente não colocava a cor verde na pintura, pois o México não tinha nada verde. Mas conseguia o efeito de outro modo, o que Elizondo acabou copiando. Diz que não prosseguiu como pintor porque o outro só ensinou a imitá-lo.

Contou estórias engraçadas, de como quis ser cineasta, pois seu pai produzia filmes. Aproveitou e pediu para ir estudar em Paris, mas, como já sabia tudo o que queria, ficava vagabundeando. Falou de uma coisa curiosa, seu projeto de um cinema psicológico: filmavam um ciclista em movimento e registravam as reações de seu cérebro durante o exercício. Passavam o filme e colocavam na cabeça das pessoas na plateia o aparelho e o espectador, só de ver, experimentava (e a máquina registrava) as mesma reações cerebrais do ciclista.

Ah, sim, **Ramírez** contou a estranha estória de que, ao morrer o poeta nicaraguense **Ruben Darío**, um médico resolveu pesar seu cérebro para ver se era mais pesado do que o de **Stendhal** e qual seria o segredo da criatividade dele. Por causa disso, o cérebro acabou sendo levado pela multidão delirante, reverenciando assim o ídolo nacional.

Ao **Galeano** tocou coisas mais sérias. Perguntaram-lhe sobre política. Ele se saiu bem. Se bem que é difícil responder sobre Cuba hoje. Fiquei pensando no que eu responderia: acertos e erros. Ele, não: teorizou. Às vezes se equivoca, pois esses termos "verdade", "maioria", "minoria" são questões complicadas. E o nazismo e o comunismo se atrapalharam com isso. Até a democracia. Emocionado, disse abruptamente, terminando, que Cuba era um símbolo da dignidade na América Latina. É mais complicado. Talvez a plateia não quisesse outra resposta.

Antes da sessão, conversei com Galeano, que me deu de novo seu endereço dizendo que o visitasse em Montevidéu dali a 15 dias.

Folheei na Feira ontem o ***Vida de Jesus*, de Hegel**, livro que não conhecia. É isso, o homem era fascinado por esse personagem. Repete parafraseando as estórias todas do Evangelho. Estranho fascínio do mítico sobre o filosófico.

Folheei também o livro de **Walter Benjamin sobre a Rússia**. Ele esteve lá em 1926 e passou um ano. Seria interessante alguém fazer um estudo sobre os livros e as impressões que os ocidentais tiveram do comunismo russo. O livro de Benjamin é um "Diário de Moscou". Num tom prosaico, cotidiano, pessoal, contando as pequenas coisas do dia a dia.

Sobre a questão de **Cuba** levantada ontem na sessão do **Galeano**, penso: como intelectual, não viveria lá. Foi importante visitá-la, em 1987. O intelectual que vive em Cuba tem duas alternativas: ou mutila-se intelectualmente (falta de liberdade de expressão, impossibilidade de ler, viajar) ou se revolta. E aí? Voltamos aos nossos países divididos inconscientemente: elogiando o avanço social, mas preferindo a liberdade de expressão em nossos países.

A questão colocada por um ouvinte sobre a "direitização dos intelectuais" está equivocada, porque há a "esquerdização" que faz com que achemos que somos melhores. Seriam os 2 milhões de cubanos em Miami todos canalhas?

28 de novembro

Voo Guadalajara–Ciudad de México. Estou feliz com o que se passou ontem na entrevista coletiva à imprensa e na leitura de poemas.

Na leitura de seus textos, **Ernesto Cardenal** se saiu bem fazendo um discurso poético. Gosto do poema de amor, de quando ele não era padre. Lembro-me de ter estado com ele no Brasil, na PUC e num jantar. **Armando Romero** e os demais com o velho surrealismo hispano-americano, *too much* literário. Mais uma vez, houve o confronto de estilos entre o que eles fazem e o que eu e alguns fazemos no Brasil.

FBN – Há uma semana, o **Cilon**, que trabalha na administração da FBN, me procurou, tímido, dizendo que um conhecido acercou-se dele e, depois de vários rodeios, revelou que tinha "uns livros raros" na casa dele... e que eram da FBN. Tinha sido funcionário de Obras Raras. Está velho e com remorsos. Disse que não tinha problemas para trazê-los. Cilon foi à casa dele e viu muitos livros empilhados. Trouxe no dia seguinte uma caixa. Obras do século passado (XIX). Acredito que haja mais.

Há dias, **Paulo Herkenhoff** recebeu um livro com carimbo da BN de um colecionador, que disse saber como se roubava livro na BN.

7 de dezembro

Acusações de corrupção no governo o tempo todo. Agora, é o ministro **Alceni Guerra**. Ele me chamou para uma reunião esta semana, mandei Eliana, que se encontrou também com Rouanet e Goldemberg. O escândalo das licitações das sacolas, bicicletas, produtos médicos etc. Todas são firmas do Paraná, estado do Alceni.

Sem licitação. Pagamento adiantado. Um horror. É isso que a imprensa diz. O que há por trás disso? Maquinações de grupos? Alceni parece uma boa pessoa. Tenho reunião com ele e com Collor no próximo sábado no Palácio do Planalto. Deverei ir ou adiar?[41]

A entrevista de **Cleto Falcão**, deputado do grupo de Collor, na *Veja*, foi um horror. Confessa que "ganha" tudo de presente dos amigos. Como acreditar que Collor seja um "puro" no meio dessa corja de **Maltas, Falcão, PC** etc.? É desanimador.

O pior é que essa coisa do Alceni pode atrasar mais ainda nossa pioneira campanha de leitura.

26 de dezembro

Gullar outro dia fez uma engraçadíssima fala quando da doação dos originais de *Crime na flora* e *Formigueiro*. Doou-os, porque eu solicitei, dentro desse movimento de valorizar documentos, e doou-os também porque quer registrar para a história que fez certos experimentos à margem e antes dos concretos – seus concorrentes.

Curioso: localizou no "formigueiro" as letras F.G. que são seu nome. Comentou isso.

Josué Montello também fez doação dos originais de seu próximo livro. Aproveitou e contou sua história à BN. Foi ele quem comprou o livro sobre **Matisse**. Acabou revelando a "*petite histoire*" política sobre sua nomeação por Vargas, sua briga com **Rubem Borba** (que não citou) etc.

Numa exposição de encadernações, aparece na FBN uma pessoa que me contou uma dessas coisas folclóricas sobre a BN:

---

41. Encontrei-me com Alceni Guerra uns 15 anos depois em Pato Branco (PR), onde fui fazer conferência. Viajamos juntos num pequeno avião, e ele me explicava a paisagem que via. Ele tinha sido prefeito de Pato Branco com muito sucesso. E citou de memória um poema meu que para ele era emblemático. Que começava assim: "Eles vão nos achar ridículos, os pósteros".

que há uns oito anos havia um **russo misterioso** que ia todo dia à BN e era o último a sair. Tinha cabelo branco e óculos. Depois, começaram a aparecer lá dois funcionários do consulado russo. Descobriu-se depois que a página da enciclopédia com a história da Rússia (qual?) havia sido cortada, e as páginas sobre a história russa substituídas por outro texto.

Ontem, Gorbachev renunciou à presidência da URSS, que foi extinta há dias, quando Iéltsin deu um golpe branco criando a Comunidade dos Estados Independentes.[42]

A TV mostrou a cena da bandeira com a foice e o martelo sendo arriada no escuro inverno e da nova bandeira (da velha Rússia imperial) subindo.

---

42. Gorby esteve com sua esposa Raíssa no Rio anos depois. Num jantar que lhe ofereceram lhe dei o livro *Agosto 1991 – Estávamos em Moscou*. Ele olhou a capa, estranhou e disse: "Mas tem torre demais nessa reprodução do Kremlim". Tive que revelar que Ziraldo é que inventou mais torres para ficar o desenho mais equilibrado.

1992

23 de janeiro

Amarga sensação: certos funcionários públicos não têm solução. Uma dose de irracionalidade nas manifestações. Nunca nenhum diretor deu a eles tanto.

7 de fevereiro

Fui a Brasília para cuidar da FBN e dos CIACs, com Eliana Yunes. Tudo marcha na medida do possível. Concordaram em ampliar as bibliotecas dos CIACs, conforme pedimos, para 420m², todas as exigências aceitas.

Fui resolver problemas pendentes na Secretaria de Administração. Uma loucura! Digo a mim mesmo: estão querendo me enlouquecer... e conseguirão! Nada do que um funcionário diz combina com o que o outro informa. Pior: a mesma pessoa, com intervalo de cinco minutos, pode dar uma informação contraditória.

A crise no pais é braba. Não mandaram os 400 milhões que nos creditaram no ano passado, com os quais já compramos os novos aparelhos de ar refrigerado e estamos tocando obras. Estão ameaçando contingenciar 50% de novo. Conversei com o **Rouanet,** mas ele não consegue resolver isso, deveria conversar com o governo, não podem mexer na verba da Cultura, que é só de 0,04% do orçamento.

5 de abril

No avião, indo para **Santiago do Chile**, reunião da ABINIA com diretores de BNs da América Latina, Portugal, Espanha.

Converso com um cego ao meu lado no avião. Chama-se **Edson Ribeiro Lemos**, mora em Niterói e está numa comitiva de meia dúzia de cegos que vieram ao Chile para um Congresso Internacional sobre problemas específicos que têm.

Comecei a conversar com ele quando a aeromoça trouxe--lhe a comida na bandeja e explicou-lhe, tomando a mão dele na sua, que aqui é a salada; pegou outra mão, aqui é a carne, e, de novo pegando a mão primeira, aqui é a sobremesa. E eu reparando. Quando ela ia se afastando, Edson indagou:
– Mas qual a comida?
– O que, aliás, é o principal – acrescentei e expliquei-lhe o que faltava explicar.
Depois, ela trouxe o cafezinho e colocou-o na mão dele.
– Ela não foi treinada para isto, foi gentil, mas me serviu a xícara com a asa ao contrário em minha mão.
E fomos conversando. Quando me disse seu nome e lhe disse o meu, seu rosto abriu-se fraternalmente. E começou a me dizer que me conhecia da televisão, a mim e à Marina, que sabia de nossa viagem a Moscou quando o Gorbachev caiu, das minhas ações na Biblioteca Nacional.

O homem me conhecia não de vista, mas de voz. Tal a proeza dos cegos.

Provoco-lhe, curioso, para saber sobre sua cegueira. É sempre uma situação constrangedora. A pessoa pode pensar em perguntar, mas temer, por pura delicadeza. Achei que ser franco, manter uma conversa direta, era a melhor forma de colocá-lo à vontade, ele que tão à vontade já estava.

Veio-lhe a cegueira aos 13 anos, um glaucoma. Antes, aos 10 anos, ao dar uma cambalhota na praia de Icaraí, o nervo ótico fora comprimido e houve um descolamento da retina. Quando se levantou daquela estrepolia, só viu o sol pelo canto olho, uma mancha amarela.

Perguntei-lhe sobre os sonhos de um cego. O que vê quando sonha. Marina havia me dito no dia anterior que o nervo ótico é acionado quando a pessoa dorme, por isso a gente tem a impressão de estar vendo as coisas todas. E vê mesmo.

– Com o cego é diferente. Devo confessar que, quanto mais tempo passa, mesmo a pessoa que ficou cega depois de adulta vai vendo mais as coisas lembradas. Até que tudo fica numa lembrança meio escura, na neblina. Das coisas que vi, guardei as cores; mas mesmo essas esmaecem. De minha casa, tenho duas lembranças: a da infância – com mais claridade, como eram as coisas – e a posterior, de minha casa adulta, onde sei tudo como está, como é, mas na penumbra.

Disse-me algo mais que eu não sabia. Que um pesquisador americano tinha concluído que a cegueira é colorida. Ele tem perguntado isso a outros cegos, mas não confirmam. Seu não ver é amarelo. Há uma mancha amarela sempre à sua frente. Caso se emocione, a mancha fica vermelha.

Vai ver que os cegos são daltônicos, digo eu, daltônico confesso[1] e cego para tantas coisas.

Rimos.

Falo-lhe de **Marco Antonio de Queiroz,** cujo livro ajudei a editar pela Rocco. Edson conhecia a história de Marco, lera o que escrevi, sabia de tudo.[2]

Falou-me de sua mulher, que enxerga, dos filhos e netos. Leva uma vida o mais normal possível. Conversamos sobre a coleção dos livros em braile da Biblioteca Nacional, sobre as pessoas que gravam literatura para cegos.

Lá pelas tantas, me perguntou:

– Vamos passar pelos Andes?

– Vamos – respondi, pensando se poderia explicar-lhe como era a neve. Ele ficou cego adolescente e deve ter visto imagens de neve.

---

1. Ver "Daltônicos de todo o mundo, uni-vos" (*A mulher madura*, Rocco, 1986). Em 2015, lançaram óculos para daltônicos. Há muito sugiro que os sinais de trânsito sejam quadrados, redondos e triangulares, e não usem cores apenas.

2. Marco Antonio me telefonava às vezes. Faleceu em 2013. Ver o site BengalaLegal.com. Fiz o prefácio do seu livro editado pela Rocco. Figura notável.

Quando passamos pelos Andes, ele dormia ao meu lado. Eu olhava a neve. Como descrevê-la? Como um monte de sorvete? Como uma porção de açúcar que sai sobre as montanhas?

7 de abril

Chile. O carro passa diante do **Palácio de la Moneda**. Volta e meia a imaginação de tudo o que ocorreu em torno de **1973, com Allende** e toda a minha geração. Vejo (na imaginação) os brasileiros que aqui se exilaram depois de 64, 68, esbaforidos tentando escapar pelas frestas e fronteiras.

Uma loucura total aquilo.

Passeio pela cidade: estátuas, século XIX. As cidades mais bonitas, homogêneas naquele tempo. Houve um aviltamento urbanístico-arquitetônico. O **embaixador Leite Ribeiro** diz que está tirando dinheiro do bolso, fazendo empréstimos nos bancos para pagar empregados. Igual às estórias de **Alberto Costa e Silva na Colômbia**: 0,38% é o orçamento do Itamaraty hoje, me diz o embaixador Guilherme.

Arthur Navarro veio me buscar ontem para jantar. Fomos ao Mulato Gil – belo conjunto de casas de dois andares, coloniais, cheias de bares e livrarias. Impressionou-me que haja um lugar para os artistas e escritores se encontrarem. Isso não existe mais no Rio. Deu-me certa inveja. Perdemos algo.

Depois do jantar, fomos à casa de **Antonio Skármeta,** que está com dez outros escritores em Paris no programa *Belles Etrangéres* – que já contemplou o Brasil e do qual participei. Todos ali conheciam os brasileiros que se exilaram: **Artur da Távola**, que chamam de **Paulo Alberto Monteiro de Barros** e dizem ter marcado época com seu programa *Preto no branco* na TV da universidade católica. (Não sabiam que era adaptação de um programa brasileiro, mas confessaram que sua televisão era muito atrasada.) Falam também de **Paulo Freire, José Maria Rabelo, Gabeira**, até de **Luis Felipe Ribeiro** (meu aluno), que foi professor de Arthur na Católica e era já um estruturalista...

Fomos à casa do Skármeta para ver o programa que ele fez e que estreava[3]: *El show de los libros*. Skármeta aparece na TV: poeta, gordo, careca, simpático, fazendo uma boa apresentação. Os amigos, sua linda mulher de origem alemã, **Nora** (que ele conheceu no exílio), assistindo ao programa com o filho no colo.
O programa é original. Não é nenhum *Aposthrophe,* do Bernard Pivot. E o tema era o amor. Leitura ilustrada de poemas sobre o amor, entrevista ótima com **Nicanor Parra**, engracadíssimo, falando bem seu poema "El hombre imaginario". O programa tinha vários outros quadros interessantes.
Uma excelente noite. Poder ter amigos, todos relacionados pela literatura. Curioso como aquela gente se sente tão próxima. Falam a mesma linguagem.
Estava presente o crítico Mariano Aguirre.

Hoje, em meio à reunião da ABINIA, na BN do Chile, veio me buscar **Enrique Lafourcade**. Sempre íntimo, fraternal. Levou-me ao Mercado, onde comemos na petisqueira do Augusto – "o bom", em oposição ao Augusto – o Mau (Pinochet).
Comemos um marisco chamado *picorico*, parece um sorvete de carne com uma concha por cima. Enrique me diz que os mariscos voltaram a existir depois que Neruda morreu, pois os comia a todos.
Curioso como há biografias de **Neruda** (feitas por escritores). Este país tem um grupo de escritores de primeiro mundo. À noite, fui com **Raphael Comenzoro** (BN do Uruguai) ao *taller* de Enrique. Perto do Mulato Gil. Henrique tem uma bela sala com estantes em estilo inglês e uns 20 alunos, belas estudantes, senhores, senhoras. Um belíssimo lugar, muito acolhedor. Aliás, o ateliê tem um nome, creio que é Shakespeare & Lafourde.
Assisti à aula e fui convidado a falar sobre a minha poesia, a relação com jornais, a TV etc. Li dois poemas: "Os desaparecidos" e "O suicida", que foram bem recebidos.

---

3. Voltaria a estar com Antonio Skármeta na Jornada de Passo Fundo. Depois, num jantar em sua casa no Chile em companhia de sua esposa e do romancista argentino Tomás Eloy Martínez.

Pedi para o Enrique contar aquela curiosíssima estória peruana sobre **Juan Ramón Jiménez e Georgina** que ele me contou em nosso encontro em Israel. É a estória dos dois rapazes peruanos que enviaram a Juan Ramón cartas, mas, como não tinham respostas, pediram a uma prima chamada Georgina que escrevesse ao poeta espanhol uma carta de amor, apaixonada. Começa uma correspondência entre Juan Ramón e Georgina. Ramón se apaixona, quer conhecê-la. A esta altura, os dois jovens é que imitavam a letra dela e iam alimentando a paixão. Juan resolve ir ao Peru (Lima) visitar Georgina. Os dois rapazes se assustam, se desesperam.
– Vamos matá-la!
E pedem ao cônsul do Peru (que um deles conhecia) que avise a Juan Ramón que não venha, pois Georgina havia morrido. Juan Ramón, pesaroso, se assenta e escreve um poema:
"Morreu esta tarde em Lima Georgina..."
Neruda soube da história. Como Juan Ramón não gostava de sua poesia e havia dito sobre o chileno: "É um grande mau poeta", então Neruda resolveu zombar dele telefonando altas horas da noite e dizendo: "Aqui é Georgina"...[4]

12 de abril

Ontem, jantar no **Museo Nacional de Artes Decorativas**, cujo convite dizia pomposamente: "Cena de Agasajo a los Directores de Bibliotecas Nacionales de Iberoamérica y altas personalidades que han asistido a la inauguración del nuevo edificio de la Biblioteca Nacional de la República Argentina, de 10 de abril de 1992".

Em minha mesa está **Iris Rossing,** que trabalhou com **Jorge Luis Borges** na BN argentina durante o longo tempo em que ele ali foi diretor a partir de 1955. Haviam me dito que, no período em que ele lá esteve, inúmeros livros desapareceram da biblioteca, talvez devido ao fato de ele já estar cego ou pouco interessado na

---

4. Na internet, posteriormente (25/5/2014), encontraria a matéria "La falsa musa peruana de Juan Ramón Jiménez (una nueva publicación en España vuelve a contar la historia del poeta español y Georgina Hübner, un amor a distancia que terminó en tragedia. O en comedia, según se vea)".

administração. Peço a Iris que me conte estórias de Borges. Tento motivá-la brincando, insistindo para que solte a língua. Faz esforço, mas conta pouco, não sei se por pudor ou se porque não tem muito o que narrar.

Coisas assim:

1. Borges uma vez lhe falou durante quase três horas de como fazia uso da pontuação em seus textos.

2. Uma vez, examinando funcionários/bibliotecários para um exame de seleção, chamou-a a um canto e disse: "Ouça, não sejamos tão duros com eles. Todos têm alguma coisa de boa, que se pode aproveitar".

3. Para bibliotecárias, fazia conferências de graça.

4. Quando lhe perguntavam sobre seus diplomas, dizia ter "un oscuro bachillerato en Ginebra".

5. Para Iris, ele "se fue a morir en Ginebra porque odiaba homenajes".

6. **Marguerite Yourcenar** pegou um avião e foi vê-lo quando estava para morrer em Genebra. Segundo Maria Kodama, os dois ficaram a sós durante duas horas.

7. Quando ganhou o Prêmio Cervantes, na Espanha, alguém que o recebeu disse: "Bueno, no lo tienen los del Premio Nobel, pero nosotros lo tenemos".

(Lembrei a ela uma *boutade* de Borges sobre o Nobel. Dizia: "No concederme el Nobel es una vieja tradición nórdica".)

8. Muita gente vinha visitá-lo, até o **Rei Balduíno, da Bélgica.**

9. Dizia: "Los peronistas non son buenos ni malos, son incorregibles".

O edifício onde ocorre o jantar é um dos esplendorosos absurdos arquitetônicos da América. Pertenceu a um rico chileno que se matou aos 41 anos. Lembra-me o **Hearst Castle** – aquele do *Cidadão Kane*, que vi na Califórnia e foi totalmente importado e construído de peças importadas de vários castelos europeus.

Já neste "castelo" onde jantamos há salões romanos, outro em estilo Luís XV. A ceia foi no salão medieval, com lareira imensa, gobelins, que estiveram na coroação de **Luís XV**. Há um **El Greco** – *Jesus con la luz a cuestas* –, um **Rodin** pequeno, meio ruim. Dizem ter um **Corot**. Há um **Mateo Cerezo** que pensaram algum tempo ser um **El Greco**.

Neste jantar, me pedem para discursar agradecendo ao ministro da Cultura pela recepção.

Ontem, houve um almoço na **Quinta de los Olivos** com o **presidente Menem**[5], seus ministros e convidados principais da inauguração da Biblioteca Nacional. Menem estava descontraído. A cantora de tango **Beba Bidart**, uma veterana, descontraiu o ambiente: sentou-se no colo de **Federico Mayor** (da Unesco), tirou o **ministro da Economia** – **Cavallo** – para dançar e a seguir arrastou o próprio Menem para a pista. Este parece um boneco. Tem a cabeça grande. Dizem que fez implante de cabelos. E que são pintados.

Lembrou-me dos tempos de **Juscelino Kubitschek,** que conheci[6] e era chamado de "pé de valsa". Como até um argentino ao meu lado comentou, Juscelino dançava melhor.

De todo modo, é gratificante ver os argentinos mais tranquilos. Todos reconhecem que agora, pelo menos, podem planejar. Eu continuo não entendendo como o preço do dólar pode ser equiparado por decreto e como isso se dá com a inflação de uns 30% ao ano. Mas estão todos respirando, como no Brasil ao tempo do Cruzado. Posso fazer uma comparação entre essa visita e a que fiz com Marina e as meninas em 1989 (?). Um professor primário ganha 200 dólares, um garçom 300, um operário 150. O salário médio está entre 200/300 dólares. Mas o custo de vida é o dobro do que no Brasil. Dizem que fora da cidade há miséria.

---

5. Ver crônica "Tango presidencial", *O Globo*, 15/2/1992.
6. Fui com o Madrigal Renascentista várias vezes cantar no Palácio da Alvorada para JK. Estive com ele quando assistiu (já em desgraça) à peça *Oh, Oh, Oh, Minas Gerais* e jantamos com os atores numa churrascaria de BH.

Mas a **BN da Argentina está incompleta**. Faltam livros. Há algumas revistas. Vão levar uns três a cinco anos para mudar tudo. Curioso como as BNs da ABINIA estão em boa fase e contribuindo para o desenvolvimento da cultura. **Virginia Betancourt** quer que eu assuma a ABINIA em outubro. Gostaria, mas seria um excesso de trabalho. E não há estrutura. Este ano, tudo foi possível por causa do Quinto Centenário da Descoberta da América, via Espanha, que pagou praticamente tudo.

22 de abril

Hoje, almoço na **Associação Comercial do Rio** (de cujo conselho faço parte a convite de **Stella Marinho**) em homenagem ao **Sérgio Rouanet**. Um convidado me diz que mandou minha crônica sobre "Mistérios gozosos" para um irmão diplomata na Europa, que a mandou para **Mário Soares**, presidente de Portugal.
Estranha relação e/ou circuito.

29 de abril

XXème Rencontre Québécoise Internationale des Écrivains – Viemos de novo, Marina e eu. Desta vez, em Mont Sabrine ficamos no Chantecler, mais moderno, luminoso, à beira de um lago gelado nesta estação do ano. Saímos várias vezes a caminhar ao redor do lago, uma vez nos perdemos nas montanhas perto da pista de esqui, outra saímos com **Vénus Khoury-Ghata** e **Jean--Marie Laclavetine** (Líbano/França). Lindo cenário. Sempre tocante, sobretudo para quem veio do Brasil.

O seminário foi melhor que o anterior, conhecemos **Paul Zumthor**, sobre quem no avião lêramos uma reportagem considerando-o como um sábio medievalista e linguista. Ele é simpático, fez a fala inaugural sobre o tema do seminário – *La Beauté*. Fez uma fala mais abrangente, referindo-se à questão de Platão etc. Laclavetine fez uma apresentação curiosa, irônica, e depois não falou mais nada durante três dias de seminários. Vénus é ótima. Alegre, contando casos tocantes do Líbano. Deu-me endereço para que a procuremos em Paris. Casos curiosos que contou:

1. A sala misteriosa onde os padres cristãos punham os corpos dos padres que morriam sentados numa cadeira, com as mãos amarradas, para trás. Assim ficavam suas caveiras ali expostas, um terror de sua adolescência;

2. Seu irmão, que saíra de casa cedo, voltou aos 25 anos, velhíssimo, sentou-se no colo da mãe e nunca mais saiu.

Jacques Godbout sempre provocativo, os demais já nem aceitam seus desafios. **Madeleine Gagnon** sempre suave. **Susan Ludwig** – poetisa americana falando mal o francês, mas ótima pessoa com quem poderia iniciar correspondência. **Susanna Tamaro** – e sua amante, a gorda e simpática **Roberta Massini**. Estava em pânico com o seu francês. **Naim Kattan** (desta vez com sua mulher, que ensina cinema na Sorbonne) falando ainda de sua paixão por **Julieta Drummond** e fazendo uma apresentação que deu margem a uma blague minha. O assunto era "beleza" e, como ele disse que no leito do hospital, ao ver o rosto da enfermeira, viu o resto do desejo, da vida, e como Marina ponderasse que o conceito de *beauté* que ele professava estava ligado à mãe, ele negou. Lembrei então um verso de Rimbaud, em que o poeta disse que botou a beleza no joelho e a achou amarga (*amère?*). Naim poderia dizer: *ma mère!* (Pura análise lacaniana minha.)

Sentei-me perto de **Fernando Saint Martin,** que foi muito fraterno e competente. Vi vários de seus livros no Museu de Quebec, que visitei com Marina. Hoje (sobre semiologia, cinema, pintura primitiva etc) **Jacques Brault**, bom poeta, bom texto, **André Ricard**, que prepara uma peça de teatro sobre um episódio da história de Quebec. **Paul André Bourque, Louis Clutier** etc.

Meu texto "Le surgiment de la Beauté"[7], crônica já publicada no *JB*, foi bem acolhido. Paul Zumthor comentou-o calorosamente.

Godbout me diz que Quebec tem uns 100 mil leitores de livros. Uns 20 mil são os que compram mais de um livro por ano.

---

7. Ver "Em torno da beleza", *O Globo*, 10/5/1992.

Para cada livro lido, sete são americanos, três *québécois*/franceses. No entanto, o livro *québécois* tenta substituir o livro francês (ficção), mas os canadenses estão cada vez mais americanizados, o que levará o país a se afastar da França.

3 de maio

Ontem fomos com **Bob e Laura**[8] ver no **City Hall** o concerto de **Ella Fitzgerald**, sua despedida.[9] Belo, lindo concerto. A multidão entrava pelo teatro aos magotes, como se fosse num campo de futebol. Todo mundo queria vir prestar homenagem à cantora, que deve ter uns 80 anos. Ela entrou no palco de braço dado com o pianista, chefe da orquestra, andando com dificuldade como se fosse cair.

Aplaudida, sentou-se num banquinho e começou a cantar. Então, a idade desapareceu. Está com uma voz mais grave, ondulando os graves ao estilo dos negros, como se tivesse rugas sonoras, mas os agudos continuam e a vitalidade é imensa. Quando começou a cantar, rejuveneceu.

Repetia "Thank you so much" o tempo todo, dizendo que cantava esta ou aquela canção a pedido. E o clima de simpatia e receptividade era tocante. Não sei quantas pessoas havia no auditório, mas a cidade inteira veio vê-la, reverenciá-la. Pretos, orientais, brancos, estrangeiros ou não. Exato nesses dias em que em Los Angeles morreram umas 40 pessoas e em que o país está à beira de nova *ravage*, como nos anos 60; então, esse concerto e a aparição no palco do prefeito de NY, ele preto, que fez um discurso de saudação a Ella – sinônimo da riqueza e pluralidade do país.

A apresentação foi dividida em duas partes. Pensei que ela não aguentaria mais uma. Mas voltou com um longo vestido azul –

---

8. Amigos. Ele, brasilianista com estudos sobre países europeus; ela trabalhou com Marina na Estrutural e em NY e é presidente da Global Health and Practice.
9. Ver crônica "Cantando entre chamas", *O Globo*, 6/5/1992.

e de novo arrebatou a plateia. Às vezes esquecia a letra, aí brincava com a plateia, inventava a letra e o público aplaudia. O que a levou a certa altura a dizer: "You make me feel at home".

Lá pelas tantas, tentando dizer alguma coisa a mais do que o simples *Thank you*, acabou por dizer que não era boa de fala, de discurso.

Fomos também ao **Metropolitan** ver a exposição **Mantegna**. Não era horário para isso, mas insisti mostrando nossos passaportes brasileiros e nos deixaram entrar. Esse é o tipo de exposição que me agrada: reagrupa, reinventa o passado, pois o que é dado como "novo" pela vanguarda geralmente é um equívoco. Mantegna – suas relações com vários pintores que retrataram os trabalhos uns dos outros, como no jazz. Ideia de amizade, trabalho conjunto, desinteressado. A autoria não era problema. Chamou-me a atenção que a inveja fosse um tema de sua obra, há mesmo um quadro em que a palavra "inveja" aparece escrita numa faixa que um personagem exibe. Fomos também ver a exposição de **arte de Benin** (Royal art of Benin), tão melhor que tanto trash contemporâneo.

Impressionou-me o texto do poeta canadense e meu amigo **Pierre Morency** de seu último livro, no qual se refere a uma conversa que teve num asilo/hospital, em que alguém lhe disse: "*Dire qu'il faudra quitter tout ça*", e a partir daí Pierre fez um belo texto, que leu na Bibliothèque Nationale na sessão que fizemos e que foi gravada para a Rádio Canadá. Ele relaciona no texto tudo aquilo que eu tenho pensado e que está em muitos de meus poemas sobre a velhice e a morte: olhar o mundo e pensar que terei/teremos que deixar tudo isso…[10]

Olhando as pessoas, sempre, seja em NY ou em qualquer parte, penso nisso, mas pensei em fazer também um texto ao

---

10. Retomei em 2014 o contato com Pierre e René: mais de 30 anos depois… Uma de suas filhas hoje é professora de literatura: "*le temps s'en va Madam*"…

contrário: citar tudo o que há de desagradável no mundo *qu'un jour il faudra quitter*.[11]

Visitamos o **Salon du Livre de Québec**, no Hotel Hilton. Não é tão grande quanto os nossos, mas, em compensação, os autores *québécoises* têm uma presença marcante: há retratos deles em toda parte, inclusive em todas as livrarias da cidade. É necessário fazer algo parecido quando houver bienal no Rio e São Paulo.

Canadá. Fomos ao Salon du Livre de Québec no Hotel Hilton. Contato com vários escritores.

Estou indo com Marina e Pierre Morency, poeta canadense, dirigindo o seu Toyota. Conversa vai, conversa vem, ele começa a fazer o elogio do carro e revela: comprou-o em grande parte com o dinheiro obtido com a **venda de seus manuscritos à Biblioteca Nacional de Ottawa** (não à de Quebec, onde vive).

7 de maio

Maria Lúcia Pazzo Ferreira vai à BN para entregar o documento oficial/convite para que eu participe da defesa da tese: "O erotismo nos poemas inéditos de Carlos Drummond de Andrade".

A revelação de que C.D.A. lhe passou os poemas eróticos. Foi co-orientador.

Ela é uma mulher pelos 60/70 anos, bonita ainda, com um ar de bailarina, cabelo puxado em coque, usando gola rulê, dois brincos expressivos. Aí, a revelação. Foi colega de Sion de **Lygia** (a amante de C.D.A.). Um dia, Lygia convidou-a para ir ao seu apartamento dizendo: "Vou-lhe apresentar alguém muito importante". Era Drummond. A partir daí, passou a frequentar o apartamento de Lygia para reuniões. Moravam no mesmo prédio. Até o dia em que Lygia cortou-a. Continuaram a amizade, visitava Maria Lúcia,

---

11. 9/12/2012: Por coincidência, sem me dar conta desse episódio escrevi o poema "Alívio", que está em *Sísifo desce a montanha*, manifestando o desafogo de deixar este mundo.

mas nunca mais a convidou, dizendo que estava surgindo entre eles dois uma "amitié amoureuse".

Drummond acabou por procurá-la. Começaram então uma relação secreta. Não sei se tinham relações. Creio que sim, pela paixão que ela ainda demonstra e por ter dito, lá pelas tantas: "É um egoísmo um homem assim pertencer a uma só mulher".

Ela acabou dando ao poeta um "número secreto de telefone" (que acabou, no fim da conversa, por pura transferência, me passando). Contou que Drummond telefonava para ela a partir da meia-noite, às vezes até às duas, depois que acabava com Lygia.

Diz que C.D.A. lhe contou que a relação com Lygia estava acabada havia 14 anos, que já era amizade. E que ela entrou na tríade só seis anos depois.

Disse-me que C.D.A. falava sobre mim e Marina. Que contou-lhe que comigo se encontrara e contara-me a sua vida amorosa. Realmente, isso aconteceu. Aquele encontro relatei num poema.

Disse que C.D.A. aconselhava-a a seguir minha tese e a ver como uma tese é feita, como modelo.

Ela tem muitos poemas e papéis, cartas dele. Que o poema sobre "No telefone à meia-noite" resultou de conversa com ela.

Pensei em pedir a ela que doasse todo esse material à FBN. Ela concordou, apenas me indagando (mas, desejosa) se isso não pareceria com aquilo que a Lygia fez recentemente, quando contou para a imprensa todo o caso entre os dois (sendo que Lúcia vê ali várias mentiras).

23 de maio

Na reunião interministerial **Seminário de Ações Integradas do Governo Federal,** faço contato com o ministro da Saúde – **Adib Jatene** – e com o ministro da Agricultura. Transformar a BN num centro de pesquisas ligado ao CNPq, uma forma de conseguir mais verbas, pesquisadores e ativar o acervo da instituição.[12]

---

12. Esse modelo de reunião deveria ser seguido por todos os governos: é integrador e, além de didático, dá uma ideia de conjunto do governo.

O difícil é compatibilizar o "outro Brasil", este real e o outro imaginário que a imprensa agita. A imprensa está interessada na briga entre **Pedro Collor** e **PC Farias**. O presidente mantém a pose e a liderança.

Ser presidente é um dos últimos cargos a que uma pessoa deveria aspirar. Por mais que faça, está sempre em débito e é apedrejado. Não é só ele, qualquer um. E este teve várias agravantes.

Curioso: estava distraído, no final do plenário, as pessoas saindo, o presidente também, e eu virado conversando com alguém quando ouço uma voz atrás, passando:

– Ô, Affonso!...

Era o presidente, a passos rápidos indo para a porta da saída. E, na fila de despedidas, cumprimentando-o, elogiando o caráter didático da reunião, em troca ele me diz:

– E o livro que você e Marina fizeram! Que oportunidade! Que coisa incrível!

Espantei-me com sua lembrança do livro (***Agosto 1991: Estávamos em Moscou***), mandado para ele seis meses atrás. Aliás, um livro que foi um fracasso de vendas. Alguém me disse que o pessoal de esquerda nas redações o teria boicotado. Será?

24 de maio

Espanto: é revelado que Collor ordenou 700 mil dólares da Petrobras para uma cantora percorrer o país com o show dela. Enquanto isso, na FBN ficamos à míngua. Nem um centavo para o Proler, cujo decreto de institucionalização saiu finalmente.

É de desanimar.

Os jornais falando da crise de Collor e seu irmão Pedro. Estão dizendo que ele, Collor, tem o PC Farias como testa de ferro, que devem ter 1 bilhão de dólares arrecadados. E eu acredito nisso. Assim é difícil continuar.

Como compatibilizar aquele presidente que me pareceu tão sério nas reuniões do seminário em Brasília e este?

27 de maio

O escândalo **Pedro Collor x PC Farias** continua. O país traumatizado.

Ontem, Collor fez uma declaração pela TV: correta, segura, necessária, dizendo que iria processar o irmão e pedindo desculpas ao país. Mas como acreditar que ele não participa ou não sabe das falcatruas do PC Farias? Desde que ele assumiu que meu irmão Carlos vinha me falando do PC e das comissões cobradas. Se Collor não sabia, é um estúpido, e não creio o que o seja. Se sabia, é um corrupto.
Como, então, manda investigar tudo com tanta ênfase?
Será a certeza de que nada vai acontecer?
O país está moralmente arrasado.

Fui à casa de **Maria Lúcia Pazzo Ferreira**, que me abriu tudo sobre sua relação com **C.D.A.** À porta do elevador, no hall, já chama minha atenção para um poema em pôster. Na sala do apartamento de alta classe média, vários posters com poemas dele.
Começa e me mostrar o material dentro de uma sacola de plástico.Vai doar tudo para a FBN. Mostra as cartas, os bilhetes e os textos que ele escreveu como "orientador" de sua tese – que examinarei na próxima quarta-feira. Mostra-me dois livros de arte e erotismo. Um sobre o Japão. Também as fitas gravadas, e depois os textos corrigidos pelo poeta, que aparece na tese. Também vários trechos que tirou de enciclopédias e livros, transcrevendo, à máquina, tudo para ela. Pacientemente. Mostrou-me também a boneca "Belkiss", que era nua e ele sugeriu fosse vestida. Também poemas de **Albert Samain** sobre "luxúria", e uma série de trechos de poetas brasileiros sobre as partes do corpo feminino, que ele copiou à mão. Há até **Gerardo Melo Mourão**. Duas vezes.
Foi de uma atenção e dedicação a ela notáveis.
Curioso. Espontaneamente, me diz:
– Ele não gostava do Silviano Santiago.
Uma vez ela estava na noite de autógrafos do **Gastão de Holanda**, e este apresentou-a a Silviano como uma pessoa que ele

deveria conhecer porque ela era íntima de Drummond. De repente, Silviano lhe diz:

– Bom encontrar alguém íntima de Drummond, porque quero saber o que ele acha do que escrevo sobre ele.

Ela olhou para S.S., chocada, e disse:

– Não tenho procuração do C.D.A. para dizer o que ele pensa sobre as pessoas. Mas posso lhe adiantar que ele jamais mencionou seu nome.

Disse ter falado assim para colocá-lo no seu lugar, pois revelou que C.D.A. não gostava das interpretações de sua obra feitas por S.S. Da mesma forma que C.D.A. lhe dava textos sobre erotismo, de que gostava, deu-lhe também do que não gostava, como exemplo: "Neste lençol", de **Moacyr Félix**.

– O pior – disse eu – é que o Moacyr o adorava. E ainda hoje na reunião da revista do Moacyr Félix, *Poesia sempre,* queria publicar uma velha entrevista com o poeta, como homenagem.

28 de maio

Jon Tolman, da Universidade do Novo México, Albuquerque, vem me ver na FBN e expõe seu projeto BARC. Fala-me que edita quatro revistas eletrônicas relacionadas com a América Latina. A pessoa pode copiar o material no seu computador. Quer fazer uma rede com a FBN, usar nosso banco de dados, de tal modo que tenhamos também acesso a esse material. Vai ter apoio da Tinker Foundation.

É espantoso. Em dois sentidos: o da tecnologia (banco de dados, bibliografia, publicações no computador) e mais: como o Brasil não tem pressa, os EUA passam a ser cada vez mais a fonte geradora/organizadora de nossa cultura. Eles têm tecnologia, têm organização. E nós, primitivos, tendo que brigar porque nos cortaram a luz de todo um andar (por não pagamento) lá na Debret. Esquizofrenia. Estamos ao mesmo tempo no primeiro e no terceiro mundo. A minha cabeça no primeiro, o corpo (a realidade) no terceiro.

Confesso que estremeci quando ele me disse que iria a São Paulo para fazer alguns acordos sobre, por exemplo, a "aldeia" –

que as crianças constroem no vídeo: uma criança americana fala com uma tailandesa e o computador, através de filtros, traduz diretamente a linguagem – são jogos verbais de comunicação. Na TV escola americana, as crianças índias fazem poemas, salvam suas lendas, recolhendo assim o folclore.

3 de junho

Houve a defesa de tese de Maria Lúcia Pazzo Ferreira na UNIRIO. Ela apareceu na Escola de Comunicação, onde foi a defesa da tese, vestida com uma camisa com o desenho/charge de Drummond. A camiseta vendida durante a homenagem a ele, há cerca de dois anos, quando Lygia Fernandes foi mais conhecida.

A tese foi bonitamente apresentada. Fiquei até na dúvida se teriam tido algum *affaire*. Ela criou um ar de encantamento, como se C.D.A. estivesse presente.

Arguí diplomaticamente, pois a tese é um produto acadêmico e afetivo e há que colocá-la não dentro das exigências triviais. No entanto, cobrei-lhe a análise dos outros 19 poemas, além dos 20 que Drummond privilegiou. Coloquei a questão do medo que as pessoas têm do pornográfico, pois várias pessoas entrevistadas por ela insistiam em dizer que os poemas dele eram eróticos, não pornográficos. Ele mesmo aventa a versão de que os leitores ficavam intimidados pelo peso/fama do poeta, muitos se negaram a dar depoimento. Minha teoria é que a separação entre o erótico e o pornográfico é relativa. É subjetiva e cultural. Algo pornográfico para um fundamentalista islâmico não o é para um americano. Tocar numa mulher, lá no Extremo Oriente, é quase um estupro. Entre os judeus ortodoxos, idem. Ver crônica que escrevi a respeito há seis anos, quando estive em Israel.

Ela doou os textos, cartas dela, documentos que C.D.A. passou-lhe, para a FBN. Fiz uma exposição desse material.[13]

Vi a peça **Sonho de uma noite de verão**, direção de **Werner Herzog** e produção de **Lucélia Santos**. Presentes **Shirley MacLaine**, com quem conversei dizendo ser amigo de Maurício Panisset

---

13. Ver crônica n'*O Globo*: "O erotismo em Drummond", 3/6/1992.

(adolescência em Juiz de Fora). Num dos livros de Shirley, ele ocupa um espaço como mago que a impressionou.[14] Ela, no Teatro João Caetano, não estava muito bonita, meio malvestida, acompanhada de **Ana Maria Sharp** e do senador **Hydeckel de Freitas,** seu anfitrião. Shirley descobriu o mundo dos espíritos.

No meio do espetáculo senti, com Marina, um forte e doce perfume no ar. Depois, no intervalo, **Eduardo Conde**[15] me mostrava, fazendo cheirar sua mão e a de um amigo: era o **Thomas Green Morton**[16] – o mago do interior de Minas que estava deflagrando suas essências com sua simples presença.

18 de junho

Duas e meia da manhã, insônia em **Granada (Espanha)**. Encontro de escritores, editores, comemorações do V Centenário da Descoberta da América, patrocinado pela Espanha.

Chegando em Madri, sugeri ao grupo:

– Vamos ao Museu do Prado!

Fomos. Revi **Velásquez, Goya, El Greco** e, sobretudo, **Bosch** – *O jardim das delícias*. Não consegui, dessa vez, chegar aos grandes quadros de Goya, os mais expressivos e maduros.

E ficam falando de "ruptura" em arte moderna!... Agora mesmo em Granada há uma exposição com obras de **Duchamp** e outros. Gostaria de vê-la para discutir isso melhor.

Há uma cópia anônima da *Mona Lisa* no Prado. Há também a *Anunciação* **de Botticelli,** vários **Rafael,** além de **Tintoretto** e outros.

Não deu para ver o prédio onde está **Picasso** e a *Guernica*.

---

14. Fui jurado de um Festival da Canção, em BH em que Conde cantou. Ele foi o ator de *Jesus Cristo Super Star*. Morreu em 2003.

15. No livro de Shirley (*Going within*) ela conta várias façanhas extrassensoriais de Maurício Panisset, que esteve com ela nos EUA. A internet tem mais informações sobre isso. Maurício fez a primeira experiência de TV em Juiz de Fora, anos 50. Era filho de D. Ambrozina e do meu saudoso professor de história João Panisset.

16. Muitos artistas brasileiros recorriam aos alegados poderes sobrenaturais de Green Morton para se curarem até de câncer.

Visita ao Pavilhão da Comunidade Europeia: entrada soturna, como se fosse um trem fantasma, onde se conta sucintamente a história da Europa: guerras, revoluções até o estágio atual. Mais de 100 telas multimídia mostrando a multiplicidade de faces da Europa. É o recado da hora. Isso se opondo às ondas separatistas: na Iugoslávia, na Espanha. Europa depois do fim do comunismo russo. Na Tchecoslováquia, fizeram em 80 a "revolução de veludo" sem sangue para liquidar o comunismo, enquanto os vizinhos da Iugoslávia se matam em **Sarajevo**.

Sarajevo, palavra estranha: 1914 – 1992. Os homens se matam como percevejos em Sarajevo.[17]

Volto em Sevilha ao espaço da Dinamarca: vasto, alto, prédio imitando um barco viking, onde projetam cenas do país. A gente vê tudo assentado. Tedioso. Vi também o pavilhão da Alemanha, consagrado às descobertas: grandes espaços para a aviação, zepelim. Réplica dos aviões do princípio do século, dependurados nos espaços. Lá fora, grupos folclóricos alemães cantavam. E uma parte dedicada às celebridades alemãs: **Koch, Einstein, Humboldt** etc. Havia fila nos pavilhões de Portugal, França, Bélgica, Itália, EUA.

20 de junho

Washington Benavides, poeta uruguaio, me traz traduções que fez de textos meus e de Marina e me apresenta o ex-presidente do Uruguai **Julio Sanguinetti**, que está também nesse encontro de Granada. Durante uma das sessões, ele fez uma caricatura minha. Fiquei agradavelmente surpreso e pedi o autógrafo dele no desenho, talvez para o acervo da Biblioteca Nacional. E seguimos conversando. Mostrou-me o telegrama de **Juan Carlos Onetti** que dizia que ele, Sanguinetti, era a "la esperanza". Onetti vive na Espanha. Segundo dizem, estirado numa cama.

Estamos conversando também com **Julián Murguía**, que dirigiu o Instituto do Livro do Uruguai e é colega no conselho do

---

17. Em 1914, o assassinato do duque Francisco Ferdinando deslanchou a Primeira Guerra Mundial e, entre 1992 e 1995, houve a Guerra da Bósnia.

Cerlalc (na Colômbia), e com **Márcio de Souza**, e surge a ideia de irmos à casa de **García Lorca**. Convidei Julián e Sanguinetti, que toparam

Em **Granada** para o encontro de escritores e editores dentro das programações do Quinto Centenário da Descoberta da América. Visita também à exposição internacional de Sevilha. logo. Não havia condução. Esperamos um táxi, disputando com outras pessoas durante uns 15 minutos. Sanguinetti também, erguendo a mão para chamar táxi como um cidadão comum. Conseguimos. E lá fomos, na direção de **Fuente Vaqueros**. E Sanguinetti falando de literatura brasileira, com conhecimento, o que me impressionou. Elogiou **Guimarães Rosa**, seu estilo, referiu-se a *Grande sertão: veredas*, depois a "A terceira margem do rio", que considera um dos contos mais perfeitos. Depois falou também sobre **Clarice Lispector**. Com a mesma admiração. Perguntou-me quem era o maior poeta brasileiro, falei-lhe de **Drummond**, que ele admirava.

Sanguinetti falou com desalento sobre o Brasil desses dias. Dei-lhe minhas teorias sobre as contradições estruturais de Collor – que reúne o velho e o novo, ímpeto de mudança, mas ligado a estruturas arcaicas. Lembrei-lhe, então, que o vi falando como presidente do Uruguai na **Conferencia de Cumbre em Acapulco**, que reuniu oito chefes de Estado latino-americanos. Estava lá naquele seminário organizado por **Octavio Paz**, seminário que continuou na Cidade do México.

Chegamos à casa de Lorca em Fuente Vaqueros. Sanguinetti vai bater à porta da casa, que estava fechada. Procuramos pelo homem da chave da casa. Pensávamos já ter perdido a viagem, e nos consolávamos pensando que ter saído só para ver o campo já era um ganho. Veríamos a casa por fora.

Mas quando Sanguinetti bateu à porta apareceu um senhor chamado Pepe. Disse-nos para esperar, que estava atendendo a uma pessoa. Então, brincando, cochichei pro Pepe:

– Sabe quem está aqui? É o presidente do Uruguai!

A partir daí, tudo mudou. Pepe ficou mais rápido. Entramos. Ficamos no pátio, de uns três ou quatro metros quadrados, Julián tirando fotos nossas junto ao poço ou na sala de entrada.

Pepe despediu-se do grupo de turistas e passou a nos acompanhar. Atravessamos o pátio interno: mostrou-nos a casa, o quarto, a cama, o berço, o piano com a partitura aberta. Casa modesta, espanhola. E eu me lembrando adolescentemente da biografia de Lorca feita por **Edgard Cavalheiro**. E mais: do soberbo espetáculo *A casa de Bernarda Alba*, que o **TAP (Teatro de Amadores de Pernambuco)** encenou em Belo Horizonte em torno de 1960. Nordeste e Espanha têm algo em comum. E do outro lado, no segundo andar, nos fez ver um vídeo de uns dez minutos, com uma cena filmada com Lorca e seu grupo teatral, **La Barraca**. Foi bom ver a casa de Lorca, ver seus gestos, seu corpo, sua simpatia. No vídeo, o poeta aparece de macacão escuro com seu grupo montando e desmontando cenários. Poeta admirável! Curioso como todos sabemos tantos versos de Lorca! E eu ali, perto de Lorca, dos objetos que eram seus, as montanhas ásperas de pedra, a paisagem seca no verão granadino.

Alhambra: visita. Lindo lugar no alto do monte onde uma vasta floresta esconde o que sobrou dos castelos árabes, do harém e da mesquita.

Depois do almoço no Carmen de los Mártires ("Carmem"= sítio, bosque), o guia, um rapaz alto e moreno, nos explicava: apontou o quarto onde o rei (ou sultão?) mandou degolar os seis cavaleiros de uma determinada estirpe, por ter surpreendido um deles, à noite, atrás de um cipreste num entrevero amoroso com a mulher do soberano. Não podendo identificá-lo, mandou matar os seis. Lá estava o cipreste, que viveu centenas de anos e só morreu há oito. Teria vivido, portanto, uns 600 anos.

Irwing Wallace, que foi cônsul em Alhambra, escreveu *Cuentos de Allambra*, livro no qual recria essas estórias. Diz que essas condenações foram por razões políticas, não sentimentais. De qualquer modo, ao lado do cipreste está uma inscrição dizendo que foi ali que o rei surpreendeu sua mulher e o amante etc...

Votamos a Alhambra na noite de sexta-feira para assistir a um espetáculo de balé, do **Canadian Ballet,** dançando **Debussy** e **Prokofiev**, mais *Sombrero de tres picos*, de **De Falla**. Este com os supostos desenhos dos figurinos feitos por **Picasso** à época. O espetáculo foi correto, mas frio.

Dizem que foi preciso um computador para se recuperar a coreografia de Massine.

Só um representante de cada país pôde assistir ao espetáculo, pois não havia ingressos para todos. Foi lindo: o anfiteatro, com os ciprestes rodeando o palco, as árvores e os jardins nos envolvendo. Começou às 23h10 da noite e terminou às duas e meia. No intervalo, outro espetáculo imprevisível: saímos para caminhar pelos jardins, ver a lua, as torres dos castelos iluminadas. Atmosfera encantada. E eu, brasileiro, pensando obviamente na segurança das pessoas, comparando com a mesma situação no Brasil.

Ao final, voltamos de ônibus pelas ruas encantadas de Granada, onde de dia havia ocorrido uma fabulosa procissão de Corpus Christi e por onde as mulheres passavam airosas, vestidas à sevilhana, com as mais variadas cores, babados etc. Até crianças desfilavam.

O **Ferial**: lindo parque de diversões, imenso, onde as famílias, clubes e entidades constituem espaços próprios, separados, armados em forma de tenda, simplesmente para bailar e comer. Na porta de entrada, sempre um segurança. É o carnaval granadino. Um carnaval familiar, em tablados, todos dançam flamenco, graciosamente: mulheres com mulheres (ou com homens), pessoas de todas as idades.

Come-se de tudo: torrone (que comprei), churros com chocolate. Bebe-se muito. Parece também uma quermesse. Devia ter mais de 20 mil pessoas. Dança-se até amanhecer. E as lojas sempre estão fechadas à tarde, nessa semana de feriado.

Ministro da Cultura da Espanha (Jordi) me pediu para lhe contar aquela estória do aluno na Califórnia sobre Camões, o aluno que assim respondeu à minha pergunta se sabiam por que Camões escrevia em espanhol e português:

– Yes, I know. It's because he didn't know English![18]

---

18. Narrei isso melhor na crônica "Se Camões escrevesse em inglês" (*Ler o mundo*, Global, 2011).

Volta ao Brasil. Visita no dia seguinte a **Brennand**[19], que me recebeu gentilmente e me contou que, quando estava em Paris, viu no ateliê de **Balthus** um cenário que apareceria num dos quadros do pintor. Vou fazer uma crônica sobre ele.[20]

9 de julho

Almoço com **João Condé** depois de ver seu apartamento na Voluntários da Pátria. Ali mostrou-me manuscritos de *Mar Morto* (**José Lins do Rego**), *Angústia* (**Graciliano Ramos**), *Mitos do nosso tempo* (**Alceu Amoroso Lima**), biografia de *Rio Branco* (**Álvaro Lins**), **cartas de Sobral Pinto e Oswald de Andrade e** *Aspectos da Literatura Brasileira,* de Mário de Andrade, com prefácio escrito à caneta, duas páginas.

E pastas dedicadas a cada autor. Muitas. Tem carta de **Mallarmé, Casimiro de Abreu**, escritores portugueses. Um tesouro. E ele contando estórias de **Zé Lins, Graciliano** e outros. Ali, "Brejo das almas" copiado à mão pelo próprio **Drummond**. Idem **Manuel Bandeira** e seu "Libertinagem".

E muitos quadros na parede.

Tenho planos de poder levar isso tudo para a Biblioteca Nacional.

Estórias que contou:

Roubou um jornal do **Museu Camilo Castelo Branco**. Tirou-o de repente, por uma portinhola aberta. Era *A pelegada*, editado no Brasil contra os lusos. Na margem, **Camilo** escreveu: "Como os habitantes de um país de merda podem falar mal de minha pátria".

Anos mais tarde, confessou o roubo a **Mário Soares**, que ficou rindo (creio que perplexo).

---

19. Estou relendo em 2013, voltando do Recife, onde revistei Brennand acompanhado de Carlos Pragana, que em maio de 2009 fez grande exposição "O homem e sua sombra" no Museu do Estado de Pernambuco, a partir dos poemas com o mesmo título. Brennand me ofereceu uma de suas belas esculturas, que tenho em minha sala.

20. Publicada em *O Globo* (18/7/1995), esta crônica está em *Ler o mundo*, Global, 2010.

Gostava de roubar documentos e contar. Pediu a **Américo Jacobina Lacombe** (Casa Rui Barbosa) para examinar cartas de **Rui Barbosa** para uma reportagem. Américo dizendo que poria uma secretária ao lado para vigiá-lo. Ela sentou-se diante dele. Ele pedia uma ou outra pasta, um ou outro de arquivo, e observava quantos segundos ela levava para atendê-lo. Indicou uma certa pasta (depois que descobriu três cartas lindas de Rui para as filhas, recomendando banho de mar para saúde). A secretária virou-se e ele roubou as cartas. Américo Jacobina passou, perguntou como iam as coisas e, vendo a secretária ali sentada, tranquilizou-se.

Tempos depois, numa festa, disse a Américo que precisava confessar-lhe uma coisa. Confessou o roubo, mas Lacombe não acreditou.

Samuel Koogan, em Belo Horizonte, recebeu a visita de Condé e **Carlos Lacerda**. Condé ficou maravilhado com a quantidade de quadros, sobretudo de **Guignard**, expostos na parede. Quando Koogan se afastou um pouco, Condé arrebatou da parede um pequeno Cristo crucificado.

– Ele não notou? – perguntei-lhe.

– Ele tinha tantos, na hora nem reparou...

Meses depois, Koogan vem ao Rio e chama Condé para um almoço. Lá pelas tantas, diz:

– Fico meio sem jeito, mas tenho que dizer que depois que você e o Lacerda passaram lá por casa dei falta de um Guignard. O Lacerda sei que não foi...

Condé desconversou.

Meses depois, Koogan volta ao Rio e chama-o de novo para um almoço. Começa a falar do quadro "faltante" e lá pelas tantas diz:

– Lembra daquele Guignard que sumiu lá de casa? Pois ele não pode ficar sozinho. É par desse outro aqui – disse, mostrando a Condé uma Madona. – Trouxe-o para você.

17 de julho

Converso por telefone com **Heloísa Ramos**, mulher de Graciliano Ramos, a propósito da homenagem ao autor que faremos na FBN.

Falante, alegre, comunicativa, diz que lê minhas crônicas e as de Marina. Refere-se a uma – que é de **Guilherme Figueiredo**, como às vezes acontece.

Revela-me coisas: tem seis cartas de amor de G.R. que a **Marilena Chauí** vai publicar pela prefeitura de São Paulo. Seduzo-a para que mas dê ou para copiar e restaurá-las ou como doação. Ela se encontra disposta. Indica-me **Luisa**, mulher de **James Amado**, na Bahia, que tem duas outras. Fala sobre **Moacyr Santanna**, o arquivista de Maceió, que tem coisas de G.R.; refere-se a Ricardo (filho), que acabou de escrever a biografia do "velho". Diz que ele até parecia com o pai, elaborando com tanto cuidado *Memórias do cárcere*.

Clara Ramos, filha, por coincidência, ligou oferecendo coisas do velho Graça.

Tenho que administrar os conflitos familiares.

18 de julho

Almocei com **Roberto Marinho** na TV Globo. Ele havia me convidado várias vezes. Sugeri levar Marina, mas percebi que ele queria um papo só nosso. Pediu-me no meio da conversa para chamá-lo de "você". Esforcei-me.

Deve ter hoje uns 87 anos. Faltam-lhe alguns nomes e sobrenomes na conversa. Eu complementando. Telefone, no meio do almoço. **Roberto Campos**. Atende. Depois, me pergunta se R.C. havia marcado para amanhã ou terça-feira o compromisso. Pareceu-me ter ouvido "amanhã", digo.

Referiu-se muito ao **Brizola**. Contou aquela estória de o Brizola não ter olhado a esplêndida paisagem que se vê de sua mesa de trabalho. Volta e meia referia-se a Brizola, está ressentido com ele.

Sua aparência é a de um homem ameno e cordial. Custa a crer que construiu seu império com mãos de aço.

Fiz-lhe sugestões sobre como melhorar a parte literária de *O Globo*: incluir **DaMatta e Wilson Martins**, coisas que havia sugerido há tempos. Lembrou-se de um papel que lhe dei com sugestões, pediu cópia. Anotou esses e outros nomes

Contou de um concerto do **Arnaldo Estrela** em sua própria casa, em que convidados conversavam deseducadamente.

Relatou que **Tancredo** foi o presidente com quem mais se identificou, que este até lhe pediu que só não indicasse o ministro da Fazenda, que qualquer outro, sim. Contou como convenceu **Olavo Setúbal** a ser ministro das Relações Exteriores, em vez de ministro da Fazenda. Referiu-se à sua ex-mulher Ruth como a "portuguesinha", lembrando que ela foi terrível com ele, e deu um exemplo: passou certa vez uma tarde inteira até meia-noite conversando com Setúbal em seu gabinete, e Ruth pensando que ele estivesse com alguma mulher.

26 de julho

A situação está pavorosa. Jornais jogam diárias **acusações contra Collor**. Hoje, o *JB* diz que **PC Farias** manipula 30% do orçamento nacional. Ontem, que ele pagava 20 mil dólares mensais à **Rosane** (esposa do presidente). Fica parecendo que o presidente é mesmo um irresponsável, um louco, um ladrão sem precedentes.

O país está arrasado.

Amanhã, o secretário particular de Collor, **Cláudio Vieira**, vai tentar explicar/assumir tudo, o caso do dinheiro do Uruguai etc. Acho impossível explicar-se dignamente.

Mário Machado, do IBAC (Funarte), me diz da conveniência de a gente cair fora do governo quando algum ministro de prestígio se mandar.

Seria uma lástima: para a questão das bibliotecas, por exemplo.

Sim, por exemplo, só nesta na sexta-feira eu consegui:

– a doação à BN de 30 mil peças teatrais da SBAT, muitas inéditas, manuscritos;

– que a IBM patrocine o congresso da IFLA (International Federation of Libraries Association), que seria na BN, no Rio;

– que a IBM faça uma multimídia da BN (de graça) para ser exposta na Bienal do Livro de São Paulo;

– que o diretor do Banco do Estado do Espírito Santo, **Luiz Fernando Victor**, colega de atividades políticas no tempo de DCE em Minas, se interesse em patrocinar o projeto Leia Brasil (caminhões biblioteca) no seu Estado;

– que o **Ferdinando Bastos**, da Listas Amarelas, se interesse em publicar uma coleção de livros junto com a BN; seria em papel jornal, barato, ao alcance do público. Isso seria feito com as sobras das máquinas que produzem as Listas[21];

– de manhã, visitei as obras na Casa da Leitura em Laranjeiras, que será a sede do imenso programa de Leitura no país;

– e à tarde, batendo de frente com tudo isto, a loucura burocrática e administrativa: o **Emerson, da Secretaria de Cultura,** lá de Brasília me informa que o orçamento da Secretaria foi cortado de 105 bilhões para 25 bilhões, ou seja, um corte de três quartos para 1993.

2 de agosto

Panteon/Caracas. Voo Rio-Caracas: para inaugurar a exposição **Testimonios del siglo XVI – XVIII** e reunião da ABINIA.

Inauguração hoje da exposição sobre os livros dos séculos XVI-XVIII. Fomos de ônibus ao **Panteón de la Patria**: é como uma igreja mesmo. No lugar dos santos, os heróis; no lugar do altar, o esquife de Bolívar. Pelas paredes, esculturas de outros generais latino-americanos. A mística da pátria. Analisar isso. Lembrar o que fizeram os franceses em 1789 com os seus heróis.

Entramos. Uma fila de soldados a cada cinco metros, até o altar. Fomos conduzidos, uma parte dos diretores da ABINIA de cada lado do altar. Lá em cima, ao lado, um sargento que dava ordens para apresentação das armas, toque de clarim ou de tarol. Um "leitor" chamava o nome dos presentes. Bonito, emocionante como chamaram **Carmen Lacambra**, presidente da BN da Espanha: "representante del Reino de España".

A "igreja" (ou panteão) vivamente iluminada. Olho a cara dos soldados mestiços, seriíssimos, Estamos a um passo do ridículo. Esqueceram o nome de uns cinco representantes de países/bibliotecas e tivemos que soprar ao locutor.

---

21. Depois que saí da FBN, Ferdinando editou dezenas de livrinhos em forma popular num projeto do qual participei: "Que presente te dar", Exped.

Depois, na inauguração da exposição muito linda, atropelos. O **presidente Carlos Andrés Pérez** entrou com poucas pessoas. Fui apresentado ao presidente três vezes. Fomos depois para um almoço na casona presidencial. Parece uma fazenda colonial. Fiquei na mesa presidencial ao lado da mulher do ministro do Petróleo, que já foi ministro da Educação, com o qual também conversei.

Ao final do almoço, **Virginia Betancourt** me provoca para que fale com o presidente Pérez, ali na mesa em que estávamos assentados. Duas, três palavras sobre a crise brasileira (Collor, escândalos). Quando nos despedimos, lhe perguntei:
– Usted tiene algun mensaje para el presidente Collor?
– Estoy muy preocupado, la situación es grave. – E seguiu falando que já tinha passado por momentos difíceis, terríveis.[22]

Pérez, em seu discurso para todos os presidentes das BNs, destacou que já havia recebido em sua casa alguns dos representantes mais ilustres, mas nenhum tão ilustre como o daquele dia – o livro. Elogiou a integração pelo Pacto Andino, pelo Mercosul, como etapas da nossa modernização.

No **Museu de Arte Contemporânea, Rafael Gomensoro**, do Uruguai, e eu nos divertimos inventando interpretações para os quadros que eram vistos pelos estudantes boquiabertos.

Brasil. **Maria Fernanda**, filha de **Cecília Meireles**, conta a Marina numa longa conversa telefônica a propósito de fadas e do último livro de Marina. Cecília às vezes dizia às filhas: "Vamos viajar!". Vestia-se, fazia as malas, se despediam da empregada, depois batiam a porta, abriam-na de novo, se sentavam em torno de um tapete ou jarro, e Cecília começava a viajar para a Índia, Egito etc. Lindo.

---

22. Pérez foi deposto em 1993 e passou por duas tentativas de golpe, onde sobressaía a figura de Hugo Chávez. Em 2016, Maduro, sucessor de Chávez, deve cair a qualquer hora.

4 de agosto

Caracas, Hotel Ávila, aguardando **João André** e **Ronaldo Fernandes** (da embaixada) para ir ao aeroporto. Conversa na piscina com **Alberto Filippi (Venezuela), Enrique Pavon (Argentina), Rafael Gomensoro (Uruguai)**. Falou-se muito de **Bolívar, Mitre, Perón, Sucre, San Martin**, dos heróis que são comuns aos hispanohablantes. Para nós, não passam de ruas do Leblon, digo, meio irônico, ouvindo Rafael falar de datas, generais, batalhas entre Uruguai, Brasil, Argentina.

No Brasil é diferente. A sensação é de que o território nos foi dado por Deus (realmente, nunca estudamos a história de nossas fronteiras nas escolas). Nos ensinaram (apesar de **Sérgio Buarque** e um ou outro historiador) que o gado saiu pastando, pastando e a fronteira foi elasticamente se alargando. Sem que ninguém reclamasse.

15 de agosto

Ontem, na FBN, recebi **Luís Carlos Prestes Filho** para uma conversa. Veio trazer umas fotos de **Graciliano Ramos** para a exposição dos 100 anos deste. Imagens de Graciliano discursando para **Prestes**.

Luís Carlos simpático, olhos claros, estatura do pai, conversava amigavelmente. Chegou Marina, que almoçou comigo (eu, ela e **Myriam Lewin**).

Em pé, conversando comigo, Luís Prestes Filho me dizia:

– que quer passar à BN o arquivo do pai: seu diário, correspondência etc. Ficará fechado/lacrado, com consulta só autorizada pela família;

– que tem cartas para Fidel, onde menciona pessoas ainda vivas;

– que tem um **irmão – Iuri,** em Moscou, fazendo História, e que também tem cópia do que há de seu pai lá na Rússia. Chama-o de "velho" com carinho;

– que teve um encontro clandestino em Moscou com **Honecker** (ex-primeiro ministro comunista na Alemanha Oriental) na embaixada do Chile, para falar sobre o pai e seus documentos do outro lado da Alemanha: "Uma coisa surrealista, esse encontro clandestino de comunistas";

– sobre **Hércules Correia**, que andou recentemente dizendo publicamente que Prestes parecia agente duplo, pois volta e meia sua documentação (e do partido que estava com Prestes) caía na mão da polícia;

– que ainda há problemas com **Anita** (filha de **Olga Benário**);

– que a posição de Prestes nos últimos informes da KGB era positiva, pois dizia que ele tinha apoiado Brizola etc.

ACERVO CURT LANGE – Ontem também a confirmação, via fax, de **Ronaldo Fernandes** (na Venezuela) de que o Curt Lange, lá de Caracas, depois de minhas visitas, quer doar o acervo à FBN.[23]

29 de agosto

British Airways – Rio–Londres–Hong-Kong–Deli–Pequim

Congresso da IFLA, convênio com a FBN da China.

Pode o presidente Collor cair a qualquer hora ou continuar a resistir como um porco quando leva facadas para morrer. Isso seria uma ótima crônica, lembrar o tempo do sítio do tio Vicente, lá no Mundo Novo, em Juiz de Fora: a terrível morte do porco, os grunhidos que dava quando a faca não lhe acertava diretamente o coração.

Porco, porcaria: metáfora que Collor mesmo lançou ofensivamente há algumas semanas. Cairá na nossa ausência? Nunca havíamos visto o país numa coisa tão vil e deprimente. Sua mulher – Rosane – hoje foi condenada a devolver cento e tantos milhões que gastou em festa com dinheiro da LBA (juntamente com sua secretária, Eunice).

Na CPI, durante cinco horas denúncias, a TV irradiando tudo.

---

23. O acervo Curt Lange acabou adquirido pela Universidade Federal de Minas Gerais em 1995.

Algumas pessoas nessa viagem dizem que há murmúrios de que eu seria o próximo secretário de Cultura. Outra vez? A ideia me agrada como reconhecimento de meu trabalho, não me agrada enquanto realidade.

Bienal de São Paulo, onde lançamos o **II Encontro Internacional de Agentes Literários,** presentes 15 deles, a maioria estrangeira.

Editores reclamando nos jornais que as edições brasileiras baixaram para 3 mil, 1,5 mil exemplares, que o Brasil chegou a produziu 400 milhões de livros, produz agora 200 milhões.

EUA lançam 50 mil títulos novos anualmente, Alemanha, 60 mil. Os agentes literários querem financiamento para nossa literatura. Novo plano para chegar a Frankfurt em 1994 com mais traduções.

Acabei de receber a introdução que fiz para ***O amor natural,*** **de C.D.A.** É um guia de leitura dos poemas com uma citação do **Manolo,** seu genro, e de **Maria Lúcia Pazzo Ferreira,** que estudou o erotismo no poeta. São duas análises importantes e distintas.

Glauco Rodrigues está chateado porque não aproveitaram seus desenhos nesta edição. Dá entrevista alegando que os herdeiros disseram que seus desenhos são pornográficos.

Em outubro sai a 4ª edição de *Drummond: o gauche no tempo*, pela Record.

Ontem, **Olímpio Mattos**, na FBN, encontrou no arquivo do antigo INL, no Anexo, os originais de um perdido livro de C.D.A., seu **dicionário de pseudônimos**. Estava junto com um material de **Galante de Souza**, parece, numa enciclopédia.

Maria Lúcia Pazzo chateada com a matéria de **Marília Martins** explorando o escândalo dos poemas eróticos de **Drummond + Lygia**. Lúcia está triste. Respeita a memória do poeta. Contou-me que o poema "Amor pelo telefone à meia-noite" foi lido por ele para ela. Ela disse-lhe que achava o poema meio fraco. Tinha essa liberdade/coragem. Desconfiava de que o poema fosse para ela, desde que me disse que tinha um telefone que ela usava para falar com ele depois da meia-noite.

Avião para a Índia[24]: No voo, projetam um filme indiano. Multidões dançam, mulheres lindas, coloridíssimas, dançam erguendo o braço, balançando os quadris. Dois cantores postados em lugares diferente na multidão cantam, dramatizam a paixão, uma competição amorosa. Falo com a aeromoça, que confirma: é um dança folclórica, uma festa que começa amanhã. Olho tudo encantado.

Estou indo para o Oriente disposto a achar tudo fascinante. A moça dança para seduzir o rapaz, que parece que vai para a guerra. Ela se despede, lágrimas nos olhos, um coro de bailarinas dançando com uma bandeja de onde sai um fogo e um elefante: ídolo arquetípico que agora é transportado num baldaquim em procissão. Tem quatro braços e uma tromba que desce pela face humana. Que é isso? Um bumba-meu-elefante? O animal totêmico.

Outra mulher com um prato de comida rodopiando com uma oferenda. Ela canta e o coro a secunda. O homem recebe a oferenda e dá-lhe algo em pagamento, que ela recebe dançando.

Parece um pouco com filmes dos anos 40/50 (Dorothy Lamour, Robert Taylor). Mas é indiano. E estou adorando. E lá vai o elefante-mulher conduzido pela multidão na rua. Um Círio de Nazaré na Índia? A coisa prossegue, estatuetas de elefantes pelas ruas.

E segue outro filme indiano. Aparece um rifle com mira telescópica na mão de um franco atirador oculto na dança. Quando ele vai atirar, um rato sai de dentro do elefante, por um buraco, caminhando, e o filme acaba misteriosamente.

(Ao meu lado, um indiano escarra dentro de um saco de papel.)

---

24. Estava indo ao congresso internacional da IFLA.

Coisas deste voo: primeira vez que vejo um cinzeiro no toalete do avião, embora esteja escrito: *"no smoke"*. Desde que aquele avião da Varig caiu no aeroporto de Paris que fumar a bordo é proibido. Não nesse avião indiano.[25]

Vejo numa revista um recorte onde a filha de Reagan, Patty, ataca o pai dizendo que ele a espancava.

10 de setembro

Aeroporto de **Hong Kong,** voltando de Pequim: enviar crônicas sobre Índia e China para *O Globo*.[26]

26 de setembro

Telefona-me **Ângela do Rego Monteiro** (coluna Swan – *O Globo*), ansiosa, dizendo que um assessor de **Itamar Franco** disse que eu seria o novo secretário[27] de Cultura, logo que Collor cair na terça-feira. Desconverso dizendo que naquele dia estarei indo para Frankfurt e Espanha. Telefona-me **Mário Machado** (IBAC/Funarte) dizendo que meu nome é o primeiro da lista. Fala de abaixo-assinado para eu ser secretário de Cultura. Insiste. Desfila vários argumentos pelos quais eu deveria aceitar.

---

25. Recebi, chamuscada, uma carta minha para Linda Nemer, que vivia em Paris. A carta estava no avião da Varig que caiu num campo de cebolas perto de Paris, matando dezenas de pessoas, como o cantor Agostinho Santos. Estranha sensação de "estar" através desta carta no avião que caiu.
26. Ver crônicas em *O Globo*: "No caminho das Índias" (6/9/1992), "Indo ao Taj Mahal" (13/9/1992), "Deixando de lado os marajás" (19/6/1992), "A China se avizinha" (20/9/1992), "Aos pés da Grande Muralha" (23/9/1992), "Os pés das mulheres chinesas" (30/9/1992). Ou ver o livro *Perdidos na Toscana* (L&PM), que reúne crônicas de viagem.
27. Saiu na coluna do Swann (*O Globo*): "Intectuais amigos de Itamar Franco estão apostando no poeta Affonso Romano de Sant'Anna como sucessor do embaixador Rouanet na Secretaria de Cultura. Assim como o vice, o atual presidente da Biblioteca Nacional é de Juiz de Fora e foi contemporâneo de Itamar Franco nos velhos tempos do Colégio Granbery".

No dia anterior, **Ana Regina, Márcio de Souza e Tomás de Aquino** vieram se reunir comigo para pedir que eu não viajasse porque, na transição, eu era peça importante e poderia ser chamado para ser secretário de governo. Desconversei manifestando horror ao cargo.

Ivan Junqueira, no final da reunião da revista *Poesia sempre,* me diz que todo o IBAC (Funarte) conta que serei o novo secretário.

Xavier, chefe do gabinete do **Rouanet,** disse-me que referiu meu nome aos jornalistas como um dos prováveis sucessores. Todo dia alguém da área artística vem me falar disso. É complicado. Complicadíssimo. Primeiro, é um tipo de atividade que: a) me obrigaria a morar em Brasília; b) conversar com políticos, c) não há verba: cortaram 80% do orçamento para o ano que vem, e d) não há uma boa equipe em Brasília.

Aguardarei até segunda-feira para saber o que fazer. Adio a viagem?

O paradoxal disto tudo é que na quarta-feira posso acabar nem sendo mais presidente da FBN, caso Collor derrote o pedido de impeachment.

3 de outubro

Caiu Collor no dia 29 de setembro, quando a Câmara de Deputados aprovou o impeachment por 400 e tantos votos contra trinta e poucos. Ontem, dia 2, **Itamar assumiu.** Collor saiu do Palácio vaiado. Cena patética. Ficará seis meses impedido e se defendendo diante do Senado. Um ator. Mas que exerce fascínio sobre a população.

Itamar é mais doméstico, gente como a gente. Mas fez ministério fraco, contestado.

Continuam boatos de meu nome para o Ministério da Cultura. Telefonemas de rádios e jornais buscando confirmação. Pessoas pedem emprego. Na FBN, clima dúbio: não querem que eu saia e querem que eu suba para melhorar a área da cultura. É uma gangorra exaustiva. Todo mundo açulando, a *Folha, O Estado,*

O Globo etc. dando meu nome entre outros. É exaustivo. **Sylvia Paixão**, ex-aluna, joga o I-Ching e diz que devo aceitar e que terei êxito. Dois hexagramas: ascensão e modéstia.

Viajo para a Espanha.

5 de outubro

Sucessão no Ministério. Estou aqui em **Madri, Hotel Sanvy,** na praça em frente à Biblioteca Nacional onde os 22 diretores de BNs da ABINIA inauguramos hoje, com o ministro da Cultura **Jordi Soler**, a exposição "Testimonios", com centenas de obras do período colonial (claro, inclusive as brasileiras).

Aqui na Espanha, os colegas me incentivam. As notícias estão confusas. Muitos nomes subindo e descendo. Agora surgiram: **Fernando Morais, Eduardo Portella, Parreiras, Darcy Ribeiro**. E **José Aparecido** quer o cargo na **UNESCO**.

Ainda outro dia, a **Ana Duarte** (da Editora Rocco, ex-mulher do **Torquato Neto**) me dizia: "É curioso que não tenho ouvido uma única crítica ao seu trabalho, só elogios".

A *Veja*, sob comando de Mário Sergio Conti, diz esta semana que como candidato ao Ministério sou "um poeta medíocre e um burocrata arrivista".

8 de outubro

Visita ao **Escorial** com diretores da ABINIA.

Ao lado, paisagem de pedra e mato. Agreste. Súbito, as torres do que poderia ser uma igreja, quartel, prisão. Tudo isso, mais o palácio. No entanto, de palácio não tem nada. Não tem luxo, não tem decoração. Corredores e corredores com arcadas. Silêncio. Espaço.

A visão da nave central, a partir do andar do coro, é impressionante quando o altar está iluminado: que assim o surpreendi, enquanto os outros se detinham em outras coisas. Esplendor.

O pequeno **frade Agostino** de cabeça branca nos explica na sala da biblioteca por que os livros estão todos ao contrário, ou seja, com a lombada escondida e as folhas douradas à mostra:

aumenta a luminosidade do ambiente. E é bonito. Confessou que alguns livros não têm nada escrito. O dourado é que é fundamental para clarear a cena.

Numa outra sala da biblioteca, o pequeno padre nos explica e mostra o que ele considera o mais valioso livro do mundo, um códice do século VI, ao que parece, todo escrito em ouro: são os evangelhos. E com ilustrações vivíssimas.

Leva-nos o jovem padre ao refeitório, imenso, onde pratos, copos e frutas estão dispostos para uma dúzia de sacerdotes. É nosso lugar de passagem para o jardim, que tem pequenos canteiros, todos muito bem podados e geométricos ao estilo europeu barroco. Caminhamos ao sol pela varanda tendo uma bela visão dessa face do Escorial: severa e imensa parede externa contra a planura exterior.

Anoto algo que pode ser um pedaço de poema:

Escrever nas entranhas da vitela
nos conduz à eternidade

Também um missal que pertenceu a **Isabel, a Católica,** todo ilustrado a ouro. E vários livros: códices gregos, latinos.

Ele passa as folhas do livro com uma espátula de osso... assim deixa de se envenenar, penso eu – lembrando da estória de *O nome da rosa*.

Visitamos depois o prédio (hoje centro cultural) onde era a oficina de serviços de carpintaria, couro etc. Diz o padre, apontando: "Aquele é o **quarto de Felipe II**, era naquela ala, ao lado do altar, assim podia de sua cama assistir à missa".

Penso: e assim de sua cama controlava o Estado e a Igreja.

9 de outubro

Reunião da **ABINIA**, Espanha. Consegui fazer com que a ABINIA se interesse pela IFLA. Sobretudo nas próximas reuniões: Barcelona, Havana. Continuação do trabalho feito na Índia. Também que a ABINIA receba visita dos chineses.

A biblioteca de Cuba tem 1 milhão de dólares. Vergonha das vergonhas. O ministro da Cultura da Espanha tem 500 milhões de dólares; nossa Secretaria de Cultura talvez não chegue a ter 30 ou 35 milhões. Nossa percentagem no orçamento do Estado é 0,025%. Ano que vem, com o contingenciamento de 80%, será 0,010%. O da Espanha é 1% do orçamento geral.[28] Se nos dessem o orçamento previsto, já faríamos miséria. Se nos dessem 1%, faríamos milagres inauditos. Esse 1% significaria aumento de 20 vezes, ou 40 vezes em relação ao contingenciamento. Faria tudo: prédio, bibliotecas, o diabo.

Olímpio Mattos encontrou no Anexo os originais do livro/dicionário de pseudônimos que C.D.A. fez durante toda a sua vida. Muitas folhas. Uma caixa inteira. Mais outra, que é o Dicionário de Literatura de Galante de Souza. Bela descoberta. Sei que há mais coisas lá. Seria preciso uma equipe para isto.

Derek Walcott, poeta antilhano da Ilha de Santa Lúcia, ganhou o **Nobel**. Nunca tinha ouvido falar dele. Jornais espanhóis trazem amplas reportagens: *ABC* publica alguns de seus poemas. Os melhores artigos sobre ele são de **Cabrera Infante e Joseph Brodsky**.

Sinto uma sintonia com essas coisas que dizem dele: a ligação com a história, o lado viril, positivo, luminoso da vida.

Uma ilha desconhecida, um portentoso poeta (desconhecido). Com ele, com **Paz** e com **G. Márquez** as coisas se inclinam para cá. Escreverei uma crônica n'*O Globo*.

Reunião da ABINIA.

Entramos na igreja onde há obras de **El Greco**. Num dos salões (sacristia?), vários de seus quadros retratando cada um dos apóstolos. Falta um no altar principal. Está em exposição. No seu lugar, um italiano, não me lembro se de Tintoretto.

---

28. Nota de 2011, Juca Ferreira (ministro) no ano passado, portanto, quase 20 anos depois, estava chegando ao 1%. Em 2016, o novo ministro é o ex-secretário de Cultura do Rio Marcelo Calero.

Também há um outro **Rafael** pelos cantos. Displicentemente. Mas *O enterro do conde Orgaz* é realmente bem iluminado e nos foi mostrado, especialmente, aos diretores de BNs. Lindo o prédio da prefeitura onde nos ofereceram um coquetel e onde havia aquele mapa da viagem de Carlos V, cujo texto anotei.[29] Lá fora, a lua crescente iluminava os telhados medievais e a minha alma mineira.

Jantamos no Parador: restaurante em cima de uma encosta de onde, de dia, se avista a cidade.

Lourdes Ferro, da Venezuela, me propõe apresentar algum livro à editora Monte Ávila, onde é leitora. Poderia sugerir *A grande fala*. Seria um bom livro para ser traduzido neste V Centenário.

Fui ao **Reina Sofía,** onde estão os modernos, sobretudo, espanhóis, e a **Guernica**. Uma bela demonstração de cultura e riqueza. Claro que, em meio a alguma obras importantes, muito lixo que ali está por causa da assinatura. Dou um exemplo: uns dois ou três Miró, um deles que é só um traço desmazelado na tela com uma manchinha aqui ou ali sobre a tela em branco. Dois outros, que nem sei mais de quem são (ver caderninho), onde há uma mancha de brocha de tinta ocupando só o centro da tela. Bobagem. Enganação. (Ver notas no caderno.)[30]

Localizo na livraria do museu alguns livros que me interessam e anoto. Um, ao que parece, muito próximo do livro que escreverei sobre "A questão das vanguardas". Li sua contracapa. Não vi o sumário, pois estava lacrado.

Está cara a vida na Espanha para um brasileiro médio: um terno custa 300 dólares (= 2 milhões de cruzeiros). Vi *La gran sultana,* **de Cervantes.** Texto clássico: história da jovem cristã que é

---

29. Mais tarde escreveria uma crônica, "Aquela estória de Carlos V", narrada pelo Padre Vieira, sobre como o rei largou tudo e foi para um convento e só pensava em relógios e em comida.

30. Retomaria estudo sobre Miró ao estudar a poesia de João Cabral. Ver *Entre Drummond e Cabral* (Unesp, 2014), demonstrando que o poeta projetou-se no pintor, fantasiando no pintor a poesia que faria (Unesp, 2014).

escolhida como mulher pelo grande sultão. Este lhe permite usar roupa cristã etc. Uma peça, como lembrou o diretor da BN da Colômbia (Carlos), sobre a tolerância cultural e ideológica, em que Cervantes mostra-se liberal com os mouros, aliás, até mais liberal que a cristã sultana.

Curioso o quiproquó da comédia: uma das mulheres do harém está apaixonada por "outra", que é homem e que ali se infiltrou. A comédia chega à chanchada brasileira, quando o Sultão escolhe o "varão" pensando que é mulher. E, já na alcova, o varão nu e apavorado diante do sultão, é salvo pela sultana, que irrompe ciumenta e conduzida por sua ama, que estava grávida do varão, que o rei equivocadamente escolheu.[31]

19 de outubro

Chegando de **Madri,** fico sabendo que **Antônio Houaiss** foi escolhido novo ministro da Cultura. Um desafogo e uma alegria. Alívio. Na FBN, muita gente lamentou.

Ontem falei por telefone com o Houaiss, que me confirmou na FBN:

– Não, meu caro, quero que continue. Você surpreendeu a muita gente com seu trabalho e merece continuar.

30 de outubro

Fui à TV Globo há dias para uma entrevista sobre *O amor natural,* **de Drummond,** e me encontrei com o **Gullar,** também lá para isso. O programa consistia em frases curtas nossas sobre C.D.A./erotismo. **Cássia Kiss** dizendo alguns poemas eróticos, a foto de C.D.A. atrás.

Na saída, comento com Gullar se ele não acharia simpática a sua indicação para o **IBAC,** já que **Mário Machado** demitiu-se. Ele nem sabia direito o que era o IBAC. Expliquei-lhe a importância do Instituto, quantos teatros manejava, a questão das exposições.

---

31. Em *Barroco, do quadro à elipse* (Rocco) estudo a "comédia de erros" muito presente no período barroco.

Ficou curioso, balançado. Estará indo para Colônia, Alemanha. Falei-lhe de Madri, da coleção Von Thiesen e Reina Sofía. Estaria por coincidência passando por lá.

Daí a uns dias, dei um toque na **Guguta, secretária do Houaiss**. Ela dissse que Gullar não aceitaria. Eu disse que sim. Ela fez o contato. Hoje, o Houaiss no gabinete do MEC veio me dizer da "sua" escolha.

Houaiss está sofrendo uma violenta e estúpida campanha da parte de **Millôr e Paulo Francis**. Houve até um coquetel para ele no restaurante Rios, de desagravo. O caso do Millôr é típico: Houaiss foi contra ele e a favor da Globo, numa peritagem do processo que Millôr moveu contra a TV.

Aos 77 anos, Houaiss faz o possível. Mas a função é exaustiva demais para ele. Volta e meia tem que parar as atividades aqui ou em Brasília para ir ao hotel ou para descansar.

Passei-lhe hoje um panorama da FBN. Ficou encantando com a quantidade de coisas em andamento.

O lançamento de ***O amor natural*, de Drummond**, que tem um **posfácio** meu, foi espetacular. Ontem, dei entrevista ao *Times*, que se interessou pelo assunto. Já há interesse em traduções.

Fiz uma leitura de poemas dele na FBN. **Jonas Bloch** e **Drica Moraes**. Autografei também *Drummond, o gauche no tempo*, em quarta edição.

Maria Lúcia Pazzo Ferreira telefonou-me emocionada. Leu a minha introdução (que a editora botou como posfácio) falando amorosamente dele e dela. Chama Drummond de "Carlos".

10 de novembro

BN – **Proler**. Ontem, uma reunião patética com o pessoal do Proler, uns 15 funcionários. Impasse. Como pagar a equipe que veio de fora? Como dar DAS aos da casa?

Faço uma lista de seis tentativas frustradas: convênios que não andam por razões burocráticas.

Disse-lhes: aprendi que temos que fazer as coisas a despeito do governo (burocracia), que tudo impede. Que tudo que fiz na

BN foi a despeito do orçamento. Com a ajuda de uma empresa ou outra. O governo é imobilista.

Decepção com a **Câmara Brasileira do Livro**. Assinamos no dia 13/5/1991, na presença do então presidente da República (Collor), na FBN, um convênio. Pois a CBL não se interessou em botá-lo em prática. O dinheiro seria para dar vida ao Proler. O plano era de recolher 1% dos impostos pagos por editoras e papeleiros. Esses empresários querem que o governo lhes compre livros.

Atualmente, está no D.O.U. (Departamento de Orçamento da União) um pedido nosso para transferir cento e tantos milhões para viagens, rubrica que está no vermelho. O D.O.U está em greve há várias semanas.

No Ministério da Cultura, uma confusão. Houaiss não domina ainda os assuntos, a burocracia, apesar da boa vontade. **Marcus Accioly** faz o possível, mas está meio perdido. Não há qualquer equipe. Falta de gente.

Problema que nesses dias enfrento: agitação dos funcionários da FBN querendo trabalhar seis horas e ganhando por oito. Há cerca de uma semana que tento um parecer do Ministério e não consigo. Enquanto isso, na FBN, um desgaste em relação aos funcionários: fofocas, boatos, clima ruim. A Associação dos Funcionários fica tumultuando as sessões, desafiando a autoridade. Pequeno jogo de poder: o poder do síndico (presidente da associação), desse infeliz funcionário com um nome nada recomendável – Rutônio.

28 de novembro

Acho que **Houaiss** cai depois do impeachment. Não conseguiu reunir os presidentes das fundações para discutir a política interna do MinC. É difícil de ser encontrado.

5 de dezembro

Houaiss me mostra textos da **Associação de Funcionários da FBN** e do **Sindicato dos Bibliotecários do Rio de Janeiro** enviados ao Itamar. Incrível como mentem, como inventam: mau-caratismo e politicagem. Os funcionários da FBN nem conheciam tais documentos. Eu deveria ter guardado isso como mostra da indigência moral dessas pessoas.

Cristina Bomfim me traz dois especialistas em Recursos Humanos, lá de Furnas, especializados em "relações sindicais". Vão me dar assessoria. Em conversa de quatro horas com eles, mais Ana Regina, aprendo:

1. Tudo o que andam fazendo na FBN nada mais é que a repetição do que estão fazendo em todo o país: "Teoria da mola". Collor comprimiu, Itamar soltou, agora há uma virulência irracional. Será difícil o governo controlar isso.

2. Revelam que uma das frustrações da ASBN é o fato de que quem resolve as coisas nem passa por eles. Sobre o fato de que dei-lhes aumento e favores vários. Os líderes não repassam isso para as bases, para não se esvaziarem e se sentirem sem função. Então, fabricam crises. E contam com a neurose do Rutônio que aparece.

3. Não se deve jamais ter conversa com eles sem testemunha. Vão torcer e mentir sempre. Dão a versão deles.

4. Não há como escapar da pecha do "governo Collor". Eles, os sindicalistas e petistas, estão usando isso para ocupar espaço. Estão enviando dossiês às autoridades de todo o país em várias instituições.

5. A questão da modernização é agressiva para eles. Deve ser essa a "agressão" de que falam quando me acusam. Querem a rotina, não a mudança.

19 de dezembro

Ontem, no **Museu Villa-Lobos, Turíbio Santos** e eu nos apresentamos para um público simpático e amigo. Uma leitura de poemas de *O lado esquerdo do meu peito*, que acaba de sair (Rocco). Música e poesia. Superou nossas expectativas.

Havíamos ensaiado duas vezes, mas sempre mudando, inventando. Tínhamos apenas um vago roteiro. Contamos com a emoção da hora.

Ele tocou Bach, Mozart, De Falla, Villa-Lobos etc. Assentados no palco diante dos microfones, começamos. Entrei (jocosamente) portando o violão dele e ele o meu livro. Sentei-me, dei um acorde e devolvi o violão ao dono, para alívio geral. No final, começou a chover. Cortamos uns três poemas. Mas o público resistiu à chuva e sugeriram que fizéssemos uma temporada em teatros etc. Eu gostei. Era um velho sonho.[32] Quem sabe a gente realmente faz um CD?

31 de dezembro
Morreu Otto Lara Resende, na madrugada de segunda-feira. Fiz-lhe uma crônica relatando coisas.[33] Todo mundo desajeitado. Era uma grande figura.

Tenho uma fita gravada do depoimento dele lá em **Washington,** ao lado do **José Rubem, Loyola, Lygia Fagundes, Marina, Saramago, Bessa-Luís, Sophia de Mello Breyner, Almeida Faria.** Lembro que me divertia muito com ele. Visitamos juntos a National Gallery. Ali ele já se sentia mal. Seria já a hérnia de disco? Morreu de infecção hospitalar, ao que dizem.

Lembrando-me do debate com ele, sobre gerações mineiras, em BH. Acho que o **Murilo Rubião** publicou o texto. Na mesa, **Fernando Sabino, Affonso Ávila, Rui Mourão** etc.

Por que não anotei coisas? Inda bem que guardei suas cartas.

Caiu definitivamente Collor. O Senado, dia 18, votou pelo impeachment e sua inegibilidade por oito anos (por que oito?). O país aliviado, Itamar assumiu poucas horas depois. Ninguém entendeu as burradas que ele fez na presidência. Um enigma tão absurdo quanto o assassinato da atriz **Daniella Perez** por seu colega **Guilherme de Pádua** e sua mulher**, Paula.** O país traumatizado. Vou fazer uma crônica.[34]

---

32. Nos apresentamos depois mais duas vezes, em fazendas do Festival do Vale do Café e em Vassouras.
33. "Otto, um moleque adorável" in *A vida por viver* (Rocco, 1977).
34. Na internet se encontrará o desdobramento dessa tragédia, o que aconteceu aos acusados posteriormente.

Cesar Maia, prefeito eleito, foi à FBN na segunda-feira e inteirou-se dos nossos projetos apaixonadamente. Vai instalar o Proler em dez praças públicas, quer ajudar na recuperação da fachada do Anexo, quer ajudar na Bienal no Rio Centro, autorizou a realização do seminário internacional sobre carnaval e carnavalização.[35] E me disse, na presença de todos:

– Affonso, no Brasil, você sabe, não existem instituições, senão pessoas. Você pode convidar em meu nome quem quiser do estrangeiro para transformar essa cidade numa cidade internacional.

E insistiu no seminário sobre carnaval/carnavalização com personalidades internacionais, um velho projeto meu que teria, penso, colaboração do **Roberto DaMatta.** Traria **Le Roy Ladurie, Claude Gaignebet, Vovelle, Natalie Davis** etc.

O tempo é curto, mas tentarei. Ficamos todos impressionados com o nível do diálogo e a abertura para conversa.

---

35. Nada disto foi realizado. A burocracia (ou as pessoas?) tem sua lógica.

1993

8 de fevereiro

Há uma semana aconteceu uma patética cena no Ministério da Cultura, em Brasília. Eu havia telefonado para o **Heitor Salles**, subchefe da Casa Civil, pedindo uma entrevista com o **presidente Itamar**. Ele é meu velho conhecido dos tempos do **Granbery** (em Juiz de Fora), foi colega de turma do Carlos, meu irmão. Queria lhe falar do nosso trabalho, de como apoiar o Sistema Nacional de Bibliotecas, de como colocar o Proler nas mãos da presidência, queria falar da importância do Prêmio Camões, que no Brasil passa desapercebido, falar da Feira de Frankfurt em 1994, na qual o Brasil seria homenageado, da reunião dos chefes de Estado que ocorrerá em Salvador em junho e de como ele poderia levantar a bandeira da "leitura" etc.

O assessor me devolveu a ligação dizendo:

– O presidente disse que ele é que quer falar com você.

A confirmação foi no domingo à noite, por meio da **secretária Suzy**. Na segunda, eu tinha reunião com **Houaiss** e toda a cúpula da Cultura. Houaiss estava havia duas semanas sendo fritado pela imprensa: diziam que estava para cair, que não fazia nada.

Procurei-o na segunda-feira em seu gabinete para lealmente lhe falar do encontro com o presidente. Eu, aliás, o havia oralmente prevenido num almoço no Albamar/Rio, com o Gullar, de que gostaria de falar com o presidente sobre vários temas. Ele concordou na ocasião. Creio que *pro forma*.

O fato é que, quando disse a ele sobre o encontro, notei que ele se sentiu fisgado. E quando passei a outro assunto na conversa ele foi ríspido:

– O DNL não está fazendo nada.

Devia ser intriga de um grupo da CBL que queria de volta o INL, grande comprador de livros do governo.

Na manhã seguinte, ele abre a reunião. E ele pede para se gravar. Começa dizendo:

– Ontem, o senhor Affonso Romano de Sant'Anna me procurou para dizer que tinha um encontro com o presidente. Considero isso uma desestabilização do meu Ministério.

E foi em frente. Todos perplexos. Eu, percebendo que estava no olho do furacão, um pesadelo. Quando ele terminou, pedi a palavra e ponderei que lamentava a interpretação dada pelo ministro àquele fato. Lembrei-lhe que havia antes dito a ele que gostaria de falar com o presidente sobre a questão da leitura e outros assuntos, como o encontro de presidentes latino-americanos em Salvador. Quando falei sobre leitura, Houaiss atalhou:

– A leitura não é prioritária no meu ministério. É do MEC.

Quase caí da cadeira. É o mesmo que o ministro de Minas e Energia dizer que o petróleo não tinha importância para ele. A seguir, tive que lembrá-lo de que há quatro meses fizemos uma reunião interministerial com elementos preparatórios para a reunião de presidentes latino-americanos em Salvador, que levei à casa de Houaiss o documento já vertido para o espanhol e que deveria ser discutido.

Houaiss não se lembrava de nada.

Enfim, a discussão cedeu lugar à continuação dos relatórios dos presidentes de fundações do MinC, não antes de Houaiss ter declarado:

– Amanhã irei ao presidente e direi que neste Ministério não há lugar para nós dois, um ou outro.

Pensei: se eu me retirar, já que estou demitido, o Houaiss está fodido. Já está para cair e bate de frente com alguém que o presidente convocou e que dirige a Fundação mais operosa do governo. Isso é um prato para os jornais.

Ao mesmo tempo, imaginava-me já em São Paulo, para onde iria à tarde lançar a revista *Poesia sempre*, dando entrevista já como demitido. Mas a reunião foi transcorrendo. E, quando chegou a minha hora de fazer um relatório das atividades na FBN, enquanto eu falava, enumerando uma série de ações concretas no plano internacional e nacional, Houaiss foi se dando conta da besteira que estava fazendo. E eu falava já como demitido e fiz questão de relatar o que estava em curso. Ao final, o secretário do ministério **Edgar Acosta** pediu a palavra:

– Depois deste brilhante relatório, senhor ministro, gostaria que o senhor retirasse o que disse, pois não podemos prescindir da atual direção da FBN – e etc.

A seguir, **Marcus Accioly** fez o mesmo discurso para que Houaiss reconsiderasse sua posição. **Gullar** também foi falar com Houiass no mesmo sentido. A reunião foi interrompida. Acho que foi uma soma de erros. Eu errei dando a impressão de que ultrapassava o ministro. O Palácio também errou. O MinC cometeu vários erros, pois em quatro meses nunca me recebeu direito para saber dos projetos. Quando dava entrevistas, ele não falava do livro e da leitura.

No entanto, depois do almoço fui conversar a sós com ele. Felizmente, ele caiu em si, viu que tinha exagerado e disse:

– Entre minhas virtudes está a de reconhecer o erro.

Gostei. Gesto de sabedoria e humildade. Comuniquei-lhe então que havia cancelado a entrevista com o presidente. Era o mínimo que podia fazer. Seu rosto se iluminou.

Deve ter sido a primeira vez que alguém deixou um presidente esperando.

10 de fevereiro

Estou fazendo o relatório oficial da FBN do ano passado, 1992. Informam-me que no 1º andar da FBN o **esgoto** de toda essa região da cidade refluiu. Há vários dias. A merda sai e começa a inundar o corredor, os laboratórios. Imagino que as bibliotecas nacionais da França ou Inglaterra não tenham esse problema. A Cedae já foi chamada há vários dias. Operários limpam o chão, os funcionários foram dispensados por causa do cheiro.

Estou na minha mesa de trabalho na FBN conversando com **Helena Fernandez**, viúva do maestro **Lorenzo Fernandez**, que ficou minha amiga, vem aqui sempre e aceitou doar tudo o que inda tem do maestro: um livro de poemas (prefácio de Olegário Mariano), cartas para compositores, escritores, partituras etc.

Olho pela janela e vejo uma catarata descendo pelo telhado, lá fora, da janela, parecendo chuva torrencial. Era a caixa d'água de ar refrigerado que estourou quando foi fechado o sistema hidráulico por causa do refluxo do esgoto.

18 de fevereiro

Venho a **Brasília**. Entrevista com **Luiza Erundina**, nova ministra da Administração. Toda vez que trocam ministros venho recomeçar conversas. Já havia lhe escrito uma crônica enfocando a situação curiosa de ela ser expulsa/suspensa do PT por um ano. Coisa estranha. A crônica foi bem comentada.

Ela me recebe afável. Com aquele ar de "irmã na fé", como se fosse da mesma igreja. Escutou com dois assessores os meus projetos e pleitos. Ouviu gentilmente, não prometeu nada, vai fazer o possível. Entreguei-lhe um texto sobre os assuntos tratados para facilitar sua memória. Prometeu visitar a FBN. Está perplexa com o que encontrou na Administração. Disse-lhe: já foi pior, venho do período de demolição, a senhora já pegou a reconstrução.

Encontro em Brasília outras pessoas da máquina burocrática e consigo a promessa de pagamento de pesquisadores multidisciplinares na área técnica. Na Caixa Econômica, converso com **Danilo Castro** sobre a necessidade de ter uma loteria, uma "raspadinha" para a FBN, bibliotecas, leitura. Encontro **Sérgio Telles**, com quem desenvolvi vários projetos no Itamaraty. Ele dá o fora num maestro que lhe veio com recomendação de **Mário Covas**. Como ele é prático, nos damos muito bem.

Na Cultura, não consigo falar com **Houaiss**. Consigo nos outros ministérios. Veja os assessores de Houaiss, **Ary Quintela**, **Marcus Accioly** totalmente perdidos, fazendo o impossível. Andei pelos corredores do MinC, vendo as salas, e senti melancolia, querendo fugir dali, pensando... e me queriam ministro... **Orlando Miranda**, que representa a classe teatral, está horrorizado com Houaiss, com as coisas que disse numa aula inaugural na Escola de Circo. E me transmite recado de Miranda (da Funarte):

– O ministro devia ser o Affonso, que fala nossa linguagem, está promovendo uma administração magistral na FBN.

21 de março

Avião Varig, vindo de Buenos Aires (domingo, 19h) com **Marina, Ivan Junqueira** e **Suzana Vargas**. Esses foram para o lançamento de *Poesia sempre*. O embaixador **Marcus Azambuja** nos arranjou a classe executiva, com melhor comida, champanhe Veuve Clicquot.

Um sucesso o lançamento da revista em **Porto Alegre e Buenos Aires**. Azambuja nos hospedou na Embaixada, eu e Marina. O prédio, uma espécie de castelo do século XVIII, pertenceu à família Pereda. O mordomo **Felix Dorego,** inteligentíssimo, dava-nos todas as informações. Sobre os murais e afrescos de **Josep Maria Sert**, casado com **Mísia Sert**. Encantou-se com Marina. Azambuja diz que ele só trata bem a quem gosta, que **Itamar** foi maltratado por ele, sem salamaleques.

Uma riqueza o palácio.

Fomos ao Bullrich, shopping perto da embaixada, compramos calça, livros de arte, tentei comprar algo para Marina. À noite, fomos jantar na **Recoleta** com **Héctor Yánover (diretor da BN argentina) e Manoela Fingueiret.**

Insisti com Marcos Azambuja de se criar o *Mercoletras*, uma publicação que congregasse nossos escritores do Mercosul. Ele gostou. Todos os escritores argentinos com quem conversei gostaram. Será difícil a execução, mas seria maravilhoso. Tiraríamos nossa literatura do gueto. Atualmente, a Argentina tem 20% do comércio com o Brasil, o português começa a ser lecionado nas escolas, cresce o número de alunos de português na universidade de BA e do CEB de Buenos Aires (atualmente uns 900).

No Mercoletras, faríamos edições baratíssimas, 100 mil exemplares, bilíngues, contando com o apoio da Melhoramentos, Varig/Antocha, do Ferdinando das listas telefônicas. Chamar para isso o Julian do INL do Uruguai, Arturo do INL do Chile, Hector da Biblioteca Nacional da Argentina. Ver o que o Itamaraty pode fazer.

Azambuja escandalizando Suzana Vargas, petista, num almoço na embaixada:

– Se o Faraó tivesse construído creches, as pirâmides não existiriam e ninguém falaria dele... Ou seja, nenhuma maravilha do mundo existia através do humanitarismo...

E ele prossegue em suas piadas reacionárias, das quais os convidados riem:

– Um sujeito estava hospedado perto de uma penitenciária. E a noite inteira ouvia gritos terríveis – o que é que acontece lá? É que há uma cadeira elétrica e ontem foi dia de execução.

– Mas o eletrocutado não grita.

– Sim, mas é que faltou energia e tivemos que continuar o trabalho com velas... O médico foi chamado às pressas para o parto de uma negra. Fê-lo. Ia embora e foi notificado que havia mais um nascituro. Fez o parto. Ia embora e apareceu sinal de um terceiro. Fez o parto. No quarto, disse: "Vamos embora que isso é um arrastão...".

25 de março

Colômbia, Bogotá: jantar oferecido por **Alberto da Costa e Silva,** embaixador. Presentes as pessoas do Cerlalc.

Fiz a abertura da sessão de trabalhos do comitê executivo do Cerlalc, que presido. Presente o ministro da Educação da Colômbia. Fiz a metade da fala em espanhol e a metade em português, sobre a necessidade de aproximarmos nossas culturas. Falei de violência & leitura e citei o episódio que deu uma crônica: "A bala e o livro".[1]

27 de março

Aniversário. Marina em Viçosa. Na Venezuela, tudo ótimo. Sucesso. Muita matéria nos jornais. Hotel Ávila, entrevistas (*El Diario*) com Blanca Pantin, (*El Nacional*) com Hugo e outros jornais. Visita a **José Ramón Medina** – procurador-geral da república que dirige a **Biblioteca Bolívar**: convite para fazer um volume sobre

---

1. Ver *Ler o mundo*, Global, 2010.

Manuel Bandeira. Possibilidade de trazer o arquivo **Curt Lange** para o Brasil. Fui à casa de Curt ver seus arquivos. Impressionante. Consultar Cesar Maia, que havia se interessado tanto pelos projetos da FBN.[2]

4 de maio

Há 15 dias, reencontro de gerações de jornalistas e escritores mineiros no Teatro Francisco Nunes. Emocionante. Multidões em fila para ver: **Gabeira** (com quem viajei), **Zuenir, L.Vilela, R. Drummond, Ivan Ângelo, Wilson Figueiredo, Fernando Morais, Carmo Chagas, Humberto Werneck, Fabio Lucas, Autran Dourado**. Belo jantar na casa de **Ângela Gutierrez**.

Lançamento de *O lado esquerdo do meu peito* no Banco de Desenvolvimento. **Francelino Pereira**, autor da frase que dá título o meu livro, presente.

21 de maio

Assumiu **Fernando Henrique Cardoso** a pasta da **Fazenda** no governo **Itamar**. Continuou todo o dia um boato de que eu iria para o Ministério da Cultura. Não me interessa mais. Não há como ser ministro neste governo. Prefiro terminar meu trabalho na FBN.

Dizem que **Celina Moreira Franco** pode ser da Cultura.

Ontem, missa de sétimo dia do médico **Pedro Paes Leme**, pediatra da Alessandra.

Lembro-me de vários amigos mortos. Durante a missa, olho as pessoas: candidatos à morte. Muitos já com a cara amarelecida com o tempo.

A morte se aproxima. Parece aquela cena de filmes de guerra antiga: o exército, a infantaria avançando e os soldados vão caindo, caindo. Não se sabe quantos chegarão à linha do inimigo.

O padre na missa falando banalidades.

---

2. A Universidade Federal de Minas Gerais acabou recebendo esses arquivos em 1995.

29 de maio

Segunda-feira fui ao **Festival Internacional de Poesia de Medellín/Colômbia**. Há dias almocei com **Juan Lozano** e sua esposa chilena **Maria**. Querem que eu participe de uma campanha para melhorar a imagem da Colômbia no Brasil. Estão chateados com o seriado americano *O cartel de Medellín*, que a Globo mostra. Na Itália, há problemas também com a máfia e terrorismo: há dias explodiram um caminhão junto à **Galleria degli Uffizi, em Florença**. Ver crônica.

A juíza **Denise Frossard**, do Rio, mandou prender os 14 bicheiros mais importantes da cidade. Fato histórico e único. De repente, parece mais importante que a nomeação de FHC para a Fazenda.

Ontem fui com a diretoria da FBN visitar o prédio 30 e 39-A da av. Rio Branco, que o Banco Central quer nos passar em troca do Anexo na Rodrigues Alves. Querem nos dar o 39-A e uns seis andares.[3]

Fui também visitar o prédio 30 do Banco Central na av. Rio Branco: as pessoas trabalhando ali em meio a toneladas de notas, contando-as eletronicamente, rapidamente. Caminhões de segurança por todo lado. Trabalhar ali deve ser um inferno. Mexer com arte é melhor. Aquilo dá câncer.

Preciso de espaço, a FBN está crescendo. Já visitei muitos prédios no Rio. Além deste, estou esperando o prédio inteiro da Embrafilmes, que está na mão da Procuradoria-Geral da República.

Greve na FBN dura 10 dias. Irracionalidade absoluta.

31 de maio

Bogotá/Medellín: anúncio na primeira página de *El Tiempo* "*Mañana lunes 31 a las 12.00: Colômbia entera se detendrá por un minuto, hará sonoros pitos y sirenas, echará al vuelo SUS campanas e elevará una oración por el final de guerra y la firma del armistício*".

---

3. Não deu certo o acordo com Banco Central, tentei outros prédios que o governo tem no centro do Rio.

Há um ano conversava com **Andrés Pérez** (presidente da Venezuela), deposto recentemente: América Latina segue entre **Fujimori/Serrano, Collor/A. Pérez, Pinochet/Fidel.**
Slogan na Venezuela: *tal cual es, queremos Andres Perez.*
Slogan na Argentina: *ladrón o no ladrón, queremos a Perón.*
Slogan no Brasil: Ademar, rouba mas faz.

No aeroporto de Bogotá: o livro *El pez en el água*, de **Vargas Llosa**, contando sua vida política. Farei uma crônica. O livro de **Reinaldo Arenas**, recomendado por Vargas Llosa e **Cabrera Infante**, onde o homossexual cubano denuncia todo tipo de repressão erótica e política em Cuba.

Vou ao Museu de Antioquia, criado em 1881. Há uma sala enorme dedicada a **Fernando Botero**, suas esculturas. Mas, nas ruas, cenas de América Latina: povo meio tranquilo com roupas coloridas, pobre, cheiro de abacaxi, papéis jogados, loja até de reconhecimento de firma, gente vendendo abacate cortado.

E nos jornais notícias de que 400 mil pessoas foram a uma concentração pela paz no país; que teve 35 mil vítimas de guerra com as guerrilhas. Na TV, o Memorial Day americano: perderam na guerra do Vietnã o que os colombianos perderam aqui.

Hall do Hotel Vera Cruz – Caracas: Santos López da **Casa de Poesia Perez Bonalde** conversando comigo e **Eduardo Llanos** conta que **José Vicente Rangel** foi o jornalista que denunciou o presidente Pérez e que no governo anterior o havia salvado. Naquela ocasião, a acusação foi que Pérez havia dado um barco à Bolívia. Ironia da sorte, agora J. V. Rangel afundou o barco de Carlos Pérez.

5 de junho

Hotel Maria Isabel – Bogotá, sete da noite, chegando de Medellín.[4]

---

4. Participando do Festival de Medellín, fiz várias crônicas para *O Globo*: "O que vi em Medellin" I, II e III (13, 16, 20 de junho de 1993).

Em Bogotá, reunião na "finca" **La Quirana**. Reunião de escritores para tratarem numa ampla mesa-redonda do tema "A cidade e o escritor". **Fernando Rendón** havia pedido para eu ser o moderador da mesa. Dispensei-me, passei para ele. Falo, quando chega a minha vez, sobre a cidade ao tempo de **Platão**, a questão do certo/errado, veneno/remédio, aquela coisa que **Derrida** retomou: como discutir fora dos muros da cidade. Com efeito, esta Finca está fora da "cidade". Bela metáfora concreta. Falo sobre o poeta sempre expulso da "cidade": meu primeiro livro, *O desemprego do poeta*.

Falam outros: **Eduardo Llanos, Jorge Adoum, Henrique Monos, Juan Riquelme (Venezuela), Pablo Armando (Cuba), Toni Morrison, Claude Esteban, Margaret Randall** etc.

Presente o ex-governador de Antioquia **Gilberto Echeverri Correa** e sua sobrinha **Gloria Luz**. Narrações sobre a crise desencadeada pelo narcotráfico na Colômbia...

Em Medellín e Bogotá, as pessoas se despediam quando iam trabalhar e não sabiam se voltariam vivas para suas casas no mesmo dia.

Bombas explodiam seguidamente em várias partes da cidade. Apenas diziam: "Outra bomba".

Mesmo assim, os "silleteros", que fazem a festa das flores em Medellín, camponeses, vieram de suas localidades para o desfile.

Gloria diz que as milícias queriam que a polícia saísse das comunidades, pois atrapalhavam negócio das drogas.

Em Antioquia já mataram um ex-governador.

Esse governador presente é uma figura meio ambígua: diz que colocou o seu helicóptero à disposição do Estado para levar **Escobar** à prisão. Afirmou que Escobar chegou a oferecer pagar a dívida externa da Colômbia em troca de espaço.

Pablo Armando diz que em Cuba falam das guerrilhas/narcotráfico com amor, como se falassem de Fidel.

6 de junho

Avião da Avianca, 9h. Bogotá-Manaus-Rio, domingo.

El Espectador em ampla matéria sobre o Festival: "*Fué emocionante la noche inaugural. Affonso Romano de Sant'Anna estremeció el público con su poema sobre 'Los desparecidos'*".
    Festa em que o prefeito de **Medellín, Fernando Botero,** homenageou os poetas do encontro. Ele revelou que gostou do poema que eu declamei: "El suicida"; sua mulher (generosamente) diz que fui o melhor da noite. Rumba, animação, samba, "agua ardiente".
    Recepção na prefeitura. Majestoso prédio. O prefeito simpático. **Fernando Rendón** me pede para agradecer em nome de todos. Faço-o assinalando que não era o mais indicado conquanto dos mais emocionados. Falei da conversa com **Juan Lozano**, de como mudar a opinião pública a respeito das tragédias no país... Falei que no Brasil vivo também ao lado de uma favela e terminei: "Aqui viemos para fazer um cartel, o cartel da poesia". A seguir, me agraciaram com o título de cidadão da cidade.
    Jorge Adoum e **Claude Esteban** me deram parabéns.
    Auditório da **Universidade de Antioquia**: gente entulhando o auditório, até na escada do palco. Balcões cheios. Sessão das seis às nove horas. De onde tanto respeito à poesia?
    Quinta-feira. **Auditório Alfonso Restrepo Moreno (Confama)**: impressionante. Grande e amplo auditório. Filas para entrar. Sentei-me no chão. Falta de lugar. Vieram me chamar dizendo que havia muita gente do lado de fora do teatro, que era necessária uma solução, que havia até risco de perigo, excesso de penso/gente. Decidiram que, à medida que os poetas fossem lendo no auditório cheio, iriam depois lá para fora, ajudar a conter os insaciáveis leitores de poesia. Não havia trazido poemas porque não era dia de eu me apresentar. Sugerem que eu vá e leia o poema publicado em *Prometeu*. Meio assustado, vivendo experiências que havia lido em Maiakovski e Neruda, chego ao hall onde, assentados no chão ou em pé, um grupo simpático me aplaudiu antes que eu falasse. Dão-me um megafone e começo a ler "O epitáfio do séc. XX".
    Aplausos. Voltei para o grande auditório. **Eduardo Llanos,** que havia terminado aqui a leitura de poemas, foi lá fora ler para os que não puderam entrar. Cá dentro escuto os aplausos lá fora.
    Inacreditável. Parece concerto de rock.

Ao final, o americano **Bill**, um crioulo simpático, canta *spirituals* com sua voz grossíssima.

Terminada a sessão, fomos fazer uma leitura de poemas numa livraria.

Auditório da **Universidade Nacional**, pela manhã – leio poemas. Muitas pessoas já me havia visto/ouvido no Metropolitano. Queriam mais poemas. Auditório apinhado, gente em pé por todos os lados.

Auditório da universidade de Antioquia, **Teatro Camilo Torres**. Enorme. Cheíssimo. Tão grande quanto o teatro Metropolitano. Apinhado. **Claribel Alegría** emocionou a plateia, que pediu bis. Falou aquele poema sobre Ulisses/Penépole, ótimo. Ela se emociona. Chora, lê. Vou publicar seus dois poemas em algum lugar. Depois, um show de rock clássico. Na noite de abertura, na mesa, **Toni, Margaret, Arbeláez, Maszhary, Adoum** e eu. Impressionante o tamanho do teatro. Leio, e sou bem recebido, "Sobre certas dificuldades atuais", "Desaparecidos", "Rilke", "Poemas aos poemas que ainda não foram escritos". O jornal *O Colombiano* dá destaque e publica "Os desaparecidos" com minha foto na primeira página do caderno especial.

Na abertura, o poeta iraniano **Djaharguin Maszhary** fez um happening. Parecia um bufão. Insistia em falar fora do microfone, caminhando na direção do público, todos rindo, pedindo que ele falasse no microfone. Lia em francês, lia em espanhol, não parava nunca. De repente, tira um poema colado no seu colarinho de papelão (pensei que ia fazer uma mágica) e diz que é necessário dependurar poesia nas árvores, que é assim que se combate o Xerox.

E o público se divertia. Coisa histriônica.

O que vi aqui não ocorre em parte alguma. A relação do colombiano com a poesia. Vontade de regressar e reunir os poetas de *Poesia sempre* para distribuir com eles essa experiência.

25 de junho

Revelou-se que **Antônio Houaiss** conseguiu que o orçamento da cultura caísse de 0,04% para 0,03%. Ele está internado no

Hospital Silvestre: úlcera, gastrite, hemorragia. Numa entrevista na TVE, estava muito nervoso.

Magnífica reunião com o **Conselho de Reitores das Universidades Brasileiras** (Crub). Tiramos 13 projetos conjuntos. Ficaram maravilhados com nossos projetos. Querem fazer lobby para nós no Congresso, os reitores querem entrar na rede do SNB, querem um escritório de representação da FBN em seus espaços.

Consigo apoio do CNPq: 15 bolsistas.

Boatos de que **Rachel de Queiroz** vai para o lugar de Antônio Houaiss.

Depois da Colômbia, dia seguinte em **Passo Fundo** (RS), onde 2,5 mil professores se aglutinam em estádio fechado para ouvir escritores. Conheci **Carlos Reis**, ensaísta português e revejo **José Cardoso Pires** – *Balada da praia dos cães*. Carlos Reis articulado, simpático, impressionou bem a plateia, tratou das relações Brasil-Portugal, hoje tensas por causa da imigração brasileira.

O dinheiro que a FBN tinha para a informática esvaneceu-se com a inflação e não chega a 50 mil dólares. Vou tentar tirar mais do ministro **Israel Vargas**[5], que foi meu colega na UFMG. E penso: o governo vai nos obrigando a pensar pequeno, mas temos que voltar a pensar grande. Se acompanharmos a realidade do governo, vamos acabar pedindo emprestada a borracha ao vizinho da mesa ao lado, e o papel higiênico. O país nos deixa para baixo, mas precisamos voltar a exigir coisas à nossa altura.

Tocantins[6] – aquele palácio pós-moderno no meio do acampamento, empoeirado. Faroeste. A reunião do **I Encontro de Escritores de Tocantins,** eu com a sensação de estar numa missão

---

5. Contaram-me que a tese de física de Israel Vargas tinha uma epígrafe de Guimarães Rosa: "Quem mói no aspro não fantaseia".

6. Quando a pessoa que convidava para este encontro disse que Tocantins não tinha livraria nem estrutura alguma de apoio, aceitei imediatamente, apesar de minha agenda cheia. Ver a crônica "Nasce uma cidade", *O Globo*, 11/8/1993.

apostólica. Pessoas: **Carmo Bernardes**, 78 anos, seu romance, um G. Rosa mais *light*. Boa pessoa, homem da terra, obra telúrica, contador de casos. **Eli Brasiliense**, recebendo comendas, discursos, homenagem como o grande escritor de Tocantins. Deve ter uns 80/90 anos. Seu livro é um sucesso. Na sua apresentação, dizem que **Pierre Seghers** quis lançar seu livro na França. **Pedro Tierra**, poeta conhecido na Alemanha. **José Mendonça Teles**, irmão do **Gilberto, Cassiano Nunes, Luiza Nóbrega**.

No aeroporto de Brasília, várias pessoas me reconhecendo e me cumprimentando pelo trabalho na FBN. Um colega do tempo da UFMG lembrando de anos atrás, fazendo elogios à minha juventude, dizendo que havia uma porção de meninas apaixonadas por mim na época. Ah!, se eu soubesse! Vivendo tão solitário!...

Acabo de chegar, e Marina me dizendo que ganhou o Prêmio Jabuti com *A espada e a rosa*, está sendo indicada para o Andersen.

6 de agosto

Seminário sobre Jorge de Lima na BN. Na mesa, **Maria Teresa Lima**, que não contou nada sobre o pai. **Betinha Lins do Rego** leu uma curiosa carta de **Jorge de Lima** ao seu pai fazendo críticas a escritores. **Grande Otelo** foi o primeiro a falar, cantando um samba em que **Ary Barroso** fazia um estribilho baseado em **Negra Fulô**.

História de **Antônio Olinto** sobre Jorge de Lima: um dia ele estava na Suécia e conversou com um poeta da Academia do Nobel, que lhe confessou querer conhecer o Brasil. Indagado, revelou que havia lido Jorge de Lima em tradução. E queria conhecê-lo. Ganhara uma viagem à Índia, mas perguntou se o navio passava pelo Rio. Desceu na Praça Mauá. E foi caminhando pela avenida Rio Branco até a Cinelândia, perguntando onde era o consultório do poeta. Com ele conversou cinco horas. E revelou a Olinto que daria o prêmio Nobel a Jorge em 1958. O encontro foi em 1951. Levaria um certo tempo, porque o prêmio precisa ser trabalhado. Infelizmente, Jorge morreu antes.

Há dias, almocei com **Roberto Marinho: José Mário, Paulo Rocco** (na TV Globo). R. M. havia sido eleito para a Academia Brasileira de Letras. Só me restava pilheriar sobre aquilo:
– Ia lhe dar parabéns, mas a Academia é que está de parabéns!
Depois, numa conversa, ele se atrapalhou com sua idade:
– Hoje eu tenho 89, digo, 88 anos, já ia me esquecendo...
– O senhor já era imortal, dr. Roberto, não tem mais esse problema – disse, brincando.
E ele foi narrando aquelas estórias com o Brizola, de como ele, R. M., entrou por engano na limusine do Premier de Israel e foi agarrado pelos seguranças do homem...
E como ele dissesse não ser bom contador de estórias, falei no mesmo tom de brincadeira que ele entendeu:
– O senhor já é a própria história...
E ele rindo do deboche elogioso...

20 de agosto

A bordo do avião **Rio-Caracas** para julgar o prêmio de poesia **Pérez Bonalde**. Também para fazer a palestra: "La perplejidad del poeta ante la historia". Patrocínio da Casa de Poesia da Venezuela.
Levo uma relação de 12 autores para o prêmio. Concederia-o, se dependesse só de mim, a autores menos conhecidos: **Enrique Molina** e **Mario Benedetti** não estão bem em seus últimos livros. O primeiro, sóbrio, conheci-o na embaixada de Buenos Aires, mas faz uma poesia meio narrativa, como o último Drummond dos poemas-memória. Diferença é que Molina ainda é mais surrealista. Já Benedetti é cheio de altos e baixos, banal às vezes, quando não burramente ideológico. Imagino os problemas que terei no júri.

Gullar me manda a carta que enviou ao **Zé Aparecido** declinando do convite para ministro e me indicando. Avisei ao Gullar: não leve o Zé a sério. Com efeito, surgem notícias de que o Fórum de Secretários de Cultura quer homenagear Zé Aparecido. Ontem,

José Mario Pereira me trouxe recado de que Itamar convidou **José Mindlin**, que recusou. Encontro dois secretários de Houaiss, que dizem que **Hugo Napoleão** iria para o MinC, mas, tendo aberto vaga na Saúde, abandonou a ideia. Quer dizer: uma merda. Nem Itamar nem ninguém pensa na Cultura. Desprestígio. Por outro lado, **Zózimo** dá notícia de que intelectuais mineiros fazem manifesto me indicando. Recebo fax de **Dilermando Cruz,** que não sei quem é (seria descendente de um antigo prefeito de Juiz de Fora), dizendo que está falando com Itamar, colhendo assinaturas me indicando. José Mário Pereira me indaga:
– Quer ou não quer? O dr. Roberto quer saber para falar com o Zé Aparecido.

Moacyr Félix me manda recados entusiásticos, quer fazer abaixo-assinado. E Houaiss aparece na imprensa dizendo que quer ficar ministro. Uma zorra...

Cheguei a **Caracas**. Na TV, vejo um filme didático: *La gran Colombia, la nueva Granada*, entendo melhor os conflitos entre esses países, que entre 1821 e 1830 foram um todo. Bolívar queria que, com o Peru, fossem um único país. No logró.

Assisto na Semana de la Poesia a dois filmes bons, um sobre o poeta cubano **Cintio Vitier**, que foi uma revelação para mim, outro sobre **Vicente Gerbasi**, que morreu há pouco.

À tarde com **José Ramón Medina**, que dirige a coleção Ayacucho.

Foi bem a conferência "La perplejidad del poeta ante la historia". Aproveitei coisas da conferência "O que aprendemos até agora" – aula inaugural na UFRJ – e terminei lendo "Epitáfio para o século XX".

Jantar com **Blanca Varela** e **Nancy Morejón**. Blanca foi casada com **Fernando de Szyszlo**, que conheci em Austin (1977) e revi no México naquele encontro coordenado por **Octavio Paz** (1987). Ela conheceu **J. Amado, Nélida, Marc Berkowitz.** Nancy conta do sucesso que Marina fez em Cuba contando um de seus contos num restaurante em que todos pararam para ouvi-la, inclusive os cozinheiros. Um dia terão que fazer um filme sobre Marina.

E todo mundo perguntando por **Fernando Ferreira de Loanda**. É popular fora do Brasil. Digo brincando a **Enrique Hernandez** que FFL não existe. Lembro que **Octavio Paz**, quando esteve no Rio, desapareceu um dia: tinha ido ao encontro de FFL.

25 de agosto

Segue o **Festival de Poesia**. A leitura de poemas teve boa recepção.

Ministério da Cultura/Brasil: telefonema para Caracas de Marina, que conta a confusão em torno do Ministério da Cultura. **José Aparecido** telefona, desculpando-se, dizendo que **Paulo Sérgio Pinheiro** seria o novo ministro. Explica que eu não fui indicado porque era "das margens do Paraibuna". Marina lhe diz:

– Mas acho que ele não está interessado no Ministério.

Neste dia, no entanto, saiu no **Zózimo** notícia de que o candidato do Zé era o **Gullar**. Repórteres perguntam a Marina, que responde que o que sabe é que o candidato é Paulo Sérgio Pinheiro. O próprio Zózimo dá outra nota:

"Papável: Pipocou ontem na relação dos papáveis para ministérios vagos o nome do poeta Affonso Romano de Sant'Anna. Ministro da Cultura. É o candidato de preferência do ex-ministro Antônio Houaiss e do líder **Roberto Freire**".

Pois daí a pouco anunciam o nome do embaixador na ALADI, **Jerônimo Moscardo**. Alegou o governo que o Paulo Sérgio não foi aceito pelo Congresso, que **Amaral Neto** lembrou que ele teria dito que o congresso era um monte de corruptos etc. Itamar voltou atrás.

Uma zorra total.

Inda bem que escapei.

10 de setembro

Já tive uma entrevista com **Jerônimo Moscardo** em Brasília. Ótima. Saiu fascinado com o trabalho da FBN. Dias depois, me contou que relatou tudo ao Itamar. Veio ele com a família e tudo mais à BN no dia 9 para o lançamento da *Poesia sempre*, elogios rasgados ao meu trabalho. Sua mulher fez biblioteconomia na BN, simpaticíssima: **Carmen**. Quem está batendo de frente com ele é o **Gullar**: já falou até em se mandar.

Telefona **Fernando Sabino**. Nos divertimos por quase 40 minutos. É um contumaz contador de estórias e causos. Diz, de repente: "isso me fez lembrar...", "sabe que o Otto..." etc. Conta estórias de **Vinicius**: um dia, numa exposição, viu lá no fundo uma pessoa que não conhecia, lindíssima... Era **Clarice Lispector**. "Deixe-me que me apresente: estou aqui para amá-la."

Clarice numa lanchonete perto do Hotel Serrador, um poeta se aproxima e, sem saber quem era ela, diz:

– Você é a mulher mais bonita que já vi. Meu nome é **Jorge de Lima**...

E conta essa estória fantástica entre ele e **Mário de Andrade**. Estória de premonição. Numa livraria de *A noite*, 1943, em Belo Horizonte, Fernando Sabino viu um livro de Mário de Andrade exposto: *O empalhador de passarinho* vol. XX. Chamou **Otto** e outros para verem. O livreiro disse:

– Não, temos só o volume XIX.

Em 1944, um ano depois, ele estava na casa de Mário quando este diz:

– Sabe que estou com vontade de publicar um livro com um título estranho?... *O empalhador de passarinho*...

– Esse livro eu conheço – disse Fernando.

Otto confirmou. Mário não acreditou.

16 de outubro

Voo 703 **Lisboa–Rio**. Acabamos o giro de quatro ou cinco dias em Lisboa.

Na recepção na Embaixada: apareceram **Jorge Amado/Zélia**. Simpáticos sempre. Ele com uma camisa listrada, uma gravata de mau gosto, mas em boa forma. Brinco com ele sobre a eleição de **João Ubaldo** para a Academia, já que Jorge foi seu cabo eleitoral.

– Ô, Jorge, como é que você faz isso com o João Ubaldo?

– A eleição foi merecida, foi bom para ele.

– Ou para a Academia?
– Ninguém melhora ou piora na Academia – diz Jorge.

Fizemos uma bela sessão de literatura no lançamento da *Poesia sempre* no **Palácio da Fronteira**, onde o **Marquês Fernando Mascarenhas** abrigou a leitura de poemas nossos e dos portugueses. A minha ideia original sempre esta: onde quer que a revista seja lançada, reunir os poetas do referido país ou região. Sala cheia. Um sucesso. Muita gente. **Almeida Faria** – que conheci em Iowa em 68 e depois esteve naquele encontro luso-brasileiro em Washington – aparece gentil, traz um livro sobre paródia para autografar. Aparece **Jose Pedro Garcia** – da Gulbenkian, que se propõe a comprar exemplares de *Poesia sempre*. Aparecem também **Alberto Dines**, que está residindo em Portugal, **Alçada Baptista** etc. Poetas portugueses que falaram seus poemas: **Fiama Hasse, Pedro Tamen, Al Berto, Nuno Júdice**. Fiama parece uma imponderável figura, fala manso, olha fixo como se estivesse tendo uma revelação. A poesia do Tamen era a mais fraca, apesar de ser o mais simpático. Tentei falar com Nuno e Al Berto, impossível: tímidos, antissociais.

Lançamos também a Agenda da FBN e o *Brazilian Book Magazine*. Todos ficaram impressionados.

O Marquês – um Jô Soares em miniatura – nos recebeu. Simpático, dirigiu a reunião, convidou-nos para nos hospedarmos com ele de outra feita. **Ivo Barroso** morou nesse palácio quando o visitamos e há tempos, em Lisboa, era funcionário do Banco do Brasil no Exterior.

Visita à Gulbenkian com **Marina, Gullar, Márcio e Maria Adelina**, curadora do Museu. Falou coisas interessantíssimas, que não registrei aqui. Disse que, quando estava triste, vinha conversar com um quadro de **Rembrandt**, *O velho*. Um outro quadro de um nobre francês que nos olha de frente, diz, ela o evitou durante muito tempo, passava para outro lado, pois ele a inquiria.

Diz que estava ali havia 25 anos trabalhando e continuava a descobrir coisas sobre as peças. E percebia, agora, as coisas diferentemente. A percepção em movimento. Fala da preocupação de integrar o prédio do museu com a natureza lá fora. Isso me lembrou o **Museu Louisiana, em Copenhague,** cuja natureza lá fora era mais linda que as obras expostas.

Fomos visitar o **Museu de Arte Sacra (no Janelas Verdes),** onde está a fabulosa *As tentações de Santo Antônio,* de **Bosch,** e os belos quadros da renascença portuguesa. A sala **Nuno Gonçalves** (séc. XVI). Bonita. Bom nível.
Visita à **Biblioteca Nacional de Portugal,** a **Maria Leonor.** Falamos de planos conjuntos: exposições, reunião de escritores, aproximação com a África.

Ida a Roma: aí estamos desde o dia 9 ao dia 12. No apartamento do **Roberto Irineu.** **Stella Marinho,** sua mãe, foi quem insistiu para que o utilizássemos, porque fica sempre vazio. E é ao lado do apartamento do tio de Marina – **Veniero Colasanti,** que havia dado uma desculpa esquisita para não nos receber.
Lindo apartamento. Colocou-nos a empregada no próprio quarto de Roberto Irineu e Karin. Um certo constrangimento nosso. Depois, enfim!...
Uma cobertura ensolarada de onde se via a cúpula do Vaticano, Castel Gandolfo etc. A empregada fazendo elogios ao Roberto Irineu, dizendo que ele a convidou para ir ao Brasil, tudo pago, servida pelos empregados dele. Sentiu-se rainha.
Como chegamos com o horário trocado, por causa do avião, tivemos que esperar a empregada de Roberto Irineu e ficamos bestando pela Piazza Navona, comendo numa *trattoria* típica. Ficamos fazendo hora, passamos pelo Hotel Senato, pela Santa Chiara, Albergo del Sole, onde esteve Torquato Tasso (o Senato agora é 220 dólares). Fomos ao Vaticano à noitinha olhando o cenário da Piazza San Pedro: cadeiras dispostas porque ali ocorreriam quatro beatificações: viam-se os retratos dos santos beatos dispostos aqui e ali. Passamos pela igreja San Luigi dei Francesi, onde estão os três Caravaggio que Marina sempre visita.

Lançamento da revista *Poesia sempre* dedicada à Itália. A solenidade de leitura de poemas no Centro de Estudos Brasileiros foi ótima. Ali na Piazza Navona, junto à Embaixada. Poetas italianos presentes. Um deles discursou agradecendo ao Brasil por ter tirado a poesia italiana das catacumbas... Marina leu poemas, idem **Luciana Stegagno Picchio**, e a **atriz Octavia** leu um poema meu em italiano, traduzido por **Maria Lucia Verdi**[7], que dirige o CEB de Roma. Apareceu **Joel Barcelos,** que participou da leitura com três poemas de **Vinicius**. O embaixador, simpático: **Cesário Melantonio Carbonari.**

Os poetas italianos querendo um número especial da *Poesia sempre* sobre eles. Saíram notas em *La Repubblica*.

Agora, enquanto escrevo essas notas, estou no avião e **Ivo Barroso** levanta-se do seu lugar e vem me fazer uma confissão e gentileza: lendo um poema meu há dias, teve necessidade de me ligar – um poema que fala sobre amigos mortos. Disse-me que quer cultivar mais nossa amizade e convivência, porque passou muitos anos no exterior etc.

Há pouco **Gullar**, com o entusiasmo que o caracteriza, conversava comigo no avião sobre a falsa vanguarda: nossas posições coincidem em alguns pontos.

Ida a **Frankfurt**. Preparação para o ano que vem, Brasil será o país-tema. Fiquei com Marina em Gross-Karben, uma cidadezinha perto, a 30 minutos de Frankfurt. Campos cultivados. Jantamos com **Paulo Rocco e Vivian Wyler** num restaurante chinês. Aproveitei e visitei o **Museu Schirn**: pinturas flamengas baseadas em temas sobre a leitura, como faz **Vermeer**. Visita ao museu da cidade: **Lucas Cranach.**

Na Bahnhof de Frankfurt, cena dantesca: jovens se picando na escadaria da estação. Um deles com o braço exposto de onde escorria sangue numa ferida, o pico. Outros curvados, caídos, um

---

7. Nota: agora, em maio de 2013, revejo Maria Lucia e o embaixador Viegas (que serviram em Roma) assistindo à conferência que fiz na Sociedade Psicanalítica de Brasília sobre "O canibalismo amoroso". Estive com o embaixador hospedado na Embaixada de Roma. Maria Lucia esteve na China e em vários países. Estivemos também num festival de poesia em Coimbra.

tétrico balé. Acho que aqui é como a Holanda: abriram o consumo ou há zonas onde não reprimem.

Fomos à **Dinamarca** para lançar a revista *Poesia sempre*: **Joel e Françoise** nos acolhem em seu apartamento. Ela trabalhando na embaixada da França, ele escritor cubano. Já nos conhecíamos no Rio. Céu cinza. Visita em carro da embaixada a **Helsingor**, aquele castelo que já visitei há anos, que lembra **Hamlet**. Casas lindas, riqueza. O chofer está há 28 anos na embaixada.

Estória de **Jensen**: teve um aluno de português que estava na cadeia por roubo. Condenado a oito anos por assalto duas vezes a banco. Nunca encontraram o dinheiro. O aluno veio para o Brasil, talvez tivesse trazido o dinheiro para cá. Enquanto estava preso, foi eleito diretor da biblioteca do presídio. Foi eleito também representante de turma dos alunos. Os exames, tomava-os na prisão, preparados por Jensen. Agora está em liberdade condicional. Por isso, estava na festa em minha homenagem na casa de Jensen.

Visita a **Peter Poulsen** – tradutor de **G. Rosa**. Muito simpático. **Vibeke**, sua esposa gentilíssima. Belo jantar.

Poulsen contando estórias sobre sua peripécia de traduzir G. Rosa. Ganhou uma bolsa de estudos e veio ao Brasil sentir o cheiro e o sabor do sertão, para poder traduzir bem Rosa. Brincava com as dificuldades que encontrou: a palavra "nonada" até que era fácil. Difícil era traduzir, por exemplo: "coisíssima nenhuma".

Poulsen leu dois poemas meus em dinamarquês na linda festa de apresentação da *Poesia sempre* na embaixada. Marina leu **Murilo Mendes** em italiano, Françoise leu **Cecília** em francês, Joel leu **Eduardo Langagne** em espanhol. **Uf Nils** e uma poetisa se apresentaram em dinamarquês. Eu falei algumas coisas que Poulsen traduzia. E Jorge Jensen ganhou a Ordem do Rio Branco, numa trama minha com o Itamaraty, pois ele é desses batalhadores de nossa cultura. **Gagliardi** – o embaixador que foi colega de Marina no liceu, gentilíssimo. No dia seguinte, almoço com o embaixador, sua mulher e as duas filhas.

Visita a Aarhus, onde mora Jensen: seis horas de carro e barco. Vemos castelos e paisagens. Voltamos com Jensen. A travessia demorada na barca. A fila de espera. Lá, fomos visitar o

Museu Andersen. Filmei algo. Casa onde Andersen nasceu, a Sereiazinha à noite, beira-rio. Marina foi conhecer a sepultura de Andersen.

Linda exposição sobre a vida dos mongóis no **Museu de Copenhague**.

25 de outubro

Não tive tempo ainda de descansar, fechar a viagem anterior, há uma semana, e estou no avião da Avianca rumo a **Bogotá para julgar o Prêmio Nacional de Poesia**. Lá ficarei até o dia 31.Tenho leitura de poesia na *Casa de Poesía Silva*, e aproveito o convite pessoal para fazer também o lançamento da *Poesia sempre* além de trabalhar no júri. Semana que vem, Montevidéu.

28 de outubro

Bogotá, 38º andar do Hotel Orquidea Real, ex-Hilton. Dentro de meia hora vou ler poemas com **Jorge Adoum** e outro poeta na Biblioteca Nacional da Colômbia, como parte deste festival. Ontem fiz leitura na **Casa de Poesía Silva**, dirigida por **María Mercedes Carranza**.[8]. A casa é um primor, textos dos poetas em pôsteres pelas paredes. Jardim, biblioteca, livraria e o auditório apinhado. Li com **Jorge Boccanera**, que viveu na Costa Rica e é argentino. Presentes na plateia **Pablo Armando**, **Eduardo Llanos** e outros. Surpreendeu-me que da plateia, entre um ou outro poema que eu lia, um rapaz pedisse:
— A Catedral de Colônia!...
— Como? Você o conhece? Quem sabe um dia, traduzido em espanhol, poderia lê-lo aqui...
— Quem sabe em inglês – emendou outra pessoa da plateia.
— Gracias – finalizei.

---

8. Maria Mercedes Carranza se mataria anos depois. Dediquei-lhe um poema publicado pela revista da Casa Silva. Depressão causada pela crise na Colômbia. Detalhe: José Asunción Silva, patrono da casa, também se matou. Fiz um trabalho sobre esse poeta quando estava na Faculdade de Filosofia em MG para Maria José de Queirós.

Depois da apresentação, o rapaz que havia se referido à Catedral me disse que vários poetas latino-americanos escreveram sobre essa catedral. Não é para menos, pensei.

A conversa com **Fernando Charry Lara**, em meu apartamento, foi cordial. Ele é caloroso, simples. Falou-me de **Álvaro Mutis**:
– É um farsante, um carreirista.

Conheci Carlos Germán Belli, outro poeta peruano mais ou menos conhecido, ele e sua mulher, Carmela. Boa relação com Hernán Lara Zavala, diretor de Cultura da UNAM, que me deu uma antologia sua e uma bela antologia de poesia americana em espanhol.

28 de outubro

Estórias de **Ana Maria**: seu avô era um personagem. Fazendeiro, viajante, tinha uma dezena de famílias espalhadas pela costa de Barranquilla. Às vezes a convidava a "fazer compras" e a chamava para ir comer "em um restaurante". Chegavam. O "restaurante" era sempre uma casa sua, com mulher e filhos. Chegava, era hóspede-proprietário. Apareciam filhos e a mulher. Ela, fascinada.

Dali saíam e iam fazer "compras". As "compras" eram presentes que o avô comprava para suas mulheres (avulsas) e filhos. Era um álibi. Para a família matriz, o pretexto é que iam comprar presentes para a neta. Mas como o "restaurante" e as "lojas" inexistiam, o avô às vezes fazia uma descrição das lojas e dos restaurantes para que a menina desse esse álibi à mãe, já viúva.

Conheceu várias dessas mulheres. A uma delas se afeiçoou mais. No enterro do avô, comparecem todas. Discretas, se colocaram tanto à frente como atrás do cortejo.

A mãe e a avó sabiam. As mulheres sabiam.

Segundo Ana, que se afeiçoou mais ao avô que à avó, ele lhe deu a conhecer os homens. Ana é casada, e feliz, há 18 anos. Mas, confessa, hoje não se casaria outra vez.

José Oviedo: estória, lenda urbana. Um cidadão rico, de um dos bairros elegantes de Lima, vai chegando ao seu bairro numa

Mercedes quando vê um carro parado, capô aberto, e uma jovem bonita enrascada na situação. Para. Pergunta, começa a ajudar. O carro não pega, dá uma carona a ela, vai conversando e, de repente, ela diz que lhe caiu a lente de contato no carro. Ele para, começa a procurar com ela, quando ela saca de um spray e o põe desmaiado. Corte. O tipo de repente acorda em seu carro, estremunhado, sem entender. Vai para casa. Chega. Aperta a campainha, aparece a mulher assustada e em pânico. Ele explica... "Encontrei uma moça..." Recebe uma bronca. A mulher deixa-o ir ao banheiro. Lá chegando ele vê no espelho uma cicatriz no seu dorso. Chama a mulher. Esta diz que ele esteve ausente quatro dias. Ele se dá conta de que a cicatriz era de uma operação. Levaram-lhe um rim.

Guerrilha colombiana: *El Espectador* (31/10/1993) revela que a guerrilha já havia feito o censo em diversas regiões quatro meses antes de o governo fazê-lo esta semana.

Contam-me que o problema de **Pablo Escobar** foi meter-se na política: chegou a suplente de senador/deputado? Aí o sistema reagiu. Começou a luta. Até então ele dominava o tráfico, havia corrupção.

3 de novembro

Jantar na casa de **Roberto Marinho** em homenagem a **David Rockefeller** com a presença de umas 100 pessoas. Na mesa de **Lily de Carvalho,** onde me puseram, converso com **Luiz Fernando Levy,** da *Gazeta Mercantil*. Tentei lhe passar a ideia de que seu jornal poderia incorporar o *Brazilian Book Review* da FBN.

João Donato, da CNI, conta: já que Brizola acha que a Globo é que está inventando a violência no Rio e descobrindo crimes, poderia dispensar a polícia e apenas seguir os carros da Globo.

Alguns empresários começam a admitir que **Lula** é um candidato aceitável. Empresários acham que **Antônio Carlos Magalhães** é outra opção. Este, aliás, foi gentilíssimo com a FBN: aceitou que se realizasse, às suas custas (do governo da Bahia), o encontro nacional de bibliotecas em Salvador; me telefonou dando parabéns pelo texto sobre o Pelourinho que saiu num livro que fez.

Roberto Marinho me chama para conversar no jardim de sua casa e conta que aqueles flamingos foram presente de **Fidel Castro**. Tem mais de trinta ali. Parecem um bando de flores ambulantes. Suas asas foram cortadas para não voarem. Diz R. Marinho que em Angra tem uma porção deles.

Roberto Marinho, que agora está na Academia Brasileira de Letras, me diz:

– Você, que é um homem de ideias, precisa me sugerir coisas, porque quero fazer algo pela Academia.

Embora não tenha o menor projeto de ser acadêmico, falo com ele sobre a urgência de informatização da instituição e que a ABL deveria se transformar num centro cultural importante.

Eu ali, na casa do Roberto Marinho, perto de David Rockefeller, lembrando do meu tempo de estudante quando tanto Nelson quanto Roberto eram malditos para a esquerda.

Consegui 200 mil dólares da Embratel pra modernizar o setor de música.

Tudo que não depende do nosso orçamento funciona.

4 de novembro

Conversa com pessoas da Associação dos Funcionários da FBN. Conversa surrealista. Tiveram a cachimônia de dizer que, passando a trabalhar seis horas em vez de oito, a produtividade deles aumentou.

Disse-lhes:

– Que tal trabalhar quatro horas, renderiam mais, não?

8 de novembro

Voo **Montevidéu–Rio, Pluna,** dez e meia da manhã. Do aeroporto telefono para **Rafael Gomensoro**, que foi demitido da BN uruguaia. A mesma zorra do Brasil. O corporativismo. Conta-me **Washington Benavides**, poeta e amigo, que tentaram sujar o nome de Rafael, velha tática de eliminar o outro.

Festival de poesia em Montevidéu. Jaqueline Barrero e marido muito simpáticos. Têm sete livrarias no país. Sempre simpático **Julián Murguía** chama para sair. Uma sua prima semióloga me diz algo espantoso:
– Que coincidência!
Estava lendo o meu *Paródia, paráfrase e cia* agora. E deu-me um beijo emocionado. Diz que estudou em Porto Alegre e sua bibliografia é brasileira.
Estou na **Livraria Britânica,** perto do Cabildo. Vejo um **Manuel Bandeira** exposto na vitrine e um ou outro livro em português. Resolvo entrar e pergunto, desabusadamente:
– Como se explica que vocês tenham livros em português na vitrine?
O dono começa a conversar, simpático. Surge um outro barbudo, falante: começa a dizer que viveu no Brasil seis anos, que foi exilado, que é argentino e que se lembrava de um poema "brutal" que lera no Brasil. E continuamos falando. Então, narrou que esteve no Recife (e volta e meia referia-se a esse poema "brutal"). E que esteve na Amazônia, que aprendeu muito com os brasileiros e que faz artesanato, mostra-me um peixe de madeira esculpida e volta a falar do poema "brutal", indaga de quem seria, e me diz que o viu na parede da Anistia Internacional, e eu curioso, e ele dizendo que conheceu vários brasileiros com grana, que trabalhou para os Bloch e não sei mais o quê, e que esteve preso, e voltou a falar do poema e, enfim, começou a recitá-lo...
– Mas esse poema é meu! – exclamo.
Acabamos nos abraçando. E ele ainda me deu o peixe esculpido de presente, depois de mostrar o subterrâneo da livraria, seu ateliê.
Seu nome: Fontanarrosa.

Depois de minha leitura de poemas no Cabildo, acercaram-se leitores, querendo livros etc., e um em especial veio dizer que gostou dos poemas e acabou se desculpando pela vitória no futebol, em 1950. Eu digo que a história estava com ele, ele insistiu em falar mal de Obdulio Varela. Eu agradeci a delicadeza. Sortilégios da poesia.

Assenta-se ao meu lado **Claudia Schwartz** com livro de **Adélia Prado** que tem o meu prefácio. Gosta também de *Amor natural*, de **Drummond**. Ficou surpresa que nesse caso também o prefácio fosse meu.

Apresentação da *Poesia sempre* no Cabildo. A seguir, neste festival, um bonito cenário para leitura de poemas – o Planetário. Tudo escuro, céu cheio de estrelas, a Lua em movimento e os poetas no escuro, dizendo poemas. O melhor era **Luis Bravo**.

Ando pelo bairro de Carrasco no domingo ensolarado. Leio *El País*: **Fellini** e a notícia de sua morte. Os uruguaios comendo 95 quilos de carne por ano. Ontem assisti, com Julián Murguía e Washington Benavides, ao concerto de **Eduardo Darnauchans, cantautore**. Benavides é citado várias vezes no show. Fomos depois ao Lobizón. Aparece Darnauchans. Simpaticíssimo. Ele e Benavides contam que, nos anos 60, musicaram meu poema publicado no *Violão de rua*, "Pedro Teixeira", e Benavides canta uma parte. Conversamos sobre a tradição dos cantores medievais e lembro que aquele meu poema faz apropriação de uma cantiga medieval: "alta a noite, longe é" etc.

Passo pelo monumento a **Supervielle, Laforgue, Lautréamont**. E me lembro do irônico poema em prosa de Murilo Mendes:

O Uruguai

O Uruguai é um belo país da América do Sul, limitado ao norte por Lautréamont, ao sul por Laforgue e a leste por Supervielle.
O país não tem oeste.
As principais produções do Uruguai são... Lautréamont, Laforgue e Supervielle.
O Uruguai conta três habitantes: Lautréamont, Laforgue e Supervielle, que formam um governo colegiado. Os outros habitantes acham-se exilados no Brasil, visto não se darem nem com Lautréamont, nem com Laforgue, nem com Supervielle.

Montevidéu parece a Belo Horizonte dos anos 50. A ditadura traumatizou a todos. O majestoso hotel em Mar del Plata, um cassino decadente gerenciado pela Intendência, parece castelo de Drácula.

Conheci **Stephen White**, poeta, professor, tradutor, que está em Florianópolis. **Esteban Moore**, de *Isla de Barataría* e que traduz **Ferlinghetti, Raymond Carver**. Reencontro **Salvador Puig**, que havia visto em Jerusalém. Lá também **Laura e Luis Bravo**, organizadores.

Museu Romântico: visita. Linda casa que foi de um tal **Antonio Montero**: ver aqueles quadros/retratos, personagens masculinos-femininos, todos de preto, os espelhos que usavam, eu ali refletido neles, as cadeiras, poltronas bordadas, usadas, onde colocavam suas bundas; as xícaras, os copos que usavam, o piano, a vida em molduras douradas, a roupa preta, o tempo coagulado, denso: eles amavam, eles sonhavam, conheceram grandes mesquinharias e pequenos sortilégios. Do outro lado do tempo nos contemplam.

24 de novembro

Voo **Rio–Santiago**, uma da manhã.

Comecei a ler no aeroporto as cópias xerox que mandei fazer das doze cartas que **Clarice Lispector** escreveu a **Tânia e Elisa**. Ela (Tânia) me telefonou há dias e lembrou-se de que há mais de um ano, após minha conferência sobre Clarice no Centro Cultural Banco do Brasil, eu lhe perguntei se não tinha cartas da irmã. Tinha. Durante minha palestra, também perguntei se ela não queria fazer um depoimento sobre a irmã. Ela, sempre reservada.

Só agora chamou-me. Eu já havia me esquecido, pois peço documentos a todos. E, às vezes, dá certo. Mandei o **Olímpio Matos**, pesquisador da Biblioteca Nacional, buscar a correspondência. As cartas são preciosas. Estou emocionado. Durante a leitura, parei para respirar várias vezes. Poderia publicá-las na coleção Letra Viva que criei e pela qual já publiquei documentos de **Graciliano Ramos**; poderia publicá-las comercialmente, com um depoimento de Tânia. Poderia pedir as cartas do **Maury (ex-marido de Clarice)** e fazer um belo volume. Vejamos.

Clarice e **De Chirico**. Ela pagou para que ele a pintasse. Lembrar aquela estória de ele estar pintando-a quando na rua gritam: "La Guerra è finita!"... Importante tudo para o conhecimento dela em Argel, Berna, Paris, Roma, Washington. Seu temperamento neurótico-criativo. A beleza da catarse, da fenda, os defeitos que cada um deve proteger.

Lindo. Estou com uma joia quente nas mãos.

De novo, o avião é o meu escritório. Um momento de paz, de organização mental e afetiva.

Tanta coisa vivida! Tanta coisa a anotar e não posso, não tenho tempo.

Consegui levar **Roberto Marinho** para ver a restauração da FBN feita em parte pela fundação com seu nome. Mostrei-lhe os portentosos armazéns de livros, toda a Casa. Ao pegá-lo pelo braço, no passeio, estava acompanhado de dois discretos seguranças. Um alto-falante suave lá fora. Perguntou-me se era o **Brizola,** pois o governador armara uma demonstração contra ele na entrada da ABL quando tomou posse lá. Disse-lhe que eram os protestantes na Cinelândia. Ficou mais de uma hora em pé durante toda a cerimônia, numa *nice*.

Josué Montello veio sussurrar de novo sua proposta para que eu entre para a ABL. No segundo cochicho, disse que R. Marinho me apoiava. Desconversei.

Na cerimônia de entrega do título de Cidadão do Estado do Rio de Janeiro, na Assembleia Estadual, ao ministro **José Jerônimo Moscardo**, pouca gente, e me vejo na mesa ao lado de **Armando Falcão** e do comandante **Meira Mattos**. Ali também o **Gullar**, que dirige a Funarte/IBAC. Não resisti e mandei um bilhete ao Gullar:

– Estamos aqui há mais de 10 minutos ao lado de Armando Falcão e ainda não fomos presos.

Depois, conversei com Armando Falcão um pouco. Ele lembrando que, naquela Assembleia, ele era líder do governo JK e discutia com Carlos Lacerda. Como o tempo muda e, com ele, as pessoas.

Reunião com a direção da **Associação dos Funcionários da BN**. Eles insistindo em trabalhar seis horas e assinar por oito, como os demais funcionários da Cultura no serviço público em geral. Digo a eles:
– Espero que os funcionários da FBN trabalhem oito horas se assinaram oito horas. Neste momento de revalorização da ética, quando uma CPI do Congresso está questionando deputados que fraudaram o orçamento, quando se depôs um presidente, o exemplo melhor dos funcionários da FBN é a defesa da ética. Digo mais: deveriam denunciar todos os que trabalham seis horas e assinam por oito. E mais: isso de refazer a fachada do prédio, como o fez minha administração, é importante; colocar ar refrigerado é necessário; mas o importante nesta administração é a ética.

26 de novembro

Voo **Santiago–SP–Rio**: seis horas da tarde.

Foi bom estar em Santiago. A embaixada é lindíssima. Na véspera, houve uma festa para 2 mil pessoas, com vinte figurantes da **Mangueira,** em benefício das obras do **Teatro Municipal de Santiago**. A comida veio dos principais restaurantes de Santiago, a orquestra do teatro tocou música brasileira. Ingressos a 50 dólares em benefício do teatro da cidade.

Cheguei um dia depois. **Guilherme Leite** é um embaixador extraordinário. Interage com a cultura local.

Almoço com **Enrique Lafourcade**, em sua casa. Ele sempre amável, havia ido à Feira do Livro (Estação Mapucho) para me ouvir na mesa-redonda sobre **Clarice Lispector**. Chamou minha atenção a quantidade de pessoas especializadas em Clarice no Chile. **Consuelo Valdez**, da Universidade de Oregon, publica um dicionário sobre Clarice. Fala sobre ela com entusiasmo. **Ana Maia Larrain**, crítica, tem ensaio sobre Clarice.

Lafourcade me dá um artigo de dez páginas contra **Vargas Llosa**. Conversa sobre o tempo que nós passamos em Los Angeles, na UCLA, de quando ele fugiu com outra mulher, largando tudo de uma hora para a outra. Meu deu também um velho artigo sobre nosso encontro em Jerusalém, há uns oito anos, reconstituiu bem a atmosfera em Haifa, o hotel, a cidade sagrada etc.

Aparece também **Jorge Edwards**, que se referiu a mim numa entrevista dizendo que o prêmio Pégaso era sério, pois eu estava no júri. Conheci-o na casa de **Rubem Braga**, há uns dez anos, comício de **Brizola** na Praça General Osório. Edwards me perguntava então sobre as eleições e lamentava que o Chile estivesse tão longe da democracia.

Apresentação da *Poesia sempre* na embaixada. Auditório cheio, umas 200 pessoas. **Thiago de Mello** presente. Leu poemas meus traduzidos por ele. Poetas chilenos presentes, vários, **Eduardo Llanos, Elvira Hernández**.

Aparece a poeta brasileira que havia visto em Porto Alegre, **Martha Medeiros,** que está resenhada no número 3 de *Poesia sempre*. Simpática, vai passar dois anos com o marido no Chile.

9 de dezembro

Cai Jerônimo Moscardo, ministro da Cultura. Criticou FHC numa reunião de ministério, atacou seu plano econômico anunciado havia três dias. Colocou a cultura no centro do debate. A cultura pode modificar o Brasil.[9]

Recomeçou a agitação em torno do meu nome. **Cilon** vem de Brasília, diz que no ministério só falam e esperam por isso. **Ana Regina** me chama num canto no coquetel de lançamento dos desenhos/livros de Eckhout para dizer que os dirigentes (leia-se Gullar, Miranda etc.) da área da cultura querem apresentar meu nome antes que comecem a convidar estranhos no ninho.

---

9. Em 2014, ele publicou na *Folha de S.Paulo* um artigo retomando sua proposta de 6% do orçamento para a Cultura. Convidou-me para pronunciar palestra para embaixadores africanos e latino-americanos pela Fundação Alexandre de Gusmão. Duas conferências: "Brasil e América Latina: uma 'plaza mayor'" (9/4/2010) e "África e Brasil: fraturas geológicas e aproximações culturais" (13/7/2010).

Penso: não me interessa. Ainda que, imaginariamente, me envaideça.

Doação pela **Biblioteca do Congresso dos Estados Unidos** de material subversivo de 1966 recolhido em sindicatos, ruas, igrejas, faculdades. Lote 2, 86-89.[10]

30 de dezembro

Cardeiros. Casa de **Stella Marinho** em São Pedro da Aldeia. São nove e quinze da noite. Stella, Rodrigo (irmão de Stella), Marina estão lá embaixo assistindo *Fera ferida*, de **Aguinaldo Silva**. Estivemos aqui várias vezes. A casa é meio colonial, erguida na ponta com o mar. Chove. De outra feita em que aqui estive tinha sol, praia deserta, estupenda. Dizem que o antigo proprietário, Mario Salles, plantava aqui frutas do conde e dava de graça leite para os pobres. Há criação de cavalos, um haras. Venta nas casuarinas, nos peixes japoneses de pano erguidos no mastro lá fora.

O ano vai acabar. Foi bom. Foi ótimo.

Hoje tive uma conversa com **Luiz Roberto Nascimento Silva**, nomeado **ministro da Cultura**. Foi lá no antigo prédio do MEC. Conheci-o há alguns anos na casa de **Julinha Serrado**, em Angra. É casado com a ex-mulher de **Arnaldo Jabor,** cuja filha é amiga de Alessandra. Dizem que foi indicado por **Norma Bengell** ou **Luiz Carlos Barreto**. Convidou-me para acompanhá-lo à ABL na posse de **Josué Montello** (como presidente) Fui. Josué pediu que me assentasse entre os acadêmicos, depois chamou-me para a mesa.

Os acadêmicos me olhando, estudando. **Roberto Marinho com Lily**, com os acadêmicos, me acena lá do lugar onde está. Terminada a sessão, **Nélida, Cândido Mendes, Ledo** e o próprio

---

10. Os EUA recolheram todos os manifestos e panfletos brasileiros de vários anos, copiaram e devolveram o original. Sobre isso, fiz a crônica "Confessando e espionando" (28/7/2013), vinculando esse fato ao caso Snowden, que revelou que os EUA espionam todo mundo o tempo todo.

Josué repetem a cantilena de que eu deveria começar a pensar na Academia, que está na hora etc.

Morreu **Tereza Aragão**, mulher do **Gullar**. Eu conversara com ela na casa do **Ricardo Cravo Albin** havia dez dias. Havia me contado de outro filho esquizofrênico que agredia os pais. Contou a estória maluca do psiquiatra do filho.

No cemitério, saí na frente com o Gullar, tomando-o pelo braço, ele abrindo seu coração, falando de Tereza, o horror que ele tinha à morte e já junto à sepultura, ao meu lado, se negava a olhar o caixão, a cena, e dizia:
– Me nego, me nego a ver isto.

No final da Missa de Sétimo Dia, saindo abraçado com ele pela rua, depois dos cumprimentos, ele repetiu, para mim e Marina, que não queria pensar na morte. Foi trabalhar no dia da morte de Tereza, após o enterro. O chato, diz ele, é quando telefonam, como um passista do Salgueiro (ela foi enterrada com uma bandeira da escola), que telefonou pensando que ela ainda estava viva.

31 de dezembro

Aqui em **Cardeiros, casa de Stella Marinho & filhos**. Marina está preparando a massa tagliatelli. Ajudei-a a amassar com rolo a massa na vasta cozinha dessa casa de Stella. As pessoas achando bonitinho o casal trabalhando.

De manhã, caminho com **Stella, Ciça, Rodrigo** pelos pastos, vemos os cavalos dos netos de Stella, caminhamos pela praia. Sozinhos depois, eu e Marina, ela entrou nua na água. Fui ao seu encontro, despi-me, cai também na água com ela.

Começam a estourar foguetes do lado de São Pedro da Aldeia. São quinze para as nove. Mais um ano vai terminar. Não sei o que fazer com esse diário: penso em sacar dele notas para futuro aproveitamento.

É impressionante a riqueza dos Marinho: Stella diz que Roberto a proibia de ir ao cinema ou ao Municipal sem ele.

O que Leca e Fabi estarão fazendo a essa hora?

Carlos, meu irmão, me conta que um fiscal do IR mandou dizer que quer não sei quantos dólares para encerrar o processo movido por essa gente do Collor. É a terceira tentativa de achaque. Carlos diz que faz corpo mole; se querem, podem autuá-lo. Sabe que vão encontrar pequenas irregularidades na sua empresa, coisa que todos cometem. Até paga a multa, se cobrarem. Mas extorsão, não.

1994

7 de janeiro

Geraldo Jordão Pereira, confidencialmente, me traz uma obra de **Silva Ramos** que alguém roubou e está devolvendo à Biblioteca. Não podia declinar seu nome. Isso tem se repetido. O Cilon já tinha conseguido uma caixa de obras raras que um antigo funcionário da BN guardara consigo e queria devolver há tempos. Outro caso foi o de **Geir Campos,** que devolveu um livro em alemão que o **Adonias Filho** lhe deu de presente. A polícia achou na casa do ladrão de livros da UERJ obras que eram da BN.

21 de janeiro

Friburgo. Tarde de verão chuvosa, mas agradável. Sete da tarde/noite. **Marina** lá em cima fazendo ilustração de seu livro sobre "A menina, o lobo e o cordeiro".

Oswaldo Sauna convida-me para o festival de poesia na Costa Rica.

Reunião com **Roberto Irineu Marinho,** que vai ceder material sobre as telenovelas baseadas em romances brasileiros para a exposição em Frankfurt.

Começa amanhã a **URV,** moeda inventada pelos assessores de Fernando Henrique no Ministério da Fazenda.

7 de março

Bogotá. Reunião do Cerlalc (Centro Regional do Livro para América Latina e o Caribe). Exerço a presidência do Conselho do Cerlalc. Saio para jantar com **Julián Murguía**, que dirige o Instituto do Livro no Uruguai, e **Paco (Francisco) González**, de instituição similar em Cuba. Paco conta estórias das 17 vezes que foi à Rússia, tal a ligação entre cubanos e russos. Foi inclusive ao Azerbaijão. Os russos tentaram demovê-lo (eram os anos 70) de ir lá, sugeriram outros lugares. Lá, constatou que aquela cultura nada tinha a ver com o comunismo. As mulheres de véu, sempre andando atrás dos maridos, um outro universo linguístico.

Aprendeu russo servindo com soldados russos. Faz críticas a Fidel – ele não acompanhou as mudanças. Senti na conversa que ele estava sendo discreto, mas está convencido da falência do regime.

Conta que a indústria de pesca não foi permitida nem se desenvolveu porque o governo cubano temia que os pescadores fugissem para os Estados Unidos. Também temiam os ataques dos anticastristas.

Contou do fracasso da "**grande safra**" nos anos 70. Seria a melhor colheita de cana do mundo. Não foi. Ele, burocrata, cortava cana que não valia 100 pesos, mas continuava ganhando o seu salário de 500 pesos. Resultado: a indústria e tudo o mais parou, o país estava todo cortando cana. A economia degringolou.

Lembrou que **Mao Tsé-Tung** resolveu que a China teria a maior produção de aço do mundo: cada um faria uma barra de aço em sua casa. Resultado: um desastre.

Por outro lado, pondera sobre o imenso tesouro cultural que é ter tanta gente que aprende línguas e já vive no Exterior. Só por Angola passaram 300 mil cubanos em 15 anos.

Quando Paco viu o que **Jorge Salazar** pagava por um lanche, disse:

– São seis meses do meu salário.

Pois ganham três dólares por mês.

Narrou que o pior era quando alguém do quadro (ou não) não correspondia à expectativa. Se sua filha não se saísse bem nas

tarefas do partido, ia sendo marginalizada e acabava "patrulhada" para sempre, desmoralizada, virando cidadã de segunda classe.
Pagamos-lhe o jantar – por sugestão de Murguía.
Marina me havia contado, voltando de El Salvador, há dias, que a escritora cubana que lá chegou não tinha um tostão para sair à rua. E tiveram que lhe comprar um par de sapatos, pois tinha ido com um sapato emprestado.

Enquanto presidente da Fundação Biblioteca Nacional e presidente do conselho do Cerlalc, tento desenvolver com Paco um **projeto de ajuda cultural** diante da crise econômica e editorial de seu país. Contou que Cuba, editorialmente, produzia 3 mil títulos por ano, e agora nem um terço. Sugere que, no projeto que lhe proponho, eles mandariam os fotolitos (já que não têm papel) e imprimiríamos no Brasil como doação. Pede que lhes mandemos livros, em espanhol ou português. Falamos sobre editar livros brasileiros em espanhol e mandar para lá, fazendo com que os cubanos tenham informações novas.

11 de março

Alberto da Costa e Silva contou-me na recepção na casa dele de uma foto que tirou ao lado de **Manuel Bandeira** quando tinha 13 anos. Bandeira conhecia o pai dele, o poeta simbolista Costa e Silva.
Diz que foi à casa de Bandeira, conforme combinado com o poeta. Bateu e nada. Tocou a campainha e nada. Estava quase desistindo quando Bandeira abriu a porta e disse:
– Ah, desculpe, pensei que fosse o Thiago de Mello!

21 de março

Voo Avianca 086 para **Costa Rica** (sobrevoando Brasília).
Luciana Stegagno Picchio veio ao Brasil para lançar poesias de **Murilo Mendes**. No jornal *Repubblica* deste fim de semana, segundo ela, deve estar saindo meu artigo sobre o *boom* poético na A. Latina. Já saiu no *Nacional*, de Caracas, e deve sair na Costa Rica nesses dias.

Jantar na casa de **Stella Marinho** para **Romaric Büel**. Falo com **Cravo Albin** sobre a possibilidade de ele doar sua fabulosa coleção de discos à FBN. Possibilidade de convertermos em fundação a sua casa; sugeri patrocínio. Ele encantado com a ideia. Chegou **Renato Archer,** da Embratel, quem sabe ele patrocina esse projeto?[1] Reunião na Embratel para tentar tecnologicamente fazer um diálogo transnacional entre escritores, tipo Paz, Brodsky e outros.

Nesta semana, veio me entrevistar **Dênis de Moraes** para uma biografia de **Henfil**. Lembrei-me de tê-lo chamado para o *Diário de Minas* para fazer seus desenhos (1964-1965) etc. Mas me surpreendi como me esqueci de muita coisa. Henfil esteve comigo muitas vezes, veio aqui em casa para jantar (quando contou todas as peripécias em torno do seu filme louco: *Deu no New York Times*).

Por falar em esquecimento, me lembrei da cerimônia na FBN, do **Alberto Passos**, a quem **Graciliano** dedicou *Caetés*. Naquela ocasião, fizemos uma cerimônia e chamei Alberto para falar sobre Graciliano. Ele veio à frente de todos e ficou em silêncio... Um silêncio, digamos, constrangedor. De repente, falou:

– Desculpem-me, não me lembro de nada.

Se eu não anotar coisas, estou perdido.

Jantar na casa de **Maria Teresa**, amiga de **Lígia Marina** e **Denira Rosário**.[2] **Ênio** faz elogios ao meu trabalho na FBN na presença de **Houaiss**, agora cidadão comum, sem ministério. Ênio, fabuloso contador de estórias. Há anos que lhe cobro um biografia, desde quando o ouvi contar coisas num jantar em sua casa.

Contou: estava preso em 64, não podia ler nem fazer nada. Ficava à toa na prisão. Então, deitado, resolveu ouvir de memória

---

1. Ricardo Cravo Albin conseguiria em 2001 apoio da FAPERJ para dinamizar o que viria a ser o Instituto Cravo Albin, com sua fabulosa coleção de música popular brasileira.
2. Denira fez um perfil/reportagem sobre mim no livro: *Palavra de poeta*, José Olympio, 1989.

o segundo movimento de uma sinfonia de **Brahms**. Ouvia e sorria com a música. O sargento passa e pergunta:
– De que o senhor está rindo?
– Não estou rindo, estou ouvindo o segundo movimento da sinfonia tal de Brahms.
– Como? Se eu não estou ouvindo nada?
– O senhor não está ouvindo, mas eu estou.
Contou que **Hemingway**, que ele editava, telefonou um dia dizendo que queria caçar búfalos selvagens na Ilha de Marajó.
– Búfalos selvagens! Não sei se ainda os há. Posso me informar. Mas Hemingway pouco depois se matou.
Caçou-se a si mesmo, pensei.
Contava com graça estórias de **Rafael Alberti, de Roland Corbisier, do ISEB, de Carlos Heitor Cony** etc.

25 de março

São José da Costa Rica – coisas/frases dos poetas no festival de poesia:

Juan Gelman (argentino), citando um comunista russo: "O futuro é incerto, mas o passado é improvável".

Jorge Adoum (Equador) me mostra a foto de um casal abraçado há 8 mil anos, encontrados no Equador. Fez um poema sobre a foto. Fizeram também um balé com o tema. **Eduardo Galeano** escreveu algo. Posso fazer uma crônica/poema. Os esqueletos têm umas pedras marcando ritualmente algo nos joelhos, no ombro etc. Jorge vive no Equador, no mesmo edifício com sua nova mulher, uma suíça, noutro apartamento sua ex-mulher e em dois outros no mesmo prédio as duas filhas. E todos se dão bem.

Ephraim – fala na viagem para Belém (interior de Costa Rica) abertamente sobre as dificuldades em Cuba. Comenta sua revista, *Unión*, em que há um poeta maldito – Calvert. Diz que os artistas plásticos têm feito coisas brabas com **Fidel**. Muito se foram para Miami. Diz que não há moradia suficiente, como na Rússia. Se se divorcia, continua a viver na mesma casa que o outro/a. Pior: na casa de Ephraim está a mãe, ele, a mulher, os irmãos, tudo em cinco quartos e continua a ser tratado como "filho".

Antonio Orlando. Hoje nos falamos, e ele diz que "Cuba é um doente terminal, não se sabe quanto tempo resistirá". Chega seu companheiro, **Sérgio**, que conta como ficaram todos prostrados ouvindo Marina narrar coisas do Japão. Estão indo para a Colômbia, depois da Costa Rica.[3] No aeroporto também encontro **Silvia Castrillon**.

O assassinato do candidato à presidência no México **Luis Donaldo Colosio** é notícia: fotos, reportagens, suspeitas. A TV faz falar **Octavio Paz**, cauteloso, diz que há que esperar para saber o que houve. **José Emilio Pacheco**, aqui no festival, aflito, viaja de volta ao seu país. Diz que a direita ou os militares teriam liquidado o candidato do PRI. Agora, "um vazio de poder" no México.

Será?

Como há 65 anos o país está dominado pelo PRI, estão todos perplexos, caíram do que pensavam ser primeiro mundo para o terceiro. Como diz o **embaixador brasileiro Rangel de Castro**, o PRI é paradoxal: "Como ter um Partido Revolucionário Institucional?". E os Chiapas desafiam a situação.

Constata-se que os mexicanos já não suportam mais essa máquina pesando sobre os ombros. E um paradoxo: muitos intelectuais são funcionários do Estado. Diz **Jorge Boccanera** que no México artistas ganham uma bolsa de 3 mil dólares por toda a vida. Quando houve a chacina de 1968[4] que virou escândalo internacional, deram prêmios no valor de 350 mil dólares aos artistas para acalmá-los.

29 de março

Inacreditável o que aconteceu após a conferência na **Fundação Joaquim Nabuco**, onde fui falar no seminário sobre Tropicologia, a respeito de "Carnavalização e sociedade brasileira".

Presente um bom público. Noto que lá está **Edson Nery da Fonseca**, um dos mais respeitáveis intelectuais e decano dos biblio-

---

3. Hoje moram em Miami, são amigos de Marina, têm a editora Quatro Gatos e Antonio Orlando ganhou vários prêmios internacionais.

4. Massacre de Tlatelolco, ocorrido em 2 de outubro de 1968 na Plaza de las Tres Culturas, em Tlatelolco, Cidade do México.

tecários, que, certa vez, estranhamente, escreveu um violento artigo no *JB* sobre minha presença na direção da Biblioteca Nacional, alegando essencialmente que eu era um poeta que ele admirava, mas que não entendia nada de biblioteconomia. Isso foi chocante e surgia na hora em que o corporativismo dos bibliotecários se levantava aqui e ali, evidentemente me constrangendo.

O Edson na plateia, e eu evitando olhá-lo. Alguém até me disse que ele pedira um exemplar de *Poesia sempre*, e eu neguei, pois achava que ele me esculhambaria de novo dizendo que a FBN publicava poesia e não coisas bibliográficas.

Como o avião da volta coincidia com o término da conferência, não pude conversar muito com as pessoas. Mas percebi que o Edson queria se acercar de mim. Chego ao aeroporto, entro no avião, relaxo e pego por acaso um jornal do dia. E aí vem a coisa inacreditável. Um artigo do Edson Nery da Fonseca se desculpando publicamente por ter me atacado injustamente. Eu nunca vi isso em lugar algum. A pessoa ter essa coragem de se retratar em público, elogiando o trabalho que estava sendo feito à frente da FBN.

Vou lhe escrever uma carta fraterna. O bom seria que as equivocadas bibliotecárias lessem o texto dele.

22 de abril

Cinco e dez da tarde – **Bogotá**

Revejo na TV um filme com **Dustin Hoffman**, *Hero*. Nada de mais, salvo o fato de que é muito bom. E penso: hoje há tanta coisa sendo produzida, disponibilizada, que uma coisa atropela outra: é o mercado. Coisas excelentes são descartadas, esquecidas. Lembrar do que **Walter Benjamin** escreveu sobre a questão da "reprodutibilidade" na era industrial. Talvez o mundo esteja produzindo ilíadas e odisseias, divinas comédias sem o tempo para sacralizá-las.

Julgamos o **Prêmio Pégaso**: **Gregory Rabassa, Margareth Sayns, Darío Jaramillo, Mercedes Carranza** e eu. O vencedor: *Rasero*, do mexicano **Francisco Rebolledo**. Havia 113 brasileiros entre as 300 e tantas obras. Os melhores brasileiros eram *Boca de chafariz*, de **Rui Mourão**, e *Perversas famílias*, de **Assis Brasil**.

A Mobil Oil (Michel Morgan) oferece um jantar no Cuatro Estaciones. A movimentação para os restaurantes foi feita num carro histórico: a Mobil Oil comprou o carro que teria sido de **Somoza**, porque é um veículo brindado. O ditador nicaraguense havia encomendado esse carro para se proteger. Não teve jeito. Mataram-no quando ele foi ao Paraguai, duas semanas antes de receber essa viatura. Muito estranho estar nesse carro.

Volto ao hotel, e a TV anuncia que **Richard Nixon** morreu de ataque cardíaco.[5]

---

5. Quando ele foi eleito presidente, em 1968, eu estava no International Writing Program da Universidade de Iowa. Transcrevo aqui o artigo: "O dia em que a história passou" (JB, 22/11/1968), dando notícia da eleição de Nixon para presidente e da reação de alguns escritores do IWP:
O DIA EM QUE A HISTÓRIA PASSOU
Nova York – *Não é sempre que se pode sair de casa para ver a História.*
Acontece que a História não passa também por todas as portas ou por todos os países. Mas como ela ia passar por aqui no dia 5 de novembro de 1968, como foi vastamente divulgado por todos os jornais do mundo, preparei-me para ver a banda, digo, a História passar.
Era uma questão de chance, porque, como vocês sabem, não é todo dia que a gente sai e encontra a História à nossa espera. Outras vezes, dá-se o contrário: a gente sai desprevenido e pluft, *ela envolve a gente. Foi assim no primeiro semestre desse ano aí no Rio. Eu saía para trabalhar, mas antes de chegar ao jornal tinha que passar pela História, digo, pela Avenida Rio Branco com suas bombas, tiros, procissões e cavalaria.*
Então, é como lhes digo: 5 de novembro de 1968, eleição do sucessor de Johnson, lá fui eu atrás da História. Aliás, já estava à sua espreita há dias na TV: campanhas de Nixon, Humphrey, Wallace, entrevistas, desafios: a História colorida em curso rápido, intensivo – e de graça.
Cinco de novembro de 1968, depois do café da manhã encontro um romancista português e lhe pergunto: como é, vamos ver as eleições hoje? Sabe de uma coisa – responde o gajo – nunca vi uma eleição na minha vida. Tentei consolá-lo: há muito que também não vejo.
Lá embaixo, no saguão desse prédio que abriga quarenta escritores de todo o mundo, estava a História, digo, a televisão. Em torno, um punhado de espectadores. Americanos mesmo, mui poucos. Saquei minha primeira verdade histórica: americano não vê História, americano faz História.
– Estos americanos son increíbles, che! – me diz o poeta argentino. Vêm, olham um pouco, perguntam quem está ganhando e se retiram. (cont.)

Ontem, conferência na **Casa de Poesía Silva** – "El poeta y su perplejidad ante la historia". Depois, **Alberto da Costa e Silva** me levou ao hotel Taquedana.

(cont.) Assim também foi durante as Olimpíadas: estavam ganhando todas as medalhas e nem se entusiasmavam.

Olho ao redor para ver quem comigo está vendo a História: quase só estrangeiros, principalmente gente do chamado Terceiro Mundo. Saquei minha segunda verdade histórica: gente do Terceiro Mundo está fadada a ser espectadora.

Olho de novo para os parceiros da arquibancada na História. Por ironia da sorte, como se diz, todos vinham de países onde não havia eleições. Ali a poetisa persa, que evita falar de política e sabe coisas sobre o Xainxá, que nenhum jornal conta; o poeta panamenho chegou no dia em que derrubaram Arias; sua esposa é cubana e fugiu de Fidel Castro. Num outro canto três argentinos, leem La Nación com o mesmo interesse com que se lê um almanaque de 1925. Há escritores da Romênia, Iugoslávia, Polônia, mas o que ocorre lá não é propriamente o que a gente chama eleições aqui no Ocidente. Há uma romancista francesa, mas quem lê jornais sabe, que, a rigor, não se pode falar que a França é uma democracia. O romancista mexicano me explicou que no México existe mesmo só um partido, o presidente praticamente escolhe seu sucessor, 500 mortos nos últimos incidentes e 50 mil nas prisões, e para inaugurar as Olimpíadas o Governo encheu o estádio com militares à paisana e outros funcionários seus.

Havia também três brasileiros em torno da História, digo, da TV.

Um americano, eleitor de Nixon, desenvolve sua teoria política: acha que Wallace é bom candidato se não fosse racista, e afirma que só o comunismo pode dar jeito na América Latina: depois de distribuírem os 90% das terras que se acham nas mãos dos 10% de proprietários, aí sim, vocês merecem democracia.

– Você não acha que os governos latino-americanos deveriam ter direito a voto nessa eleição americana? – pergunto eu.

Colorida e computada lá vai a História se formando na TV. É ainda de tarde, e os primeiros resultados aparecem. Pergunto: isto não prejudica a escolha de candidatos nos outros Estados que ainda estão votando? Não, me dizem cientistas sociais depois de longos estudos.

Saio com um poeta negro de Watts e o romancista iugoslavo para ver como andava a História nas ruas. O poeta negro nada sabe de política, não vai votar e me diz que eleição não muda nada. O romancista iugoslavo elogia Tito, e saímos para ver como e onde procediam as votações e contagem. (cont.)

Gregory Rabassa lembrando o tempo que passou no Brasil na **Fulbright** conta duas anedotas correntes entre nós do tempo de **Costa e Silva**:
– Quando presidente, Costa e Silva, que não era considerado exatamente uma águia, foi aos EUA. Quando o avião atingiu a altitude de cruzeiro, o piloto informou: "Estamos a 10 mil metros de altitude!". Costa e Silva, surpreso, exclamou: "Sabia que o Brasil era grande, mas não tão alto!".

Outra piada:
– Qual a diferença entre um trem e o Brasil?
– O trem anda pra frente e apita, o Brasil de Costa e Silva.

26 de abril

Aeroporto em **San Francisco**, 20h10. Com **Emanuel Brasil**, indo para NY.

Viemos de **Stanford,** onde lançamos a *Poesia sempre* numa casa curiosa: é de madeira e é onde fica o Latin American Center

(cont.) Perguntei a várias pessoas e ninguém sabia onde a História estava sendo votada. O movimento nas ruas era normal. Na universidade tudo calmo. Desconfiei que a História fosse invenção da TV. Finalmente achamos um aglomerado de gente. Não era propriamente uma eleição política: era uma liquidação de discos e cada um elegia os seus. Sem perceber, saí da História para entrar numa loja, e saio sobraçando 18 discos e o iugoslavo uns vinte e tantos. Isto custaria dez vezes mais em nossos países, comentamos eufóricos.
À noite, voltando para o apartamento, descobrimos que Nixon entrara para a História. Pelo menos assim indicavam os resultados coloridos da TV.
Dia seguinte acordo com música nova, certo de ter entrado num novo período da História. No entanto, saio pelas ruas da cidade e tudo parece normal e idêntico à véspera. Mas os jornais dizem que o homem mais poderoso do mundo agora é outro. Contudo as pessoas estão nas mesmas profissões e nos mesmos lugares. Parece passagem de ano: a gente pensa que algo vai acontecer e não acontece nada. Em torno da TV o público é o mesmo. Só o filme mudou: transmitem agora uma história de cowboy.
Pode ser que o Chico Buarque tenha razão: a História passou pela TV e só Carolina não viu.

da Universidade de Stanford. Lá estava **João Almino**, que é cônsul em San Francisco, ajudando a organizar tudo. Em torno da longa mesa, um grupo de professores e especialistas, entre eles **Fernando Alegría**, poeta chileno, com uns 70 anos (parecido com **Guilherme Figueiredo**). Revela que foi aluno de **Erico Verissimo**. Pergunto-lhe que tal Erico como professor. Diz, irônico que era muito original... Conta conhecer **Enrique Lafourcade** e ter se interessado pelo meu ensaio sobre o "boom" poético latino-americano. Converso com professores de Quebec. A leitura do poema "Letter to death" foi feita pelo prof. **Michael**.

De manhã fomos, João Almino, Emanuel Brasil e eu, visitar o **Ferlinghetti** na sua livraria, **City Lights**. Embora seus 75 anos, está forte e rijo, com um brinco numa das orelhas. Recebeu-nos às nove e meia, na abertura da livraria. Falamos de várias coisas. Fiz umas cenas em minha filmadora. Refere-se à *Poesia sempre*, que está em sua mesa, como uma revista colombiana. Não a havia lido, mas estava impressionado pela apresentação gráfica. Lê um poema meu em francês: "L'homme cannibale", ri, acha-o parecido com **Prévert**. Autografa para mim e João Almino o seu romance, que surpreendentemente é sobre Fernando Pessoa como um anarquista em Paris nos anos 20. Dou-lhe *O lado esquerdo do meu peito*, cujo título João Almino traduz para ele.

Ele me conta que deram o seu nome a uma rua de São Francisco e fizeram uma festa na inauguração com sua presença.

Conversamos sobre o texto que recebeu do **subcomandante Marcos**, o **Zapatista de Chiapas, México**. Promete-me uma cópia. Xerox. Vai à parte de cima da livraria fazer a cópia, mas desce com a cópia de um poema seu em prosa. Só no caminho do café à livraria resolve fazer a cópia do documento do subcomandante Marcos. Explico-lhe que aguardaria que ele o divulgasse primeiro.

Conversamos sobre **Ievtuchenko** (que conheci no Rio) a propósito de um pôster do poeta no seu escritório. Referiu-se ao poeta dizendo que participaram de uma sessão de poesia na Austrália. Falamos de **Mark Strand**, mas ele não se mostrou interessado. Não é de sua gangue. Insiste que deveriam dar o **Nobel** a **Ginsberg,** diz que escreveu carta sobre isso para a Academia Sueca, mas não responderam.

Mostrou-me a carta-convite para ir a Belo Horizonte para o festival organizado por **José Maria Cançado**, celebrando os 100 anos da cidade. Aconselho-o a ir e aproveito para convidá-lo para passar pela Biblioteca Nacional e fazer uma leitura de poemas. Aconselho-o a aceitar também o convite para ir a Medellín.

O texto do subcomandante Marcos que Ferlinghetti me passou é juvenil, messiânico, fala de "adeus", de "sacrifício", louvor ao "dever". Fala que a luta tem dois lados, e que o escuro é que possibilita o claro.

Receio que seja um mito que a mídia criou.

Stanford: ok, vou dar uma olhada na cidade. Encontro (para almoçar) o prof. **Jordan Young,** da Pace University. Ele ensina Brazilian History e é casado com uma mulher do Pará.

Em Berkeley, depois da leitura de poemas na Women's House, um brasileiro que estuda antropologia lá me revelou que conheceu **Marin Sorescu,** poeta romeno que traduzi e encontrei no Brasil. Contou que o poeta falou sobre mim; fiquei surpreso, pois havia mandado uma carta para ele e não respondeu. Disse-me então ele que na Romênia o correio é péssimo.

Um professor brasileiro que está aqui há anos revelou-me que abre seus cursos com o poema "**Sobre a vergonha de ser brasileiro**". É um choque para os alunos, mas a partir daí o curso avança. É gaúcho, leciona em Stanford.

Assisto em **Nova York:** *Les Misérables*, musical de **Alain Boublil e Claude-Michel Schönberg**, no Imperial Theatre. Foi bom rever essa estória que li na adolescência na "Edição Maravilhosa" e vi no filme com **Fredric March** (creio) e **Charles Laughton**. Em sua época (século XIX), o livro vendeu mais de 300 mil exemplares.

Emanuel Brasil[6] passou comigo diante do Chelsea Hotel, onde ficavam artistas e onde **Haroldo de Campos** (literariamente)

---

6. Emanuel Brasil teria, anos depois, uma morte misteriosa.

fez questão de se hospedar. O hotel hoje é uma espelunca. Quadros horríveis na parede, teto sujo, *délabré*. Fui até um dos quartos para ver: até cortina de plástico rasgado tinha no banheiro. Saí correndo para onde estava, para o Olcott, perto do Central Park, onde estive com Marina noutra ocasião.

15 de maio
Conferência dia 3, em São Paulo, na **Fundação Getúlio Vargas,** sobre minha obra/vida.

21 de maio
Nesta semana **encontro com Itamar.** Estou no Itamaraty, na recepção de reabertura do palácio enquanto museu. Diplomatas por todo lado. Gente importante de todos os setores. Encontro **Mauro Santayana,** que foi quem no antigo *Diário de Minas* me deu as primeiras ideias sobre o texto jornalístico. Eu vinha, na ocasião, de Juiz de Fora, sabendo quase nada de jornal.[7]

– Mauro – digo a ele –, há uma situação engraçada. Depois que o Itamar virou presidente, não consigo falar com ele. Os ministros morrem de ciúme. O **Antônio Houaiss** quase se demitiu por isso. Com o **Collor,** que não conhecia, tive alguns contatos.

– Ah, é? Deixa comigo – disse ele (que é quem faz os discursos de Itamar).

Lá pelas tantas, se aproxima e me diz:
– O presidente está na casa.

Saímos andando. Vejo a uns 30 metros o presidente e sua comitiva passando pelos salões. O cerimonial abrindo passagem para conduzir o presidente a uma sala para receber cumprimentos. Mauro me conduz para a tal sala. Lá, três pessoas: o **Cardeal D. Eugenio Sales, o ex-ministro Saraiva Guerreiro** e creio que uma

---

7. Em 1958, estagiário no *Diário de Minas* (BH), fiz uma série de reportagens sobre os heróis da polícia militar de Minas que haviam participado, como meu pai e tios, das revoltas de 1924, 1930, 1932. A série, usando o título de um filme, chamava-se "Os heróis estão cansados". Mauro, como *copy desk*, cortava meus textos sem piedade. E tinha razão.

autoridade militar. O presidente chega e, em vez de se dirigir às autoridades, vem a mim como se a gente se conhecesse desde sempre. A última vez que falei com ele deve ter mais de 30 anos, tempos de Juiz de Fora. Pois ele veio, começou a falar sobre o Granbery, Juiz de Fora, o Cine Central, lembrou que **Carlos,** que era seu colega, fazia alguma estripulia trepando nas árvores da Avenida Rio Branco, perguntou por ele, mandou-lhe um abraço, falou que tinha estado com o **Renault** (e sua mulher, **Aizinha** – sua antiga paixão).

As pessoas olhavam, surpresas. Quando me despedi, várias pessoas se acercaram de mim, **Mauro Durante** – secretário da presidência – o mais efusivo, falando também sobre o Cine Central e uma entrevista minha nem sei onde e me prometendo mandar uma cópia...

Tantas viagens, tanto trabalho na FBN, que outro dia tive um sinal da **estafa:** saio da FBN às quatro da tarde, pego a ponte aérea, me assento, durmo pesadamente uns 10 minutos, nem vejo o avião decolar e, de repente, ouço a aeromoça dizendo: "Nosso tempo de voo para São Paulo é de...". Levei um susto, ergui-me e dirigi-me à aeromoça, interrompendo-a quando ela falava em inglês:

– Escuta, esse avião está indo para São Paulo, mas eu estou indo para Belo Horizonte, o que faço?

Enquanto ela avisa o aeroporto para eu pegar outra conexão em SP para BH, caio em mim e me dou conta de minha confusão: no aeroporto, havia encontrado o querido **Francisco Iglesias**[8], representante da "Minas profunda". Conversei com ele e, como ele estava indo para Minas, meu inconsciente foi para Minas com ele, mas eu estava indo mesmo era para São Paulo.

A aeromoça continuou a passar informações sobre como eu deveria proceder em BH e eu envergonhado, sem saber como dizer a ela que tivera uma alucinação.

Daí a pouco ela passou por mim repetindo que em SP poderia conectar-me com BH etc. Eu, em silêncio. Ela não entenderia.

---

8. Francisco Iglesias (1923-1999), respeitado historiador e professor da UFMG, participou comigo dos Seminários em Diamantina.

Mesmo na saída do avião ainda insistiu, e eu já tendo caído na real dizendo:
– Não se preocupe vou ficar em São Paulo, lá é ótimo.
Será Alzheimer?

Faltam seis meses para terminar meu trabalho na FBN. Sinto como se estivesse chegando ao topo da montanha carregando uma pedra.[9] Sensação de que em breve estarei aliviado. Penso na minha libertação. Ter podido chegar ao fim, sem nenhuma tragédia, incêndio etc. já é um sossego.

Surgiu a oportunidade de passar seis meses em Portugal, na Fundação Fronteira. Dão passagem e alojamento. Articular isso com Belaggio.

FBN. Terminou a greve de 22 dias: desperdiçados. Avisei aos funcionários sobre o evidente fracasso do movimento que pretende sabotar o plano econômico de **Fernando Henrique/Itamar**. O governo mandou cortar o ponto, e os funcionários não acreditaram. Itamar enfrentou as greves e botou o Exército para ocupar as dependências da Polícia Federal, que voltou a trabalhar depois de dois meses de paralisação. Isso nunca aconteceu. Avisei aos funcionários que têm DAS que perderão suas funções se não comparecerem ao trabalho.

Na FBN, fui ver os seis computadores e os novos estagiários que estão passando na sessão de música as partituras de **Ernesto Nazaré** para os computadores. O computador executa as músicas. Milagre tecnológico.

O Proler está começando junto à Marinha um programa de barcos-biblioteca na Amazônia e no São Francisco. Também ficarão prontos os dois vagões do trem-biblioteca junto à Rede Ferroviária Nacional.[10]

---

9. Li *O mito de Sísifo*, de Albert Camus, quando fazia Neolatinas na UFMG (1958-1962). Sintomaticamente, publiquei *Sísifo desce a montanha* (Rocco, 2003).

10. Esses projetos foram interrompidos com minha demissão.

27 de maio

Trem **Frankfurt-Paris**, quatro e meia da tarde. Dia cinzento. Campos verdes, trigais, giestas. Marina lendo o jornal *La Repubblica*, desenhando para futuros livros. Já li *Le Monde*, onde há uma matéria com **Octavio Paz** sobre erotismo e o livro que publicou sobre **Sóror Inés**.[11] Me lembra a conversa que tivemos no Rio naquele almoço no Meridien, anos 80. Ele queria discutir o assunto com Marina ao saber que ela tinha um best-seller sobre esse tema (*E por falar em amor*). No *El País*, uma entrevista com **Carlos Fuentes**. Páginas do *Le Monde* sobre América Latina não trazem nada sobre o Brasil.

Bruges/ Bélgica: fomos de trem. Tínhamos um dia livre. Linda noite. Saímos para passear. Cidade deserta. Lua cheia. Prédios antigos. Iluminada, tijolos, pedras à vista. Aquelas casas tão desenho/quadro dos antigos pintores. Sentamo-nos na praça principal. Somos reconhecidos por dois leitores brasileiros. Tomamos um copo de vinho.

Dia seguinte: museus. **Memlin** etc. Não pudemos ver **Bosch – Juízo final**, pois o museu estava fechado. Encontramos um bando de crianças francesas, que nos cercam para nos entrevistar como parte de seus deveres. Perguntam-nos sobre fatos históricos da cidade. Respondemos e as filmamos.

Cisnes no rio. Charretes pela cidade. Barcos passando pelos canais com turistas. Rendas nas vitrinas e janelas. Muitas rendas: toalhas, pequenos objetos expostos. Tudo limpo. Almoçamos na praça principal.

Morte no trem. O trem vai partir entre Bruges e Frankfurt. Atrasa 40 minutos. Morreu uma pessoa. Chega a ambulância. Descem médicos, enfermeiras etc. Tudo silencioso. Pessoas discutem e olham à distância. Da janela do trem, da plataforma. Inclusive uma linda mulher que eu e Marina olhamos. O que é a beleza! O que terá ela na cabeça? Como será que ama? É tão linda! Plácida. Com

---
11. Ver esta obra: *Sor Juana Inés de la Cruz o Las trampas de la fe*.

um coque. Olhos azuis. Traços angelicais, perfeita de frente ou de perfil. Ela também olha a cena da ambulância. Um indiano olha. Um turco olha e fuma no vagão dos não fumantes.

Depois, retiram o corpo envolto e na maca. Não têm pressa. Já está morto. Olham todos. No Brasil, a cena seria outra, barulho, movimento, emoção. A gente, todo mundo se indagando:
– Quem é? Como foi? Que idade tinha?

O corpo desce do trem para a ambulância. Alguém desce com uma bolsa e um casaco. Devem ser da morta.

O trem vai partir. A morta partiu antes.

29 de maio

Paris – Exposição sobre os primórdios do impressionismo: Grand Palais. Anotei coisas. Louvre. Maravilha!

25 de junho

Está difícil. Quero largar tudo. Sonho com uma vida tranquila no ano que vem. Só escrevendo, praia e amor.

Fui semana passada a Manaus: Encontro de Bibliotecas Universitárias que integram agora o SNB, coordenado pelo prof. João Maia, ex-aluno, que trouxe do CEFET.

Fui ao Memorial da América Latina, encontrei **Edmur Fonseca** (dos tempos da Itatiaia e Lua Nova em BH) e **Alfredo Bosi**. Os latinos e brasileiros impressionados com o trabalho que fazemos na FBN.

Lula continua com 40% de intenção de votos. **FHC,** com 18%.

Faltam poucos dias para o real ser instituído. A inflação nesse mês é de 45%.

Boa repercussão sobre meu artigo a respeito da extinção da rádio Opus 90. Falo com **Roberto Marinho** sobre a necessidade de ele ter uma rádio de música clássica. Janto com **José Roberto Marinho/Francis** na casa deles, digo que o sistema Globo deveria pensar em algo como a Opus 90. Ele me diz brincando, no final, que vai me chamar para ser diretor da rádio…[12]

---

12. Ver "A falta que Opus faz" (*O Globo*, 7/6/1994).

Jantar na casa do **Paulo Rocco** em homenagem ao **Arnett** (da CNN), que cobriu as guerras no Oriente. Simpático, bem-humorado.

Outro dia jantamos, Marina e eu, com **Dacia Maraini** – ex- -amante de **Moravia,** o qual foi casado com **Elza Morandi**. Marina fez uma mesa-redonda com Dacia na FBN.

3 de julho

Inverno delicioso. Eu ultimando a FBN. Preparando-me para estar no ano que vem solto, desimpedido, vivendo como escritor: ociosidade absurda para a criação.

– Tenho que administrar a merda e a poesia ao mesmo tempo.

Foi isso que eu disse ao Emanuel Brasil quando me trouxe a *Poesia sempre* nº 4, depois de passar pelas obras nos jardins da biblioteca e saber que vazava merda dos porões para a sessão de periódicos.

E ontem, saindo da FBN, o **sr. Vilmar** (que toma conta do estacionamento) me diz que um tenente da polícia militar bota num camburão os guardadores de carro da região, liga o motor do carro e dá porrada neles. E tenho que conviver com isso quando estou saindo de uma reunião na FBN discutindo a informática para o Sistema Nacional de Bibliotecas.

16 de julho

Olímpio Mattos, pesquisador da BN, traz 34 poemas/cópias de "O momento feliz", de **Drummond.** Isso há três dias. É um poema sobre o tricampeonato em junho de 1970. Detalhe: C.D.A. colocou um *passepartout* em todas as cópias dos poemas publicados no *JB* e colocou também dedicatórias para todos os jogadores e membros da Seleção.

Combino com a TV Globo: mandarei um fax para **Carlos Alberto Parreira** (que é um dos homenageados de C.D.A.) com cópia do poema e da dedicatória, convidando-o a receber o original na FBN. A ideia é que todos os jogadores façam o mesmo, venham.

A notícia vaza na coluna do Swann, passo o dia inteiro dando entrevistas: *JB*, *Globo*, TVE, TV Globo, *Estadão*, *Folha* etc. Com a *Folha* o repórter comenta que algumas pessoas dizem que esse "aparecimento" dos poemas é "oportunista". Depois, levanta suspeita de que a tinta da dedicatória para o Parreira é diferente. Bato de frente:
– Está querendo dizer que alguém falsificou isto? Está botando em dúvida o caráter de **C.D.A.** e **Plínio Doyle?**
Saiu a notícia em todos os jornais, menos na *Folha*. *O Globo*. deu grande destaque ao poema, aos autógrafos, minha entrevista.
Hoje, aqui em Friburgo, assisto, por acaso, à tarde, um repórter correspondente lá dos EUA falando do meu fax e entrevistando o Parreira sobre isso.
Hoje, me telefonam da Globo querendo um texto meu para o *Fantástico* depois da final contra a Itália.
Sairá na Ática um livro de crônicas na série **"Para gostar de ler"**. Coleção criada por **Jiro Takahashi**. **Rubem Braga** me pediu que arranjasse um editor que publicasse alguma coisa sua e que lhe rendesse dinheiro. Falei com Jiro sobre a edição de textos de Rubem. Ele pegou a ideia e criou a coleção.[13]
Hoje, dizem que meteoros/cometas começam a se chocar com Júpiter. Suspense. Têm força de 500 mil bombas atômicas. Sob as cerejeiras de Friburgo, me deito com Marina, ouvimos **Mendelssohn**, o concerto para violão.[14]

6 de setembro

Há dias caiu **Rubens Ricupero, ministro da Fazenda**. No intervalo de gravações na Globo (com **Carlos Monforte**), fez uns comentários pessoais, que vazaram para o público.

---

13. Quase uns 20 anos depois, constato em todas as partes aonde vou que essa coleção fez a cabeça (literária) de várias gerações, o primeiro contato com textos agradáveis de ler.
14. Vejo na TV, aqui na Colômbia, que a galáxia de Andrômeda se chocará com a Via Láctea daqui a 5 bilhões de anos e que o choque vai levar bilhões de anos se realizando e surgem cogitações sobre a vida que surgirá daí.

Ouço o andante do **Concerto de Violino de Mendelssohn** enquanto olho a Lagoa à noite.[15] Escrevo com a caneta chinesa que ganhei.

Preparo-me para ano que vem ficar por minha conta, curtir sensibilidade, natureza, corpo, casa, família, mulher e filhas, e só depois outras coisas. Minha vida pessoal parada.

Reunião emocionante em Petrópolis na casa de **Elizabeth Bishop/Lota**, hoje pertencente a **Zuleika Torrealba**. Jantar em que **Linda Nemer** deu para **Marina** a abotoadura de rubi que foi de **Marianne Moore**, presente de **Elizabeth** para **Marianne**. Fazer uma crônica.[16]

Boa noticia: **Dalal Achcar** me dará seus arquivos para a BN: iniciamos um setor com documentos sobre dança/balé.

Outras coisas: doação de 30 mil fotos de Carnaval de **Alair Gomes**.

Livro sobre **Alphonsus de Guimaraens**, feito pelo filho – **Alphonsus de Guimaraens Filho** – e pelo neto – **Afonso Guimarães Neto**.[17]

Inédito de **Joaquim Manuel de Macedo**, *Uma rica pupila*, encontrado na BN.

8 de outubro

Hospedado no **Am Zoo Hotel, Frankfurt**.

FHC ganhou a eleição, mais de 54% sobre os demais. Votei de manhã, viajei à noite. Aqui, as ONGs alemãs explorando os "meninos do Brasil" numa ambígua gigolagem da pobreza. Expo-

---

15. Escreveria o poema "Adágio de Mendelssohn" em *Textamentos* (Rocco, 1999).

16. Narrei isto em "Histórias de Elizabeth Bishop", duas crônicas em *Sedução da palavra*, que foi reeditada pela Rocco com acréscimos e com o título *Entre escritor e leitor* (Rocco, 2015). Linda Nemer restaurou a casa de Elizabeth, que tinha o nome de "Casa Mariana".

17. O livro foi lançado em Mariana, na casa do poeta simbolista Alphonsus, num sarau promovido pela Biblioteca Nacional. Estavam presentes os dois descendentes do poeta.

sição da FBN na Biblioteca Pública de Frankfurt: sucesso. Mais de 50 painéis/pôsteres retratando momentos/autores. Mesa-redonda na **Literaturhaus** heterogênea demais. Presentes vários autores que chamo de geração 70: **Scliar, Torres, R. Drummond, Sérgio Sant'Anna, Ivan Ângelo, Loyola, Ubaldo,** e os mais velhos, **Gullar, Lígia, Nélida etc.**

Na reunião preparatória na FBN, a pedido do **ministro Nascimento Silva, Paulo Coelho** apareceu. Vários escritores presentes. Paulo estranhou que seu nome não estava na lista dos temas-autores que seriam expostos em Frankfurt. Houve um certo constrangimento: ele dizia que seus editores estrangeiros estranhariam aquilo. Perguntei-lhe, então, já que a exposição na biblioteca alemã era temática, em que nicho via sua obra localizada. Disse que seria "o mágico". Criamos esse espaço para ele.

Leitura de poemas no Pavilhão teve um toque curioso. Como eu tivesse lido "Certas coisas" – que diz que certas coisas não podem ser deixadas para depois, que a poesia tem hora etc. Daí a pouco, lembrando os "desafios" da nossa tradição, li o "Poema aos poemas que ainda não foram escritos", uma resposta a Gullar. Ele retoma a palavra, refere-se aos desafios entre Aderaldo e Sinfrônio e lê outro poemas em resposta ao meu. Aí Neide Archanjo entra no desafio e lê dois poemas sobre a origem da poesia. Aproveito, já que o assunto era conceito de poesia, leio "Controvérsias", em que retrato como várias gerações definiam poesia, um poeta sempre condenando outro.

As pessoas adoraram.

Na **Literaturhaus, Darcy Ribeiro**, na mesa, tumultuando o debate, fazendo gracinhas. Revejo **Meyer-Clason,** sempre cordial. **Ronaldo**, cineasta brasileiro que vive em Paris, faz uma entrevista conosco, amplo documentário que quer vender para televisão.

Vou fazer leitura de poemas em Berlim, casa de Bertolt Brecht e em Dusseldorf.[18]

---

18. Li poemas na Casa de Bertolt Brecht em Augsburgo, onde o poeta viveu com sua mulher Helene Weigel. Hoje, parte é um restaurante.

16 de outubro
Domingo. Friburgo.

Dura (uma vez mais) essa volta da Europa: o progresso, a limpeza, os direitos humanos lá, e aqui a violência, a miséria misturadas à bonomia do bom selvagem.

Estaciono o carro em **Cachoeiras de Macacu** enquanto Marina faz compras. Vejo a população: bermudas, calções, barrigas gordas à mostra, mau gosto, e eu imaginando o que essas pessoas têm na cabeça. Quantos são alfabetizados ou semi? Vai demorar muito... O Brasil é uma maionese que desandou depois dos anos 60. Quanto tinha uns 60 milhões, ainda tínhamos um perfil controlável. Com 150 milhões...

Jornal Nacional: menores tocam fogo no abrigo em que moram e fogem da polícia. No Rio de Janeiro, fraude eleitoral, quadrilhas compravam/vendiam votos. Prisões em flagrante. Bandidos atacam de novo um posto policial e vários policiais vão para o hospital, um precisa amputar a perna; hospitais como o **Souza Aguiar** em colapso: pessoas atendidas, quando o são, debaixo da pia, no chão; **Comando Vermelho** toma conta da Linha Vermelha, os favelados aderem, apoiando.

Desolador! Acho que é tudo verdade o que diziam lá fora, quando estava em Frankfurt.

Chocado com a burrice e/ou malandragem dos intelectuais brasileiros. Bem que, no aeroporto, **Rouanet** concordou comigo que a mesa na Literaturhaus foi uma confirmação dos estereótipos brasileiros: o malandro, o irresponsável *versus* o europeu durão.

Que diferença quando se ouve um **Carlos Fuentes** ou outros latino-americanos. Eu mesmo já registrei isso neste quase diário a propósito daquele encontro em Berlim (1982).

Sempre é o elogio da malandragem.

Deveria eu fazer um ensaio sobre isso? Evidentemente, eu devo estar errado, porque eles fazem sucesso dizendo essas coisas. E, se eu falar que penso diferente, serei expulso da grei.

FBN: pressentimento. **Fernando Henrique** viajou para a Rússia acompanhado de **Ruth**. Tenho dito: seria a ironia das ironias.

Collor, que não conhecia antes, em quem não votei, nomeou-me. FHC, que conheço, em quem votei e para quem fiz campanha, desnomear-me.

23 de outubro

Encontro em meus papéis o endereço da Casa Bertolt Brecht/Berlim, onde fiz leitura de poemas recentemente. Ele mesmo a descreveu numa carta aos editores da Suhrkamp/1954: "Estou vivendo na Chausseestrasse, próximo do cemitério francês onde foram enterrados os generais huguenotes, Hegel e Fichte: todas as minhas janelas dão para o térreo do cemitério da Chausseestrasse 125, 11015/Berlim".

23 de novembro

Encuentro de Escritores Latinoamericanos, Asunción.

Ontem, no palácio presidencial, o presidente do Paraguai – **Juan Carlos Wasmosy** – reuniu uns 30 ou 40 escritores deste Encuentro de Escritores Latinoamericanos para um jantar. Prédio com casas baixas sobre colunas – estilo colonial –, tudo pintado de branco. Mesas postas sobre o gramado. Todos sem gravata e paletó, como o presidente. Ele, alegre, informal. engenheiro dinâmico, deu de seu bolso 60 mil dos 100 mil dólares para o "Encuentro".

Convidam-me para agradecer em nome dos escritores a recepção. Janto ao lado do poeta uruguaio **Washington Benavides**, de **Tomás de Mattos** – autor do best-seller *Barnabé, Barnabé* – e do jovem poeta **Rafael Courtoisie**. (Faço o discurso oficial de agradecimennto pelos escritores.) **Vitor Castelli** chama um assessor do presidente e conversamos sobre planos para o desenvolvimento de uma política cultural com o Paraguai. Aproveito e falo com o presidente sobre o acervo relativo à **Guerra do Paraguai** que existe na Fundação Biblioteca Nacional, e nestes dias estamos fazendo um seminário sobre aquela infausta guerra. (Foi lisonjeiro que tivessem me convidado para falar. Falei em português, por razões político-culturais e por respeito à língua alheia.)

É uma sensação estranha, quase surrealista estar aqui neste palácio de onde **Stroessner** paralisava a história de seu país. Mais estranho ainda lembrar meu tempo de estudante metido em lutas contra ditadores, e agora ali, na toca do ex-lobo.

Nesses dias, sintomaticamente, ameaça de golpe aqui: três militares foram presos pelo presidente porque deitaram falação. Uns dizem que o golpe é inevitável. Outros, que o panorama já não é tão simples. Esse é o primeiro congresso de escritores realizado nesses quase quarenta anos desde que Stroessner, em 1954, tomou o poder.

O presidente fez um discurso emocionado, agradecendo a minha fala e referindo-se à amizade com o Brasil etc. Solicitaram-me que batalhasse por uma nova "Missão cultural brasileira". Seria importante para nós que vivemos de olho na França e nos. EUA sem mirarmos nossos vizinhos. Se **Fernando Henrique** quisesse, poderíamos fazer grandes coisas. Acho que essa minha itinerância pelos países latino-americanos recentemente tem me ensinado algo: às vezes me sinto meio um embaixador itinerante.

Hospedei-me com Marina na casa do embaixador **Alberto da Costa e Silva** e sua esposa, **Verinha**. Estivemos juntos várias vezes na **Colômbia**, onde ele foi também embaixador. A casa é ampla, parece um museu de esculturas africanas, lembrança do tempo que passaram na **Nigéria** e no **Benin**. Só que a África entrou na vida dele avassaladoramente. Ouvimos dele histórias da África (que sumarizo aqui para não esquecer). Parecem aquelas narrativas de James Frazer em *O ramo de ouro*:

– o cidadão que, em Lagos, lhe disse que naquele dia havia sido a pessoa que levou o "ovo" ao rei da tribo. (O "ovo" vazio, tirado seu conteúdo por um estilete, era passado ao chefe quando esse deveria se matar por estar velho demais);

– a estória do chefe que tinha muitas mulheres, mas uma delas devia estrangulá-lo quando ficasse impotente;

– o chefe da tribo que ia visitá-lo com as seis mulheres, que ficavam esperando o marido no carro;

– a arquitetura da casa do chefe da tribo que dava para cada um dos quartos das sete mulheres a partir de sua sala;

– a mais velha do clã escolhia a esposa mais nova, e uma mulher disse à Verinha: "Não sei como vocês ocidentais aguentam: um homem dá muito trabalho, precisa casar com várias mulheres";
A leitura de poemas na embaixada: mais de 100 pessoas. Conheço **José Alberto de la Fuente,** que descobri no **Pérez Bonalde,** na Venezuela. Na recepção, apresentam-me **Volódia,** um velho comunista que conheceu J. **Amado, Graciliano, Mário Pedrosa** e que aparece na vida de **Neruda**. Fala com saudosismo sobre "esse Chile que deu certo", o deixa triste.
A cidade é agradabilíssima. Não é suja. Não vi pobreza, embora digam que existe. É arborizada, espaçosa, com grandes casas, palácios, como a da embaixada.

Dizem que o **general Oviedo** (que depôs Stroessner) acompanhou-o ao aeroporto com uma granada na mão, para explodir caso ele reagisse. Aqui todos são parentes, todos foram cúmplices da ditadura. Dizem que Wasmosy era amigo de Stroessner.[19]

27 de novembro

Buenos Aires – Estou indo de táxi para o restaurante Prosciutto, esquina de Junin/Sarmiento. **Jorge Madrazo** e eu conversando sobre problema comum em nossos países: a droga. Acabei de ler que, na Argentina, em cada cinco estudantes três sabem onde se compram drogas.

Conversamos. Falamos que o problema é o quanto de dinheiro está envolvido nesse negócio. O chofer não aguenta, pede para participar da conversa:
– Saben cuantos mil millones de dólares están involucrados en esto? No es mi palabra, sino de especialistas: 500 mil millones...

6 de dezembro

Fiz uma viagem com **Marina a Curitiba** para jantar com **Vargas Llosa**, a convite de **Maria Cristina Andrade Vieira**.

---

19. Ver "Paraguai, um remorso histórico" (*O Globo*, 29/11/1994).

Convite também da prefeitura (fiz crônica sobre isso[20]). Evidentemente, V. Llosa não se lembra mais de mim, do encontro/jantar que tivemos com amigos em NY em 1968.

BN – há uns 15 dias assaltaram o **Anexo** no Cais do Porto, três homens, dizem, com metralhadoras. Renderam o guarda, avisaram por telefone que a firma responsável pela segurança estava mandando reforço. Levaram oito computadores e algumas peças. Demos parte à polícia, claro.

Estamos, no entanto, trabalhando para ativar o Anexo: vinte ou trinta pessoas, tentativa de catalogar as 80 mil teses, as obras raras e os livros estrangeiros, mais os 200 mil volumes da "Coleção Paralela", há décadas guardada no subsolo da biblioteca.

Varig – Frankfurt.
Voo para participar do Seminário sobre Transformações do Brasil. Minha participação: literatura/leitura. Seminário também em **Berlim e Heidelberg**. Fiz um texto/depoimento misturando poesia e especulações.

8 de dezembro

Tomo o ônibus para **Frankfurt**. Chego à velha cidade e à IWO, e uma jovem com camiseta me recepciona, andamos mais um quarteirão, subo dois andares com a pesada mala. Quarto pequeno, simpático. Dirijo-me diretamente para a sala de palestras. Uma mesa ampla, quadrada, poucas cadeiras para a assistência: ali vejo **Celso Lafer** com sua elegância, simpatia, competência. Fala sobre as relações do Brasil com o mundo. Anoto num caderno os pontos principais.

Estou conhecendo vários brasilianistas. É um seminário de alto nível. O melhor de que já participei nesta categoria. Da parte brasileira: **Tércio Sampaio** – jurista, que foi secretário do Ministério da Justiça no período Collor e que fala alemão fluentemente; **Rouanet** e sua mulher, **Bárbara**; **Marco Aurélio Garcia**, coordenador de política internacional do PT, que seria o minis-

---

20. Ver "Como um peixe na água" (*O Globo*, 6/12/1994).

tro de Relações Exteriores se Lula tivesse ganhado as eleições; **Moniz Bandeira, Gilberto Calcanhoto**. Do lado alemão (ver livro de notas): **Dietrich Briesemeister** – que foi o comentador de minha apresentação –, do Ibero-Amerikanisches Institut/Berlin; **Karl Kohut** – diretor do Lateinamerikastudien da Universidade de Eichstätt, que me apresentando leu pedaços de *Que país é este?* e referiu-se a *Catedral de Colônia*, dizendo que leu o livro e já o citou em estudos. Estava com o volume de *A poesia possível* (Rocco).

Minha leitura foi boa. Misturei teoria-poesia-depoimento como jornalista e teórico-administrador cultural. Agradou. Passou uma energia para cima, empatia poética. Para finalizar, li "Epitáfio para o século XX". Gostaram.

Hoje à noite, saí para passear sozinho pela cidade. **Heidelberg** é um charme só, antiga, quartel-general dos americanos durante a Segunda Guerra Mundial, foi onde **Hannah Arendt** estudou e onde viveu **Karl Jaspers** (entre tantos pensadores). Falaram-me do "caminho dos filósofos"[21], uma vereda que é necessário conhecer, por onde, fora dos muros da cidade, caminharam muitos filósofos.

Prof. Schwake, chefe do seminário de Românicas, simpático, deu-me um livro para levar para a BN sobre a Amazônia. **Briesemeister**, caminhando pela cidade à procura de um restaurante, aponta o castelo que vi iluminado à noite, numa montanha: foi destruído pelos católicos na Guerra dos Trinta Anos, quando levaram a Biblioteca Palatina para fora da cidade.

Ontem à noite, com insônia, vejo na TV entrevista de **Lévi-Strauss** a uma jornalista. Assunto: o livro de fotos dos índios brasileiros feitas nos anos 30 pelo próprio Lévi-Strauss. Curioso ouvi-lo falar sobre um país que é o meu, mas numa realidade que não é minha. No final, com dois índios (que ele diz serem peruanos), lendo *Tristes trópicos*.

---

21. Ver "Com o pé na estrada" (*O Globo*, 13/12/1994), onde descrevo o "caminho dos filósofos" e o seminário.

10 de dezembro

Berlim, Hotel Fjord, Bissingzeile 13, quarto 602. À tarde, uma temperatura amena de uns 5°C, saí com **Marco Aurélio Garcia** para comer, fazer compras. Andamos uma meia hora conversando, na ida e na volta, da Kurfürstenstrasse até a catedral destruída que aparece em todas as fotos. Foi bom caminhar e conversar com ele, pertence à direção do PT. Sentados no restaurante do Hertie, *self service*, lembrávamos os amigos comuns nos anos 60 que se exilaram. Conheci, mesmo em Minas, parte daquela gente: **Betinho, Gabeira, Juarez**. E era muito amigo de **Ivan Otero** – a quem dediquei um poema.[22] Conta-me ele casos da filarmônica de Campinas, quando dirigiu a Secretaria de Cultura da cidade, a orquestra dirigida por Benito... Esteve também no CPC, e me diz que uma aluna fez uma tese sobre *Violão de rua*.

À tarde chegam **Tércio e Sonia Ferraz**.

Ontem, em Heildeberg, depois que terminou o Seminário, fomos – **Cesário Melantonio, Ilona (sua mulher), Celso Lafer, prof. Schwake, Marco Aurélio** – andar pelo "**caminho dos filósofos**", subindo o morro do outro lado do rio. **Karl Jaspers** e outros passaram por ali. O dia ia terminando, e eu ia conversando com Ilona. Ela esteve em dois lugares onde vivi: Aix-en-Provence e na UCLA (Los Angeles). O seminário foi ótimo para todos. A imagem do Brasil saiu reforçada, analisada, melhorada. Era isso que deveria ter ocorrido na Feira de Frankfurt, ao invés da coisa tropicalista comandada por Darcy Ribeiro. Bem que eu tentei com meu projeto original, que o MinC desvirtuou.

Até propus que se fizesse, se repetisse esse seminário em vários países em anos sucessivos, para se medir no tempo o avanço do pensamento.

Sentado estou na sexta-feira de manhã, à mesa do seminário, quando Marco Aurélio diz *tout court*:

---

22. Fiz um poema para Ivan, colega de teatro no Granbery e de agitação em Belo Horizonte. Sua irmã é a mãe de Belisa Ribeiro e avó de Gabriel, o Pensador, sobre quem fiz uma crônica.

– Sabia que o **Tom Jobim** morreu? Em Nova York.[23]
Fico chocado, e isso repercute pelo resto do dia em mim. Continuam a morrer. Continuam a morrer os amigos. Neste mês, foram dois da Bossa Nova: Tom e **Ronaldo Bôscoli**. Uma geração alegre, carioquíssima. Tom foi de ataque cardíaco, Ronaldo de câncer. Do Ronaldo, aquela piada que **Miele**[24], seu amigo, sempre conta: no hospital, recebendo num braço sangue e no outro soro, pergunta ao amigo: "Tinto ou branco?".

12 de dezembro
Berlim.
Começou o Seminário em Berlim: "O Brasil no limiar do séc. XXI". **Sala Simón Bolívar,** Instituto Iberamericano, organizado por **Briesemeister e Rouanet.**
À tarde, fui visitar o **Museu Pérgamo**. Impressionante as obras tiradas de Pérgamo e Babilônia. Mas o museu é pequeno. Anotei um poema sobre o museu: guarda uma cidade dentro da cidade. Tem colunas gregas na fachada e tetos de vidro. Jogo de espelhos. Caixa chinesa.
À tarde, belo debate a partir da exposição de **Ernildo Stein**. Interessante sua conferência sobre a melancolia das esquerdas, usando a psicanálise. Anotei num caderno.
Confrontação dele com o Iluminismo de Rouanet. Este adora o debate. Surge a questão do "gosto". Prego a pluralidade de análises em vez da supremacia do gosto. A questão do ontem e hoje, dos mortos e vivos. Rouanet diz que muitos mortos estão muito vivos. Respondo que são os vivos que dão vida aos mortos. Cito o caso da redescoberta do Barroco: **Dámaso Alonso, Hatzfeld** etc.
Hegel está enterrado aqui. E muitos outros.

---

23. Eu o conhecia desde Los Angeles 65/67, quando tentei fazer um concerto de música popular brasileira para estimular o estudo do português. Em L.A., havia vários músicos brasileiros.

24. Fiz a apresentação do livro de Miele em que ele conta algumas de suas estórias. A obra foi relançada pouco antes de sua morte (2015). Era um fenômeno.

Bertolt Ziller me dá a edição de *Os sertões* (1944) em alemão que ele traduziu há 10 anos: *Krieg im Sertão* (Suhrkamp). Linda edição. Dentro de uma caixa. Tem posfácio seu.

30 de dezembro

(Anotações feitas em Cardeiros, **casa de Stella Marinho**.) Festa de Natal na FBN. O coro que criei. Funcionários se reconciliando. Rutônio – da AFFBN – vai ao microfone e publicamente diz que prega minha continuidade, agora que FHC tomou posse. Funcionários foram ao ministro (sem que eu soubesse) pedir minha permanência. Itamar com 88% de apoio. Funcionários como **Lúcia Hipólito** dizendo que criaram a "Ama Affonso", **Ricardo Cravo Albin e Georgina** articulando manifesto para minha permanência. **João Maia** me mostra abaixo-assinado da CBL, do SNEL e entidades de livreiros pedindo que eu continue. Chegou convite para transmissão do cargo de **Luiz Roberto** para **Francisco Weffort**. Este começou mal. Vamos ver. Reuniu-se com pessoas erradas. Parece desinteressado. Digo à **Celina Amaral Peixoto** e ao **Celso Lafer:** ele não tem projeto de cultura e parece não querer se informar.

1995

8 de janeiro
   Posse de Fernando Henrique: vou via São Paulo. No aeroporto, encontro toda a tribo paulista no saguão: **Marta e Eduardo Suplicy, Roberto Campos, Ricardo Kotscho, Franco Montoro** e outros, todos carregando "smoking". Em Brasília (Marina não veio), encontro *tout le monde*: **DaMatta, Cravo Albin, Alberto da Costa e Silva, Bambino e Cristina, Sergio Telles e mulher, prefeito de Friburgo – Heródoto, Carlos e Cristina Garcia, Danda Prado**. Parecia um encontro de geração, trinta anos depois: a esquerda no poder.
   O governo Fernando Henrique começa muito devagar. A imprensa, passada a primeira semana, acusa-o de fazer "seminários" demais.

21 de janeiro
   O presidente na FBN.
   Fernando Henrique foi à FBN acompanhado de **Dona Ruth, Wefforf** (ministro) e **Marcelo Alencar** (governador). É o segundo presidente que recebemos. O primeiro foi Collor, quando começou a fazer as pazes com a cultura e os intelectuais, sendo Rouanet então secretário de Cultura. Itamar não foi possível.
   Visita tranquila, relaxada. Dividida em três partes. Peguei-o no passeio público quando chegou, pontualmente, com Ruth às onze horas. Mostrei-lhe a fachada refeita, entramos no salão recém-reformado, apresentei-o a **Joaquim Falcão** (Fundação Roberto Marinho) e **Ricardo Gribel** (Banco Real), que possibilitaram a reforma. Falei-lhe, enquanto caminhava, algo sobre a história da

biblioteca. Depois fomos ao quarto andar, onde o esperava a minha diretoria para uma conversa de quinze minutos, falar de projetos, mostrar-lhe alguns livros. Embora o protocolo mande que ele se sente à cabeceira, nos sentamos, com os outros, face a face. Mostrei-lhe o livro que editamos sobre a Feira de Frankfurt; contou que, passando pela Alemanha, visitou duas das nossas exposições: de arte primitiva e de arte negra.

Ruth sempre simpática, autografando seus livros, ela e FHC e Weffort – para a Seção de Obras Raras. **FHC e Ruth** (e os paulistas em geral) não conheciam a Biblioteca Nacional. Depois, fomos aos grandes armazéns, vários andares de livros, uma visão que deixou a todos encantados, a verdadeira Biblioteca de Babel sonhada por Borges. **Marcelo Alencar** (governador) perguntando por que não abríamos essa parte aos leitores (coisa tecnicamente impossível). FHC perguntando sobre o peso daqueles andares todos de livros, e eu brincando que agora temos uma moeda de peso – o real, piada que ele repetiu para os demais.

Depois de tomar uns sucos, fomos para a Seção de Obras Raras, onde estavam também "raros" convidados especiais, representando áreas diferentes da cultura: **Ana Botafogo, Cacá Diegues, Luiz Schwarcz, Sérgio Machado, Ênio Silveira, Tônia Carrero, Mário Machado**. Dona Ruth logo descobriu Marina, que havia sido sua colega no Conselho das Mulheres nos anos 80. O presidente pôde conhecer o projeto de digitalização da fantástica coleção de mapas antigos, experimentou computadores que executam as partituras das músicas que temos no nosso acervo.

Ficou meia hora mais do que o previsto, tudo tranquilo, ele fazendo um discurso final de agradecimento. Foi importante sua visita. Tem um valor simbólico. Colocar livro/leitura/bibliotecas no centro da política do governo – essa é minha intenção ao trazer autoridades federais aqui.

Visitei **Roberto Marinho** para lhe dar nosso livro sobre a Feira de Frankfurt, agradecer seu apoio e conversar sobre coisas. Ele gosta de pedir ideias. Falei da necessidade de ter uma **TV bilíngue, espanhol/português** – a partir da experiência do Mercosul e do que vi na Alemanha.¹ Falei também que seria interessante retransmitir o *Jornal Nacional* pela CBN.

Sempre gentil, acolhedor, pedindo para não chamá-lo de "doutor", só de "você", contou, de novo, o caso de seu início n'*O Globo*, a morte do pai, ele tendo que assumir tudo aos 20/21 anos. Contou a mesma coisa em 40 minutos de conversa.

Contou-me do jantar com **JK,** em sua casa no Rio, quando perguntou ao presidente por que estava fazendo **Brasília,** tão longe. JK disse que aqui não havia espaço. E Roberto Marinho descreveu-lhe que estivera com os filhos na Barra-Recreio pescando camarões e que ali havia lugar suficiente para uma nova capital, mas não teve jeito.

Ah, sim, **Hélio Fernandes** inventando notícias sobre a FBN. Foi o mesmo que há dias disse que meu irmão **Carlos** tem apartamentos e Mercedes na garagem em Nova York e Paris. Bem fez o **Zuenir Ventura,** que jogou um balde de tinta no Hélio Fernandes quando esse corria na Lagoa.

Gratificação e nojo. Rutônio, aquele das greves tolas e manifestos falsos, veio ao meu gabinete pedir perdão, emocionado, e diz que espalha para seca e meca que está arrependido e feliz que eu tivesse sido reconduzido. E desculpando-se disse que enfrentaria qualquer pessoa que fosse contra mim, que até propôs formalmente na **Associação dos Funcionários da Cultura** meu nome para ministro. Enfim, que a FBN está na sua melhor fase; que a festa de Natal foi símbolo disso. Acabou se jogando nos meus braços, emocionado, até me constrangendo.

6 de fevereiro

Em **Friburgo,** com Marina, pela primeira vez na vida passando 10 dias seguidos aqui. Avisei na BN, avisei ao **Weffort** que, após quatro anos, tiraria uma semana de férias. Maravilha. Até a poesia está voltando depois de quatro anos. Retomei papéis de uma pasta. Que felicidade é mexer nesses textos, ainda que para nada, ainda que não os publique. Fez-me um bem imenso mexer,

---

1. Ver "Televisão, língua e cultura", *O Globo*, 27/12/1994.

remexer, retomar meus movimentos de alma, minhas pequeninas fantasias e indagações.

18 de fevereiro

Esta semana, com **Eduardo Galeano** na FBN e no restaurante da Colombo. Ele pesquisando sobre **Ademir da Guia, Leônidas da Silva.**

Visita do **embaixador do Peru,** a quem mostro mapas antigos. E ele expondo a teoria de que a América talvez não estivesse tão partida se o rei da Espanha tivesse vindo para cá como fez D. João VI.

27 de fevereiro

Avianca – Voo Bogotá – reunião do Cerlalc. Segunda-feira de Carnaval.

Vim de **Friburgo** ontem com Marina. Mais um dia, final de semana cheio de "momentos de perfeição".[2] Nós sentados no morro, junto da casinha que construí para as meninas, sob os ciprestes, olhando o vale. Oh!, que felicidade só de lembrar. Delicadezas. Falávamos sobre tudo e sobre nada, sobre, por exemplo, jogar **nossas cinzas em Friburgo.** Esta semana, de repente, tive essa decisão, pois fui a vários enterros e, vendo como são feios, malcheirosos os cemitérios, alguém me dizendo que até o Jardim da Saudade cheira mal, então, na cama, de manhã, lá no Rio, disse à Marina que achava melhor que fôssemos cremados[3] e as cinzas jogadas em algum lugar. Ela pensou no **Parque Lage**, junto ao pé da lichia; eu brinquei que ia jogar minhas cinzas no rio Paraibuna.

Agora (quando lá estávamos), olhando o vale, o verde, o azul, ouvindo as cigarras, pensávamos em jogar as cinzas por ali. Claro, diriam que a casa estava mal-assombrada. Digo a Marina que ela apareceria à noite arrancando pragas no morro. Na verdade, estamos tomando uma decisão grave, definitiva, e não falamos

---

2. Ver "Momento de perfeição", *O Globo*, 7/2/1995.
3. Ver: "Preparando a cremação", poema em *Sísifo desce a montanha* (Rocco, 2011).

com as filhas. Acho que elas deveriam participar disso, pois a cinzas ficarão (provisoriamente) com elas.

Buenos Aires – O embaixador **Marcos Azambuja** convida-me a dirigir o **Centro de Estudos Brasileiros**: 7,5 mil dólares, mais ajuda de moradia. Venho pela rua (ontem) olhando as varandas dos apartamentos, o chão quase marmorizado e limpíssimo das calçadas, as ruas. Pensando em como será viver, morar aqui com Marina. Poderia trocar o Rio, a paisagem (e os perigos), nosso apartamento, por tudo isso? Trocar a FBN, seu cansaço e prestígio por esse refúgio?
– Você terá um prédio inteiro – diz Marcos, hospitaleiro. É dos melhores embaixadores. Esse convite há quatro anos seria ideal. Agora, há também o "convite" para ir para **Roma** – o Itamaraty me acena com o Centro de Estudos Brasileiros lá. Estou meio cansado da FBN, apesar dos êxitos. Fuxicos de funcionários, idas a Brasília, dificuldades orçamentárias, isso cansa.

Por outro lado, imagino (apenas) o que poderia fazer aqui em termos de trabalho: edições, traduções, encontros. Minha cabeça dispara, só de pensar: o vício da ação. Claro que em Roma seria bem melhor.

Fui visitar o CEB, dirigido atualmente por **Silvia Esteban**. Fiz um esforço de imaginação para me ver ali. Meio doloroso: não é o momento. Sei que faria um CEB modelo, revitalizando os que existem aqui no Mercosul, influenciaria os demais na AL (se bobear, me entusiasmo). Vi nas salas professores ensinando música brasileira, três professores chupavam sorvete, a biblioteca, tudo simpático. E a luminosidade do Rio? E Friburgo? A praia, a montanha. E os amigos? E Marina? Como mobiliar o apartamento? **Almerinda** me informa que 2,5 mil dólares cobre o aluguel, e a embaixada ainda dá mil ou 1,5 mil. O argentino tem qualquer coisa de pierrô, e o Brasil é mais arlequinal.

Héctor Yánover, ontem no restaurante da Feira, contou-me horrores da **Biblioteca Nacional da Argentina** em Buenos Aires, que dirige. Tem só 700 mil livros. Se somar jornais e iconografia, talvez chegue a 2 milhões. Tem menos de 200 funcionários hoje. Conseguiu 4 milhões para informatizar e botar cd-rom na BN. Usou até soldados do exército no trabalho. Não tem bibliotecárias suficientes. Revela que **Borges foi um descalabro**: chegava tarde, lia os jornais lá pelas onze, recebia amigos e deixava que roubassem livros.

Avião **B.Aires–Rio,** voo 913.
Agora, no telão do avião, **Pavarotti** canta *La solita storia del pastore*, num concerto no Central Park. Realmente, ele é excepcional. Concentra tudo na voz, não se dispersa em expressões corporais (como **Mário Lanza**), tira as mais difíceis notas com uma tranquilidade total. Nos closes, vê-se a técnica absoluta: a posição da língua no chão da boca, a maneira de jogar a voz na testa etc. (como tentavam fazer os jovens tenores que comigo cantavam em coro em Juiz de Fora e Belo Horizonte...).

14 de junho

Semana passada deram-me o **prêmio de Marketing da Associação Brasileira de Marketing** pelo trabalho feito na FBN. Outros homenageados: **Barrashopping,** *O Globo,* **Ricardo Amaral, Fiat, Rubem César Fernandes (Viva Rio)** etc. A escolha, que me surpreendeu, veio de um questionário enviado a 2 mil pessoas no país. É importante, porque veio de fora da área literária. A festa foi no Golden Room do Copacabana Palace, levei a diretoria e lá estiveram também Carlos, Cláudia, Marina. **Miele** comandou o show. Devo fazer uma crônica a respeito.[4]

Vida literária: morreu **Edilberto Coutinho.**

2 de julho

Paris.
Jantar na casa de **Alice e Jorge Raillard.** Ela tradutora de Jorge Amado, ele crítico de arte. Alice vive ali perto do **Castelo de Lourmarin,** junto da estrada onde morreu **Albert Camus.**[5]

---

4. Ver crônica: "Tudo é marketing", *O Globo,* 27/6/1995.
5. Passamos, Marina e eu, por Lourmarin, visitamos a sepultura de Albert Camus, muito simples. Na UFMG, fiz um trabalho de estágio sobre *A peste.*

Conheço **Yves Marin, secretário-geral do Centro Nacional do Livro,** que tem orçamento de 20 milhões de dólares para fazer a divulgação do seu país; 40% é para compra de livros para as bibliotecas. Aceita a ideia de que o Brasil possa ser o tema do **Salão do Livro** em 1998.[6]

Exposição de Marc Chagall no MAM de Paris. Anoto algo: *"Ma connaissance du marxisme se bornait à savoir que Marx étais juif et qu'il avait une longue barbe blanche".* E reconhecia que sua arte não ia agradar a Marx. E sobre suas relações com o sistema soviético, lembra a conversar:

"Je disais a Lunatharvksy: 'Surtout ne me demandez pas pourquoi j'ai peint un bleu ou en vert et pourquoi un veau se voit dans le ventre de la vache" etc.

E continuava ironicamente dizendo que Marx poderia ressuscitar para explicar isso. (*Ma vie*/M.Chagall, Stock.[7])

23 de agosto

Almoço no Palácio da Alvorada com FHC para comemorar o lançamento de um livro/seminário que ele fez no Itamaraty. Farei uma crônica sobre essa visita ao palácio. Acabei me sentando na mesa de FHC e via que em outra mesa **Weffort** estava meio incomodado. Vontade de falar certas coisas para o presidente, mas achando que não era apropriado.

Por outro lado, um sucesso a máquina **Ducotec da Xerox na Bienal.** Filas. Repercussão em Brasília. Todo mundo maravilhado. Pode-se imprimir um livro em cinco minutos. Dou entrevista no **Jô Soares.** Venho da 7ª Bienal. Um sucesso. A FBN deu um show de competência no belo *stand* montado junto com a Xerox. Funcionários entusiasmados. A entrevista ao Jô, ontem, foi ao ar e aumentou a afluência à FBN. As pessoas cumprimentavam, queriam autógra-

---
6. Fui a convite do governo francês e fiz apresentações coordenadas por Serge Bourjea. Marina participou de uma mesa sobre Clarice Lispector com Hélène Cixious e Michelle Bourjea.
7. Ver "Cenas parisieneses", *O Globo*, 4/7/1995.

fo nas edições da Ducotec. Carinho. Orgulho nos olhos deles por verem uma instituição do governo funcionando bem.

Uma grande coisa foi a visita à Bienal dos **meninos da FEBEM** que trabalham na Biblioteca. Ganharam um dinheiro para comprar livros, foram de kombi/ônibus, participaram; e na volta ainda compuseram um rap em que o livro e a Bienal eram o tema. Entre as tarefas, pedi que fizessem uma composição sobre a experiência e premiei o melhor deles numa cerimônia no gabinete.

Fui ao Municipal com Marina assistir a *La Traviata*. Olhava de lá a FBN toda iluminada. Bela.

Não falei da **Espanha: Escorial**, conferência dos diretores de bibliotecas (da Inglaterra, Brasil, Espanha, Tchecoslováquia e Biblioteca Pública de Nova York). Cursos de verão. Lançamento da *Poesia sempre* na Embaixada, presentes muitos poetas espanhóis. Escorial à noite. Luar. Nós vindo de Madri, tarde da noite, de trem, depois da festa na embaixada. Não havia mais táxi e tivemos que subir a ladeira imensa (Marina recém-saída do hospital), andando umas três horas, exaustos colina acima.[8]

Paris. Exposições, **Brancusi, Rodin, arquitetura italiana. Chagall. Louvre.** Discos, roupas, metrô. Arco do Triunfo. Marina doente. **Alice Raillard** nos levando ao Salão do Livro. **Jerônimo Moscardo** e a Unesco. Escrevi crônica sobre isso.

Estou vivendo numa velocidade louca. Não tenho tempo para digerir delícias. Faço um poema sobre isso no restaurante.

Fui a **Teresina, Encontro Nacional de Estudantes de Letras**. Inauguração da biblioteca universitária: Zuleide.

Fui à **Bahia** (crônica). Sistema Nacional de Bibliotecas. Crônica sobre o Solar do Unhão.[9]

México dentro de uma semana. Muita coisa. Muita coisa.

Ontem: encerramento no **CCBB do Encontro Internacional que o Proler** fez. Pessoas: **Sivia Castrillón, Norma Obregon, Cesar Sarmiento** etc.

---

8. Ver crônica "Vou escrever à rainha", *O Globo* 11/7/1995.
9. Ver crônica "Acontece na Bahia", *O Globo* 25/7/1995.

9 de setembro

Varig: **México–Manaus–SP–Rio**, três e meia da tarde. Reunião da ABINIA. México, país colorido. **O. Paz** lançou um livro nesses dias, está fazendo declarações aos jornais sobre a semelhança México/Índia. Nas livrarias, suas obras completas. Estatísticas no jornal: México aplica 3% de seu produto bruto em educação, e não 8% como a ONU recomenda. Gasta 45 dólares por ano em cada pessoa em educação; a Alemanha, 3.750; e os EUA, 1.400. Tem 8 milhões de analfabetos.

Almoçamos na casa do **embaixador Carlos Augusto Santos**. Casa que **Merquior** comprou para o Brasil, há dez anos, por ocasião do seminário da "Cumbre de Presidentes Latino-Americanos". Lembrando dos presidentes que estavam naquele encontro e hoje: **Alan García** é dos homens mais processados do mundo, por corrupção. (**Alan Riding e Marlise**, do *The New York Times*, o chamavam de "tocaio"= xará). O **presidente do Panamá** (**Noriega**) foi destronado e preso pelos EUA.

Vou às pirâmides com Marina. Lembrança de que estive aqui em 67/68, sozinho, e registrei isso num poema. Lembro quando estive no Hotel no Zocolo. Vou à "Casa dos Azulejos", mural de **Orozco**. **Museu de Antropologia**: terceira vez.

(Lembrança de que num almoço na casa de Celso Furtado em Brasília, ele ministro da Cultura, tentei convencê-lo a fazer um museu semelhante ao do México, voltado para o registro das três culturas que fizeram o Brasil: índio, preto e branco. No Rio, seria uma maravilha. Ele tinha seus próprios planos.)

Ver crônica sobre a Virgem de Guadalupe etc.[10]

Maguei: dessa planta de onde tiram tudo, o papel, a agulha (vem do espinho), o líquido (tequila) e a comida: frutinhas nas extremidades. Comemos. Planta totêmica.

Visita ao **Museu de Arte Contemporânea. Frida Kahlo**. Exposição de Toscani/Benetton.

Lançamento da *Poesia sempre* na UNAM: **Eduardo Langagne, Jorge Ruedas, Rodolfo Malta** – que estudou na USP –, **Hernan Zavalla**.

---

10. Ver "Vislumbres mexicanos", *O Globo*, 12/9/1995.

Assisti *La vida es sueño*, de Calderón de la Barca/Teatro da Unam.

Fui eleito **secretário-geral da ABINIA**; não queria, Virginia Betancourt pediu ao embaixador **Clodoaldo Hugueney** para me convencer, seria bom para o Brasil. Acabei aceitando, depois de recusar por três dias. Fiz um discurso ao final, sinalizando coisas que poderia fazer.

Reunião da **ABINIA,** onde estavam presentes representantes de **Mellon Foundation**, da biblioteca de **Harvard, de Berkeley, da BN/França**. Eles espantados que a FBN do Brasil tivesse uma Ducotec, que era última novidade (que a Universidade de Cornell havia adquirido).

Projeto: com a Biblioteca de Portugal, apoio da OEA, 120 mil dólares para o projeto da Biblioteca Real.

12 de outubro

FBN ontem, no salão dos periódicos, uns vinte funcionários associando-se ao projeto da direção de manter a casa aberta o maior tempo possível, me procuram dispostos a fazer um **turno até as 22 horas**. Gostaria que a instituição abrisse também aos domingos, mas há dificuldades de todo tipo. Abrir à noite para atender a um certo número de leitores e, claro, interesse de horário dos funcionários.

Vinte minutos depois, no meu gabinete recebo um leitor que fez questão de subir para me agradecer o novo horário.

Há dois dias, no aeroporto do Rio, eu tentava dar telefonemas, mas aqueles aparelhos estavam todos estragados. De repente, um senhor ofereceu-me o telefone que estava usando e disse:

– Estou vendo que você está aflito querendo telefonar, em homenagem ao seu trabalho na FBN pode usar o meu.

Em **Juiz de Fora**, conferência na **Academia de Comércio**, linda, restaurada, cheia de gente jovem, bonita, carinhosa. **Elizabeth Zacchetto** fez uma apresentação minha no amplo auditório, tão afetiva... Tratando-me, ai de mim!, como um mito.

Lindo o teatro da Academia, entrada clássica, romana, teto, paredes decoradas em estilo rococó. Bela capela. Incrível como os padres do Verbo Divino e os pastores metodistas d'**O Granbery** tivessem implantado em Juiz de Fora colégios dessa envergadura. Granbery teria sido a primeira universidade brasileira, trinta anos antes de São Paulo, não fossem as brigas religiosas... Lembrando-me eu de quando estudava n'O Granbery – grande rival protestante da Academia, que tinha piscina e isso nos humilhava. Fizeram a piscina n'O Granbery só depois que me formei. E as paradas de Sete de Setembro, tão competitivas, mobilizando todos os colégios! Coisa curiosa: um padre me revela (e para o auditório) que foi meu colega no **Grupo Escolar Fernando Lobo** e que ele e eu servíamos de "polícia de trânsito", escolhidos pela professora para organizar os demais alunos na hora da saída do Grupo. E para tal usávamos um botãozinho como distintivo.

Noite de autógrafos calorosa. Emocionado, vendo belas moças & moços vindo de localidades vizinhas de Juiz de Fora, que antes eram pequenas vilas, sem qualquer expressão: **Guarani, Simão Pereira, Matias Barbosa** e até de **Ubá** e **Santos Dumont**. Hoje, muitos desses lugares têm faculdades, ou mandam para Juiz de Fora seus estudantes. Juiz de Fora agora é uma metrópole com 500 mil habitantes, no meu tempo eram 150 mil. Tem, por exemplo, hoje esse esplêndido movimento de música colonial[11], o **museu Murilo Mendes** – com obras de artistas europeus etc.

A cidade começou bem: as grandes fábricas, grandes colégios, grande teatro Central, a força da imigração alemã, italiana (meus avós), os edifícios neoclássicos feitos pelos **Arcuri**, a Prefeitura, a Avenida Rio Branco. Eu andando pelas ruas, revendo o passado: o grupo Fernando Lobo, a Catedral, a Sociedade de Medicina e Cirurgia, Stella Matutina, bondes, Carriço filmes, a Sociedade Antônio Parreiras, casas e ruas do ricos, rua Halfeld, Parque Municipal, aquela biblioteca pública, enfim, coisas muitas. Lembrei-me de **Manuel Bandeira** naquele poema, sobretudo "seus bondes dando

---

11. Ver na internet as informações sobre o Festival Internacional de Música Colonial Brasileira e Música Antiga, realizado pelo Centro Cultural Pró-Música/UFJF, que ocorre há quase 30 anos.

voltas vadias". E eu com minhas ansiedades, projetos, desejos, entre a igreja e o jornal, entre a literatura e as ruas de fim de bairro, fundando com amigos o **Centro de Estudos Cinematográficos**[12], grupos de poetas – o **"Pentágono 56"** [13], primeiros voos literários.

No dia seguinte, sábado de manhã, levaram-me ao **Museu Mariano Procópio**[14]; **Jorge Sanglard** (*Tribuna de Minas*), **Suely** (secretária do prefeito), e lá estavam a TV Globo e a Bandeirantes, jornalistas querendo retratar a época em que eu ali vivia. De novo, o carinho de todos me comovendo. Eu olhando aquelas jabuticabeiras do Museu Mariano Procópio: o lago, as canoas, a casa/castelo que hospedava **Pedro II**; lembrando-me de **Geralda Armond,** que dirigiu a instituição, de como eu entrava ali reverencialmente, de como ali assisti a uma conferência de **Santa Rosa** – artista plástico, ilustrador. Aquelas coleções de objetos imperiais. Eu olhava tudo como se estivesse no Louvre...[15]

Na saída da cidade, com **João Maia,** meu ex-aluno e agora autor de livros didáticos da Ática, paramos no Salvaterra: aquilo antes era o nome de uma fazenda, de um açude onde se ia nadar e onde alguns se afogavam. Agora, no entroncamento de estradas para BH, um sofisticado restaurante e butiques.

Estou no balcão falando tonterias (como sempre) com empregados quando vejo uma mulher de olhos verdes olhando-nos atentamente. De repente, diz:

– Você é quem eu estou pensando?

– É possível – digo, amavelmente.

A partir daí, elogios também para Marina.

---

12. Eu fazia crítica cinematográfica e com Affonso Pedreira fundamos o CEC de Juiz de Fora.

13. Grupo formado por Hélio Fernandes, Marcei Brasil Capiberibe, Adolfo Mariano da Costa, José Santos. Lançamos dois manifestos...

14. Onde íamos remar e chupar jabuticaba depois dos exames orais n'O Granbery.

15. Museu Mariano Procópio: tem uma bela coleção de coisas imperiais, que inclui até os cadernos de Pedro II e suas caligrafias quando aprendia a escrever em francês.

26 de outubro

Descubro que escrevo esse quase diário para mim mesmo, para reachar coisas do passado. Hoje, por acaso, procurando a data do **Salão do Livro de Paris**, dei de cara com coisas escritas em 85/86/87 que me tocaram e das quais havia me esquecido inteiramente. Penso se relesse este texto aos 80 ou 85 anos, que sensações teria? Revivo. Renasço. Relendo. Não é para ser publicado, repito.[16] Talvez eu tirasse daqui alguns trechos, notas, para um diário ou fragmentos de uma vida.

Morreu Stella Marinho. O enterro foi ontem no São João Batista. Fiz uma crônica emocionada, que muitos comentaram, alguns tinham esse texto consigo no enterro. **Armando Nogueira** me diz que gostaria de tê-la escrito. **Aparecida Marinho, Pitanguy, Ligia Marina, Zé Rubem** e outros.

Tinha grande afeição por ela. Ela nos convidava para sua casa no Alto da Boa Vista, para o cineminha, jantares, até para a festa de Natal; convidava para sua casa em Cardeiros, ia às noites de autógrafo; estávamos juntos na casa de **Marcelo Garcia**, em Petrópolis. Convidei-a até para comandar a **Sociedade Amigos da BN**. Ela me chamou para o **Conselho de Cultura da Associação Comercial**. Insistia que nos aproximássemos de seus filhos, como se pudéssemos exercer alguma influência sobre eles. Lembro que organizou até um jantar na casa de **José Roberto** – o filho menor. Outra vez, trouxe **Roberto Irineu** para jantar aqui em casa. Arrumou para que Marina e eu ficássemos em Roma no apartamento de Roberto Irineu. Contou-me coisas pessoais, do relacionamento com Robertão etc. Gostava dela. Ela gostava de **Niki de Saint Phalle**, de arte e tinha vida própria.

Uma tragédia essa sua morte na França, na tal viagem com Romaric. Assalto, choque, morte.

Abracei **João Roberto** (que foi à França buscar o corpo), **José Roberto, Roberto Irineu, Rogério Marinho**. Lá estava **Roberto Marinho e D. Lily**. Ele, impávido com seus 92 anos, na sala

---

16. Mudei de opinião relendo o conjunto. Isto pode, eventualmente, interessar a outras pessoas, histórias de nosso tempo.

quentíssima, acompanhando o caixão. Ficou junto à sepultura sob um sol quentíssimo.

Foi desnorteante essa morte.[17]

Com isto, **cancelei** a festa de **inauguração da BN**, que está lindíssima. Como a restauração foi comandada pela Fundação Roberto Marinho, não havia clima para festas. Haveria coro do **Municipal, Christiane Torloni** falando poemas modernistas, **Arthur Moreira Lima** e coisas várias sob a direção de **Bia Lessa**.

5 de novembro

Avião Varig **Rio–Recife–Lisboa: Prêmio Camões/95**. Viajam comigo **Márcio de Souza e Antônio Torres** (do júri). A expectativa é que **Saramago** ganhe. **Antônio Torres,** num telefonema, há uma semana, menciona o **José Cardoso Pires** – que é seu amigo. Não tem comparação.

Suzy, secretária da FBN, me lembra de que amanhã é aniversário de meu casamento com **Marina**. Sempre nos esquecemos, os dois. Tento chamar Marina por telefone, mas estava ocupado. Nos encontraremos em Paris, ela a caminho de **Viena/Salzburg**.

Ontem, Marina fez toda uma preleção sobre o fim do mundo, conforme um vídeo que viu com Alessandra. Ela acredita também em Nostradamus.[18] Eu, não. Creio mais na versão do Hubble de que, depois do inicial "big bang", haverá um "big crash" – quando o universo parar de se expandir e encolher.

Assassinaram ontem **Yitzhak Rabin**.[19] Deve ter sido um extremista contra os esforços de paz com os palestinos. Fiz-lhe um poema/salmo, lembrando o Salmo 23 – uma produção intertextual com a Bíblia. A linguagem bíblica do Velho Testamento flui na minha memória de protestante.

17. Ver crônica "Stella", *O Globo*, 24/10/1995.
18. Estivemos na cidade onde há o Museu Nostradamus (1503-1566) – Salon-de-Provence, em 1981, quando lecionei em Aix-en-Provence.
19. Ver crônica "O sacrifício de Yitzhak", utilizando a técnica de apropriação de textos bíblicos, *O Globo*, 7/11/1995.

BN – Sexta-feira, entre 2 de novembro e um sábado, com chuva, duas enormes **filas na FBN** para visita de leitores. Tivemos que pedir aos diretores e outras pessoas que servissem de guias. Sucesso da reinauguração.

FBN – Não sendo possível o espetáculo da inauguração, por causa da morte de Stella, inauguramo-na com a presença de **Roberto Marinho, Joaquim Falcão, Francisco Weffort** etc. Este fez rasgados elogios, que vários assessores vieram comentar. De manhã, **Roberto Marinho e Lily** haviam ido à missa de 7º dia de Stella. Roberto Marinho chegou depois do temporal, assim como seu filho **José Roberto** e outros. No mosteiro de São Bento, onde estive em homenagem à querida Stella, uma multidão e tristeza.

Na saída da FBN, descendo a escadaria, segurando-o pelo braço, digo a Roberto Marinho:
– Rogério, seu irmão, me disse que o senhor está se se preparando para voltar ao mergulho submarino...
– É claro! Lily, quantos anos tenho?
– Noventa – diz ela.
– Pois é. Sou capaz de mergulhar uns oito metros. Mas mergulho 30 e sem aparelho.

Andando pela praia, duas leitoras me abordam, se dirigem a mim dizendo que só me reconheceram depois que eu havia passado. E eu:
– Eu também só me conheço depois...
Ivan Junqueira mandou-me uma carta calorosa sobre o minha administração na FBN. **Maria Eugênia** – astróloga amiga – me encontra e diz que estou com o astral ótimo.

Conversa no meu Gabinete. Estou tentando trazer para cá **Sérgio Sampaio,** o homem-filósofo que fez uma revolução na Embratel, com cursos curiosíssimos nos anos 70/80. Ele botava lá todo mundo falando pros engenheiros: **Roberto DaMatta, Arnaldo Jabor, Joaquim Andrade, Ronaldo Rogério Mourão, eu etc.** Ele me fala essa coisa espantosa:
– A ditadura começou a cair com os seus poemas de página inteira no *JB*. Você estabeleceu uma marca, um avanço. A partir daí, não havia retorno.

Jantar na casa de **Ricardo Cravo Albin**. **Lúcia Sweet**, mulher de **Tomaz** (*Homem de bem*), conta: viveu um tempo em Paris, no mesmo prédio de **Simone de Beauvoir**.Via-a sempre com **Sartre**, mas não sabia que eram Simone e Sartre. Só o soube acidentalmente: frequentava um bar onde um senhor bem falante, inteligente, falava brilhantemente durante horas, enquanto alguns estudantes ouviam. Sentada numa mesa ao lado, só ouvia. Ouvia, ouvia, ouvia. Ela ali, fingindo que lia um livro. Isso parece que se repetiu várias vezes. Um dia, ao sair do bar com uma amiga, Sartre dirigiu-se a ela brincando com o seu cachorrinho. Trocaram uma ou outra amabilidade. E a amiga lhe disse:
– Você é amiga de Sartre?
– Não, por quê? Quem me dera!
– Mas ele não acabou de falar com você?
– Ah! Era ele? Ai, meu Deus! Então aquele homem tão inteligente que eu ouvia indiretamente era ele?
Centro de Referência do Professor. Belo Horizonte. Há dez dias vim ver isto. Encontrei lá o professor responsável – **Raimundo Nonato** – e minha madrinha – **Elza de Moura**[20] –, memória viva da educação em Minas, desde o tempo da Escola de Aperfeiçoamento nos anos 30 e de **Helena Antipoff** – de quem Elza foi aluna. Encontrei colegas do tempo de faculdade, que não reconheci de imediato. Fui para assinar o convênio SEC-ED/Proler.

Lindo o museu com peças de meu tempo de aluno primário, quando era menino no **Grupo Escolar Fernando Lobo**, em Juiz de Fora. Ali estava o caderno ***Avante***, com letras dos hinos pátrios e aquela capa militar – o soldado avançando com uma bandeira (citei isso no poema "Que país é este?"). Ali, aquelas carteiras em que sentávamos dois a dois, lugar para o tinteiro, aqueles álbuns de gravuras para exercício de redação (que usei no poema "O burro, o menino e o Estado Novo" – a partir de uma dessas gravuras). **Julieta**, mulher do **Osman Lins**, editou nos anos 70/80 um livro (***Lições de casa***) no qual estão textos de vários autores sobre essas gravuras: **Callado, Gullar, Osman**, eu etc. Também ali objetos de

---

20. Ela celebrou 100 anos, lúcida, e foi, em 2015, homenageada pelo governo de Minas e pelo secretário Angelo Oswaldo.

laboratório, tudo muito bem colocado naquele prédio *belle époque* da fundação de BH.

Eu olhando aquilo, a paisagem pela sacada, a Praça da Liberdade, lembrando as estórias literárias que ocorreram em torno daquela praça com **Drummond, Nava, Fernando Sabino**. Eu me lembrando do meu tempo, do apartamento da meiga **Lúcia Machado de Almeida**, da Biblioteca Pública, para a qual chegaram a lembrar de meu nome como diretor (anos 60). Eu tentando trabalhar na Secretaria do Interior, no gabinete do velho advogado e escritor **Martins de Oliveira**, com quem encontrava na **Livraria Itatiaia**. Lembrando-me também da noite em que **Magalhães Pinto** festejava, da sacada do Palácio da Liberdade, a vitória dos revoltosos de 64, enquanto eu passava por aí de carro, escondido/derrotado.

E agora, vendo tudo aquilo de outro ângulo, mais adulto, confortável, histórico.

Essa coisa de Belo Horizonte (como ocorreu outro dia em Juiz de Fora) tem um efeito afetivo curioso: a sensação de que tenho um lugar na memória para "onde" voltar, "onde" pousar.

9 de novembro

Embaixada Brasileira, **Roma, Palazzo Doria Pamphilj**, oito e meia da noite. Cheguei de Portugal às duas da tarde com **Antônio Torres**. Viemos pela TAP, ele conversando animadamente. Veio aqui para lançar a edição italiana de *Essa terra*.

Em Portugal, consegui/conseguimos que se fizesse justiça a **Saramago**. Demos a ele o **Prêmio Camões 95**. (Acabo de falar por telefone com **Luciana Stegagno Picchio**, sempre amorosa, que me diz que Saramago lhe telefonou emocionado, dizendo estar agradecido a mim etc. e feliz que o prêmio seja entregue no Brasil. Parecia um menino, disse ela. Era um prêmio que esperava, mas estava assustado.)

Não foi difícil a indicação. Iniciada a reunião no Hotel Tivoli (Lisboa), aberta a sessão por **Urbano Tavares**, pedi a palavra e ponderei sobre Saramago, "um nome incontornável" (álibi do último júri sobre **Jorge Amado**), obra internacional, prestígio, superação do neorrealismo, uso próprio da "biografia imaginária", a recriação da história pelo romance etc.

Todos me apoiaram. Feita a votação, tudo decidido, Urbano ligou para Saramago lá em Lazarote, nas Canárias, passou-me o telefone, cumprimentei-o pelo júri brasileiro. Ele, emocionado, disse que mais que emoção estava sentindo uma "comoção". Um jornal português usou essa expressão: "Saramago entrou na literatura pela porta do cavalo" – significando que irrompeu sem pedir licença. Dizem que começou sua vida de romancista em torno dos 60. (Isso me lembrou de um poema meu que diz que o autor excepcional irrompe sem pedir licença e faz parecer palha os textos dos outros.) **Carlos Reis** me diz que, no ano em que **Camilo José Cela** ganhou o Nobel, Saramago deixou de ganhar o prêmio por um voto.

Piada oportuna no almoço com o **ministro Carrilho**: lembrou que Saramago teve um descolamento de retina, por isso seu mais recente livro, *Ensaio sobre a cegueira*.

Maria Idalina, desse júri, estava também com um descolamento de retina.

E Camões não tinha um olho.

Foi bom ficar no Hotel Tivoli, onde estive há três anos para o mesmo prêmio, quando o indicado foi **José Craveirinha**. Nós, os brasileiros, queríamos **Luandino Vieira** – era a hora de premiar um africano. Os portugueses obstacularam: razões políticas. Naqueles dias, **José Eduardo dos Santos** (presidente de Angola) e Jonas **Savinbi** (da Unita) faziam um armistício em Lisboa, e o prêmio dado a **Luandino** poderia ser mal interpretado.

Os jornais portugueses agora dando destaque ao prêmio: primeiras páginas, televisão. Assinalam que no Brasil o prêmio não parece despertar interesse da imprensa. Por isso insisti com Manuel Carrilho num almoço no Grêmio Literário Português que:

– o prêmio fosse entregue no Brasil por **Fernando Henrique;**

– Carrilho, que conhece **Gianotti** e Fernando Henrique, fosse ao Brasil na ocasião. É necessário que o Brasil descubra o sentido desse prêmio;

– aproveitemos e façamos um projeto em torno dos 500 anos de descoberta do Brasil, porque o ano 2000 vem aí. (Até agora, não há praticamente nada encaminhado na área de cultura, embora eu venha insistindo dentro meu projeto – **Biblioteca Ano 2000** – que o governo faça alguma coisa até imitando o que a Espanha gloriosamente fez em 1992.) Consegui transformar o almoço em reunião de trabalho. Belo Grêmio Literário Português, onde **Eça, Herculano** e outros têm o seu retrato e onde a geração de 1870 se reunia. Meio inglês. Livros. **Maria Leonor**, que dirige a BN de Portugal, me leva a conhecer as dependência da instituição.

Jantamos com **José Carlos Vasconcelos** (*Visão/Jornal de Letras*) no Farta Brutus. No restaurante, retrato de **Sérgio Motta** (ministro das Comunicações de FHC), também retratos de **Jorge Amado**. Vasconcelos diz que Motta é o homem que mais come no mundo:

– Vi-o comer 12 frangos.

Vasconcelos sugere que eu tenha uma página em seu *Jornal de Letras* sobre o Brasil. Aproveito e digo que seria importante transformar a publicação num encontro das culturas luso-afro-brasileira. Que deveriam meter a Gulbenkian nisso, que é intolerável que não haja uma revista que reúna essas culturas. Ele, generoso, uma vez mais, paga todo o jantar.

No dia anterior, fui com o júri do Prêmio Camões ver a peça musical **De Afonso Henriques a Mário Soares**, do mesmo autor de **Passa por mim no Rossio**, que vi há três anos e que era boa. Mas essa é mais fraca, cansativa. Entende-se pouco o que falam e as referências são muito portuguesas.

Detalhe: saindo do Parque Mayer, depois do almoço, feri a cabeça num aparelho de ar refrigerado assassino, perto da saída, e tive que ir à emergência do Corpo de Bombeiros, onde me deram uns pontos na cabeça, botaram esparadrapo etc.

10 de novembro

Roma.

Chegou a *Poesia sempre* para o lançamento. Encontro **Agnese Purgatorio,** que me havia fotografado na BN, amiga de **Olga Savary**. Fui à livraria **Feltrinelli**. No lançamento da revista, apareceram **Vitorio Magrelli, Maurizio Guercini, Edoardo Albinati**, mais **Fabio Doplicer** (que faz antologias sobre poesia europeia) e **Ângela Padellaro** – diretora editorial do Ministério de Bem-Estar e Ambiente –, **Francesco Sicilia** (diretor do Instituto Italiano) e **Conrado Calaboro** (chefe do gabinete do ministro). **Luciana Stegagno** leu uns poemas de **Ungaretti** traduzidos por brasileiros. Fechei com um poema de **Aníbal Machado**. Presentes uns discípulos de Luciana: **Nello, Adelina, Agnese, Silvano, Giovani Ricciardi**. Depois, fomos tomar um prosecco com o **Bruscoloni,** que trabalhou no Instituto Italiano no Brasil e que está aqui.

14 de novembro

Aeroporto Charles de Gaulle. Marina ficou no aeroporto B-2, está neste momento embarcando para Viena com um grupo de escritores brasileiros. Entre os companheiros de viagem dela, **João Ubaldo** – que, dizem, bebe cada vez mais.[21]

Encontro com **Werner Lambercy**, da Bélgica, lá no escritório dele perto do Beaubourg. Espero que a Bélgica patrocine o próximo número de *Poesia sempre*. O centro cultural belga tem teatro (havia lá ensaio de violino e piano), livraria etc. Werner falou-me dessa coisa de escrever em francês e ser belga. Seus autores são tidos como franceses, e na França dizem apenas que "nasceram mais ou norte". Deu-me uma bela coleção de poesias de seu país. Interessante como há boa poesia espalhada pelo mundo.

Fui à **Unesco** conversar com **Fernando Ainsa** sobre projetos de tradução de livros brasileiros.

Conversa produtiva com **Yves Matin** tratando do Salão do Livro de Paris 98, dedicado ao Brasil.

(Marina deve estar chegando em Viena.)

Nesses dias fomos ver **Cézanne**. Ficamos na fila uma hora e meia. Fazer fila na Champs-Élysées é um charme. Marina não poderia perder essa exposição de seu pintor favorito.

---

21. João parou de beber numa estória de ficcionista que envolve a Virgem Maria.

26 de novembro

Café da manhã no **Copacabana Palace** com o presidente da Alemanha, **Roman Herzog**. Sentaram-me ao lado de sua mulher. Além do embaixador da Alemanha, autoridades alemãs, mais **Niemeyer, Cícero Sandroni, Gullar**. Estranha escolha, a desses alemães.

O presidente Herzog vai falando em dialogar, quer ouvir. Começo a falar da necessidade de um projeto cultural em relação ao Quinto Centenário da Descoberta do Brasil. Já havia motivado a França e a Itália. Sugiro ao presidente da Alemanha uma "brasiliana" – coleção de livros sobre **autores/relações Brasil-Alemanha**; sugiro programa de traduções, exposições etc. Brinco com a ideia de que no campo da poesia já "ajudamos" a Alemanha publicando poetas alemães vivos na *Poesia sempre*. Isso sem contar a contribuição brasileira que foi ter dado a mãe de Thomas e Heinrich Mann.

O secretário anotou as sugestões. O embaixador quer desenvolver ideias comigo.

5 de dezembro

Aeroporto do Rio, viagem para **Joanesburgo-Maputo para a Primeira Bienal – Livro, Cultura, Língua Portuguesa,** patrocinada pelo Fundo Bibliográfico da Língua Portuguesa.

Weffort resolveu apoiar Paixão de Ler – cópia do programa francês, dando 250 mil a Helena Severo, quando deveria apoiar o Proler. Tento explicar ao Weffort a diferença entre "evento" (Paixão de Ler) e "projeto" (Proler).

10 de dezembro

Joanesburgo. Chego a **Maputo** pela South African Airways.

O embaixador **Luciano Ozório Rosa** não poderia ser mais gentil.[22]

Contou-me estórias curiosas: **Maluf, no Iraque,** mandou assessores prepararem sua viagem. Chegando ao Iraque, passando de

---

22. Ver crônica "Prisioneiro em Johannesburg", *O Globo*, 26/12/1995.

carro por uma determinada estrada, viu uma capela, perguntou o que era, informaram-lhe que ali vivia um sacerdote-guru de **Hussein**, o ditador do Iraque. Não teve dúvidas. Mandou parar, bateu à porta, apresentou-se, falou em árabe com o homem. Tornou-se íntimo. Mais tarde, o ministro todo-poderoso do petróleo o recebeu em **Bagdá**. Mas só por 10 minutos. E com reservas, de pé. Quando Maluf ia saindo da sala, lá estava o sacerdote que vira na capela da estrada. Saudaram-se com muita intimidade. O ministro, que era amigo do "homem", pediu para ele entrar de novo com o sacerdote e fez-lhe todos os rapapés.

Diz o embaixador Luciano que **Samora Machel** resolveu reorganizar as aldeias e serviços à moda de **Mao Tsé-Tung**. Desenraizou as pessoas. Criou problemas muitos.

Passeando à noite pelos jardins do **Cardoso Hotel**, há um casamento acontecendo e uma recepção. Um dos convivas saúda efusivamente o embaixador e diz que quer falar comigo, me conhece. Muito estranho, penso. Um conhecido, aqui? Afastamo-nos e Luciano me diz:

– Este era o chefe de Inteligência de Samora Machel. Até hoje a morte de Samora Machel num acidente é um mistério. Dizem que foi ele que possibilitou/organizou a explosão do avião do ex-presidente. Estava ele com o presidente, numa missão, e na última hora alegou que estava com diarreia e não podia voar.

Estar aqui na África é exercitar a paciência que tantas vezes precisamos ter no Brasil. Não têm ideia de horários. Fica todo mundo zanzando sem saber o que está fazendo ali.[23]

Essa Bienal, sendo a primeira, tem muitos problemas, e estou aqui pelo Brasil tentando ajudar. A FBN Brasil mandou dezenas de caixas de livros, caso contrário teriam quase nada que mostrar. De positivo, comecei a organizar uma **reunião de diretores de BNs e arquivos públicos dos países de cultura afro-luso-brasileira**, dentro do projeto **Biblioteca Ano 2000** e dentro das comemorações do **Quinto Centenário da Descoberta do Brasil**.

---

23. Ryszard Kapuscinski anotou a diferença da noção de tempo num de seus livros sobre a África. Algo de Kapuscinski foi traduzido por meu amigo Tomasz Barcinski para a editora Companhia das Letras.

Dei entrevista à TV de Moçambique. Estive de passagem com **Mia Couto**. **José Craveirinha**, que ajudei a premiar com o Prêmio Camões, há anos, não apareceu.

Excelente impressão do ministro da Cultura, **José Mateus Katupha**, que estudou linguística em Londres e no MIT.[24] Boa conversa em seu gabinete. Devo mandar-lhe mais coisas sobre a FBN Brasil.

17 de dezembro

Chego oito da manhã, vou à FBN e, à noite, para Brasília: encontro de avaliação política do Ministério da Cultura e, depois, **Encontro Malraux, patrocinado pelo governo francês.**

Falei forte na abertura: o conflito que existe entre o MinC e as VINC, expressão que criei para as "vinculadas" que têm sido desprestigiadas pelo MinC: concentração do orçamento e DAS em Brasília; o MinC deixando as vinculadas de fora do Fundo Nacional de Cultura.

Da parte francesa, falaram: **Christian Pattyn, Alain Lombard, Jacques Rigaud** – este, um sábio. Dele esse pensamento: "Nós marcamos um encontro com o Brasil, e o Brasil faltou. Ao contrário, países da Ásia apareceram imprevistamente a esse encontro. Nossa geração dos anos 20/30 acostumou-se à ideia de que a América Latina e o Brasil eram a Terra do Futuro. Lemos **Stefan Zweig**, amamos tudo que vinha daqui. O encontro não foi possível. Nós vos esperamos no século XXI".[25]

Patético. Tema para crônica. Ele tem razão: o Brasil faltou ao encontro consigo mesmo.

Boa esta frase dita no encontro, citando **Mark Twain**: "Os inocentes não sabem que a coisa é impossível e a realizam".

Ottaviano de Fiore, do MinC, comete um ato falho. Diz que o Proler está "sitiado" no Rio, quando queria dizer "sediado". E informa que o MinC, que tem desprezado nosso programa, está importando programas de leitura de outros países.

---

24. Ver "Deus é poliglota" (*O Globo*, 12/12/1995), narrando a viagem a Maputo.
25. Em 29/12/1998 faria a crônica "Faltando ao encontro".

No aeroporto, encontro **Paulo Alberto Monteiro de Barros (Artur da Távola)**, líder do governo no Senado, e desalentado lhe pergunto:

– Afinal, qual o projeto desse governo?

Repete o que eu suspeitava fosse a resposta:

– Controlar o déficit público, controlar a inflação, passar as reformas.

– Isto é pouco – respondo. – Isto é coisa de governo da extinta UDN, **Juscelino** tinha metas. Quais as nossas?

Semana desagradável: o **ministério do Bresser** divulga que sou um dos "marajás"[26] da República. Se fosse piada, não teria graça. Um desatento listou funcionários que ganhariam mais do que o presidente da República. Surrealismo puro: primeiro, é mentira. E para o cúmulo do ridículo estou entre o seguintes "marajás" listados pela imprensa: **João Cabral de Melo Neto, Darcy Ribeiro, Heloísa Buarque**. Mandei um fax ao Bresser e à Casa Civil. No dia seguinte, ele se desculpou pelos jornais. Mas é um dano irreparável para uma leitura apressada dos fatos. O que pensar das notícias que saem nos jornais? Fiz uma crônica a respeito: "Eu, Marajá". Mando para dúzias de jornais, além de *O Globo*. **Roberto DaMatta**, indignado com a lista, dá o apoio e faz violento artigo "Da lista de Schindler à lista do Affonso". **Weffort** telefona, solidarizando-se: seu retrato também aparece na reportagem, pois pediu aposentadoria após 35 anos na USP. Fala mal de Bresser. **Gustavo Krause**, ministro do Meio Ambiente, telefona indignado lá de Pernambuco. Fala horrores de Brasília, do clima de fofocas, não vê a hora de se mandar. Aluna, como Consuelo da Cunha Campos, escreve longa e fraternal carta lembrando o que já fiz pela universidade e pela FBN. **Carlos Nascimento Silva**, aluno e romancista, carta incrível.

Penso no que fazer. Continuar escrevendo? Ir ao FHC? Ah, vontade de largar tudo e voltar à minha vida civil.

---

26. Os jornais noticiaram, criticando o governo: "Relação dos marajás contém erros" (*JB*, 16/12/1995), "Ministro admite erros na lista dos marajás" (*O Globo*, 16/12/1995), com destaque para "Affonso Romano cobra explicação de Bresser". Jânio de Freitas, na *Folha de S.Paulo*: "Ainda a lista falsa", e Roberto DaMatta, no *Jornal da Tarde* "Da lista de Schindler à lista do Affonso". Escrevi a crônica irônica "Eu, Marajá" (*O Globo* 19/12/1995).

1996

1º de janeiro
Um ano de governo FHC. Na TV, presta conta do saldo positivo. Inflação inferior a 20% etc. Não cita a palavra "cultura". Fala sobre educação e coisas na área social. Comento isso com várias pessoas. Fico escandalizado porque é sinal de que **Weffort** não tem a menor importância no ministério. FHC poderia falar do plano de leitura, das bibliotecas: a FBN propôs isto no **PPA (projeto plurianual)** e foi aprovado. Claro, os redatores do Ministério do Planejamento apagaram no texto final.

Réveillon na casa de **Ricardo Cravo Albin** na Urca. Lá estavam o **Rafael Greca, prefeito de Curitiba, Regina e Geraldo Jordão, Doris Monteiro, Chico Caruso, Julinho e Sandra, os franceses de Romaric**. Foi linda a festa-cerimônia que a **Fafá de Belém** preparou com **Célia (baiana do Ricardo)**: água de cheiro na entrada, as pessoas molhando a cabeça ou se perfumando, colocando bilhete no barco de flores, depois comendo acarajé, comida de santo, levando o barco para a praia, Célia e ajudante cantando em africano e levando a coisa bem a sério.

É lindo. E pouca gente na prainha, alguns rituais em torno.

Fomos à casa de **Baena Soares** na avenida Atlântica. Um equívoco. **Tônia Carrero** me deu o endereço do **Roberto d'Ávila** equivocado. E acabei noutro endereço, noutra festa.

Vista excelente para a praia. Lá, o **Bambino (Sebastião do Rego Barros), Tite (Cristina), Saraiva Guerreiro, Luiz Felipe Lampreia e Lígia Marina**. Entramos no Réveillon errado.

Nos desculpamos, já era tarde. Inda bem que eram todos amigos...

Vou fazer uma crônica sobre essa coisa engraçada e mandar uma carta ao Baena, que conheço.[1]

12 de janeiro

Morreu Ênio Silveira, numa madrugada.[2] Missa ontem no Outeiro da Glória pelo aniversário de Stella Marinho.

15 de janeiro

Morreu **José Condé**.[3] Vou ao cemitério, antes do enterro. Sol quente: presenças desgradáveis, **Hélio Fernandes e Millôr Fernandes** (que não falam entre si). Encontro **A. Houaiss e A. Olinto**, além de parentes. Pena que Condé não me passou (para a BN) seu arquivo implacável. Escreverei uma crônica.

30 de janeiro

Depois de cinco anos consegui que o Prêmio Camões fosse entregue em Brasília, no Palácio. Não sei quantas vezes fui ao Itamaraty, ao Palácio, ao MinC, às embaixadas falar da necessidade de se fazer isso. Agora, deu certo. **Saramago e Pilar** felicíssimos. Pedi a ele o discurso autografado para a seção de Obras Raras da BN. Jantamos com ele, **Pilar, Jorge Amado e Zélia** mais **Marina, Paloma, Eric e Marta** no Vecchia Cuccina.

Almoço no **Itamaraty,** umas 30 pessoas. Com a entrega do prêmio, todas as autoridades do país, os três presidentes: **FH, Itamar e Sarney**. FH falou mais do que necessário, perdeu-se e chamou Jorge Luis Borges de José.

Saramago está encantado que o queiram na Academia Espanhola.

---

1. Ano seguinte, ironicamente, liguei para o embaixador Baena lembrando o episódio e ele, um *gentleman*, nos convidou para novo réveillon. Ver crônica: "Réveillon equivocado" (*O Globo*, 30/12/1996).
2. Era um verdadeiro editor. Ousava, interferia na vida política, era um intelectual. Ver crônica "Histórias de Ênio" (*O Globo*, 16/1/1996).
3. Ver crônica "O implacável José Condé" (*O Globo*, 23/1/1996).

Conferência de Saramago no auditório da **embaixada de Portugal**, cheiíssima. Ele falando, contando sobre sua peça, sobre Camões, sobre seus textos transformados em ópera. Um escritor de sucesso. Começou aos 53 anos, quando perdeu o emprego no *Diário de Notícias*. Pilar é bonita e inteligente. O jantar terminou com eles cantando a **Internacional** em espanhol, Saramago com a letra de Portugal, Zélia e Jorge na letra brasileira. Comunistas. Recordar é viver. Mas ali comentávamos a letra retórica e rebarbativa desse hino. Havia um toque de saudosismo e deboche. Mudam-se os tempos.

No entanto, terminou o **mutirão na FBN** comandado pela **Ana Virgínia**: 500 contratados para isso. Algo nunca visto. Na iconografia, descobertas de desenhos. Virgínia fez um vídeo.[4] Só nos cofres e baús, **Stela** da iconografia encontrou 200 trabalhos não registrados: **Piranesi**, gravuras de **Raphael** etc. Também matrizes de gravuras e manuscritos. Devo fazer uma exposição com esse material.

Fui a Juiz de Fora ao encontro de **Weffort** para ver a nova biblioteca em construção.

Michael Jackson passou pelo Rio, gravando na favela. Fiz uma crônica, que teve boa repercussão.

Almoço na Vila Riso, casas de Cesarina: **Silvio Barbato**[5] tratando comigo sobre a partitura de *O guarany*, sua tese sobre **Carlos Gomes**, concerto na BN.

Saramago na BN, nos jardins: um sucesso. Jantar no Grottamare, coletiva no Meridien. Ele felicíssimo. Na Bahia, sua passagem foi um sucesso total. Com **Jorge Amado** e **Caetano**, vendo a festa de Iemanjá no dia 2 de fevereiro. Nos jardins da FBN, é abordado pela presidente do PCB, que se apresenta a ele com orgulho. Depois, um rapaz de óculos, com a segurança de um crente, entrega-lhe um manifesto onde se congratula com o "comunista" Saramago. Ele recebeu-os simpaticamente, mas não se comprometeu.

---

4. Ela guardou uma cópia, na FBN deve haver algum registro disto. Épico.
5. Silvio morreu no avião da Air France que caiu no oceano em 2009.

Visita a **Guilherme Figueiredo**, para ver se ele pode doar à FBN seu material. Mostrou-me seu acervo e prometeu doá-lo à FBN. Vejo seus arquivos: caixas que está usando para terminar sua autobiografia. Fala-me da morte com naturalidade:
– Quando botar o ponto final no livro, posso morrer.[6]
Alba, sua mulher, estava na sala ao lado lendo jornal e vendo TV, com roupa doméstica. Fazia um calor danado. Contou-me coisas de que já esqueci. Pena. Sinto-me um agente funerário escrevendo crônicas.

Outro dia fui à **ABL** a chamado de Houaiss. Lá estavam **Niskier** e **Callado**. Este, bem falante, simpático. Para minha surpresa, o mesmo Houaiss que havia entrado em choque comigo, ameaçando até me demitir (e voltando atrás). Elogiou-me, elogiou a recepção dada a Saramago nos jardins da Biblioteca e acrescentou que a FBN era competente para editar **Machado**. (Isso é reflexo da visita de **Jean Michel Massa** à BN e à ABL). Massa havia saído da ABL há 15 minutos. Houaiss acrescentou que posso fazer o projeto com a Academia e me mostra carta de **Josué Montello** onde este tenta se apoderar do projeto.

Mandei para o Weffort os nomes do próximo júri Camões: **Cleonice Berardinelli e Eduardo Portella**. A ideia é premiar, pela primeira vez, um crítico. Nomes em pauta: **Eduardo Lourenço, Antonio Candido e Wilson Martins**.

Em carta a Wilson Martins, pergunto por que não faz uma crítica a **Paulo Coelho**. Responde que não tem tempo nem apetite para isso. Ultimamente, ele criticou **Jô Soares** e **Chico Buarque**. Disse para mim:
– Você quer é sangue!

Paulo Fernando Marcondes Ferraz, na Sabin, vê a possibilidade de conseguir 50 milhões na conversão da dívida externa. Falo sobre isso num encontro ocasional no aeroporto com **Pedro Malan**[7], ministro da Fazenda. Se isso fosse possível, poderíamos construir dezenas de bibliotecas públicas.

---

6. Em 2014, encontro por acaso o filho de Guilherme num shopping, e ele me informa que em 2015 o arquivo do pai irá para a UNIRIO.
7. Nos anos 80, foi meu colega como assessor do CNPq.

Outra coisa: recuperar os CIACs do Collor. Hoje existem uns 300. Projetamos bibliotecas nos CIACs: seriam 5 mil. Curioso: escrever a história dos **projetos perdidos**. Exemplo: aquele projeto feito para que a CBL (papeleiros etc) desse 1% no total para as campanhas de leitura; a raspadinha na Caixa Econômica, de que tratei com o presidente da Caixa em Brasília; as caixas de leitura, projeto de **Jason Prado** e **Geraldo Jordão**. E os trens-bibliotecas. E os bibliobarcos. Enfim...

15 de março

Catorze dias de paralisação na BN. Constrangimento. Violência. Só deixam entrar os quatro diretores. Mando cortar o ponto. A greve é contra as reformas de FHC. Carro de som na porta. Outras instituições funcionam pela metade ou totalmente, mas sem constranger a diretoria. Algumas pessoas insultadas na porta. Descobriu-se que a FBN funciona com 10% de funcionários, os que não aderiram. Os que têm DAS "estão", mas não "são" chefes.

Fernando Ferreira de Loanda, a quem telefonei algumas vezes, interessado em dar seu arquivo literário, me aparece na BN. Ele mesmo diz:

– Não vinha aqui havia 30 anos.

Conheci-o em Belo Horizonte. Traz-me uma antologia em inglês de poemas latino-americanos traduzidos por Dudley Fitts. Vai ser útil para a *Poesia sempre*. Conta-me coisas sobre Manuel Bandeira.

26 de abril[8]

Nova York.

No jantar, conversa animada com **Lewis Cullman**. Ele na minha mesa. Dava-me tapinhas, abraçava-me. E eu elogiando o discurso que ele havia feito na noite anterior na NYPL, dizendo

---

8. Public Library of New York: encontro de diretores de bibliotecas para falar do futuro: século XXI. Apresento uma comunicação sobre as diferenças entre o primeiro mundo e os demais. Refiro-me à disparidade no Brasil e na África.

que tinha algo de poesia no seu pensamento. Ele, homem das finanças, adorou. Disse-me que faz esqui, e a mulher de **Paul Le-Clerc** (diretor da NYP Library) elogia sua força muscular. Explica-me que todo americano pode deduzir 50% do Imposto de Renda para educação e arte. Quando o cidadão morre, há uma taxa de 55% sobre a fortuna, que faz com que o indíviduo faça a doação antes. Tendo eu lhe falado de meu interesse em fazer conversão da dívida externa brasileira em favor da FBN, interessou-se.

Bonnie Levinson (vice-presidente de desenvolvimento da NYPL) disse-me que dirige 30 pessoas *for funding*, ou seja, tem de levantar uns 400 milhões de dólares para manter os projetos andando. (E eu pensando em nossas misérias brasileiras.) Confirmou que as pessoas podem deixar 50% de sua fortuna para educação e arte. Cullman, que conversava comigo, já doou 20 milhões de dólares.

Encontro-me na seção da NYPL de **Sciences e Technology**, inaugurada na quarta-feira. Já a tinha visto à tarde; impressionante, tudo sobre ciências sociais, dezenas de computadores em várias salas, ali também na Madison Avenue, 188. Cada usuário faz cópias no próprio computador, basta comprar um cartão.

Bons contatos para a FBN. Várias pessoas vieram falar comigo depois de meu discurso na NYPL, em que abordei as bibliotecas no ano 2000 tratando de África e Brasil. Interesse em financiamento da ABINIA, da qual sou secretário-geral atualmente. **Richard,** da **Mellon Foundation**, refere-se à liderança do Brasil nesses assuntos na AL. Possibilidade de intercâmbios com a NYPL. Conversa com o diretor da Biblioteca da África do Sul, ideia de aproximarmo-nos daquele país. Falar com o embaixador **Oto Maia**, que está lá como nosso represente, e ver como um mercado comum com África pode interessar ao Brasil e à nossa cultura. **Jean Favier,** da França, me cumprimenta pelo discurso aproximando AL e África.

10 de maio

Ontem, centenas de **grevistas** (após passeata na Esplanada, em Brasília) invadiram o **Ministério da Fazenda** e mantiveram

Pedro Malan (ministro) refém até dez da noite. Quebraram, depredaram, insultaram. Autoridades da área econômica e do FMI tiveram que esgueirar-se, fugindo. N'*O Globo* há uma foto: o corredor apinhado de funcionários sentados e dois seguranças dos radicais com uma camiseta negra, uma caveira inscrita e a frase: "Cuidado FH".
Penso: igual à minha situação na FBN. A irracionalidade a galope. No meu caso específico: nunca ninguém na FBN fez tanto pelos funcionários, nunca ganharam tantos atrasados, nunca tiveram tanta chance de dialogar com a direção, e, no entanto...
Ha vários países dentro de um país, assim como várias FBNs. Sempre disse que havia duas bibliotecas: a que estava se transformando e a que queria ficar estagnada. No plano federal, a mesma coisa; embora eu possa fazer umas críticas, temos um presidente que dialoga, sofisticado. E há um outro Brasil, no terceiro mundo, que nos trai. Será que o PMDB e o PFL é que detêm o *know how* para dialogar com esse "país profundo"? Estar acima das massas é um ônus. Bem dizia Maiakovski: "Eles não vos entendem"...
Acostumado ao exílio da poesia, agora esse outro exílio político-administrativo. FHC deve estar perplexo. Eu, pelo menos, estou. É exaustivo. Gostaria de largar tudo. Há uma semana que não durmo direito. Há mais de dois meses que não me deixam trabalhar.

12 de junho

Coisas que não anotei (agora **Rio-Buenos Aires**). Da reunião, há várias semanas, com **FHC no Palácio da Alvorada,** além do que já coloquei em crônica.
FH: vem alguém e lhe dá um recado e ele diz: "Não há no Palácio da Alvorada nenhuma telefonista capaz de dar um recado certo. No Planalto funciona porque as moças vieram do Itamaraty".
Há uns 100 deputados que não pagam imposto de renda. Sempre deflagraram guerra aos governos anteriores. Os presidentes não cobravam, porque tiravam deles, assim, os votos de que precisavam para os projetos.

Contou que deputados o procuraram reclamando que o Banco do Brasil não queria lhes dar o "cheque ouro". O presidente telefonou para o BB e ouviu que o reclamante devia 20 milhões ao banco e não pagava.

Outro pediu para falar com um de seus assessores: foi reclamar que o Banco do Brasil queria lhe cobrar as dívidas.

Quando todos cobramos na reunião ao ar livre, nos jardins do Palácio, que o presidente fosse mais comunicativo, e quando ele começou a gesticular e a responder mais animado, **Gianotti** lhe disse: "Por que você não fala assim na TV? Todos cobramos projetos mais concretos, menos nhe-nhe-nhém, mais divulgação de obras".

Alguém lembrou que a relação entre classe média e/ou popularidade de um governo não é simétrica: a Revolução Francesa ocorreu no momento em que o campesinato estava recebendo mais benefícios e outras vantagens estavam acontecendo.[9]

Cena na BN: Estou no quarto andar, ontem de manhã, recebendo o brasilianista **Randal Johnson** – especialista em cinema brasileiro que foi meu aluno na Universidade do Texas (1977) e cuja esposa (Cida, brasileira) foi *baby sitter* de Alessandra. Entram seis adolescentes pedindo meu autógrafo e dizendo que, além da pesquisa, o professor disse que se conseguissem meu autógrafo conseguiriam três pontos a mais. Clima alegre. Desço e na escadaria mais uma dúzia de adolescentes acometem também pedindo autógrafos. Randal espera. Um leitor também espera. Quando os adolescentes se retiram, o leitor, um senhor baixinho, faz uma reclamação: esperou uma hora e meia e foi maltratado por uma funcionária. Atendo-o educadamente. Fica comovido, agradecido. Viro para Randal e digo:

---

9. Em 2015, FHC publica seu diário. São 900 páginas. Getúlio também deixou um diário. Em *O Globo* (24/10/2015), Jorge Moreno chama o diário de "livro rosa" e diz que se "questiona a utilidade histórica da obra". É isto: a verdade não tem centro e, como dizia Sócrates, a verdade está entre os homens, e não com os homens...

– Você acabou de assistir aos dois lados contraditórios da administração tropical.

Francisco Bettancourt vem do Sul me visitar na BN e me dá, pessoalmente, retratos de **Mário Faustino**: quase todos na praia com rapazes fortes[10]. Peço-lhe um depoimento sobre suas relações com Mário. Manda-me uma carta longa e um recorte de artigo de **Walmir Ayala** onde ele desmoraliza **Bruno Tolentino,** apontando os plágios que fez e que estão registrados no seu livro de poesia. Faz uma comparação com os poemas. Segundo Francisco, foi esse escândalo que fez o Bruno sair do Brasil.

13 de junho
Terceiro Encontro de Línguas e Culturas Lusófonas organizado não pelo Brasil, mas por Portugal, pelo **Instituto de Enseñanza Superior en Lenguas Vivas em Buenos Aires.** Fui entrevistado em público por **Osvaldo Gallone,** crítico e novelista. Presentes: **José Carlos Vasconcelos, José Luis Amaral, embaixador de Portugal (Joaquim Rafael Caimoto), Héctor Yánover,** da BN. Almoço com **Monica, do CEB,** e plano de fazer um seminário **Machado/Borges** aqui e na FBN. Encontro na embaixada com o **ministro Jobim.**
Embaixador Azambuja me pergunta:
– Com quem você conversa no Rio? – querendo saber onde havia conversa inteligente.
Leio na embaixada o volume 3 de *50 anos em 5,* sobre a **vida de JK.** Dados da época:

---

10. O *Jornal do Brasil* (3/7/1997) faz reportagem de Ana Bela Paiva, que começa dizendo: "No ano passado, o poeta Affonso Romano de Sant'Anna recebeu em seu apartamento em Ipanema a visita de um senhor idoso e quase inteiramente surdo". Detalhe: não foi no meu apartamento, e sim na BN. Era uma doação pessoal. Passei o acervo para a Unicamp, através da professora Maria Eugênia Boaventura. O jornal publicou o depoimento de Francisco Bittencourt sobre escritores de seu tempo como Mário Faustino ("Ele sabia de seu sucesso pessoal") e Walmir Ayala ("Ele me intimidava com seu brilho").

– no primeiro dia que assumiu, começou a trabalhar às sete da manhã;
– renda per capita do brasileiro: 137 dólares;
– havia 20 mil quilômetros de estradas;
– só 800 quilômetros asfaltados;
– o petróleo produzido era de 6,8 mil barris diários, queria 100 mil para 1960;
– o país tinha 600 mil automóveis;
– havia 25 milhões de pobres.

21 de junho
Fracassou a greve geral da CUT e da Força Sindical. Os funcionários apareceram para trabalhar. Os "sem-terra" continuam tumultuando o país. Há dias mataram e queimaram quatro pessoas numa fazenda. Onde conseguem essas máquinas, tratores, se não têm dinheiro?
Fui a **Diadema** inaugurar o sistema de 13 bibliotecas informatizadas com assistência da FBN e do prefeito José Felipe, do PT. Modelo para o Brasil.
Corte de 29% mais 40% de contingenciamento no orçamento da BN. Impossível sobreviver. **Escrevo carta dura a Weffort.**

30 de junho
British Airways – **Rio–Londres–Dublin.**
Anotações sobre o que tem ocorrido.
A aeromoça pede desculpas por ter ficado tão atrapalhada ao nos reconhecer.
Há dias, na BN, descobrimos no meio do material que a família de **Ênio Silveira** nos doou um diário manuscrito de 62 páginas onde conta sua prisão de 68. Peço licença ao filho **Rui** para publicá-lo, divulgá-lo. É um diário digno, relatando as coisas tediosas e revoltantes da prisão. Ele se refere sempre à comida. Fala das visitas que recebe, da família. **Gil e Caetano** estão lá também, mas não se viram. É sobretudo uma bela relação com o **tenente**

Nascimento, outro bom caráter, que deveria ser localizado para reportagem para fazer um confronto entre o ontem e o hoje. **PC Farias foi assassinado** com sua amante, **Suzana.** O país enojado com a novela política e erótica.

Escrevi crônica sobre "O manual do perfeito idiota latino--americano"[11], em que os autores repassam o pensamento da esquerda sobre a AL. Aproveitei para fazer um reparo público, apesar das diferenças ideológicas que tenho com **Roberto Campos.** Há anos escrevi um artigo que não faz justiça nem a ele nem a mim: "Quem é inteligente no Brasil?". Ele tem coisas certas e equivocadas. É normal isso.

Ele me telefonou, surpreendentemente, no final da terça--feira em que *O Globo* publicou o artigo. Foi generoso em seu telefonema, me agradecendo e dizendo que estava internado, em "recuperação". Disse-lhe que se recuperasse bem, que nossas gerações eram mesmo extremadas. Conversamos normalmente. Acabou assim o constrangimento. Quando o via em coquetéis ou aviões, ficava sem saber o que fazer. É preciso limpar a alma.

Wilson Martins, coincidentemente, escreveu ontem um artigo sobre Roberto Campos. **José Mário,** da Topbooks, parece que vai editar o *Manual do perfeito idiota latino-americano* com introdução de Roberto Campos.

Wilson Martins conta essa estória engraçada: quando disse ao **Paulo Duarte** que ia escrever os sete volumes de Inteligência Brasileira, este lhe disse que não passaria da quarta página. Quem sabe, sobre "os idiotas", penso eu, seria mais auspicioso.

8 de julho

Congresso sobre **Gerard Hopkins, Irlanda.** Hospedagem na casa do embaixador **Carlos Bueno** e **Alicinha.**

Conhecemos **Newgrange (Irlanda),** templo observatório de 5 mil anos. O raio penetrando por uma fenda das rochas no dia 21 de dezembro. (Anoto um poema.[12])

---

11. Ver as crônicas "O manual do perfeito idiota latino-americano", *O Globo*, 25/6/1996, e "Os idiotas e a história", *O Globo*, 2/7/1996.
12. Poema "Tumba celta", in *Poesia reunida*, vol 2. 273.

Faço outro poema depois de visitar o lugar da histórica batalha que gerou as rivalidades entre protestantes e católicos até hoje ("The Battle of the Boyne"). Alicinha o traduziu, e eu o li na minha apresentação no Johns Hopkins Festival.

Visita a Dublinia (anotações no caderninho descrevendo a famosa biblioteca).

Visita a Joyce's Tower com Marina. Lembrança de 30 anos atrás.[13] Ela lembrando que quando a conheci mostrei-lhe umas pedrinhas que trouxe dali.

Encontro emocionado com Sydney Smith, que não via havia 30 anos. Ele na porta do clube, me esperando. Está mais velho, mas é o mesmo tipo. Reconhecemos logo um ao outro. Ele mora na ilha em frente. Que peripécia, *my God!* Ele veio de lá. Conversamos sobre os tempos de Iowa, lembrando os mortos: **Palazuelos, Veiravé,** o romeno que morreu tragicamente, divórcio de **Lindolf Bell/Elke.** Pergunta por **Luiz Vilela.**

Corrigiu ali a tradução de poema meu (em cima da perna).

Fizemos uma bela apresentação. Eu leio em português, ele em inglês. As pessoas gostaram. O mesmo com Marina, traduzidos por Desmond.

Foi uma noite forte. Alicinha e Carlos orgulhosos de nossa atuação. Depois, mais leitura de poemas num pub típico. Todo mundo bebendo Guiness e cerveja preta, amarga. A moça que sai falando comigo, emocionada com o poema "Letter to Dead", contando como conversa com sua mãe morta.

E as rosas imensas de Dublin.

E a National Gallery, com quadros surpreendentes: **Vermeer, Caravaggio,** este descoberto há pouco aqui mesmo em Dublin.[14]

---

13. Em 1969, vindo de Iowa com Luiz Vilela, fiz questão de conhecer a Joyce's Tower, onde viveu o poeta. Tantos concretistas falavam de Joyce que eu tinha que ver pessoalmente. Na torre, uma estantezinha com obras de Joyce traduzidas. A tradução dos Campos lá estava entre tantas. Escrevi um poema sobre algumas emoções dessa visita: "Crônica dublinense", que só publiquei em *Vestígios* (2005).

14. Em 2014, vi na TV um filme sobre a peripécia que foi essa descoberta.

Almoço no **Trinity College** para nós. Uns 10 professores, todos de beca. Refeitório dos professores. Todos se erguem. Reza no início. Em latim. E no fim, depois, visita à Biblioteca do College, onde vimos o famoso *Livro de Kells*[15], do século VIII. A presença viking: devastadora. Tanto quanto o ódio pelos ingleses. Dublinenses são irônicos, amigáveis, beberrões. Ah, a estória das caçadas à raposa: uma tremenda bebedeira sempre. E muita comilança. Nem veem a raposa. Estória da moça que ficou viúva, pois o marido morreu quando cavalgava caçando raposa. Por isso a viúva foi proibida de cavalgar, embora recebesse o seguro.

Ancorado o porta-aviões JFK, ao largo: banda toca *Garota de Ipanema*. Quarenta mil pessoas observam de binóculos.

Autores da Irlanda: **J. Swift, W. Goldsmith, B. Shaw, O. Wilde, W.B. Yeats, Sean O'Casey, Joyce, Beckett etc.**

O assunto mais tocante, registrei-o em crônica que hoje mandei para *O Globo* – "Prisioneiro da morte alheia".[16] A estória do ex--correspondente do **Le Monde, Louis Wiznitzer,** que se suicidou esta semana e fez Carlos Bueno participar conosco dramaticamente

---

15. *The Book of Kells* é a maior preciosidade da fabulosa biblioteca de Trinity College. Parece um templo, é do ano 800 e reproduz os quatro evangelhos com prefácios etc.

16. Louis Wiznitzer escreveu na ocasião a seguinte carta ao seu amigo e embaixador Carlos Bueno, que estava em Dublin: "Muito prezado Carlos: quando você receber essa carta, estarei morto. Preciso lhe pedir um favor. Você sabe que fui criado no Brasil, tenho amigos lá, existem entre mim e o Brasil laços bem fortes. Faço questão de lhe pedir que – nos dias imediatos à minha morte – mande publicar no *Jornal do Brasil* (pois eu sou carioca) um aviso de falecimento". A seguir, vinha a nota dizendo que ele falecera aos 70 anos e havia sido correspondente em Paris, Nova York, do *Le Monde, Christian Science Monitor, Toronto Star* e *Japan Times*. Acentuava que havia sido amigo de A. Frederico Schmidt, Jorge Lima, Cícero Dias, Rubem Braga, Vasco Leitão da Cunha, Sarney etc. E, dizendo que considerava o Brasil sua segunda pátria, se despedia com "último abraço". Ver crônica "Prisioneiro da morte alheia", *O Globo*, 9/7/1996. Ele avisou por dois anos que acabaria com sua vida quando acabasse seu dinheiro. Tinha horror à velhice. Acertou tudo com uma médica. Sua carta de despedida foi lida no café da manhã.

de seu fim. Isso daria uma peça de teatro e, nas mãos de um romancista, um best-seller. Ele gastou tudo o que tinha viajando pelo mundo com alguém que amava e agora, sem dinheiro e sem perspectiva, dava cabo da vida. Fizemos um casal de amigos para sempre. Alicinha – viva, calorosa, Carlos idem, abriram a casa e o coração para nós. Que quantidade de estórias sem maledicência. Ex: o **Gilberto Amado**, que ele conheceu na ONU, era uma pessoa estranha. Matou um cidadão à queima-roupa na entrada do jornal. O tal sempre cuspia na cara de Gilberto quando esse passava.

O crime do Gilberto Amado não passou despercebido por **Desmond Egan**, poeta que nos apresentou no Hopkins Festival, pois abriu a agenda que a FBN publicou, leu a notícia do assassinato, fez piada e referiu-se à recepção cordial que nos dava.[17]

24 a 31 de agosto

Fui demitido da FBN por Weffort em 12 de julho. Tinha ido para uma reunião em Brasília, no MinC, com **Tomás,** diretor de administração da FBN. Antes, houve uma conversa com a assessora do **Weffort (Dely),** que já sabia da demissão, mas tratou

---

17. Nota: 2013, encontro na Wikipédia a seguinte notícia sobre ele: que era irmão de escritores e primo de Jorge e James Amado.
O assassinato de Aníbal Teófilo. No dia 19 de junho de 1915, no Rio de Janeiro, no final da cerimônia de inauguração da Sociedade Brasileira dos Homens de Letras (criada por Olavo Bilac e sediada no prédio do *Jornal do Commercio*), os conferencistas Gilberto Amado e o poeta Aníbal Teófilo (1873-1915), autor do livro *Rimas* (1911), se desentenderam por causa das críticas jornalísticas de Gilberto a amigos escritores de Aníbal. Gilberto sacou um revólver e matou o poeta no salão nobre do *Jornal do Commercio*, no Rio. O julgamento do júri foi presidido pelo juiz Manuel da Costa Ribeiro, que também presidiu o júri que julgou Dilermando de Assis, que matara Euclides da Cunha e o júri que julgou e condenou Manso de Paiva, que assassinou o senador Pinheiro Machado no hall do Hotel dos Estrangeiros, na Praça José de Alencar, no Rio de Janeiro. Gilberto foi absolvido na justiça, mas jamais o foi pela opinião pública, enquanto durou a memória do acontecido.

comigo das coisas burocráticas normalmente. Weffort me chama ao gabinete antes da reunião programada: aquela conversa torta, de que precisava do meu cargo. Queria que eu ficasse figurativamente mais um tempo enquanto ele arrumava as coisas. Disse-lhe:
– Faço questão de que me demita para que isso entre para o seu currículo.

E na conversa evidentemente desagradável disse a ele:
– Você não sabe da cagada que está aprontando, os planos que serão interrompidos nacional e internacionalmente.

Ele ainda falou aquela coisa imbecil que se fala nessas ocasiões:
– Espero poder encontrá-lo futuramente noutra situação.

Saí dali e fui à sala ao lado, onde **Cecília Londres** e outra assessora ficaram boquiabertas com a notícia. Telefonei para **Marina** narrando o ocorrido (ela igualmente perplexa), depois para a FBN no Rio. Fui adiantando à **Myriam Lewin**, minha chefe de gabinete, que à tarde daria uma entrevista à imprensa. Pedi ao **Tomás** para ir à reunião que começava (em meu lugar). Olhei os participantes daquela reunião pela última vez e peguei o avião de volta.

Na FBN, à tarde, entrevista aos jornais contando as coisas. Ida à **Casa da Leitura**, despedida emocionada, todos perplexos sabendo que estavam destruindo um projeto pioneiro.

Último ato: despedida – abertura da exposição dos **120 poetas franceses**, organizada por **Serge Bourjea**. Coisa estranha: abrindo a exposição, os poetas gringos presentes, atônitos com o sucedido, e depois o abraço na biblioteca dado por dezenas de pessoas, como despedida.

Telefonemas de solidariedade numa fita, que talvez guarde, muita gente. Me contataram/deixaram recados: **Sebastião do Rego Barros (Itamaraty), Gustavo Krause (ministro do Meio Ambiente), José Aparecido, Luiz Roberto Nascimento Silva (ex--ministro), Antônio Carlos Magalhães, Lilian (esposa do embaixador Marcos Azambuja), Sérgio Arouca, Roberto DaMatta** etc. Cartas de diretoras de bibliotecas nacionais. Imprensa com longas matérias. Perplexidade geral. Artigos de **Roberto Drummond, Alexei Bueno, Ricardo Cravo Albin, Jorge Moreno**. Editoriais n'*O Globo, O Estado de S.Paulo, Correio Braziliense, Jornal do*

Brasil.[18] Primeira página de *Tribuna da Imprensa, Jornal da Tarde, Jornal do Commercio*[19].

Quando me perguntaram sobre o sucessor, **Eduardo Portella**, até o elogiei, pois sempre tive com ele uma relação normal. Mas, logo na sua posse, começou a se comportar de maneira estranha, agradando ao ministro e jogando farpas contra mim. Lamentável.

Josué Montello falando uma coisa engraçada sobre Portella (seu inimigo) dizia:

– Fique tranquilo, que ele é conhecido como um grande preguiçoso e que a ele se aplica a frase que **Ramalho Ortigão** disse sobre a agricultura em Portugal: é a arte de assistir impassível ao progresso da natureza.

Não fiquei no fim de semana no Rio: fui para Friburgo. Não fomentei o clima de lamentos. Pessoas tentaram interferir, dizendo que tinham contato no Planalto e que poderiam desfazer o gesto de Weffort.

– Tô fora – eu disse.

Na volta, dei entrevista ao **Renato Machado, no *Bom dia Brasil***, e publiquei depois o artigo "**Que ministro é esse?**" (*Jornal do Commercio* e *Correio Braziliense*).

Homenagem no Hotel Park, de Friburgo organizada pelo sr. **Yunes**, pai de **Eliana,** e pelo prefeito **Heródoto**.[20]

Homenagem a mim feita pelos colegas de **O Granbery, no Benett**.

---

18. Narrei isso melhor em *Ler o mundo* (Global), livro sobre minhas experiências na área da leitura e onde conto coisas: e aí coloco cartas de José Saramago e diretores de bibliotecas internacionais que ficaram perplexos com o que ocorreu.
19. Narrei isso em *Ler o Mundo* (Global).
20. Pela FBN, publiquei o livro de Martin Nicoulin *A gênese de Nova Friburgo*, contando a epopeia que foi a criação dessa colônia de imigrantes.

1997

8 de fevereiro

Ontem foi o **enterro de Paulo Francis**, morto de enfarto na última terça, dia 4. Morreu em Nova York, foi enterrado no Rio. Surpreendente a repercussão de sua morte. Ele jamais se saberia tão amado, admirado pelo país todo. Cartas de leitores em todos os jornais. Alguns o criticavam. Ninguém ficava indiferente. Foi uma "morte política". Estava deprimido, acuado pelo processo que lhe movia a **Petrobras**. Queriam 100 milhões por difamação e o processaram nos EUA. Estima-se que ele gastaria uns 200 mil dólares para defender-se. A *Veja* diz que ele ganhava 50 mil reais por mês.

Acompanhei seu drama através de Lúcia, sua cunhada e funcionária da FBN.

Morreu também **Antônio Callado**. Fui à missa de sétimo dia na Igreja do Leme. Até Roberto Marinho estava lá. Morreu Callado, um dia depois de competar 80 anos.

24 de fevereiro

Morreu **Darcy Ribeiro** semana passada. Os jornais celebrando **Francis, Callado, Darcy**. Esqueceram o **Henrique Simonsen**, que era menos pirotécnico. Darcy muito valorizado. Ontem, o *JB* publicou uma conversa havida em 1977 no apartamento de Darcy. Ele, **Mário Pedrosa, Gullar, Glauber**. O show é do Glauber, que jogou na cara deles a patrulhagem do partidão. A posição deles é lamentável. Sobretudo de Gullar e Darcy. Glauber queria uma discussão aberta sobre as esquerdas. Eles queriam que isso fosse uma "autocrítica interna", porque as pessoas não poderiam defender o PC publicamente.

Defender o quê?, pergunto. O que Glauber queria era que eles se regenerassem, largassem a cabeça velha. Isso eles não entenderam, nem entendem até hoje. Falta grandeza.

E o Darcy sempre a dizer tolices brilhantes: que o Brasil tinha mesmo que se fechar, que quando se fechou na Segunda Guerra prosperou...
Inda bem que os outros três foram contra esse fechamento econômico e cultural.

14 de abril
Meio-dia, vou à **praia** depois de fazer a crônica "Flutuação da palavra pornô". Dia lindo, outonal. Ao atravessar, em Ipanema, do calçadão para a areia, passo por dois casais sentados nas cadeiras do quiosque em atitude praieira, carioca. Têm entre 50/60 anos.
Ouço uns pedaços de frases ao pisar a areia:
– ...em vez de trabalhar vai para a praia...
Não presto muita atenção, dou mais dois passos e a mesma pessoa diz ao grupo de quatro, porém mais alto, para eu escutar:
– Seu Romano, o senhor está indo à praia em vez de cuidar da Biblioteca Nacional...
Paro, sorrio, volto-me para os desconhecidos e o interlocutor reafirma ironicamente a mesma frase. Digo-lhe:
– A Biblioteca está ótima. Agora eles têm o que querem...
Diz a senhora:
– No Brasil é sempre assim, quem tem valor mandam embora...
Eu:
– O erro foi meu. Não era para trabalhar. Fui fazer algumas coisas e desagradei os homens.
O senhor, dirigindo-se ao outro casal:
– Você sabe do trabalho que este homem fez na Biblioteca Nacional?
– Sei – respondeu o outro.
Brincamos um pouco mais. Falou-se mal do governo e fui à água. Na volta, ainda passei por eles e, novamente, brincamos com o fato.

Cenas como essa ocorrem sempre, quase um ano depois que saí da Biblioteca.

Outra: um dia, estou numa farmácia aqui em Ipanema, indo fazer xerox, e um senhor me aborda e já começa a verberar contra o governo de **Fernando Henrique**. E diz que quando da notícia de minha demissão telefonou para uma irmã sua na Flórida. Ela espantou-se, não pôde acreditar, não pôde aceitar. Então ele disse:
– Vou lhe mandar os jornais pra você acreditar.
Ele é dono de uma loja de comida congelada. E a irmã, gerente de outra loja que têm em Miami. Nada a ver com livros e bibliotecas.

Outra: estou almoçando com **Sérgio Arouca e Lúcia Souto** no Pax Delicia (Praça N. S. da Paz) – eles queriam saber detalhes sobre o que houve na FBN. Na mesa ao lado, duas pessoas jovens e elegantes senhoras. De repente, uma se vira para mim:
– Sou de Brasília e odeio o Weffort. Acompanhei seu trabalho na FBN. Isso é uma indignidade.
Dito isso, se dispôs a fazer e assinar um manifesto.

Outra: há 10 dias, estou com Marina no Panettier – loja de pão francês inaugurada aqui na Farme de Amoedo. Estou sentado com ela quando uma senhora se levanta da mesa, enquanto seu marido foi ao balcão, e dirige-se a mim dizendo:
– Quero lhe dar os parabéns pelo trabalho feito na BN. Sou bibliotecária na Santa Úrsula. A história da BN está divida em duas fases, antes e depois de sua administração.

Jô Soares, entrevistando Eliana Yunes, diz no ar:
– Até hoje não entendi a saída do Affonso da BN, estava fazendo um trabalho ótimo.

Em Campinas, há dois meses fui fazer uma conferência na Unicamp a convite de Maria Eugênia Boaventura. De novo, referências, elogios. No fim, depois da palestra, levanta-se a bibliotecária da universidade e me diz que naquele dia, 8 de março, era dia dos bibliotecários e foi uma feliz coincidência me ouvirem.

Festa de 60 anos. Cristina e Emanuel Brasil carinhosamente organizam festa no Mistura Fina (Lagoa). Umas 200 pessoas entrando e saindo. Bonito, leve, bom astral. Só gente que gosta realmente de mim. **Jonas Bloch** falou uns poemas meus. Voltei como Papai Noel, com um enorme saco de presentes para casa.

Almoço de aniversário na **Villa Riso** ofertado por **Cesarina Riso.** Presentes, além de Leca, Fabi, Marina: **Tônia, Cravo Albin, Luiz Carlos Barreto e Lucy, Glauco e Norma Rodrigues, Geraldinho Carneiro** e namorada.

Fui a Teresina, viagem comovente. Ver crônica.[1]

24 de abril

Estou em Friburgo, na delegacia, pela primeira vez para dar queixa da invasão de nossa casa em Mury por um grupo de adolescentes que a transformaram em bordel por três noites.

Vou cruzando o pátio, procurando o investigador **Silas**, e ouço uma voz que me diz:

– Mestre Affonso, o que procura?

E vem em minha direção um mulato alto, simpático, desinibido. Apresenta-se como meu leitor.

– Mestre Affonso, amante da literatura.

É escrivão, fez o curso de Direito, conhece a obra de Marina:

– Perdoe-me a intimidade, mas ela é linda, com aqueles olhos azuis – sic! são verdes.

E começa a falar da BN. Eu, surpreso mais uma vez que o "caso" da minha saída tenha interessado a um escrivão de polícia. E, de repente, as mesmas palavras que tenho ouvido desde que de lá saí:

– Aquilo foi ciúme!

É, as pessoas comentam em todas as parte que fora de Ipanema, fora da Zona Sul, "poxa, era um trabalho bonito, a gente acompanhava com interesse... Mas o país é assim mesmo...".

E o que mais me surpreendeu foi quando ele disse:

– Lá em Guadalupe (*subúrbio do Rio onde mora*) várias pessoas comentaram.

– Em Guadalupe?

– Recebi, por exemplo, o telefonema na época de sua saída de um amigo que estava indignado...

---

1. Ver "Piauí é uma esquina", *O Globo*, 25/3/1997.

E a conversa seguia por aí...
Como ele estuda sobretudo literatura e história, fiquei de lhe dar uns livros e orientação.
Seguimos conversando sobre aquilo, sobre a invasão de minha casa, olhando o pátio da delegacia com dezenas de carros sujos, abandonados...
– São roubados, os donos não vêm buscar...
– Por que não botam uma foto disso no jornal? Garanto que os donos aparecem.
A seguir, é chamado por alguém. Volta com dois pedaços de madeira e alguns pregos.
– Olha, o mundo cão. Estão ali fazendo depoimento a mãe e a filha. Esta, de uns 15 anos, apanhou do padrasto com esses paus. Olho e caminho na direção da adolescente loira. Vejo as marcas de perfurações no seu braço.
– Vai ver – digo – que ele queria estuprá-la.
Ronaldo Mendes (esse o nome do escrivão) comenta que isso ocorre sempre.
– É o mundo cão, onde trabalho.
A seguir, conversamos sobre um assassino estuprador que está deixando em pânico Friburgo.
Essa já foi uma cidade tranquila.
Há alguns meses (set/out de 96) fui a **Pato Branco, Palmas**, no Paraná, a convite de **Diana Silveira**, fazer conferências.
Em Pato Branco, encontro por acaso no restaurante **Alceni Guerra** – ex-ministro da Saúde de **Collor** com quem estive várias vezes naquela época. Tentava instalar o Proler em hospitais e em áreas do Ministério do Meio Ambiente (cargo que ele acumulou, quando **Lutzenberger** saiu desse ministério).
Encontro até emocionante. Ele acabou eleito, com 75% dos votos, prefeito de Pato Branco. Está se recuperando da "queda". Foi absolvido no processo/escândalo das bicicletas. Foi no seu ministério que começou a carga contra Collor.
Conversamos. Sabia de cor um poema meu de *O lado esquerdo do meu peito*: "Eles vão nos achar ridículos, os pósteros". Repetia a

frase. Repetiu-a várias vezes. Ali na mesa, entre os convidados, dizia que quando leu o poema a primeira vez ligou para Collor e leu-o. Estava com a frase cravada emblematicamente na memória: "Eles vão nos achar ridículos, os pósteros". Curioso: fazia até análise do ritmo da frase, da inversão na construção da sentença...
No dia seguinte, coincidentemente, pegamos o mesmo aviãozinho. Eu ficaria em **Garapuava**, ele ia para **Curitiba**. Mostrava-me, explicava-me a paisagem lá em baixo, as plantações, as diferentes cores dos produtos agrícolas disseminados: uma aquarela de informações.
Vindo de **Faxinal do Céu**, onde fui falar para dois auditórios de 500 professores, o carro para num restaurante de beira de estrada. Ali no balcão, eu e o motorista conversando, um japonês se aproxima. Era um engenheiro da companhia de força do Paraná, dos que fizeram a barragem de Faxinal. Ele começa a falar da FBN, da minha saída de lá, com a mesma indignação de outras pessoas.
Eu olho para a estrada, para o mato. A FBN tinha conseguido ser assunto ali.
Curitiba – Uniamérica – Alberto Dines me chama para a criação dessa universidade que deve usar a virtualidade e ser plantada ali em **Foz do Iguaçu,** fronteira dos três países. A ideia é sensacional e tira o Brasil de seu provincianismo. Participo do Fórum em Foz de Iguaçu com 40 nomes de pessoas graduadas. Pessoas de várias áreas. Dois dias de trabalho. Hospedagem magnífica.
Dines pede que me encarregue da parte da literatura. No esforço para construir um projeto letras/bibliotecas, vou a Curitiba por três dias. Entrevisto várias pessoas, converso com **Alexandre Beltrão (Secretaria de Ciência e Tecnologia), Eduardo Viamont (Secretaria da Cultura)**. Faço contatos para criar a Uniamérica. Aceito ser assessor para a área de literatura, livros e bibliotecas.
Vários meses depois, nada. Iriam me pagar uns 3 mil por mês. Dines se afastou depois de uma briga com **Requião**, inimigo de **Lerner**. Por outro lado, **Arthur**, que faz programas em Faxinal, diz que o seu projeto foi atropelado pelo secretário de Educação, que quer destruí-lo. Estão expulsando sua equipe de lá. Um desastre. O

projeto é lindo. Até fiz crônica sobre isso.² Reuniam centenas de professores mensalmente para seminários das sete da manhã até à noite. Intercâmbios, experiências. Injetar vida nova em 50 mil professores. É a mesma estória que vivi na Biblioteca: a burocracia assassina.

4 de maio
Vitória da Conquista/Hotel Vitória/Encontro de Estudantes de Letras da Bahia.

Contam-me que aqui, terra de **Glauber Rocha**, tiraram o nome dele do Cineclube e botaram o de **Anecy (irmã de Glauber)**, pois ele falou mal da cidade. É também cidade de **João Gilberto e Gilberto Gil**.

Estória de **Heleusa Câmara**, que dirige o dinâmico grupo do Proler: sua mãe, de 65 anos, viúva, lembrava-se do primeiro namorado que teve aos 15 anos. As filhas fizeram um esforço para localizá-lo em São Paulo, viúvo também ele. Telefonaram-lhe dizendo que a mãe estava viúva e achavam que seria importante ela trocar cartas com antigos amigos, se ele permitiria estar em tal lista.

Ele disse que sim. Escreve então uma carta à mãe de Heleusa fazendo uma longa parábola/alegoria: dizendo que era uma vez... um rio caudaloso, jovem, cheio de peixes. Um dia, uma flor caiu nele, linda flor que depois foi se prendendo pelas margens. Depois, outra flor caiu e era bonita, mas foi ficando feia e o próprio rio começou a escurecer, até que a flor morreu. Agora, outra flor aparecia no rio, era ela, a mãe de Eleusa, e diante disso o rio renascia. O velho/novo amante saiu da cadeira de rodas, entusiasmou-se com a nova correspondente. A mãe, ao receber a carta, lembrou-se do rapaz lindo que conhecera e rejuvenesceu também.

Naquela época, a Globo passava a novela **O casarão**, de **Lauro César Muniz**. Ele criou uma personagem jovem e velha, duas gerações. O ator jovem era o **Fábio Jr.**, e o senhor da correspondência se parecia com ele. Até o sobrenome do personagem e

---
2. Republicada em *Ler o Mundo*, com o título: "A utopia realizada".

o do senhor da vida real eram o mesmo. Resultado: casaram-se os missivistas.

Quando eles se encontraram, ele disse a ela:

– Você continua a mesma.

Ela olhou-o e não achou que ele continuava o mesmo, não era o Fábio Jr. Ele morreu dali a cinco meses. De felicidade, creio.

7 de maio

Faculdade da Cidade. **José Mário** aproxima-me de **Ronaldo Levinsohn** logo depois de minha saída da FBN. Levinsohn convidou-me e ao José Mário para um almoço na sua casa.

Acabo de vir da Penha de uma sessão com o Dr. Fritz. Na crônica "Um outro Brasil", havia me referido ao encontro entre ele e Sapaim na casa de Cesarina Riso. Ele nos havia convidado para vê-lo, porque Marina está com problemas na coluna.

Fomos com Cesarina.

Junto a um imenso prédio de fábrica abandonado, um galpão pobre, com vidros quebrados, paredes mal caiadas, diversos ambientes amplos, todos abertos, uma multidão. Já nas ruas, barraquinhas de tudo.

Entramos, colocamos o carro e avançamos entre centenas de pessoas em pé ou sentadas e em cadeiras de roda. Os assistentes do Dr. Fritz, por causa da Cesarina, nos deixaram ir para junto dele, ver de perto seu trabalho.

Alguns enfermeiros e instrumentadores e um carrinho contendo injeções. Fritz (na vida civil – Rubens), agora sem óculos (diferente de quando o vimos em casa de Cesarina), vai se aproximando das pessoas, perguntando coisas e pegando rapidamente seringas e injetando o produto no olho, na coluna, na barriga, nos joelhos. Uma rapidez incrível. No caminho em que ia passar, dezenas de injeções já preparadas. Perguntei a um assistente o que era o conteúdo das injeções:

– Eu sabia que o poeta e cronista nos perguntaria. Estou também com o espírito e pressenti. A injeção tem aguarrás, iodo e água.

E acrescentou, rindo:

– Se alguém injetar numa pessoa fora daqui, ela morre.
O assistente contou rapidamente (pois tudo ali é rápido) que, tempos atrás, ele estava praticamente paralítico. Agora, trabalha ali ajudando. Um outro assistente diz que Fritz operou-lhe a carótida inflamada e que está ainda em recuperação.
Aproximamo-nos, acompanhando sempre o movimento em torno do Dr. Fritz. As pessoas em quatro filas. Ele indo ao encontro delas, irônico, brincalhão.
– O difícil não é operar, o difícil é achar um bom instrumentador. Esse aqui é ótimo – diz, enquanto se refere ao ajudante e opera um homem alto.
Este levantou a camisa. Havia um calombo perto do umbigo, um tumor, creio. Fritz passa um aparelho de barba nos seus pelos na região da barriga, como se faz no hospital.
Depois, pergunta:
– Você quer ser operado em pé, sentado ou de cabeça para baixo?
Dito isso, enfiou uma coisa cortante, abriu um talhão de uns cinco centímetros e começa a fuxicar lá dentro com alguns ferros. Depois, passam as pinças a ele. Um outro assistente ajuda. Ele mexe sem delicadeza alguma, corta um pedaço de carne vermelha de uns dois centímetros e alça-o para que as pessoas o vejam. Continua brincando. O paciente não demonstra o menor traço de dor e conversa com o médico, que às vezes para um instante, fala, volta a tirar mais um pedaço de tumor. Ao final, ainda diz:
– Agora vou botar seus intestinos para dentro – e empurra-os com gazes que tem nas mãos, as mesmas que usava, e joga-as no carrinho.
Um garoto de uns dois anos (no colo de um irmão adolescente). Fritz pergunta ao mais velho sua idade. Pede que explique à sua mãe que não pode curar completamente o menino, ele vai apenas melhorar; porque, quando nasceu, entrou ar no seu cérebro. Dá-lhe algumas injeções rápidas.
Outro cidadão está levando injeções. Fritz me pede para escrever a receita para ele: Antanax, plasil e mais outros dois nomes que esqueço. Diz também a posologia.

Pergunta-nos se queremos nos curar/operar algo. Não, digo, viemos apenas olhar.

Um outro indivíduo grande leva uma injeção de 10cm na coluna. Custou a entrar. Teve que recolher, trocar a agulha. Depois, passou por mim dizendo que doeu um pouco e tinha dormência ou câimbra.

Outro levanta a barriga cheia de esparadrapos, mostra radiografias, explica a doença. Fritz diz:
– Um paciente que sabe mais que o médico.

Dá-lhe algumas daquelas injeções e manda-o voltar na outra semana.

Outro com um imenso calombo, infecção no cotovelo. Fritz enfia agulhas, extrai o líquido, pergunta há quanto tempo ele tem aquilo, muito tempo, responde. Finaliza dizendo:
– Vai ficar bem.

Por um momento vai à sala de cirurgia, imensa sala com portas abertas, com umas pequenas camas lá dentro. Volta de lá e continua o trabalho, aliviando as filas.

Uma mulher com dor na coluna.
– Mas com esses dois parafusos é claro que tem que doer – diz ele.

Abaixa sua calça comprida, agarra um pedaço da bunda, dá três daquelas injeções na coluna dela, manda-a girar, se contorcer, e diz para voltar que vai tirar-lhe os parafusos.

Cesarina está na fila dos que vão ser atendidos. Perto dela, uma mulher com a crônica recortada que eu havia escrito sobre o Dr. Fritz.

13 de maio

Viemos da segunda visita ao **Dr. Fritz**. Eu havia escrito uma crônica ontem narrando o que vira na semana passada. Rubens (Dr. Fritz), ao chegar (sendo aplaudido pela multidão), entrou na sala em que estávamos, nos cumprimentou e agradeceu a crônica, entusiasmado.

Saímos da casa da Cesarina às duas da tarde. Lá estavam Marina, Helcius Pitanguy (e uma namorada). Chegou Vera, David e sua mulher, e outros. Fomos em três carros. **Marilu Pitanguy** me colocou no telefone celular para insistir com Ivo para ir. Ele estava na Santa Casa, descartou a possibilidade por causa do horário, seu trabalho. Ele havia estado com Rubens no domingo na casa de **Cesarina,** conversaram também com **Sapaim.** Diz Marilu que ele vai dizer: "Isso é contra toda a sua formação". Insistiu com ele, mas não o convenceu. Seria uma notícia ótima: Pitanguy visita Dr. Fritz! Ficamos na sala onde havia várias camas com dezenas de pessoas deitadas, aguardando serem operadas. O senhor mais próximo tinha dificuldade de respiração, um pulmão transplantado.

Cleber, seu assistente, médico, me chama para outra sala para ver Fritz incorporar. Senta-se à uma mesa com flores, retrato de Cristo, as pessoas em pé, em volta. Ele coloca a mão na testa durante um minuto, a cabeça se inclina para um lado. Pronto. Ergue a cabeça. É outra pessoa. Põe as luvas, levanta-se e vai trabalhar.

Atendeu **Marina** por causa de uma dor que ela sente na coluna. Perguntou-lhe se havia feito radiografias, o resultado etc. Depois aplicou-lhe uma injeção no meio da cintura. Pediu para ela ir lá outras vezes. Atendeu David, que tinha pedra nos rins, perguntou coisas, este falou-lhe das muitas operações etc. Deu injeção também em Helcius – imagino a bronca do Ivo Pitanguy quando souber.

Quanto a mim, disse-lhe da vertigem, labirintite eventual, e da próstata meio inchada. Recomendou-me Vertix (remédio que o Pedro já havia receitado). Não conhecia Votran, um novo remédio. Deu-me duas injeções atrás da orelha. Senti uma picadinha minúscula. Perguntando sobre a próstata, indagou se havia tumor, exame etc. Disse-lhe que estava tudo ok, só me incomodava ter que ir ao banheiro várias vezes à noite. Mandou eu baixar a calça, me deu uma injeção no púbis, acima do pau. Não senti nada. Depois, senti como se um líquido estivesse percorrendo o caminho dentro e na direção na próstata.

Operação de Marina: ela nem tinha pensado em ser operada. Estava de roupa branca. Mas Fritz pediu que ela se deitasse numa das camas da enfermaria. Filmei tudo. Ela de bruços: vi o médico cortar-lhe a carne com bisturi junto à coluna, acima da cintura, e dar depois umas marteladas para quebrar a calcificação. Tudo uns 15 minutos, no máximo. Pediu a ela que pensasse em algo agradável, perguntou se sentia dor. Ela, tranquila. Meteu o bisturi, mexeu lá dentro, depois pediu a alguém para costurar. E foi em frente atendendo outros.

Marina depois se levantou, saiu andando, entrou no carro comigo, pediu para ir atrás, deitada. Em casa ainda subiu a escada para o segundo andar, foi para a cama descansar, teve sono, dormiu. E não sentiu nada. Em casa, Marina disse:
– Sinto-me abençoada por ter tido contato com Deus, uma pessoa de outro mundo me operou.

Cesarina operou mais uma vez uma perna, também levantou-se e foi para casa.

Contam-nos estórias do Fritz: que um dia, no atendimento, alguém espirrou e alguém disse: "Saúde!". E ele:
– Para quem? Já estou morto.

Na saída, ouvi um microfone recomendando às pessoas que esperavam não comer carne, tomar café (ele sempre pergunta às pessoas se tomaram café...), se fizeram sexo nas últimas 24 horas.

Marina recebe telefonema de Cesarina, dizendo que ela e Marilu viram ele abrir as costelas de uma mulher, operar hérnia de disco, mandar ele mexer as pernas, com a cicatriz aberta. Quando acabou, fechou a cicatriz, e a operada veio no carro com Cesarina.

8 de julho

Estória de **Geraldo Deolindo** sobre **Drummond**, contada na Locanda della Mimosa.

Ele foi procurador de Drummond. E conta várias estorinhas. Quando o irmão mais velho de Drummond, chamado Altino, morreu e deixou uma muleta que Drummond foi dar a um mendigo. Este pensou que Drummond fosse rico e pediu uma cadeira de rodas, depois um carrinho elétrico. Drummond perdeu a paciência: ou a muleta ou nada.

10 de agosto

Ontem à noite, nove e pouco, morreu **Betinho**.[3] Hoje, *JB* e *Globo* não apenas deram-lhe a manchete da primeira página, mas dedicaram-lhe um caderno especial. Fui à Assembleia Estadual, onde o corpo estava no caixão. Abracei Maria, os filhos, vi amigos rapidamente. Coroas muitas na entrada. Gente de todas as tendências: de governadores às bandeiras dos sem-terra.

19 de outubro

Domingo, festa do Dia das Crianças no espaço do **Dr. Fritz** num subúrbio carioca. Lá estava o general **Figueiredo,** sentadinho, vestido simplesmente, como um suburbano, com uma jaqueta, num banco sob um alto-falante. Conversamos um pouco, havia muito barulho.

O general **Meton** – misteriosa figura que me procurou há tempos – havia se acercado de mim com telefonemas e conversas imensas: é que serviu de intermediário para que eu conseguisse que o Dr. Fritz recebesse Figueiredo. E o general Meton, ali no Dr. Fritz, insistindo em dizer para o ex-presidente que eu era o "maior poeta vivo". E Figueiredo ouvindo cordialmente.

Cena inimaginável nos anos 80.

Figueiredo contou que não sentia dores na coluna, só nas pernas, por isso não montava mais a cavalo. Moto-contínuo, naquela cerimônia tropicalista, chamaram o general Figueiredo para partir o bolo para as 300 crianças. Lá foi ele, humildemente. Nada daquele homem do SNI do "prendo e arrebento".

A maior parte do tempo ele ficava ali no banco, sozinho, solitário. Raramente vinha uma velhinha trazida pelo general Meton cumprimentá-lo.[4]

Romaric Büel vem jantar em nossa casa para se desculpar, constrangido pelo fato de que o governo FHC (leia-se **Eduardo**

---

3. Ver crônica "Betinho", em que conto estórias desde o tempo de Belo Horizonte.

4. Ver crônicas "Um outro Brasil", *O Globo*, 6/5/1997, e "Vendo o Dr. Fritz operar", *O Globo*, 13/5/1997.

Portella e Francisco Weffort) censura meu nome na lista do que vão ao Salão do Livro de Paris. Detalhe: eu é que iniciei, nos anos 90, os contatos para que esse Salão se realizasse.[5]

Portella publica o livro da BN em segunda edição, tira minha apresentação e limpa meu nome do último capítulo – "Biblioteca Ano 2000" – projeto que criei.

Nesse domingo, terminamos a gravação de meus poemas com a **Tônia Carrero**, produção de **Paulinho Lima**. Deve sair no Natal. Bela experiência. Outra noite, Tônia veio jantar aqui sozinha. Trouxe caviar e champanhe. Tomou um pilequinho, falou de sua vida erótica e amorosa.

6 de novembro

Acabo de conversar com **Paulinho Lima** sobre o disco que **Tônia Carrero** fez gravando 23 poemas meus. Data de lançamento na Travessa, 9 de dezembro. O **Glauco Rodrigues** fez uma bela capa (desenho do rosto de Tônia), **Sábato Magaldi** uma pequena apresentação. **Norma** (segunda esposa do Glauco) comenta que, como se diz na terra dela, o disco está "o requinte do absolutamente".[6]

Com o livro *Barroco, do quadrado à elipse* e o livro de crônicas *A vida por viver*, fecho bem o ano.

Em Belo Horizonte para assinatura no **Palácio da Liberdade**, projeto de lei novo de incentivo à cultura. Festa nos jardins do Palácio. **Elke Maravilha** e outro ator fazendo as honras da casa. Lá, encontro **Sara Dávila**, da Escola Guignard, convidando-me para uma visita; **Inimá de Paula**, mais magro depois do câncer no pulmão; **Julinho Varela, Pedro Paulo Cava, Jota Dangelo, Mamelia, Linda, João Etiene, Nelly, Ivan Angelo, Jonas Bloch** (com quem

---

5. Neste salão, convidado pelo Centre Régional des Lettres du Languedoc-Roussillon, Marina esteve na mesa com Hélène Cixous e Michelle Bourjea, e eu participei da mesa La Poesie brésilienne aujourd'hui ou Comment peut on etre un poète brésilien, organizada por Serge Bourjea.
6. A coluna do Swann publica (11/12/1997) uma expressiva foto na qual Tônia e eu aparecemos felizes, sorrindo.

viajei de avião). À tarde, com Ivan e Elke, fomos ao Canal 15 do **Alberico de Souza Cruz** entrevistar o **Amilcar Martins**, secretário de Cultura. Ele tem um orçamento de 12 milhões, enquanto a Secretaria de Cultura do Rio tem 70 milhões. Passei-lhe algumas experiências minhas na FBN.

À noite, jantar no restaurante italiano Bocchetto com o **prefeito Célio Castro, Manoel de Barros e sua esposa (Stella), Affonso Borges e Adriana**. Célio, tão tímido, olhando de banda. Manoel, aos 80 anos, está na glória com sucesso. Falei com Célio sobre experiências do Proler e como ele pode aproveitar isso na Prefeitura. No dia anterior, fui ao lançamento do disco de **Wagner Tiso** – *A ostra e o vento* – no Diamond Hall. Afonso Borges teve a delicadeza de me homenagear pedindo ao público que estava no restaurante para que me aplaudisse pelo trabalho feito na FBN.

Curioso: **Ivan Ângelo** disse que está escrevendo uns textos de memória sobre Belo Horizonte. Também o **Carlos Denis**. Considero nossa idade: é hora. Eu andei lendo esse precário diário, feito tão irregularmente e com tanta preguiça, e achei algumas coisas curiosas. Se anotasse mais coisas com detalhes, como o fez **Nava,** seria bem interessante.

Dá gosto ver o **Roberto Drummond** no auge do sucesso: *Hilda Furacão* está sendo filmado, é teatro, está abafando.

BH em minha vida. Saindo de carro do aeroporto, indo à casa do **Inimá** para comprar/trocar um quadro, fui lembrando que quando lá morava, sozinho às vezes pegava o lotação para ir passear nos bairros mais ricos; queria ver algo bonito, sair da periferia onde vivia como estudante. Comer sozinho naquele pobre restaurante italiano enquanto os colegas de faculdade tinham casa etc. Lembrando como sofria pela falta de oportunidades nos jornais, a vida dura nas pensões e no **Banco Comércio Varejista, entre 1958-1961**.

Hoje, chegar ao Rio, ver o mar, a montanha, minha casa, meu corpo nisso tudo. Buscar o nexo entre os dois Affonsos, Juiz de Fora, BH. Sem falar em Los Angeles e outras cidades. Reencarnações.

Homenagem n'O Granbery[7] (ver crônica).
Em Juiz de Fora com **Jorge Sanglard**. Visita ao Cine Central. E eu não cheguei a baleiro do Cinema Central! Fiquei como baleiro do Cine São Mateus. Carreira interrompida, não podia trabalhar aos domingos, pois era protestante. Houve discussão entre meu pai e minha mãe. E não fui trabalhar exato do domingo, que era o grande dia.

17 de dezembro
Notícia do **Prêmio da APCA** nos jornais. O prêmio é pelo conjunto de obra poética. Notícia com destaque no *Jornal do Brasil*, no *Jornal da Bandeirantes*. Premiados também: Walter Salles, José Celso, Fernanda Montenegro etc.

31 de dezembro
Oito e meia da noite, foguetes explodindo. Fui à praia com Marina me despedir do ano, de calção. Momentos tranquilos nas pedras do Arpoador – pássaros passavam rumo ao pôr do sol, em formação, mergulhando para descansarem. Fabi em Angra, Leca em Friburgo.
Estive em Curitiba. Os jornais estão dizendo que **Greca** seria ministro do Trabalho. Ele me diz que até prefere, pois teria mais dinheiro. E parece que o dinheiro é do FAT; e outros fundos são gordos e estão no BNDES. Ele imagina já programas de treinamento de operários, usando a leitura, a cultura etc.[8]
Trouxe-me meu livro sobre o Barroco para meu autógrafo. Sempre gentil, inteligente, com **Margarita**. Fomos para a Fundação Cultural de Curitiba, onde dei uma entrevista coletiva sobre livros, leitura, governo e formas novas do livro.

---

7. Ver crônica "Parece que foi ontem", onde também falo de O Granbery, onde estudei.
8. Depois de ter conversado com Greca, cheguei a ter uma conversa com o senador Antônio Carlos Magalhães (mesmo partido de Greca) sobre a chance de Greca ser ministro da Cultura, mas ele preferiu ser ministro de Esporte e Turismo.

À noite, no teatro, magnífico *happening* de **Gregório Filho**, excelente ator, andando pelo palco, falando poemas e crônicas no meio da plateia. Declamou aquele poema de Marina: "Eu sou uma mulher que acha bonito menstruar" – o que causa sempre espanto. **Marta Morais** fez excelente apresentação e trabalhou um conto de Marina, "A palavra alada".

Cinco e quinze da tarde, tarde linda, o ano vai acabar. A TV Globo encomendou-me ontem um "texto poético" para a meia--noite, passagem do ano.

Morreu **Lindolf Bell** no princípio de dezembro, ao que me contou **Nilza Barude,** que participou da "Catequese Poética". Aneurisma. Uma veia junto ao coração. Ia ele pela primeira vez comemorar seu aniversário, que caía no dia dos mortos. Sempre comemorava em dezembro, entende-se. Alugou um hotel, reuniu dezenas de amigos. De repente, no meio da festa, foi parar numa UTI. Melhorou. Piorou. Choveu o tempo todo durante o sepultamento. Só parou quando o corpo baixou à terra. O corpo do poeta tinha ficado no Teatro de Timbó – sua cidade, onde vivia, tinha sítio e galeria de arte. Prefeito e governadores vários lá compareceram.

Lembro-me dele. Primeiro, só o conhecia de efígie. Era o nosso **Maiakovski,** segundo a imprensa do anos 60, falando poemas em lugares públicos. Lá em Iowa, com **Elke,** recém-casados, a gente se apresentando no Museu de Arte de Chicago – poesia visual e oral. Ele falando poemas em português e inglês. Lembro--me dele em Blumenau, eu recém-casado, levando Marina para conhecê-los. Aquela casa alemã (da família de Elke), o forno caseiro de assar pão. Lembro-me de Elke hospedada aqui em casa uma temporada, quando o casamento de ambos entrou em crise. Lembro-me da homenagem que fizemos a ele na FBN, ele dizendo aquele poema sobre as "crianças traídas". Teve a alegria de o ter enviado a Medellín para aquele incrível festival que era a cara dele.

Era caloroso, fraterno, amigo. Bela figura. Às vezes, telefonava lá de Santa Catarina, só para papear.

Ficamos chocados e mais vazios sem sua vida.

O ano vai terminar. Minha vida está numa de suas melhores fases: tempo para digerir as coisas, voltar-me para Marina, a casa, a literatura, arte, viagens, comer e beber.

O século que vem por aí é curiosíssimo. A revista *Época* faz um número especial sobre as invenções em andamento. A tecnologia é assombrosa.

1998

3 de junho

Roma: a caminho de **Paris.** Levar Marina à sua cidade, conviver com a beleza, com a boa mesa, rever o Barroco italiano. O livro *Barroco, alma do Brasil* virou um acontecimento. Paris, dia 18, lançamento das três traduções – inglês, francês, espanhol – 5 mil exemplares cada. No **Louvre.** Parte das comemorações da Copa de Futebol. Seminários sobre o Brasil. O Bradesco, face o sucesso do livro, além dos 50 mil reais, deu-me dinheiro para a viagem.

Andei lendo tudo que podia sobre o Barroco, mesmo depois de escrever aquele livro, porque estou ampliando-o com o nome de *Barroco, do quadrado à elipse*. Julgo ter descoberto algumas relações intrigantes. É um trabalho interdisciplinar. O que ocorria semioticamente no texto, na cabala, na comida, na jardinagem, além de outras áreas: ciência, filosofia, urbanismo etc.[1]

26 de julho

Não anotei nada da viagem. E agora é tarde para isso. Sempre a minha preguiça com o diário. Só uma coisa: **Luciana Stegagno** contando que foi com **Murilo Mendes** visitar **Ezra Pound.** Duas vezes. Ele foi muito desagradável. Mal olhou para eles, nem falou com Murilo, ficou atendendo a um jornalista americano. E, no entanto, lembra que durante a guerra seu pai deu abrigo a Pound, acolheu-o uma noite em sua casa quando estava sendo procurado pela polícia.

Depois, ela disse:

– Vocês no Brasil têm mania de Ezra Pound.

---

1. Em 2016, recebo a tradução italiana: *L'Enigma Vuoto*. Pref. Simona Argentieri. Firenze: Nicomp/Saggi, 2012.

Eu disse:

– Nós, não, os concretistas. Eu tenho até um ensaio, que vou lhe mandar, enfrentando a ferocidade dos concretistas: "O que fazer de Ezra Pound?".²

19 de agosto

Não anotei nada na Europa. Na França, sucesso de *Barroco, alma do Brasil* no **Carrousel du Louvre**, distribuição aos 500 participantes do jantar. Dois dias depois, às seis da tarde autografo para 200 pessoas no Carrousel.³
Homenagem a **Betinho** e **Henfil** no Museu do Telefone. A cada trecho da *Suíte Brasil*, composta por **Chico Mario, eu e José Murilo de Carvalho** falávamos coisas. Falávamos sobre ele e a História do Brasil, lembrando Viera ou Anísio Teixeira. Lembrando-me de poemas, recordações, piadas, crônicas que escrevi sobre os três irmãos.

Sensação, enquanto falava, de ser um sobrevivente, de estar olhando a história por detrás de um vidro. Ou: dentro e fora, ao mesmo tempo.

Governo FHC: ambiguidade. Ontem, jantar na casa de **José Roberto Marinho** organizado em torno do embaixador da Argentina. **Hélio Jaguaribe** lembrava que nosso embaixador em Genebra – **Celso Lafer** – diz que há políticos que são "dux" e os que são "rex". FHC é "rex", Antônio Carlos Magalhães é "dux".

21 de agosto

Assistimos a *Don Carlos*, **de Verdi, no Municipal**. No intervalo, **Siléa Stopatto**, que lidera a rebelião dos funcionários contra **Carlos Calil**, falando que queria que eu assumisse a direção do

---

2. Octavio Paz publicou esse artigo em *Vuelta*. Pode ser lido no livro *O que fazer de Ezra Pound?*, Imago, 2003, Rio.
3. Assistimos num palácio antigo francês a um espetáculo da caça à raposa. Fui três vezes também à recém-inaugurada – "Très Grande Bibliothèque" (Paris).

Teatro Municipal. Já havia desconversado numa conversa telefônica. Disse:

– Não piso mais no Butantã.

Mas o convite me lisonjeia. E gosto do trabalho que o Calil vem fazendo.

27 de agosto

Ontem, fui com **Marina** ao **Dr. Fritz** para que ela fosse operada do neurinoma de Morton no pé esquerdo. Há uns dois anos ela foi operada da mesma coisa, no outro pé, pelo **Dr. Meton**. A operação anterior – clássica – exigiu consultas, radiografias, internação, limpeza do pé, pré-operatório, envolvimento do pé no éter, torniquete no tornozelo para evitar sangria – pois o pé é cheio de vasos. Ela, então, sentiu muita dor quando acordou, teve que usar muletas, ficou assim vários dias e semanas.

Tudo ocorreu em um ou dois minutos: ela não limpou o pé, Dr. Fritz veio com luvas usadas em outras cirurgias (filmei tudo), pegou a tesoura, deu-lhe umas marteladas no local, puxou alguma coisa lá de dentro e... pronto. Não precisava suturar. Botou gaze e esparadrapo, disse que poderia ir andando. Só não usar sapato fechado por dois ou três dias.[4]

Fui com Marina para casa. Vimos o filme na TV. Não sei o que é mais espantoso: ver na realidade, ver na reprodução.

Enquanto ele operava o braço de uma mulher, outra cena: pôs o texto que Marina escreveu sobre a sua operação (e que uma revista médica – *Diálogo* – não quis publicar) sobre a barriga da mulher e ia lendo enquanto operava o braço dela, sem olhar direito para o braço. Era como se alguém estivesse operando outra pessoa e ele seguisse lendo. Dizem que ele é uma "equipe" de médicos.

Depois das operações todas (ele operava mais de 500 pessoas por dia), após a cena de desencarnação, em que ele se punha sentado com a mão na testa, o Rubens, não mais o Fritz, veio

---

4. Leio isto em 2015, vou ao escritório de Marina e leio o que escrevi na ocasião. Ela me conta que a operação não deu certo, precisou se operar depois com um cirurgião de verdade.

conversar conosco. E de novo tivemos que contar-lhe a história do texto censurado pela revista médica. Ele, Rubens, não sabia do que o Dr. Fritz sabia. Rimos.

A operação mais impressionante foi a de uma moça na cadeira de rodas. Ele cortou uns 10 centímetros nas suas costas, junto à coluna, abriu uma cratera de uns 3/5 centímetros. E cortava, cortava e tocou alguma coisa lá dentro; perguntou a ela se doía e a moça disse que não. Tudo demorou uns 2/3 minutos. Ele pôs gaze em cima e ela ficou lá uns 5/10 minutos esperando que alguém a suturasse, pois servidores estavam ocupados suturando o ombro de uma mulher de onde tiraram um tumor.

Arduino Colasanti hoje veio almoçar. E, diante do filme, apavorou-se, levantou-se e não queria ver, não suportou crer. Entrei na sala, e ele estava perplexo, lívido.

Há dias uma coisa engraçada para se entender o temperamento mineiro. Fui com **João Ubaldo** à TV Bandeirantes, onde entrevistariam "pessoas que deram certo no Rio". Falamos. Contei casos, piadas. João com seu charme baiano etc. No final, chegam fax e recados dos espectadores, todos baianos. Baiano daqui e dali, até da Austrália...

Pensei: estou mal, não tenho eleitorado!

Quando terminou o programa, a produção começou a me dizer: telefonou fulano, telefonou sicrano, fulano mandou dizer... E todos pedindo para não serem citados, só dar o recado no final.

"Boneca", a Heloísa Guimarães, que conheci em Juiz de Fora quando tinha cinco ou oito anos, que hoje mora nos EUA, jantou aqui em casa. Contei-lhe o caso da TV. Ela acrescentou:

– Mineiro não telefona também porque não quer gastar dinheiro...

8 de outubro

Saramago ganhou o **Nobel de Literatura**. Telefona-me a Globo às nove e meia da manhã para uma entrevista. Telefona o *Diário de Notícias,* de Portugal. Grande e íntima alegria. Saramago tem dimensão, nos resgata, tira a língua portuguesa do exílio. É o mais brasileiros dos escritores portugueses. E o mais latino-americano.

Tivemos contato desde 1987, naquele seminário em Washington. Não podia imaginar ali um Nobel, embora fosse o mais articulado dos portugueses presentes. Fiz força para lhe dar o Prêmio Camões.
Esta semana, apresentei-me com **Turíbio Santos no Centro Cultural do Banco do Brasil** duas vezes no mesmo dia, às 12h30 e às 18h30. O espetáculo foi gravado em DVD e deverá ser comercializado. Li inteiramente o *Que país é este?* As pessoas em estado de choque. À noite, foi necessário Turíbio quebrar o clima e abrir espaço para outros poemas. As pessoas queriam mais.
Segunda-feira irei falar poemas no jardim da Igreja de São Francisco, em Salvador, ao lado de **Florisvaldo Mattos** no programa "O Pelourinho e a poesia".
Marina está como *visiting writer* em Austin.

29 de outubro
Bom dia Rio, da TV Globo, me chama para uma entrevista. Hoje é dia do livro e dia da criação da Biblioteca Nacional. Deveriam ter chamado alguém da Biblioteca... Portella está em Paris há 45 dias.

4 de novembro
José Aparecido quer se reunir para traçar planos culturais para o governo Itamar Franco em Minas.

5 de novembro
No elevador do edifício garagem Menezes Côrtes, entulhado de gente, descendo, duas senhoras ao fundo se desculpando por estar com grandes sacolas.
Viro-me para uma delas e digo, sorrindo:
– Tudo bem.
– Você é o Affonso Romano de Sant'Anna?
– Atualmente, sim.
– Meu Deus! Ainda mais de óculos escuros! Adoro o que você e sua mulher escrevem. Você me emociona muito!

9 de novembro
O desemprego no país aumenta. A Globo demitiu 400 pessoas; o *JB*, 100; *O Globo*, 50; e *O Dia*, 50.

10 de novembro
Recebo carta de **João Paulo do Reis Veloso** (que foi ministro de Geisel) me convidando para um encontro com FHC no Palácio Laranjeiras.

13 de novembro
Reis Veloso me convidou como representante da "sociedade civil".
No portão do Parque Guinle, manifestantes e faixas, mais a imprensa. Passo. Chego lá em cima. Na porta, Reis Veloso. Vejo Sérgio Quintela, Zelito, Nelson Pereira e outros. As pessoas chegando. Chega Técio Lins e Silva que, fraterno, me pergunta sobre a ameaça de processo de Márcio de Souza.
– Era blefe – digo.
Foi pena, porque assim a gente poderia conversar mais.

Chegam **Jaguaribe, Marcílio, Márcio Fortes, Mário Machado, Celina Vargas, Aspásia, Pratini** etc. Colocadas as cadeiras (duras e desconfortáveis) em círculo oval, o presidente entra, é anunciado, todos se levantam. O presidente fala 30/40 minutos, distribui dados estatísticos e seus assessores dizem que ele teria que sair.

Eu ia fazer uma pergunta. Lá fora, um tiroteio na favela.
Na hora do cafezinho, disse a ele:
– O senhor está me lembrando **Álvaro Moreyra:** "Em vão quiseram amargurar minha vida, eu tenho diabetes na alma"...
– É – disse ele –, eu tenho diabetes na alma...

14 de novembro

Acabo de conversar com **José Murilo de Carvalho** sobre a reunião ontem com FHC. Ele concorda comigo e pretende falar com **Sérgio Amaral** para mudar o formato da reunião: o presidente falar menos e ouvir questionamentos.

Disse-lhe o que o **general Meton** me contou há dias sobre a visita que o **Brizola** fez ao **general Figueiredo**, que está mal. Disse ao Meton que deveriam interditar a presença de Brizola, pois poderia irritar Figueiredo. "Que nada, meu poeta! O Brizola é um sedutor, chegou lá e foi dizendo: 'General, o Brasil precisa do senhor. Que saudade daquele tempo, general! Temos de questionar este Fernando Henrique, olha o que ele está fazendo com o Brasil'...".

Diz o general Meton que Figueiredo se diverte com Brizola.

Fernando Sabino conversa por telefone e ficou de me enviar o livro que fez reescrevendo *Dom Casmurro*, não sob a ótica de Bentinho/narrador, mas de uma terceira pessoa. Ótima ideia. Fez na prática o que a crítica diz: que Bentinho é um promotor julgando Capitu.

Sugeri que se poderia fazer uma espécie de *Rashomon* ou seja, uma narrativa (ou várias) onde os personagens todos narrassem seu ponto de vista.

20 de novembro

Estou lendo a *Seleta de prosa*, de **Manuel Bandeira** (Nova Fronteira), que me foi enviada por **Maria Helena Cordeiro de Souza Bandeira** – sobrinha-neta do poeta. Envia-me carta dizendo que me elegeu também para mostrar poemas. São bons.

Fico sabendo que **Clarice Lispector** enviou a Bandeira poemas.

Revi os textos de Bandeira sobre o concretismo. Deliciei-me com ele chamando os concretos de "sandapilários", os que carregam mortos nas macas.

Fui a Porto Alegre para a tese de doutorado de **Antônio Hohlfeldt**, com **Regina Zilberman** como orientadora. Excelente pesquisa sobre os 227 folhetins publicados no século passado, alguns escritos em gótico, e a revelação de autores interessantes como **Carl Jansen** e **Jean-Charles** (João Carlos Moré), que escreviam em várias línguas. O primeiro passa a ser para mim o iniciador da literatura infantojuvenil no Brasil, adaptando Gulliver, *1001 Noites*, Münchausen etc.

24 de novembro

Outro dia, o **Dr. Fritz** apareceu na TV ironizando os mortais. Alguém lhe perguntou se havia feito uma "viagem astral" para estar na cabeceira do ator Gerson Brenner (que estava na CTI depois de baleado):
– Que astral? Eu vivo no astral, meu filho. Estou morto há tempo. Vocês aqui na Terra são muito engraçados.

9 de dezembro

"Minas além das Gerais" na Bahia. Presentes: **Fernando Sabino, Zuenir, Alcione Araújo, Roberto Drummond, Carlos Herculano** etc. Bernardo tomando conta de Fernando, que está estressado com o público por causa do seu livro sobre **Zélia**. Estivemos duas vezes na Fundação Jorge Amado, no Pelourinho. Fernando exibiu alguns filmes sobre escritores brasileiros, feitos há 20 anos. Disse que tem duas horas de sobras do filme que fez sobre Drummond. Penso: as sobras de ontem são história hoje.

Zélia apareceu, está enferma: 86 anos.

No Palácio Ondina, jantar oferecido pelo governador **César Borges**.

Roberto Drummond e eu solicitamos ao senador **Antônio Carlos Magalhães** que queríamos falar com ele. Fui para a varanda, ao lado de Letícia, irmã de Lúcia Flecha de Lima e irmã de Amílcar Martins, ex-secretário de Cultura de Minas. Dissemos a ele sobre a necessidade de substituir Wefforf, sobre a necessidade de o PFL se interessar politicamente pelo MinC, sobre o nome de Rafael Greca para ministro.

Gostou do nome. Ponderou, no entanto, sobre a amizade de Wefforf e FHC. Sugeri: pode mandar o Weffort para a Unesco, lugar de incompetentes. De repente, ouviu falar da Unesco, lembrou-se de que lá está o **Fernando Pedreira**. Recordou que o exame de Pedreira no Senado (para embaixador na Unesco) foi uma vergonha. Disse:

— Naquele dia, estava ocupado com o exame de Itamar para a OEA e não pude participar do exame de Pedreira. Se estivesse lá, ele iria ver.

Ficou de levar a sugestão a FHC.

17 de dezembro

Prêmio da APCA. Outros premiados: Walter Salles, José Celso, Fernanda Montenegro, Tony Ramos, José Mindlin, Tom Zé etc.

1999

3 de janeiro

Domingo à tarde, por acaso leio o livrinho manuscrito em xerox (o original está com Cláudia, minha irmã) onde meu pai conta sua vida, sua paixão por minha mãe, sua vida militar, faz a biografia e o perfil psicológico de cada um dos filhos etc. Um mundo ingênuo que não mais existe. Valores éticos raros. Ali, notícia de meu avô fazendo poemas para os parentes mortos, vários tios dados à música. Comovente.

24 de janeiro

Parece que estamos nos anos 80, de novo. O real foi desvalorizado há cerca de 10 dias/uma semana. Câmbio flutuante. Desvalorização chega a 40%. Malan foi correndo para os EUA. Gustavo Franco demitiu-se do Banco Central. O caos do governo faz tudo despencar. O povo tenta culpar Itamar, que decretou a moratória da dívida de MG por 90 dias. Os governadores da situação reuniram-se no Maranhão com Roseana Sarney, os da oposição em Minas Gerais, com Itamar. O país dividido. MG, Rio, RS, três grandes Estados questionando. Já fiz várias crônicas.

Paulo Henrique Amorim colocado de molho na TV Bandeirantes. Jornais dizem que foi pressão do Palácio. Conversei com ele por telefone.

Fernando Henrique conseguiu o massacre dos **aposentados**. Estarei por exemplo, pagando 50/60% do meu salário, uns 4 mil. Os 300 mil que tenho como poupança e investimento, com a desvalorização, passaram a 180 mil, terei perdido 120 mil. Hoje o dólar está entre 1,70/1,80. Antes era 1,20/1,30.

Merda de país.

26 de janeiro

Ontem vinha pela **Sá Ferreira, em Copacabana,** quando um senhor me pergunta se era o ARS. Ao dizer-lhe que sim, emocionou-se. Abraçou-me, dizendo que eu havia escrito uma crônica sobre "o cinema" e "a vida" que o havia tocado tanto... E me abraçou e começou a chorar. Atravessamos a rua abraçados, ele falando de suas emoções, chamando-me de "iluminado"; eu, tranquilo, tentando deixá-lo à vontade, pois sei do esforço que uma pessoa faz para se abrir assim. Andamos dois quarteirões até sua casa.

3 de abril

Bellagio (Itália). Chegamos de madrugada, dia 2. Um chofer, de poucas palavras, nos esperava com sua Mercedes-Benz. Passamos por inúmeras cidadezinhas, uma hora de viagem. Gianna Celli, administradora, nos colocou no apartamento 9 – amplo quarto, escritório com uma janela para os dois lagos: Lecco e Como. Cenário esplendoroso. Cartão-postal: ciprestes, casas na colina, montanhas além do lago cobertas ainda de gelo, céu azulzíssimo.[1]

13 de maio

Homenagem na PUC-RJ.
Júri do Premio Reina Sofía (Espanha). Encontro com Saramago. Camilo Cela no júri. Defendi o prêmio para Juan Gelman.

---

1. A Fundação Rockefeller (em Bellagio) concede bolsas a pesquisadores e artistas que apresentem um projeto. Na internet há orientações. Ver crônicas onde descrevo mais pormenorizadamente o tempo que lá passei: "Vivendo num cartão-postal" (7/4/1999), "À beira do lago e no Sacro Monte" (14/4/1999), "Entre Lugano e Carapicuíba" (21/4/1999), "Está difícil sair do séc. XVIII" (28/4/1999), "Aquela guerra lá longe" (12/5/1999), que estão no livro *Perdidos na Toscana*, L&PM. Tinha um estúdio na capela Montserrat, uma capela medieval, com computadores, e fiz o livro *Vestígio* além do projeto sobre carnavalização. Marina começou *Minha guerra alheia* (Record), pois residiu em Albavilla e em Como durante a Segunda Guerra.

26 de maio

Homenagem na UERJ. Presentes alunos, professores e o poeta Lloyd Schwartz.

22 de junho

Charles Kiefer me disse que já chegou a vender 200 mil exemplares de um livro. A maioria aqui no Sul. Tudo, segundo ele, começou com o Instituto Estadual do Livro e o trabalho das oficinas que a **Lygia Averbuck** implantou há 20 anos.

Situação estranha: **Pascal Flamand**, da Seuil, quer editar *Barroco, alma do Brasil*. Enviou-me email. Falo com o Bradesco, falo com Sheila (que fez o livro), telefono para Teresa Salgado no Palácio do Planalto e vejo que é complicado. Ninguém sabe de quem são os direitos do livro.

Adélia Prado me manda seus dois livros depois de anos e anos de silêncio. Ontem, disseram-me Gregório e Cláudia, ela deu entrevista na TV Senac e contou que fui eu quem a divulgou e a encaminhou ao Drummond, quando eu era crítico da *Veja* nos anos 70. E mais: que costumava assistir a conferências minhas em Belô, escondida.

Conta-me **Eliana Yunes**, numa reunião hoje em que estávamos várias pessoas da Reler, que ao tempo da Casa da Leitura pediu a Adélia um texto para uma revista. Ela perguntou diretamente: "Quanto pagam?". Eliana disse que era simbólico o pagamento, 150 ou 200 reais. Adélia, então, enviou uma frase.

5 de julho

Bilhete de **Josué Montello** que me foi passado durante a posse de **Sábato Magaldi**, quando eu estava na mesa representando o Ministro da Cultura: "*Quando será a sua vez?*".

Lembro, quando morreu **José Guilherme Merquior**, **Afrânio Coutinho** – com quem eu não tinha muita intimidade – me telefonou oferecendo o apoio da "bancada do Nordeste".

Josué me falou disso uma dezena de vezes quando eu era presidente da FBN.

Cândido Mendes, após a reunião de meus assessores com ele na sua faculdade, lá no centro da cidade, fez questão de sair comigo: atravessou todo o prédio da Praça 15, foi até a esquina tentando me convencer de que era a hora.

Rouanet, pela quarta ou quinta vez, num seminário em Berlim me manda o bilhete: "E a Academia?". E eu respondo: "...fica na Avenida Wilson...".

E assim por diante.

Estou cada vez mais irritado com os filmes sobre violência. Estou querendo cada vez mais filmes /documentários sobre animais, plantas e programas de viagens com lugares bonitos e exóticos. Estou achando cada vez mais insuportável a vida brasileira.

Vindo da casa de **Eduardo e Mônica,** lá em Araras, neste fim de semana, passando pelas casas pobres, pelos bares e mesas de sinuca na estrada, com os brasileiros de bermuda, chinelos e aquele alarido tribal nos bares... é muito primitivismo. Cada vez suporto menos a feiura desse país.

Domingo, almoço na casa de **Betsy Monteiro de Carvalho**, na rua Iposeiras, em homenagem aos artistas e ao cinema francês (por causa do festival que terminou).

Linda casa. Ampla. Jardins com onças, rinocerontes (empalhados) entre as folhagens. Betsy, linda e calma. Fez artes plásticas na Escola do Parque Lage. Converso com Joãosinho Trinta: místico, caloroso, fraterno. Encontramos **Jomico, Fernanda Montenegro, Waltinho Moreira Salles, Adriano de Aquino (secretário de Cultura), Gustavo Dahl.**

Ah!, os ricos! Essas ilhas cercadas de miséria e feiura por todos os lados! Ilha constrangedora.

Fidel Castro passou por aqui na Cúpula/Cimeira dos 42 chefes de Estado. O folclore redivivo. A UNE e o Congresso Nacional louvando-o.

Ah, os jovens! Essa força vital e irracional. Então, não se aprende nada?

12 de setembro

Dois meses sem escrever nada aqui.
Estou no **Aeroporto de Miami** indo para **Chapel Hill** – Carolina do Norte. São 7h40. A TV do aeroporto apresenta um debate na CNN sobre a candidatura de Hillary Clinton (ao Senado) pelo estado de Nova York.
Estou viajando ao Exterior sem emoção especial alguma. Quase tédio. Foi-se a juventude? A fome de conquista?
Anotações durante a viagem:
– Aparece na TV um anúncio de **Ronaldo** – o jogador, feito para a Pirelli falando: *"Power is nothing without control"*. Incrível a máquina publicitária em torno dele.
– A TV está mostrando o **furacão** que se aproxima da Carolina do Norte, para onde vou. **Clinton** se manifesta sobre a violência em Timor Leste e vai mandar tropas para lá.
Vou participar, brevemente, da leitura de poemas na homenagem aos **irmãos Souza (Chico Mário, Henfil, Betinho)** a convite do filho **Marco Souza**. Estarei com **José Murilo de Carvalho**, historiador que também os conheceu e foi colega de curso de Betinho. Os músicos tocarão *Suíte Brasil,* de Chico Mário, e nós – José Murilo e eu – vamos falando poemas e proseando, entremeando a história do Brasil. Carlos, Cláudia e Marina presentes. Uma experiência interessante, que de alguma maneira prolonga o show que fiz com **Turíbio Santos** – tentando vincular música e poesia.
Jantar na casa de **Roberto Irineu Marinho** dia 6 de setembro em homenagem a **David Rockefeller**. Presentes alguns intelectuais. **Pedro Correa do Lago, Arnaldo Jabor, João Ubaldo** etc., além de **Turíbio Santos,** que tocou peças brasileiras com seu conjunto. João Ubaldo, depois do jantar, numa mesa em que estávamos uns poucos, contou estórias de seu pai e sua família, de cangaceiros, a origem de *O sargento Getúlio.* Falou a noite inteira, só ele.
Roberto Irineu nos levou a ver, no subsolo, sua formidável adega especializada em vinhos da Borgonha. Portentosa. Karin, sua mulher, estava lindamente grávida de gêmeos. Roberto mostrou sua coleção de champanhe Dom Pérignon. Perguntei a David

Rockefeller sobre a Villa de Bellagio, onde estive com Marina recentemente. Disse que quem cuida de tudo é sua filha **Peggy**.
 Outro dia estávamos também na casa de Roberto Irineu para um jantar de 200 pessoas e um show de **Michel Legrand**, que ia cantando enquanto chovia e ventava (apesar da cobertura). Paradoxo: Legrand tocava "C'était l'été de 42".

14 de setembro
Chapel Hill, Carolina do Norte, casa de Mônica Rector na Brisbane Dr.
 Chuvisca e venta um pouco fora desta casa de madeira com paredes de vidro que dão para um bosque de carvalhos e ciprestes. O **furacão Floyd** está previsto para chegar estupidamente aqui às nove da noite, quando deveríamos estar numa recepção que Mônica, pelo departamento da universidade, me oferecerá/ofereceria....
 Há um preparativo geral nessa espera do furacão. As prateleiras dos supermercados estão se esvaziando preventivamente. Compram-se víveres e sobretudo água e pilhas de lanterna. Ontem, na Flórida e na Georgia, multidões abandonaram as cidades. As avenidas e os pedágios desimpedidos para a fuga. O furacão passou pela costa da Flórida, não causou *damages* e segue para o Norte. Perguntei ontem ao marido de Mônica (Tom), quando voltei de um seminário na Universidade de Duke, quais eram suas ordens e/ou providências a tomar. Ele comprou plásticos para proteger as vidraças, pois não encontrou compensados nas lojas. Os ventos ontem eram de 140 milhas (200 quilômetros por hora). Hoje caiu para 125, mas isso ainda é velocidade de Fórmula 1.
 Aqui ao lado, no bosque, Mônica havia me mostrado, no ensolarado domingo em que cheguei, dezenas de troncos de gigantescos carvalhos, arrancados do solo no último furacão. Árvores de 10/20 metros de altura. Felizmente, nenhuma caiu sobre a casa ou os carros. Mas a rua/estrada ficou impedida, com muitas árvores interditando-a. Foi necessário arranjar serras especiais para cortá-las.
 Hoje à tarde, pelo email, os vizinhos de Mônica mandaram mensagens se oferecendo para socorro voluntário: médicos,

enfermeiras etc. Estão a postos. Mônica pertence à Cruz Vermelha local, já foi convocada ontem, tem uma reunião com eles de manhã: estão se organizando para o pior, pois o furacão está na escala 5 (catástrofe).

Diz ela que nos abrigos situados nas escolas e igrejas há todo um equipamento para sobrevivência por vários dias: comida, *sleeping bags*, e dividem os velhos, as parturientes e não aceitam cães. Eles têm um uniforme: capa, botas, luvas.

Converso com a garçonete, com pessoas do shopping, faculdade etc. Uns brincam, outros dizem estar preparados, comprando coisas. É a ideia da fatalidade.

Como na tragédia grega. Exatamente. Pode ser que nem ocorra, mas a estrutura é semelhante. Se não ocorrer, é um novo gênero – o da tragédia quase com *happy end*. Uma força exterior atinge os humanos. O destino deles está sendo conduzido fora deles, pelo acaso. Há mesmo a hora marcada para o desfecho: disseram na TV que em vez das cinco da manhã de amanhã, o furacão passará às nove da noite.

Palestra na Duke University, seminário do galego **Alberto Moreiras** no Latinamerican Center: uns 15/20 alunos. Falo sobre o papel da poesia, o poeta e o nada, o poeta e a história. Curioso ouvir o discurso universitário: inteligentíssimo! E um sensação de que na universidade praticam os silogismos, o discurso sedutor, a logofania – encarnação do verbo – e a logomaquia.

Contato uma vez mais outra coisa universitária, "estudos culturais", que estão na moda (... e chove lá fora no prenúncio do furacão...).

Fico no campus olhando essas meninas e meninos, lembrando da **UCLA há 34 anos**. Aqui é mais bucólico e tranquilo. Eu com essa sensação de que os estudantes estão cada vez mais jovens. Curioso: falta de sensualidade na pele, nas pernas dessas moças. Nos trópicos, no Rio, veste-se para seduzir o outro. Nos trópicos, sensualidade ostensiva, agressiva. Roupas justas, apertadas, pintura no rosto, malícia no andar. Aqui não se parecem nada com Ava Gardner e Sharon Stone...

15 de setembro

Ficamos, Mônica, Tom e eu, ontem à tarde e à noite, esperando o furacão Floyd.[2] A TV especializada em temperatura e tempo e as demais dramatizando o evento, apresentando algumas cenas de destruição nos píeres, carros amassados sob várias árvores na Flórida e na Georgia. O furacão chegando. Conversei com Marina por telefone às oito da noite, depois de lhe enviar um email. Mônica cancelou a recepção que me fariam, conforme minha sugestão e de Tom. Jantamos, ventava lá fora. Vimos pedaços de um filme ruim, mais notícias às dez horas, fui deitar esperando acordar seja às cinco ou às oito com a chegada do Floyd.

Há uma dúzia de carvalhos ao redor desta casa e, diante do meu quarto, uns três ou quatro deles. Risco. Fiquei imaginando se caísse um sobre meu quarto, se atingiria minha cama, se os móveis em torno ajudariam a suportar o impacto.

Dormi. Acordei para fazer xixi lá pelas seis horas e tudo parecia calmo, o mesmo vento lá fora, não muito forte. Às oito e meia levantei-me e, ligando a TV no escritório da Mônica, tive a confirmação de que o furacão passara ao largo. Claro que por aqui alguns danos, mas nada comparado com o que se previa.

Converso com Mônica e Tom, aliviados também.

Telefono para Marina, no Brasil. Alívio. Ela havia dormido com o telefone para ouvir meu chamado. Nova conversa amorosa.

Tomo café, saímos depois do lance, fomos ao *shelter* de Mônica, mas já estava fechado. Era uma escola no meio do bosque, como tudo aqui. Disseram que atenderam 130 pessoas que lá foram pedir abrigo.

Mônica me diz que recebeu telefonema do Brasil comunicando que **Ary Quintela**, que foi seu namorado, morreu. Ela me havia dito dias antes que ele tinha problemas de coração. Lembro-me dele em várias ocasiões, sempre gentil e meio aflito e com dificuldades financeiras. Um tempo trabalhou como chefe do MinC no Rio, ao tempo de Rouanet/Houaiss.

---

2. Com mais detalhes escrevi a crônica "Esperando o furacão", *O Globo*, 22/9/1999.

Aqui no quarto, antes de dormir, li mais estórias e interpretações de *In the ever after*, de Allan B. Chinen (*Fairy Tales and the Second Half of Life*), em que o autor faz considerações interpretativas sobre a maturidade-velhice a partir de um conto mágico. Isso coincide com poemas que tenho feito sobre a proximidade da morte. E me faz bem. E me tranquiliza. Há qualquer coisa de maturidade nisso tudo.

Curiosamente, leio numa revista da Universidade da Carolina do Norte um artigo sobre **Calvino** e o movimento **Oulipeano**, sobre o qual escrevi uma crônica esta semana.

Ouvi uns ruídos junto à janela. Devem ser os veados que vêm buscar comida aqui, ou roedores. Tem aqui um tipo de gambá e esquilo com manchas nos olhos, que Tom (marido da Mônica) filmou hoje enquanto comiam sementes e frutos que ela coloca para eles.

Bonita relação de Mônica com aquele gato da residência antiga dela. Ela vai lá só para levar comida para ele, visitá-lo. Coloca-o no colo, fica ali, sentada na calçada, e ele sabe que ela vem pelo ruído do carro. Ele miando, mas conversando com ela, o tempo todo enquanto é acarinhado. Um encontro semanal lindíssimo.

Dei uma **palestra em Chapel Hill**. Foi ótima. Mônica emocionou-se. Um de seus estudantes, poeta – Rui Torres –, veio emocionado me agradecer, dizendo que foi a coisa mais importante que aconteceu na vida dele nos EUA. O próprio chefe do departamento, que veio para ver uma parte, ficou para a segunda parte e os debates. Ele, Frank, chegou, veio me agradecer e sinceramente dizer que gostaria que eu voltasse.

Conversando depois com Mônica, dizia-dizíamos que ali se estabeleceu algo mágico que ocorre em certas ocasiões/palestras. Foi isso. Ela referiu-se a uma "aura" de que eu estaria investido enquanto falava. Realmente, senti que tudo fluía. Que o pensamento se completava, se urdia, se possibilitava a si mesmo. A palestra durou duas horas e meia.

Fomos assistir ontem *La cage aux folles*. Contraste entre a história no palco e a plateia de senhores, senhoras com roupas e caras conservadoras. E se esbaldando.

A TV mostrando cenas após **novo assassinato em massa em Fort Worth**, quando um cidadão invadiu uma igreja e atirou, matando diversas crianças. A família do criminoso pede desculpas publicamente, reconhecendo que isso *never* poderá explicar ou consolar a família dos mortos.

18 de setembro

Mônica deixou-me no **aeroporto**. Havia me prevenido hoje de manhã, durante o café, de que chora muito nas despedidas, é um escândalo. De fato, deixou-me na porta do aeroporto, de novo, dizendo que era para evitar escândalo.

3 de outubro

Lendo ***Minha formação*, de Joaquim Nabuco** – essa sensação de que as coisas antigas estão cada vez mais próximas. Deixaram de ser do século passado e são de ontem, de agora. O passado cada vez fica mais vivo, sobretudo a história. A barreira do tempo passado se desfaz. 1870 parece-se a 1970, que já virou ontem, século passado. Penso em 1970, abstratamente, meu Deus! Como isso está longe, no século passado.

De repente, aquelas pessoas, movimentos literários, atores da vida social, tudo fica com uma pátina do passado, já não está dentro de mim, vivo unificado ao meu presente, mas colado em minha moldura. É a fabricação do passado, o desprender-se do passado, a autonomia de certos quadros, pessoas.

Poderia tomar isso como assunto de uma crônica. Alertar: o que vou dizer é algo muito delicado, como se andasse num jardim japonês, como se lidasse com uma folha de papel de seda, muito delicado, não o façam rasgar-se.

Fim de semana no Rio: fomos ver ***Tango* e *Goya*, de Saura** – diretor espanhol. Estupendo. Sobretudo o primeiro filme. Mil coisas: o que escrever? Barroco, anamorfoses nos espelhos, labirintos, ser & parecer + precisão = conceitismo. Metalinguagem – o personagem introduziu-se na estória, e o roteiro completamente sob controle. Ver. Escrever.

O governo FHC triplicou o envio de lucros ao exterior: de 7 e 5 bilhões. Há 56 bilhões de reais de dívida das empresas públicas em relação à Previdência, e querem tomar 2,5 bilhões dos aposentados.

Outro dia, **Luiz Carlos Barreto** contou algo engraçado. No jantar na casa do cônsul francês, em homenagem a dois deputados, Barretão contou que, durante o governo Sarney, o **Glauber** telefonou dia 31 de dezembro da Europa dizendo que tivera um sonho e que era para avisar aos amigos: eles tinham que ajudar o Sarney, pois ele poderia ser um grande governo de conciliação associado às esquerdas. Ligou para **Callado, Flávio Rangel**, pediu para avisar aos amigos.

Barreto telefonou para Callado, que disse que por coincidência estava naquele momento lendo algo sobre Sarney, o qual aparecia cercado de tubarões num barco que se afundou. Resolveram fazer uma reunião na casa do Zelito (como sempre). Resultado: quebrou o maior pau entre os comunistas presentes e a reunião deu em nada.

Sábado, bela visita à Casa Rui para o lançamento do livro da **biografia** *Plínio Doyle – uma vida*. Muita gente. Encontro **Mário Machado**, que dirige a CR, e Patrícia, sua esposa. Peço que mostrem o interior da casa de Rui a Marina. Curioso contraste, pois acabo de ler *Minha formação*, de Nabuco. Aristocracia brasileira. Rui era também aristocrata. E saímos dali olhando o aspecto miserável, a sujeira das ruas, as barraquinhas perto dos pontos de ônibus, plásticos no chão, gente de bermuda, sandália, poças d'água. A cidade piorou muito.

Junto a isso, os jornais publicam um álbum de fotos de Jean Manzon. Contraste. Um choque.

16 de outubro

Morreu João Cabral de Melo Neto. Dei entrevistas na GloboNews, no estúdio, enquanto transmitiam da Academia cenas do velório. Ali está Marly, dando depoimentos. E os urubus de sempre. Um poeta singular. Criador de uma linguagem. Fiz-lhe um poeminha que explica as suas contradições:

O poeta João Cabral de Melo Neto
Severíssimo cultor da forma
Antilírico, ateu, construtivista
Engenheiro do verso
Abominava derramamentos sentimentais.
Não obstante isto, era diplomata.
Não obstante isto, era acadêmico.
Não obstante isto morreu rezando
E seu corpo foi velado no Salão dos Poetas Românticos...

Jantar na casa de Affonso Arinos de Mello Franco em homenagem a Monique Le Moing, da revista *Sibila*. Presentes: D. Cleo, Marina, eu, Chico e mulher, Naum, Afonsinho e sua esposa, Bia.
Affonso contou-nos o caso de **João Cabral** no Itamaraty, em 1952. Ele, João, havia mandado uma carta pessoal a outro diplomata, onde mencionava "o nosso **Luiz Carlos**". Um certo diplomata Mario (?) Mussulini desviou a carta para **Lacerda,** que começou um clima de Guerra Fria, falando que o Itamaraty era um ninho de comunistas. **Houaiss** entrou nisso, porque votou na ONU a favor de Angola, dizendo que tinha "orgulho" de votar pelo fim do colonialismo. O embaixador português no Brasil foi pedir a sua cabeça. Acho que isso foi já em 1964.
O que eu não sabia é que Affonso levou João à casa de Lacerda. João estava afastado do Itamaraty havia uns dois anos, sem salário. Ao ser reintegrado, foi indicado discretamente para trabalhar no "Arquivo de las Indias, em Sevilla". Temendo novos ataques, Affonso levou João ao Carlos, que o recebeu. João, aflitíssimo, dizendo a cada três palavras "compreende", ouviu de Lacerda que este não faria mais nada contra ele. Contou que tinha sido comunista e achava que João era apenas um "inocente útil", como se dizia.
Michel Maffesoli jantou conosco a propósito de sua excelente palestra na PUC, a meu convite. Recepção impecável da Universidade. Tudo perfeito. No jantar aqui em casa, ele quase não falou: cansado e com dor de cabeça. Presentes: **Chaim Katz e Viviane, Marco Lucchesi e Monique Augras.**

22 de outubro

Vim de Porto Alegre, onde fui examinar a tese de **Eduardo Dall'Alba** sobre Drummond e o "canto raso". Fiz uma conferência no dia seguinte para alunos sobre minha obra.

Dentro de duas horas vou a Campos de Goytacazes para falar sobre leitura no SESC.

Em Porto Alegre, vários encontros. Destaco **Freda Indursky**, que me deu dois livros sobre Análise do Discurso. Linguagem dos militares de 64 (disse que se inspirou numa crônica minha para fazer a tese. Contudo, não cita nada).

Conheci **Valdemar Torres** – colecionador de obras raras dos modernistas, que deu um jantar em homenagem a Eduardo Dall'Alba. Tem uma coleção de CDs de literatura, e passou o que tinha em vinil para CD. Tem os discos da coleção Festa (os Jograis). Tinha cópias minhas e de Marina. Generoso, está oferecendo seu acervo para os professores e estudantes da UFRGS.

Coisas de **leitores**: na portaria do Hotel Embaixador, uma bela recepcionista chamada Francesca se apresenta como leitora minha e começa a declamar "A implosão da mentira."

27 de dezembro

Estamos em **Friburgo**, tempo chuvoso, o país aos trancos e barrancos. O governo quer mesmo ferrar os aposentados, mudando a constituição. Inflação chega a 30%, o governo diz que é 28%. Tudo sobe diariamente. E vão cortar 25% do meu salário de aposentado.

No fim da semana, devo ir a **Rosário/Argentina**. Festival de poesia latino-americana.

Dia 2 até 26: **Premio Reina Sofía, Madri**, como jurado, as passagens estão acertadas.

Na volta, 29, devo ter *Textamentos* pronto.

Comecei a anotar certas sensações para mais poemas. Embora a selva literária, a poesia me é necessária, me faz bem, restaura meu equilíbrio. Retomo o veio da atemporalidade, da essência, distanciando-me das mesquinharias dos jornais. Me faz bem até fisicamente.

Essa semana entreguei a segunda prova de *Barroco, do quadrado à elipse*. Retoquei algumas coisas. O difícil vai ser conseguir visualmente um livro que quero.

30 de dezembro

O ano acaba amanhã, e com ele o século XX. Marina no quarto de costura fazendo um vestido para o pré-réveillon na casa de **José Roberto Marinho**. Salvei do computador o que me interessava nessa atmosfera de medo do *bug* do milênio (os computadores podem dar uma pane, da forma como foram programados, só se fala disso). A moça da loja – filha do José Candido de Carvalho – diz que quem tem Mac, está fora do perigo.

Ontem, a **Globo** apresentou as "100 melhores músicas do século", em que aparece um depoimento meu entre as personalidades. Votei em *Carinhoso, Garota de Ipanema* e *Aquarela do Brasil*, que foram as três finalistas.

Impressão e acabamento:
Eskenazi Indústria Gráfica Ltda
Av. Miguel Frias e Vasconcelos, 1023 - Jaguaré - 05345-000 - São Paulo - SP - Brasil
www.graficaeskenazi.com.br